U0887456

21世纪高等教育计算机规划教材

COMPUTER

Excel/Access在商务信息处理中的应用

Application of Excel/Access in Business Information Processing

张树美 主编

王卓 副主编

人民邮电出版社

北京

图书在版编目（CIP）数据

Excel/Access在商务信息处理中的应用 / 张树美主编. -- 北京 : 人民邮电出版社, 2014.2（2015.1 重印）
21世纪高等教育计算机规划教材
ISBN 978-7-115-33681-1

Ⅰ. ①E… Ⅱ. ①张… Ⅲ. ①表处理软件－应用－电子商务－信息处理－高等学校－教材②关系数据库系统－应用－电子商务－信息处理－高等学校－教材 Ⅳ. ①F713.36

中国版本图书馆CIP数据核字(2013)第317381号

内容提要

本书在内容选取上，既遵循教育部计算机教指委的意见和要求，又考虑到社会对非计算机专业人员的计算机应用技能的要求。在内容组织上，采用问题启发和案例驱动的方式，激发学生学习的积极性。

本书共分两篇，第 1 篇介绍 Excel 的高级应用，包括 Excel 的基础知识与基本操作、函数应用基础、Excel 的常见错误信息分析、函数及应用、Excel 的数据处理功能，共 5 章。第 2 篇介绍 Access 数据库技术，包括数据库基础知识、Access 2003 数据库系统简介、表及表之间的关系、查询、窗体、报表、数据访问页、宏，共 8 章。

本书适合作为高等院校非计算机专业的计算机应用课程教材，也可作为计算机等级考试的参考教材，还可作为商务办公人员处理信息的参考教材。

◆ 主　　编　张树美
　副 主 编　王　卓
　责任编辑　武恩玉
　责任印制　彭志环　杨林杰

◆ 人民邮电出版社出版发行　　北京市丰台区成寿寺路 11 号
　邮编 100164　　电子邮件 315@ptpress.com.cn
　网址 http://www.ptpress.com.cn
　三河市海波印务有限公司印刷

◆ 开本：787×1092　1/16
　印张：17　　　　　　2014 年 2 月第 1 版
　字数：445 千字　　　2015 年 1 月河北第 2 次印刷

定价：39.80 元

读者服务热线：(010)81055256　印装质量热线：(010)81055316
反盗版热线：(010)81055315

前　言

信息技术的发展，推动人类社会生活的信息化。计算机应用技术已经成为各个领域工作人员必须掌握的重要技能。计算机应用水平已经成为衡量人才素质的一个重要指标，许多用人单位把掌握计算机应用技能作为录用的条件。

本书在内容的选取上，既遵循教育部计算机教指委的意见和要求，又考虑到社会对非计算机专业人员计算机应用技能的要求。在内容组织上，采用问题启发和案例驱动的方式，激发学生学习的积极性，注重创新能力的培养。

本书以 Microsoft Office 2003 的 Excel 和 Access 为背景，内容共分两篇，第 1 篇介绍 Excel 的高级应用，包括 Excel 的基础知识与基本操作、函数应用基础、Excel 的常见错误信息分析、函数及应用、Excel 的数据处理功能，共 5 章。第 2 篇介绍 Access 数据库技术，包括数据库基础知识、Access 2003 数据库系统简介、表及表之间的关系、查询、窗体、报表、数据访问页、宏，共 8 章。

本书的 Excel 高级应用部分，通过大量的商业领域信息处理案例，重点介绍公式和函数的应用。在 Access 数据库技术部分，通过一个“食品商贸公司管理系统”数据库实例，由浅入深，循序渐进地逐步形成一个完整的系统。本书理论联系实例，条理清楚、概念明确，既注重基本知识与操作的掌握，又强调学生实际应用与创新能力培养。

本书集中了作者多年来在计算机基础课程教学改革中的经验，在编写上采用案例驱动的方式，贯彻精讲多练的方针。书中配备了大量的案例、表格和图片，每章配备适量的习题，有助于学生更好掌握所学内容。

本书建议学时为 72 学时（其中实验上机时间不少于一半的时间）。本书适合作为高等院校非计算机专业的计算机应用课程教材，也可作为计算机等级考试的参考教材，还可作为商务办公人员处理信息的参考教材。

本书由张树美与王卓老师编写。由于作者水平和时间有限，书中缺点和疏漏之处在所难免，敬请读者批评、指正。

编　者

2013 年 11 月

目 录

第 1 篇 Excel 的高级应用

第 1 章 Excel 的基础知识与基本操作 …… 2
1.1 Excel 简介 …… 2
1.1.1 Excel 功能简介 …… 2
1.1.2 Excel 的启动、退出和关闭 …… 3
1.1.3 Excel 的窗口、工作簿和工作表 …… 3
1.1.4 文件的建立与打开 …… 4
1.1.5 文件的保存与保护 …… 5
1.2 数据类型与数据输入 …… 7
1.2.1 数据格式类型 …… 7
1.2.2 数据输入 …… 7
1.2.3 输入序列与自定义序列 …… 12
1.3 数据有效性 …… 13
1.3.1 数据有效性验证 …… 13
1.3.2 无效数据的标识 …… 17
习题 …… 17
第 2 章 函数应用基础 …… 20
2.1 公式和函数 …… 20
2.2 函数的参数 …… 21
2.3 函数输入方法 …… 25
2.4 常用函数及应用举例 …… 26
2.4.1 常用函数及功能简介 …… 26
2.4.2 应用举例 …… 28
2.5 数组公式 …… 29
2.5.1 数组公式的操作 …… 29
2.5.2 数组公式应用举例 …… 31
习题 …… 33
第 3 章 常见的错误信息分析 …… 37
3.1 错误提示 …… 37
3.2 常见错误提示信息 …… 38
习题 …… 41
第 4 章 函数及应用 …… 43
4.1 数学与三角函数及应用 …… 43
4.2 统计函数及应用 …… 46
4.3 逻辑函数及应用 …… 48
4.4 数据库函数及应用 …… 49
4.4.1 数据库函数的格式与约定 …… 49
4.4.2 数据库函数与应用举例 …… 50
4.5 财务函数及应用 …… 51
4.6 日期函数及应用 …… 53
4.7 查找和引用函数及应用 …… 55
4.8 文本函数及应用 …… 58
4.9 信息函数 …… 61
习题 …… 62
第 5 章 数据处理 …… 65
5.1 用假设方法求解 …… 65
5.1.1 单变量求解 …… 65
5.1.2 模拟运算表 …… 66
5.1.3 方案管理器 …… 68
5.2 规划求解 …… 72
5.2.1 求解线性规划问题 …… 72
5.2.2 求解方程组 …… 75
5.3 相关分析与回归分析 …… 76
5.3.1 相关分析 …… 77
5.3.2 回归分析 …… 79
5.4 移动平均 …… 82
5.5 指数平滑 …… 84
5.6 方差分析 …… 85
5.6.1 单因素方差分析 …… 86
5.6.2 无重复双因素方差分析 …… 87
5.6.3 可重复双因素方差分析 …… 89
习题 …… 91

第 2 篇 Access 数据库技术

第 6 章 数据库基础知识 …… 96
6.1 数据库系统概述 …… 96

6.1.1 数据库、数据库管理系统和数据库系统……96
6.1.2 数据库管理技术的发展……97
6.2 数据模型……98
6.2.1 什么是数据模型……98
6.2.2 3 种数据模型……99
6.3 概念模型……99
6.3.1 基本概念……99
6.3.2 E—R 图……100
6.4 逻辑数据模型……101
6.4.1 层次模型……101
6.4.2 网状数据模型……101
6.4.3 关系数据模型……102
6.5 关系数据模型概述……102
6.5.1 关系数据模型的基本术语……102
6.5.2 关系模型的完整性约束……104
6.5.3 关系运算……106
6.5.4 SQL 语言……109
6.6 数据库设计基础……112
6.6.1 数据库设计的步骤……112
6.6.2 需求分析……112
6.6.3 确定数据库中的表……112
6.6.4 确定表中的字段……113
6.6.5 确定主键及建立表之间关系……115
6.6.6 完善数据库……116
习题……116

第 7 章 Access 2003 数据库系统简介……120

7.1 Access 2003 的特点……120
7.2 Access 2003 的安装、启动和关闭……121
7.3 Access 2003 的主界面……121
7.4 创建、打开和关闭数据库……122
7.4.1 创建数据库……122
7.4.2 打开数据库……124
7.4.3 存储并关闭数据库……124
7.5 数据库窗口操作……124
7.5.1 4 种视图模式……125
7.5.2 数据库对象的组……125
7.6 7 种对象的关系……126
习题……128

第 8 章 表及表之间的关系……130

8.1 表的建立……130
8.1.1 表结构的组成……130
8.1.2 建立表结构……132
8.1.3 设置字段属性……136
8.1.4 输入表的内容……142
8.2 表间关系的建立与修改……147
8.2.1 表间关系的概念……147
8.2.2 建立表间关系……147
8.2.3 设置参照完整性……149
8.2.4 查阅功能及查阅向导……150
8.3 表的维护……153
8.3.1 修改表结构……153
8.3.2 编辑表内容……155
8.4 表的其他操作……155
8.4.1 表的复制、删除和重命名……155
8.4.2 查找和替换数据……156
8.4.3 排序记录……157
8.4.4 筛选记录……158
习题……159

第 9 章 查询……163

9.1 查询的概述……163
9.1.1 查询的功能与类型……163
9.1.2 查询条件设置……164
9.2 选择查询……167
9.2.1 使用“查询向导”……167
9.2.2 使用“设计视图”……169
9.2.3 用查询执行计算……174
9.3 参数查询……177
9.4 交叉表查询……178
9.4.1 使用交叉表查询向导……178
9.4.2 使用设计视图……180
9.5 操作查询……181
9.5.1 生成表查询……181
9.5.2 删除查询……182
9.5.3 更新查询……183
9.5.4 追加查询……184
9.6 SQL 查询……185

习题 186

第 10 章 窗体 191

10.1 窗体的基本类型 191

10.2 快速创建窗体 193

10.2.1 自动创建窗体 193

10.2.2 通过文件另存创建窗体 194

10.2.3 使用窗体向导创建窗体 194

10.2.4 快速自定义窗体 195

10.3 使用设计视图创建窗体 196

10.3.1 窗体的组成 196

10.3.2 在设计视图中创建基本窗体 198

10.3.3 设计视图窗口中控件的基本操作 204

10.3.4 窗体自动套用格式 205

10.4 实用窗体设计 205

10.4.1 输入式窗体 205

10.4.2 带子窗体的窗体 208

10.4.3 切换面板 210

习题 212

第 11 章 报表 218

11.1 报表的基本概念 218

11.1.1 报表的分类 218

11.1.2 报表的视图 219

11.1.3 报表设计区 219

11.1.4 报表和窗体的区别 221

11.2 使用向导创建报表 221

11.2.1 使用“自动报表”创建报表 221

11.2.2 使用“报表向导”创建报表 222

11.2.3 使用“图表向导”创建报表 223

11.2.4 使用“标签向导”创建报表 224

11.2.5 使用“设计视图”创建报表 225

11.3 使用设计器编辑报表 227

11.3.1 设置报表格式 227

11.3.2 添加背景图像 228

11.3.3 添加日期和时间 228

11.3.4 添加分页符和页码 229

11.3.5 使用节 229

11.3.6 绘制线条和矩形 230

11.4 在报表中计算和汇总 230

11.4.1 使用计算控件 230

11.4.2 报表的分组、排序与统计计算 231

11.4.3 创建子报表 232

11.4.4 预览、打印报表 234

习题 234

第 12 章 数据访问页 238

12.1 Access 的 Web 功能 238

12.1.1 Access 生成静态网页 238

12.1.2 数据访问页 239

12.2 创建数据访问页 240

12.2.1 自动创建数据页 240

12.2.2 使用向导创建数据访问页 241

12.2.3 使用设计视图创建数据访问页 242

12.3 设计数据访问页 242

12.3.1 使用设计视图创建 242

12.3.2 设置数据访问页的属性 243

12.3.3 添加控件 243

12.3.4 进一步修饰数据访问页 244

12.4 发布数据访问页 244

习题 245

第 13 章 宏 247

13.1 宏的概念 247

13.1.1 宏指令与宏编程 247

13.1.2 宏与 VBA 248

13.2 宏编程入门 248

13.2.1 “宏”设计窗口 248

13.2.2 宏的初步设计 249

13.2.3 宏组的使用 250

13.2.4 创建带条件的宏 250

13.2.5 运行宏 252

13.2.6 常用的宏操作 253

习题 253

课后题答案 256

参考文献 264

第 1 篇
Excel 的高级应用

Excel 是 Microsoft Office 办公系列软件中的电子表格处理软件，用于对表格式的数据进行处理、组织、统计和分析等。该软件从推出到现在经历了多个版本，每一个新版本的出现都是在原有基础上增加新功能，并且有很大的改进，使函数的结果更加精确，运算速度更快。本书以 Excel 2003 为范例介绍 Excel 的使用。

Excel 与其他同类软件比，具有界面友好、功能强大、操作方便等优点，因此，在金融、财务、单据报表、市场分析、统计、工资管理、工程预算、文秘处理、办公自动化等方面，Excel 是非常实用的工具。如果将 Excel 与 Office 中的其他工具软件配合使用（例如 Word、Access 等），可满足日常办公的文字和数据处理的需要，能真正实现办公自动化。

Excel 是一款强大的应用软件，但是只有在熟悉其基本操作的基础上，才能更进一步体会它的各项功能。Excel 的基本功能与操作，如格式设置、图表、排序、筛选、分类汇总等在计算机基础课程中均有介绍，本书只做简单叙述，对 Excel 的基本功能与操作不熟悉的同学，还须进一步查阅相关书籍参考学习。本篇重点介绍 Excel 的高级应用，最终使同学们在实际工作中能够较为熟练地运用 Excel 2003。

第1章 Excel 的基础知识与基本操作

【本章要点】

电子表格软件是职业人士认为最重要的软件，其使用频度非常高，在会计等某些重要领域其使用频度甚至超过了数据库和总账系统。Excel 界面直观，操作简单，无需烦琐的编程即可轻松实现数据分析和处理。

本章简要介绍了 Excel 的功能和基本操作，讲解了 Excel 文件的建立、打开、保存和保护等操作，还介绍了 Excel 的数据类型和各种类型数据的输入方法，在此基础上如何更加快速、有效地输入各种数据，提高输入效率，减少输入错误。要求学生重点掌握各种类型数据的输入方法，以及利用自定义序列、数据有效性规则等方法快速准确输入各种复杂数据。

1.1 Excel 简介

1.1.1 Excel 功能简介

Excel 电子表格是由行和列组成的矩阵，矩阵中的每一个元素作为一个存储单元能存放数值型的数据、文本和公式。在电子表格中可以方便地建立各种表格、图表，完成各种计算任务，分析数据和输出报表等。其主要功能和特点如下。

（1）具有直观易学的二维表界面，使各种复杂的编辑和计算操作变得简单、容易。

（2）具有操作记忆及多种表格处理等功能。能对删除、修改等所有编辑操作进行记忆，并可多级恢复。

（3）具有自动输入数据序列、动态复制公式的功能，使统计报表的制作变得非常容易。

（4）处理速度快、工作表的规模大，一个工作表由 65 536 行、256 列组成。

（5）具有对表格数据进行算术运算、关系运算和文本运算的功能。

（6）提供简单易学的函数使用方式，不需要记忆函数的格式和功能，也可方便地使用各种函数。

（7）具有便利地生成各种统计图表和编辑图表的功能。

（8）具有数据库的处理功能，Excel 把表格和数据库融为一体，对数据可进行排序、筛选、编辑和组织等操作，使用户更易学。

（9）提供数据分析、趋势预测和统计功能，如自动建立交叉数据分析表、单变量求解、模拟运算表、方案求解、规划求解、回归分析、相关性检验、移动平均、相关分析、方差分析、T 检验、变异数的分析等，为决策者提供了决策的依据。

（10）和 Word 一样，可以对数据和表格做各种格式设置和修饰，可以添加页眉/页脚，插入图片、图形等。

（11）具有与其他应用程序交换数据的功能。

（12）提供了 Visual Basic 设计语言，可以通过简单的编程，设计出符合自己要求的数据管理系统，使数据处理自动化。

（13）Excel 每一个功能的使用方法和技巧都可以在“帮助”菜单中找到。用户可以边用边学。

（14）提供了 Internet 功能，漫游 Web，从网上获取数据，创建 Web 页等。

1.1.2　Excel 的启动、退出和关闭

1. 启动 Excel

启动 Excel 是指运行 Excel 应用程序，与其他的 Windows 应用程序一样，有多种启动方法：可以单击“开始|程序|Microsoft Office|Microsoft Office Excel 2003”菜单命令，启动后，在 Excel 应用程序窗口内自动建立并打开一个新的空白的 Excel 文档窗口，并暂时默认命名为“Book1.xls”的文件；也可以双击桌面上的 Excel 快捷方式图标；还可以双击一个 Excel 文件，这时启动 Excel 的同时打开该文件。

2. 退出 Excel 程序

退出 Excel 是指终止 Excel 应用程序运行，关闭 Excel 应用程序窗口。有几种方法退出：单击“文件|退出”菜单命令；单击“标题栏”最右边的“关闭”按钮；按 Alt+F4 组合键。在退出 Excel 时，系统会依次关闭所有打开的 Excel 文档，如果被关闭的 Excel 文档在编辑后没有存盘，则系统会自动显示一个提示框询问是否保存，用户确认后，系统关闭所有文档后再退出。

3. 关闭 Excel 文件

关闭 Excel 是指关闭当前 Excel 文档窗口，并不退出 Excel。可以有几种方法关闭：单击“菜单栏”右侧的“关闭窗口”按钮 ×；单击“文件|关闭”菜单命令。如果同时关闭所有打开的 Excel 文档，按 Shift 键的同时选择“文件|全部关闭” 菜单命令，或按 Ctrl+F4 组合键。

1.1.3　Excel 的窗口、工作簿和工作表

启动 Excel 后，打开 Excel 应用程序窗口，如图 1-1 所示。Excel 应用程序窗口由标题栏、菜单栏、工具栏、名称框、编辑栏、状态栏和 Excel 文档窗口等组成。

1. “标题栏”与“菜单栏”

（1）标题栏：显示 Excel 文档名。标题栏的左侧是应用程序窗口控制框，右侧是应用程序窗口按钮，用于控制当前应用程序窗口的最小化、最大化/还原、关闭操作。

（2）菜单栏：显示菜单项（名）。菜单栏的左侧是文档窗口控制框，右侧是文档窗口按钮，用于控制当前文档窗口的最小化、最大化/还原、关闭操作。打开菜单项的操作方法：可以鼠标单击菜单名，也可以按 Alt 键同时键入菜单名后面括号内带下画线的字母键。

2. 工具栏

工具栏可以更方便地执行 Excel 的各种命令。Excel 提供了十几种用于各种不同用途的工具栏。在默认情况下，只显示“常用”工具栏和“格式”工具栏。可以根据需要，显示、隐藏、移动、新建或删除工具栏或工具栏上的按钮，具体操作参见 Excel 基本操作的相关书籍。

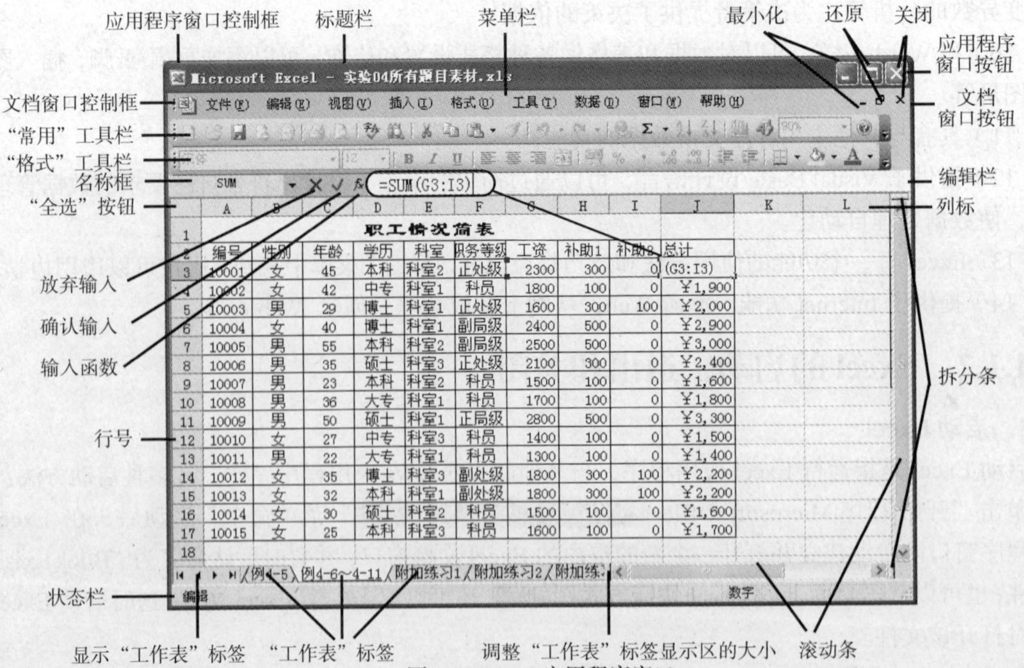

图 1-1　Excel 应用程序窗口

3. 名称框、编辑栏

（1）名称框：用于显示活动单元格的地址、定义的单元格区域名称或选定的单元格区域。

（2）编辑栏：用于输入、编辑和显示活动单元格的数据或公式。

4. Excel 文档窗口与工作簿

一个 Excel 应用程序窗口内可以打开多个 Excel 文件，默认的 Excel 文件扩展名为".xls"。Excel 文件（文档）也称为工作簿，占用一个 Excel 文档窗口。一个工作簿由一个或多个工作表组成，工作表的个数可以超过 255 个。

5. 工作表与工作表标签

（1）工作表与单元格。工作表由单元格、行号、列标、工作表标签等组成。工作表中的一个方格称为一个单元格，水平方向有 256 列单元格，垂直方向有 65 536 行单元格，因此，一个工作表由 65 536×256 个单元格组成。每一个单元格都有一个地址，地址由"列标"和"行号"组成。列标在前，行号在后。列标的表示范围为 A～Z，AA～AZ，BA～BZ，…，IA～IV，行号范围为 1～65 536。

例如，第 2 行第 3 列的单元格地址是"C2"。用鼠标单击一个单元格，该单元格被选定称为当前（活动）单元格。同时名称框显示单元格地址，编辑栏显示单元格内容。

（2）工作表标签。工作表标签是工作表的名字。鼠标单击工作表标签，使该工作表成为当前工作表。

1.1.4　文件的建立与打开

1. 新建空白文档

启动 Excel 后，系统自动建立并打开一个新的空白文档，并在当前 Excel 文档窗口打开，系统默认文件名为 Book1.xls。文档默认包含的工作表数为 3 个，要改变这个默认值，可以单击"工

具|选项”菜单命令，在“常规”选项卡的“新工作簿内工作表数”中可以设置 1～255 个。当然，如果设置为 255 个，千万不要认为一个工作簿最多只能包含 255 个工作表，仍然可以选择“插入|工作表”菜单命令，插入新的工作表，其工作表数量受内存容量的限制。

2. 用已有的“模板”建立 Excel 文档

Excel 提供了一些常用的模板，包括收支预算表、受益预测表、简单贷款计算器等，模板的扩展名为“.xlt”。如果制作的表格与模板中的某个表格类似，可以在模板的表格基础上，快速建立自己的表格。打开模板的操作步骤如下。

（1）选择“文件|新建”菜单命令，在文档窗口的右侧打开“新建工作簿”任务窗格。

（2）单击“本机上的模板”，在“模板”对话框中，单击“电子方案表格”选项卡。

（3）双击要打开的模板，如图 1-2 所示。

在有的模板中看不到表的列标、行号、工作表标签和单元格的网格线，也看不到单元格中的计算公式，实际上它们是隐藏了，可以通过选择“工具|选项”菜单命令，在“视图”选项卡选中“列标行号”、“工作表标签”和“水平滚动条”等，将它们显示出来。如果有的单元格不能修改，说明这些单元格已经被保护。有关单元格的保护操作见 1.1.5 小节内容。

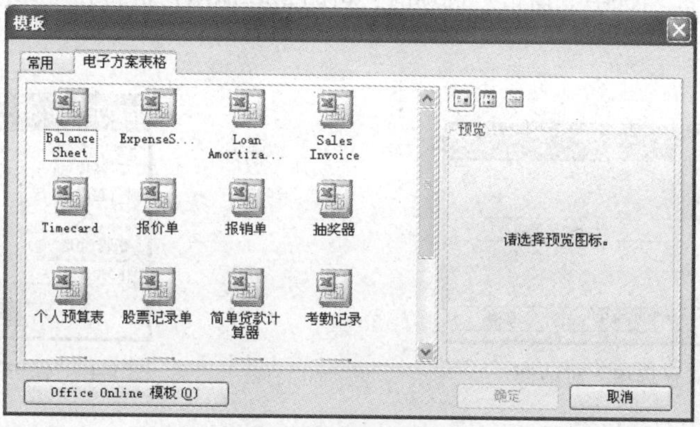

图 1-2　“模板”对话框

3. 建立模板

如果经常要建立某一类表格，可以将该类表格的框架保存到某一 Excel 文档文件中，使用时打开该文件即可。但是，如果使用的种类非常多，管理起来就会比较麻烦。较为方便的方法是将表格的框架以模板的形式保存到 Excel 的模板文件夹中，不需要记忆文件所在的位置，系统会默认保存在“Microsoft\Templates”文件夹中。建立模板的方法和建立文档一样，只是保存文件时，选择文件类型为“模板”即可。

4. 打开文档

打开文档是指将外存中的文档调入内存且在窗口中显示。打开的方法有多种，与其他应用程序的打开方法一致，这里就不做介绍，可以参照其他书籍。

1.1.5　文件的保存与保护

1. 文档的保存

保存文档是指将编辑好的文档以一定的文件名和文件类型保存在指定的外存储器中。保存的方法有多种，与其他应用程序的保存方法一致，这里就不做介绍，可以参见其他书籍。

2. 文档的保护

Excel 文档的保护可以针对文件、工作簿、工作表、单元格进行操作。

（1）设置文件打开或修改权限密码。如果不希望别人打开并且看到 Excel 文件内容，或者允许别人看到内容，但不允许修改内容，可以设置保存或修改密码。若设置了“打开权限密码”后，只有使用该密码才能打开该文档。若设置了“修改权限密码”后，只有使用该密码才能在修改该文档后覆盖原来的文档，否则只允许以“只读”方式打开，但允许另起名字保存到其他位置。加密的操作方法如下。

方法 1：选择“文件|另存为”菜单命令，单击“另存为”对话框中的“工具|常规选项”菜单命令，打开“保存选项”对话框，如图 1-3 所示，输入密码后单击“确定”按钮。

方法 2：选择“工具|选项”菜单命令，在“选项”对话框中选择“安全性”选项卡，设置密码后再保存，文档密码才起作用。

（2）保护工作簿。可以通过设置“保护工作簿”密码，实施对工作簿结构或工作簿窗口的保护。单击“工具|保护|保护工作簿”菜单命令，打开“保护工作簿”对话框，如图 1-4 所示。当选中“结构”选项时，可防止其他用户进行查看隐藏的工作表，或插入、移动、删除、隐藏，或更改工作表名称等操作。当选中“窗口”选项时，可防止其他用户进行在工作簿打开时，更改工作簿窗口的大小和位置。

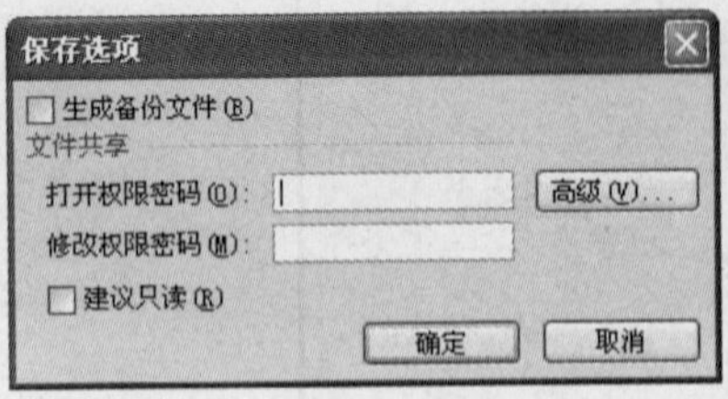

图 1-3 “保存选项”对话框

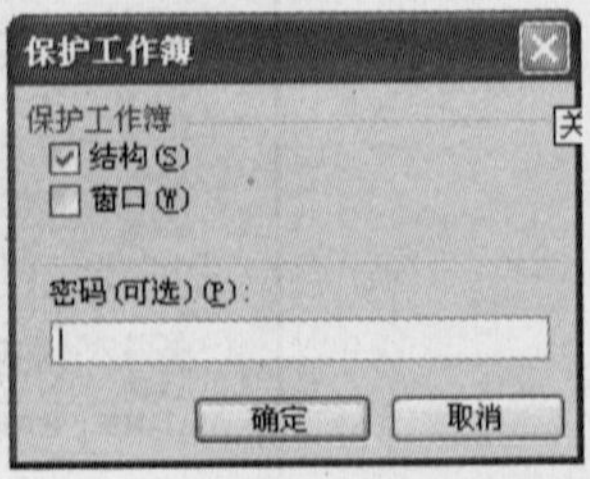

图 1-4 “保护工作簿”对话框

（3）保护工作表及单元格。可以通过设置“保护工作表”密码，实施对工作表中的行、列以及单元格的保护，防止其他用户进行查看保护工作表之前所隐藏的行或列以及隐藏的单元格中的公式，修改锁定的单元格等操作。

第一步，对单元格的锁定或隐藏。

使用“格式|单元格|单元格格式”菜单命令，选择对话框中的“保护”选项卡，选中“锁定”或“隐藏”复选框，如图 1-5 所示。

锁定单元格是指不允许对单元格进行编辑操作，隐藏单元格是指隐藏单元格中的公式。系统默认对工作表中的所有单元格都设置为“锁定”。

对单元格的锁定和隐藏设置只有在工作表实施保护时才有效。

第二步，保护工作表。

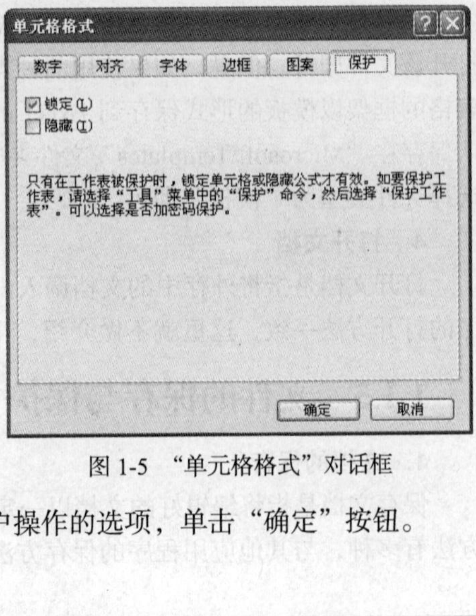

图 1-5 “单元格格式”对话框

单击“工具|保护|保护工作表”菜单命令，打开“保护工作表”对话框，如图 1-6 所示，设置密码和允许用户操作的选项，单击“确定”按钮。

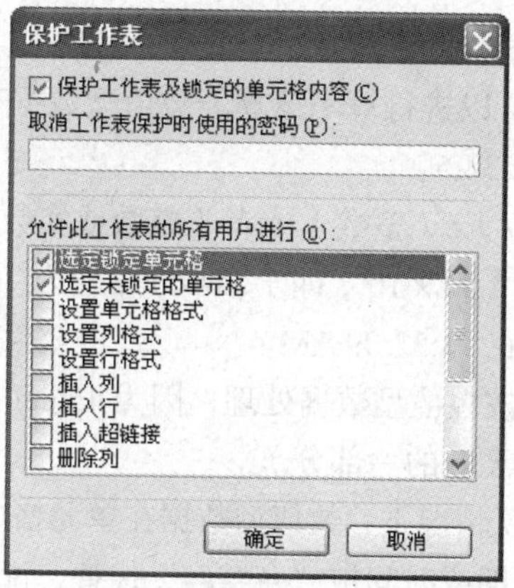

图 1-6　“保护工作表”对话框

1.2　数据类型与数据输入

要正确输入数据就必须了解何种数据可以输入到单元格中，输入数据时应注意不同格式类型的数据有不同的输入方法。

1.2.1　数据格式类型

系统定义的数据格式类型如表 1-1 所示。

表 1-1　数据类型

类　型	说　明
常规	该类型既无逗号也无小数点
数值	具有可供选择的千位分隔符及可供选择的小数位数
货币	具有可供选择的所有货币类型标记
会计专用	该类型可使一列数值符号和小数点对齐
日期	具有多种可供选择的显示日期的方式
时间	具有多种可供选择的显示时间的方式
百分比	输入的数据以百分数形式显示，小数点位数可以选择
分数	有 9 种显示方式
科学计数	输入的数据以科学计数形式显示
文本	将所输入的内容全部作为文本显示
特殊	如邮政编码、电话号码等
自定义	用户可以自己建立的数据类型

1.2.2　数据输入

1．数值型数据

Excel 中的数据可分为数值型、文本型和逻辑型。

（1）数值型数据：数值型数据一般由数字、正负号、小数点、¥、$、%、/、E（或 e）、AM、PM 组成。数值型数据的特点是可以进行算术运算。数值型数据有以下 3 种常用格式。

常规格式：100， 0.001，−1234.5。

科学记数格式：（整数或实数）e（整数）或者（整数或实数）E（整数）。

例如：输入 12.34E5 等价于 12.34×10^5，即 1 234 000；输入 12 E-3 等价于 12×10^{-3}，即 0.012。

日期和时间格式：10/01/2006，3:32:09 AM。

在 Excel 中，日期和时间均按数值型数据处理，因为 Excel 将日期存储为数字序列号，而时间存储为小数（时间被看作“一天”的一部分）。

（2）输入数值型数据：在默认情况下，数值型数据在单元格中右对齐，有效数字为 15 位（非 0 数字）。如果单元格中数字、日期或时间被“######”代替，说明单元格的宽度不够，增加单元格的宽度即可。

在单元格中输入分数的方法是：先输入零和空格，然后再输入分数。

表 1-2 为输入数据的格式及在编辑栏和单元格中的显示效果。

表 1-2 输入数据

输入数据	格　式	编辑栏显示	单元格显示	说　明
12345678901234567	默认常规	12345678901234500	123457 E+16	有效位为 15 位
0 3/2	默认分数	1.5	1 1/2	
−0 7/3	默认分数	−2.33333333333333	−2 1/3	
0 /7/3	默认日期	2000/7/3	2000/7/3	或者 2000-7-3
2.5e3	默认科学记数	2500	2.50E+03	
123e2	默认科学记数	12300	1.23E+04	
12e-4	默认科学记数	0.0012	1.20E-03	

2. 日期格式与输入

日期和时间都是数值型数据，可以显示为数值格式或日期格式。

（1）日期和时间的格式

① 日期格式与输入。日期的分隔符有“/”、“-”两种，在输入日期时可以选择其中之一，但是显示的格式由当前系统的默认显示格式决定。

例如，输入“2006/10/1”，Excel 默认的“常规”日期显示格式有“2006/10/1”，或者“2006-10-1”，或者“2006.10.1”。

更改默认的日期显示格式，见后面“更改日期的默认格式”介绍。

如果输入“2006/10/1”，希望显示“2006 年 10 月 1 日”或者“1-Oct-06”或者“二零零六年十月一日”，可以选择“格式|单元格...”菜单命令，在“单元格格式”对话框中选择合适的日期类型格式。

② 时间格式与输入。表示时间的小时、分、秒之间用“:”分隔，格式为“小时：分：秒”。

如果在单元格中同时输入日期和时间，先输入时间或者先输入日期均可，中间要用空格分开。

如果输入时间“2:30:10”系统默认为是上午，等价于“2:30:10 AM”。如果在时间后面加一个空格后输入“PM”或“P”，系统认为是下午，也可以采用 24 小时制表示。

更改系统默认的时间格式，可选择图 1-7 中的“时间”选项卡。

表 1-3 所示为常用的输入日期和时间的格式以及显示格式。

（2）1900 与 1904 日期系统

在默认情况下，Excel 是 1900 日期系统。约定 1900 年 1 月 1 日是数字序列号 1（第 1 天）。例如，2006 年 10 月 1 日是数字序列号是 38991，即从 1900 年 1 月 1 日算起，2006 年 10 月 1 日是第 38 991 天。

除了默认的 1900 日期系统外，在 Excel 中还可以选择 1904 年日期系统。若采用 1904 年日期系统，1904 年 1 月 1 日的数字序列号为 1。

更改日期系统的方法是：选择“工具|选项”菜单命令，选中“重新计算”选项卡或清除“1904 年日期系统”复选框。

表 1-3　　输入日期和时间

输入数据	格　式	单元格显示	编辑栏显示	说　明
3/2	默认日期	3 月 2 日	2008-3-2	默认为输入时的系统年份
2006/10/1	默认日期	2006-10-1	2006-10-1	或者 2006/3/2
2006-10-1	默认日期	2006-10-1	2006-10-1	或者 2006/3/2
1:50 P	默认时间	1:50 PM	13:50:00	
1:50	默认时间	1:50	1:50:00	

（3）有关输入年份的特殊约定

① 省略输入年份。如果没有输入年份，只输入月和日，Excel 认为是当前计算机系统的年份。

② 输入两位数字的年份。Excel 对输入两位数字年份有特殊的约定。因此为了保证准确性，应尽可能输入 4 位数字的年份。当然，为了简便输入，可以采取输入两位数字的年份。在默认情况下 Excel 可能按以下方法解释两位数字的年份：00 到 29 为 2000 年到 2029 年；30 到 99 为 1930 年到 1999 年。

当然，可以用下面介绍的方法改变这个默认的两位数字年份。

（4）更改日期的默认格式

无论更改日期的显示格式，还是更改默认的两位数字的年份，都可以按以下步骤操作。

① 单击“开始|控制面板”菜单命令，选择“日期、时间、语言和区域设置”的“区域和语言选项”。

② 单击“区域选项”选项卡，选择“中国”，再单击“自定义”按钮，弹出对话框如图 1-7 所示。

③ 在“日期”选项卡中，可以改变默认的两位数字年份，也可以更改默认日期格式的分隔符为“/”、“-”或者“.”。

在图 1-7 中，还可以改变货币、时间、数字和排序的默认格式。

（5）输入当前的日期和时间

① 输入当前计算机系统的日期：同时按“Ctrl+;”组合键。

② 输入当前计算机系统的时间：同时按“Shift+Ctrl+;”组合键。

③ 输入当前计算机系统的日期和时间：同时按“Ctrl+;”组合键，然后按空格键，最后按“Shift+Ctrl+;”键。

用上述方法输入的日期和时间是固定值，不会随着计算机系统的日期变化而改变。若希望输入的日期和时间能随着计算机系统的日期和时间自动更新，可以用 TODAY 或 NOW 函数完成（详见第 4 章中的日期函数）。

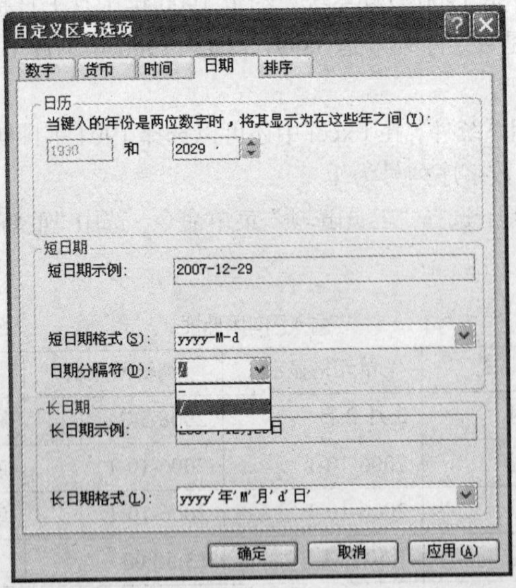

图 1-7　自定义区域选项

3. 文本型、逻辑型数据的输入

（1）文本型数据的输入。文本型数据由汉字、字符串或数字串组成。文本型数据的特点是可以进行字符串运算，不能进行算术运算（除数字串以外）。

如果在单元格中输入 A10、100 件、职员、12A 等，都认为是文本型的数据。

在默认情况下，输入的文本型数据在单元格中左对齐。输入文本型数据，一般不需要输入定界符双引号或单引号。如果输入的内容有数字和文字（或字符），系统则认为是文本型数据。例如，输入“100 元”，系统认为是文本型数据，不能参加数值计算。如果希望输入“100”能自动显示为“100 元”，并且“100 元”还能参加计算，只需要改变数据的显示格式即可（参照自定义数字格式）。

若文本型的数据出现在公式中，文本型数据要用英文的双引号引起来（用中文的双引号会出错的）。

输入由数字符号组成的字符串的方法如下。

在输入身份证号、学号、职工号、电话号码、邮政编码、产品代号等不需要计算的由数字符号组成的编号时，只须在数字串前面加一个单引号“'”（英文单引号），即可以将数字符号输入为文本型数据，或输入前先设置单元格的数据类型为文本。

例如：输入“'010013”后，系统自动将其作为文本数据并左对齐。

（2）逻辑型数据的输入。逻辑型数据有两个，TRUE（真值）和 FALSE（假值）。可以直接在单元格中输入逻辑值 TRUE 或 FALSE，也可以通过输入公式得到计算的结果为逻辑值。

例如，在某个单元格输入公式“=3<4”，结果为 TRUE。

例如，在 C2 单元格中输入公式“=B2="男"”，若在 B2 单元格中输入“男”，则 C2 单元格中结果为 TRUE，否则为 FALSE。注意，公式中字符串要用英文半角双引号引起来。

4. 自定义数字格式

Excel 提供了许多内置数字格式，如果这些格式无法满足需要，可以自定义数字格式。

在“单元格格式”对话框中选择“数字”选项卡，然后选择“自定义”选项，在“类型”中输入数字格式准则，即可进行数字格式定义，如图 1-8 所示。

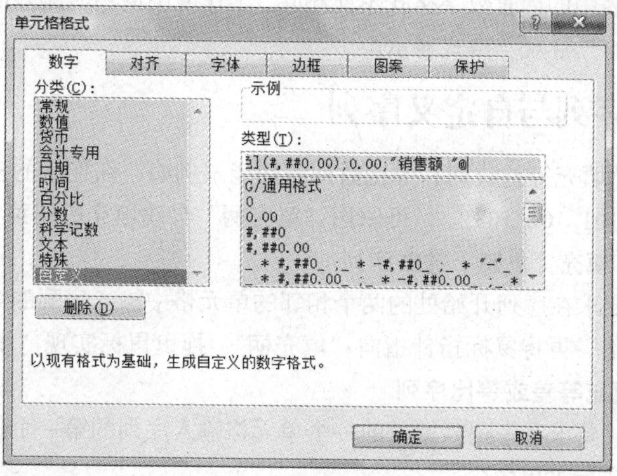

图 1-8　自定义数字格式

（1）自定义数字格式的准则。若要创建自定义数字格式，首先选择某一内置数字格式，然后更改该格式的任意代码部分，从而创建自己的自定义数字格式。

数字格式最多可包含 4 个代码部分，各个部分用分号分隔。这些代码部分按先后顺序定义正数、负数、零值和文本的格式。

<正数>;<负数>;<零>;<文本>

例如，可以使用这些代码部分创建以下自定义格式：

[蓝色]#,##0.00_);[红色](#,##0.00);0.00;"销售额 "@

自定义数字格式中无须包含所有代码部分。如果仅为自定义数字格式指定了两个代码部分，则第一部分用于正数和零，第二部分用于负数。如果仅指定一个代码部分，则该部分将用于所有数字。如果要跳过某一代码部分，然后在其后面包含一个代码部分，则必须为要跳过的部分包含结束分号。

自定义这些数字格式所使用的代码应遵循 Excel 的规则，这些规则因为篇幅所限在此不做介绍，可查阅 Excel 的帮助。

（2）创建自定义数字格式。根据前面介绍的自定义数字格式准则，可以创建需要的格式。创建步骤如下。

① 打开要创建并存储自定义数字格式的工作簿。

② 打开“设置单元格格式”对话框，选择“数字”选项卡。

③ 在“分类”框中，单击“自定义”，如图 1-8 所示。

④ 在“类型”列表中，选择要自定义的数字格式。

⑤ 选择的数字格式将显示在“类型”列表上方的“类型”框中。

注释：在“类型”列表中选择一种内置数字格式时，Excel 将创建该数字格式的自定义副本。“类型”列表中的原始数字格式是不能更改或删除的。

⑥ 在“类型”框中，对所选的数字格式进行必要的更改。

注释：自定义数字格式存储在创建该格式的工作簿中，在任何其他工作簿中都不可用。若要在新的工作簿中使用自定义格式，可以将当前工作簿另存为 Excel 模板，并在该模板基础上创建新工作簿。

（3）删除自定义数字格式。在“类型”列表中，选择要删除的自定义数字格式，将其删除即可。

注释：“类型”列表中的内置数字格式不能删除。工作簿中使用所删除的自定义格式设置的所有单元格都将以默认的“常规”格式显示。

1.2.3 输入序列与自定义序列

Excel 提供了自动填充等差数列和等比数列的功能。例如，在连续的多个单元格输入一组编号是连续的数字序列 101, 102, 103,…，可以用“填充柄”自动填充或用菜单命令完成。

1. 用“填充柄”填充（复制）数据序列

填充等差序列，要求在序列开始处的两个相邻的单元格中输入序列的第一个和第二个数值，然后选定这两个单元格，再将鼠标指针指向“填充柄”，拖曳鼠标实现“填充序列”。

2. 用菜单命令填充等差或等比序列

用菜单命令填充，要求在序列开始处的一个单元格输入序列的第一个值，然后选定这个单元格或一组单元格，再执行菜单命令。

3. 自动填充文字序列

在 Excel 内部已经定义了一些常用的文本序列，例如“星期”、“月份”和“季度”等序列。在图 1-9 所示的对话框中“自定义序列”选项卡左侧的“自定义序列”列表中列出了所有文字型的序列，若希望输入其中的某个序列，只需要在单元格中输入序列中的一项，然后通过用“填充柄”实现输入序列中的其他项。

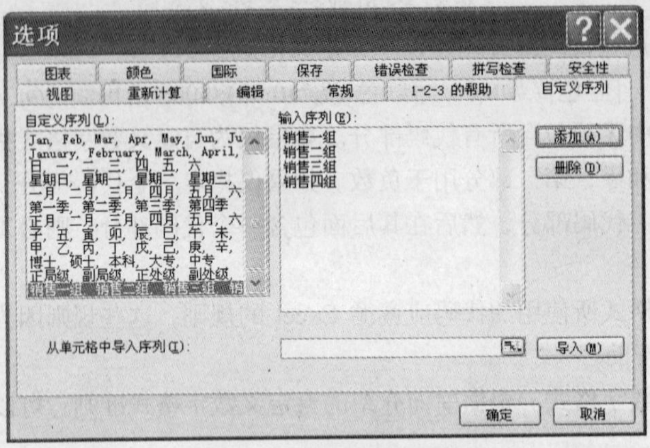

图 1-9　添加自定义序列

4. 自定义序列

如果经常输入某个特定的序列，并且该序列又不在 Excel 自定义序列的列表中，则可以定义该序列到 Excel 自定义序列的列表中，今后使用时输入序列中的一项，其他项的输入可以拖曳“填充柄”完成。

例如，自定义序列“销售一组、销售二组、销售三组、销售四组”的操作方法如下。

方法 1：

① 在相邻单元格输入序列“销售一组、销售二组、销售三组、销售四组”（如图 1-10 所示的 A1：A4 单元格）；

② 选定序列（例如选定 A1：A4 单元格区域）；

③ 单击“工具|选项”菜单，选中“自定义序列”选项卡，单击“导入”按钮后确定。

方法 2：

① 单击“工具|选项”菜单，在“自定义序列”选项卡的“自定义序列”列表中选中“新序列”；

② 在右侧输入序列：销售一组、销售二组、销售三组、销售四组（用英文逗号或回车符分隔），单击“添加”按钮即可（如图 1-10 所示）。

	A
1	销售一组
2	销售二组
3	销售三组
4	销售四组

图 1-10　导入自定义序列

1.3　数据有效性

利用 Excel“数据”菜单中的“有效性”命令，使用有效性功能可以控制一个范围内的数据类型、范围等，其实利用它还可以快速、准确地输入一些数据。

1.3.1　数据有效性验证

Microsoft Excel 数据有效性验证使用户可以定义要在单元格中输入的数据类型，以避免用户输入无效的数据，或者允许输入无效数据，但在用户结束输入后进行检查，还可以提供信息，以定义期望在单元格中输入的内容，以及帮助用户改正错误的输入。

当所设计的表单或工作表要被其他人用来输入数据（例如，预算表单或支出报表）时，数据有效性验证尤为有用。

1. 可以验证的数据类型

Excel 可以为单元格指定以下类型的有效数据。

数值：指定单元格中的数据必须是整数或小数。可以设置最小值或最大值，将某个数值或范围排除在外，或者使用公式计算数值是否有效。

日期和时间：设置最小值或最大值，将某些日期或时间排除在外，或者使用公式计算日期或时间是否有效。

文本长度：限制单元格中可以输入的字符个数，或者要求至少输入的字符个数。如输入学号，必须为 12 位。

值列表：为单元格创建一个选项列表（如小、中、大），只允许在单元格中输入这些值。用户单击单元格时，将显示一个下拉箭头，从而使用户可以轻松地在列表中进行选择。

2. 可以显示的消息类型

对于所验证的每个单元格，都可以显示两类不同的消息：一类是用户输入数据之前显示的消息，称为输入消息。另一类是用户尝试输入不符合要求的数据时显示的消息，称为错误消息。如果用户已打开 Office 助手，则助手将显示这些消息。

输入消息：一旦用户单击已设置验证的单元格，便会显示此类消息。可以通过输入消息来提供有关要在单元格中输入的数据类型的提示。

错误消息：仅当用户输入无效数据并按 Enter 键时，才会显示此类消息。可以从以下三类错误消息中进行选择。

① 信息消息：此类消息不阻止输入无效数据。除所提供的文本外，它还包含一个消息图标、一个“确定”按钮（用于在单元格中输入无效数据）和一个“取消”按钮（用于恢复单元格中的前一个值）。

② 警告消息：此类消息不阻止输入无效数据。它包含用户提供的文本、警告图标和三个按钮："是"用于在单元格中输入无效数据；"否"用于返回单元格进一步进行编辑；"取消"用于恢复单元格的前一个值。

③ 停止消息：此类消息不允许输入无效数据。它包含用户提供的文本、停止图标和两个按钮："重试"用于返回单元格进一步进行编辑；"取消"用于恢复单元格的前一个值。请注意，不能将此类消息作为一种安全措施：虽然用户无法通过键入和按 Enter 键输入无效数据，但是可以通过复制和粘贴或者填充数据的方式来通过验证。

如"输入无效数据时显示出错警告"复选框未被选中，则输入的数据无效时，也不会出现任何提示信息，但 Excel 会标记用户输入数据是否有效，以便以后进行检查。

【例 1-1】某公司人力资源部需要录入员工基本情况表，包括编号、部门、姓名、性别及出生日期几个字段。由于部门和性别字段为需要频繁重复录入的内容，我们希望能采用"下拉式菜单（值列表）"的方式录入。

实现"下拉列表"效果的操作方法如下。

方法 1：输入下拉列表框中列表选项的值。

例如，设置"性别"列的下拉列表。

（1）选择要设置有效性规则的单元格，如选中 D 列，选择"数据|有效性"命令，弹出"数据有效性"对话框。

（2）在"有效性条件"中选择"序列"。

（3）然后在"来源"中输入"男,女"，并选择"忽略空值"和"提供下拉箭头"，如图 1-11 所示。请注意，下拉列表的选项间一定要用英文逗号"，"隔开。

（4）单击"确定"按钮后，就可以看到单元格的效果了。当选中单元格，并单击下拉箭头后就可以看到如图 1-12 所示的效果。

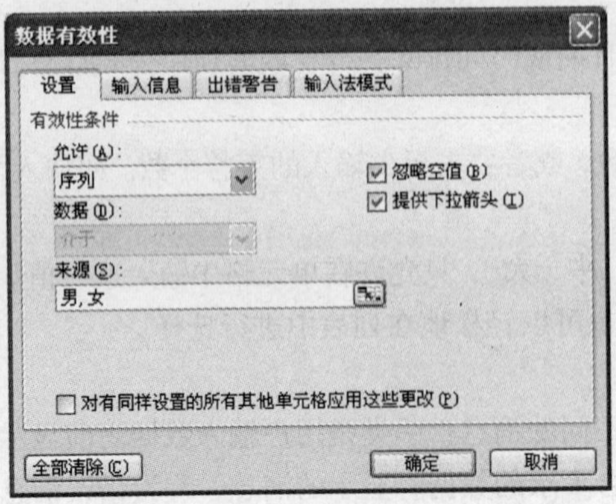

图 1-11 "下拉式菜单"的设置

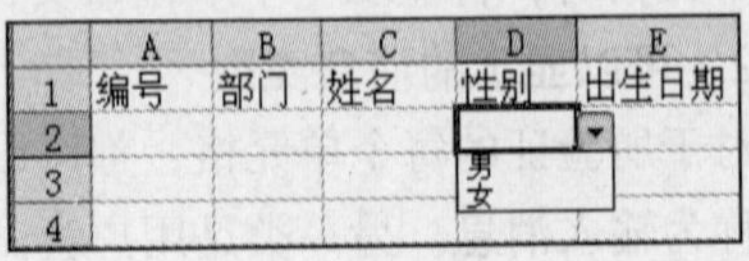

图 1-12 "下拉式菜单"输入效果

若想修改有效性设置，首先选中"对有同样设置的所有其他单元格应用这些更改"，然后在"数据有效性"对话框的"来源"中直接修改就可以了。

方法二：选择已输入的值作为列表框的列表选项。

例如，设置"部门"列的下拉列表。

（1）在工作表的其他地方（所建立的表格之外）将值列表的内容写好，如图 1-13 所示。

（2）选择"数据|有效性"命令，然后在"有效性条件"中选择"序列"。

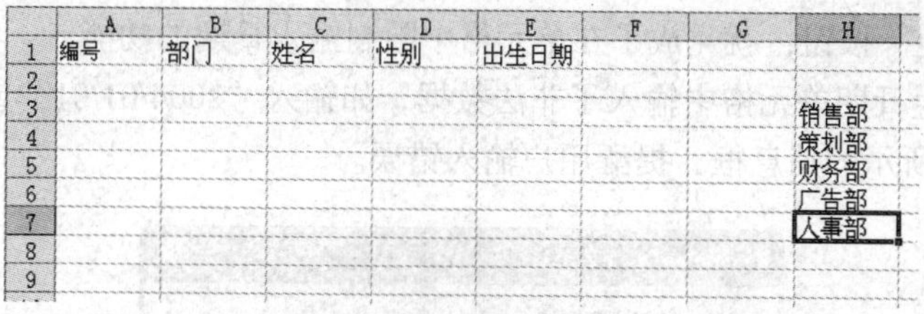

图 1-13　输入值列表的内容

（3）单击“来源”右边的区域选择按钮，如图 1-14 所示。

（4）选择已设置好的值列表内容的区域，如本例中的$H$3:$H$7，然后单击“确定”按钮。若要使用已命名的单元格区域，键入等号“=”，随后键入区域的名称（区域的命名详见第 2 章内容），即可得到如图 1-15 所示的效果。

以此种方式建立的下拉列表内容的修改，只需要直接修改存放下拉列表的数据区域即可。

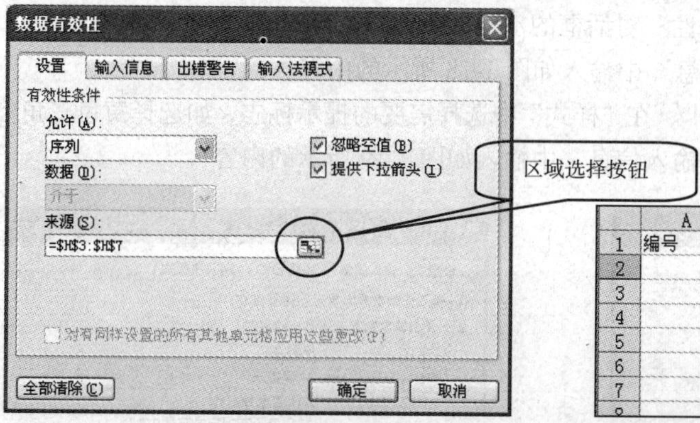

图 1-14　选择值列表内容区域图

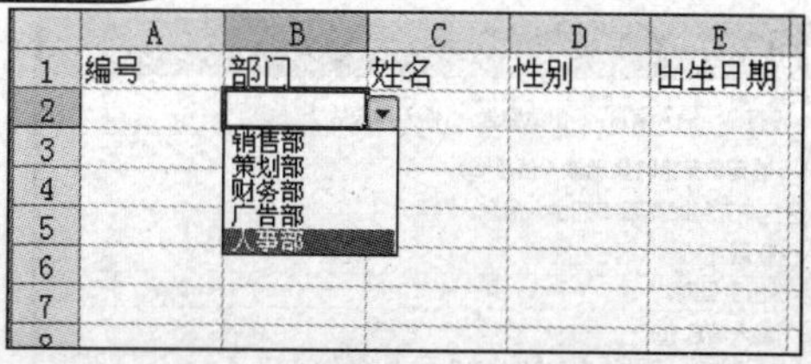

图 1-15　“下拉式菜单”输入效果

Excel 的“有效性”功能除了能将单元格设计成“下拉列表”的形式外，还可以对单元格中输入的数据进行限制，如限制单元格中输入的数字在“0～9”范围等。

【例 1-2】在上述人事资料表中，“出生日期”字段仅限于输入日期格式，日期输入范围为“1940/01/01”至“1990/01/01”。具体操作步骤如下。

（1）选取需要进行数据输入限制的单元格，如本例中的 E 列；

（2）选择“数据|有效性”命令，“有效性条件”选择“日期”；

（3）在“开始日期”和“结束日期”中输入如图 1-16 所示的数据；

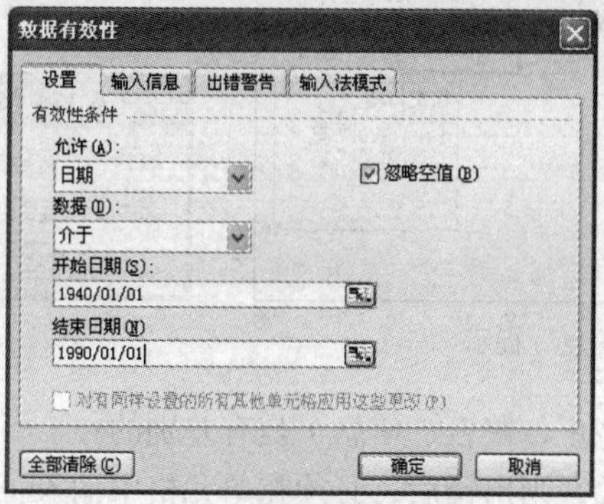

图 1-16　设置日期范围

（4）单击“确定”按钮，就完成了在单元格中限制输入日期的功能；

（5）如果在出生日期单元格中输入了非法数据，如输入“2004/01/01”或者输入的是文字，就会弹出如图 1-17 所示的消息框，提醒用户输入错误。

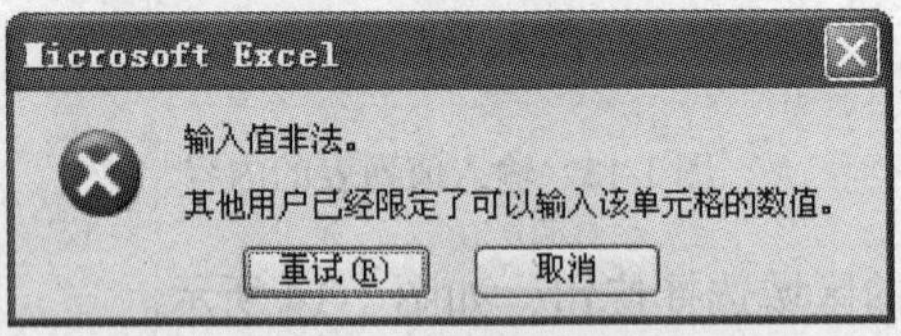

图 1-17　错误消息框

错误消息框并非千篇一律，通过“数据有效性”所提供的其他功能，提示应该输入什么样的合法数据，一旦输入了非法数据，弹出的消息框告知错误的原因，让对话框变得比较友好。

具体操作步骤如下：

① 选取 E 列，选择“数据有效性”对话框的“输入信息”选项卡；

② 分别在“标题”和“输入信息”中输入如图 1-18 所示的内容；

③ 继续单击“出错警告”选项卡，在“样式”中选择需要的提示标志，如选择黄色三角形的“警告”样式，然后在“标题”和“输入信息”中输入如图 1-19 所示的内容；

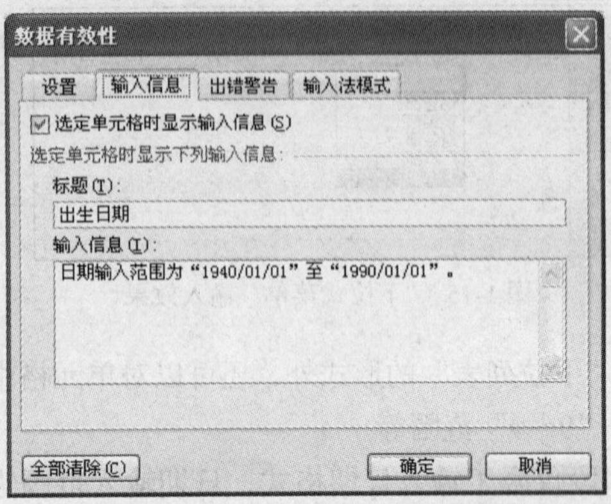

图 1-18　“输入信息”选项卡

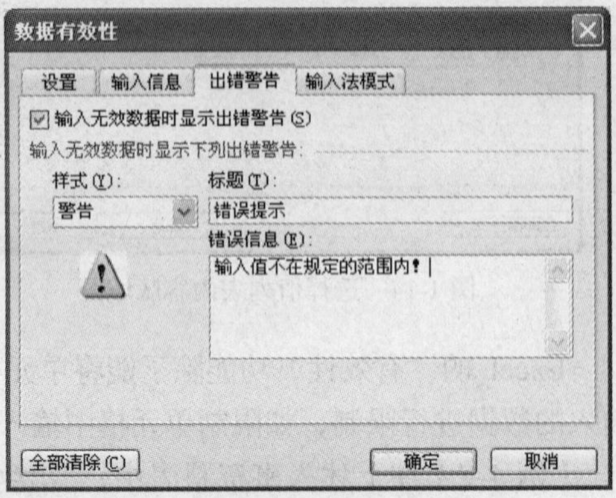

图 1-19　“出错警告”选项卡

④ 单击“确定”按钮后，请选定该单元格，则屏幕出现如图 1-20 所示的提示信息；

⑤ 再次在单元格中输入非法数据，则出现如图 1-21 所示的效果。

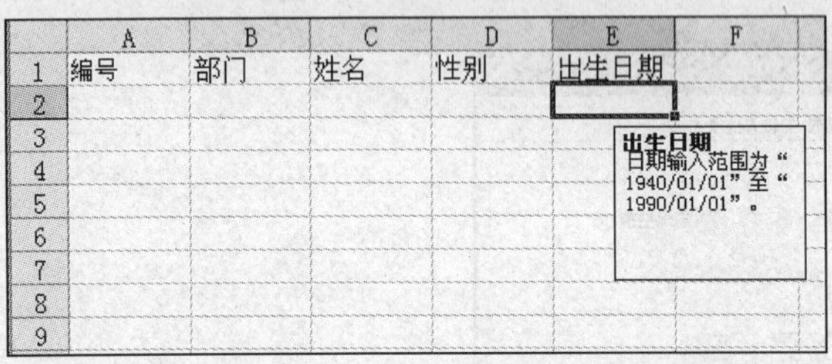

图 1-20　“输入信息”提示

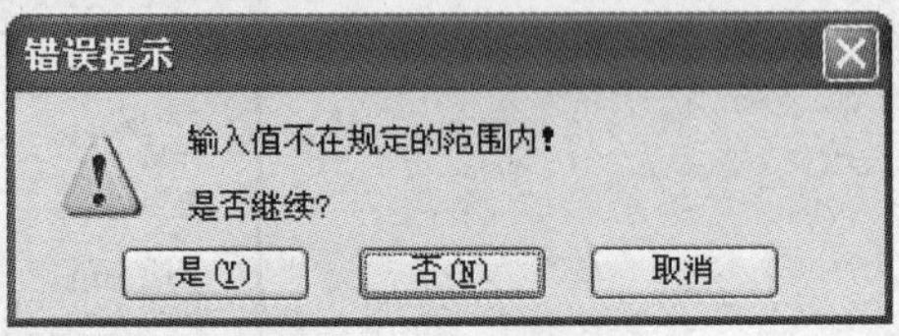

图 1-21　出错警告

出错警告的不同样式（停止、警告、信息）是有差别的：

第一，选择“停止”样式，则出错后，必须在单元格中输入正确的数据；

第二，选择“警示”样式，既可以选择修改原先输入的数据，也可以强行选择“是”，此时仍可在单元格中输入不符合要求的数据；

第三，选择“信息”样式，会提醒用户输入的数据不合乎要求，但选择确定后，数据仍然会被输入到单元格中。

要取消单元格的有效性设置，只须选定有效性功能，单击“全部清除”即可清除数据的有效性。

通过“数据有效性”还可以限制输入的类型为“整数”、“小数”，甚至“自定义”等，这些限制性条件都能够帮助用户对于单元格进行数据输入的限制，用法要视具体的需求而定。

1.3.2 无效数据的标识

数据有效性只用于直接在单元格中键入数据时显示信息和阻止无效输入。当数据是以复制、填充的方式输入时，将不会出现有效性消息，因而不能阻止输入无效数据。

若要识别含有无效数据的单元格，单击“工具|公式审核|显示‘公式审核’工具栏”菜单命令，再单击“圈释无效数据”按钮，可以将含有无效数据的单元格圈注出来。若要取消圈释，则单击“清除无效数据标识圈”按钮即可。

习 题

一、选择题

1．在 Excel 工作表中，如果没有预先设定工作表的对齐方式，系统默认数值型数据的对齐方式是（　　）。

A．左对齐　　B．中对齐　　C．右对齐　　D．不确定

2．在 Excel 中，按 Delete 键，能实现的操作是（　　）。

A．清除指定单元格的数据内容

B．清除指定单元格的数据内容，同时清除单元格的格式

C．清除选定单元格的数据内容、格式和批注

D．清除指定单元格的数据内容，后面单元格的内容替代当前单元格的内容

3．在 Excel 中，如果在单元格中键入较长内容，并希望单元格的文字能自动换行显示，可先选定该单元格，然后（　）即可实现。

A．用鼠标拖曳缩小该单元格的宽度

B．在该单元格中键入回车

C．单击“格式”菜单“单元格”命令，在“对齐”选项卡选中“自动换行”

D．用鼠标拖曳增多该单元格的高度

4．在 Excel 中，如果某个单元格不能正确显示计算结果，而是显示一行与单元格等宽的“#”时，说明（　　）。

A．单元格公式不符合 Excel 的书写格式

B．单元格的宽度不够

C．计算结果超出 Excel 所能表示的范围

D．单元格中含有 Excel 不认识的字符

5．在 Excel 中，如果关系运算的结果是“真”值，用（　　）来表示逻辑值。

A．1　　B．Y　　C．YES　　D．TRUE

6．在 Excel 中，若 C2 单元格没有设置格式，向 C2 输入“01/2/4”，则 C2 可能显示（　　）。

A．1/8　　B．0.125　　C．2001-2-4　　D．1/2/4

7．在 Excel 的某单元格内输入文本型数字串“1234”，正确的输入方法是（　　）。

A．1234　　B．'1234　　C．=1234　　D．"1234"

8．在 Excel 中，如果要在单元格内输入当前日期，可以在按 [Ctrl] 键的同时按（　　）键。

A．“[;]”　　B．“[:]”　　C．“[/]”　　D．“[-]”

9．在 Excel 工作表中，向当前单元格输入文本型数据时，默认为（　　）。

A．左对齐　　B．居中对齐　　C．右对齐　　D．两端对齐

10．在 Excel 表格中，单元格的数据填充（　　）。

A．与单元格的数据复制是一样的　　B．与单元格的数据移动是一样的

C．必须在相邻单元格中进行　　D．不一定在相邻单元格中进行

11．在工作表中的某个单元格内直接键入“6-20”，Excel 认为这是一个（　　）。

A．数值　　B．字符串　　C．时间　　D．日期

12．用（　　），可使该单元格显示 0.3。

A．6/20　　B．“6/20”　　C．=“6/20”　　D．=6/20

13．下列序列中，不能直接利用自动填充快速输入的是（　　）。

A．星期一、星期二、星期三……　　B．第一类、第二类、第三类……

C．甲、乙、丙……　　D．Mon、Tue、Wed…

14．在 Excel 文字处理时，强迫换行的方法是在需要换行的位置按（　　）键。

A．[Ctrl]+[Enter]　　B．[Ctrl]+[Tab]　　C．[Alt]+[Tab]　　D．[Alt]+[Enter]

15．在 Excel 中设定日期时，要想有前置零的数字（01～31）显示日期数，应使用日期格式符为（　　）。

A．d　　B．dd　　C．ddd　　D．dddd

二、填空题

1．在 Excel 2003 的单元格中，作为常量输入的数据可以有数字和文字，常规单元格中的数字________对齐，文字________对齐。

2．要想在 Excel 2003 的工作表中的同一行或同一列复制数据，可通过鼠标指针移位到选定区域右下角的称为________上拖动方法进行。

3．若需要在单元格中显示分数 “3/4”（四分之三），应输入________。

4．如图 1-22 所示，A1、A2 单元格均为日期型，A3 中公式为“=A2-A1”，则按 [Enter] 键后，A3 单元格中将显示________。

5．若要在当前单元格中输入计算机系统时间，应使用组合键________。

6．若要在当前单元格中输入计算机系统日期，应使用组合键________。

三、思考题

1．在单元格中输入身份证号码“370101199607070285”，可是输入后发现单元格及编辑栏中显示如图 1-23 所示。如果要正确显示身份证号码，应该如何操作？

2．要想在单元格中显示“1/2”，可是输入后发现单元格中显示“2009 年 1 月 2 日”，如果要正确显示所需格式，应该如何操作？

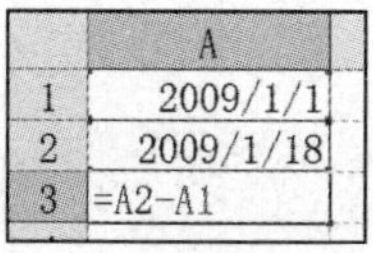

图 1-22　日期格式单元格

图 1-23　单元格显示界面

3．要想在单元格中显示“013030”，可是输入后发现单元格中显示“13030”，如果要正确显示所需格式，应该如何操作？

4．采用下拉式列表输入职工性别，如图 1-24 所示，但完成操作后发现下拉列表出现如图 1-25 所示的情况，该如何修改？

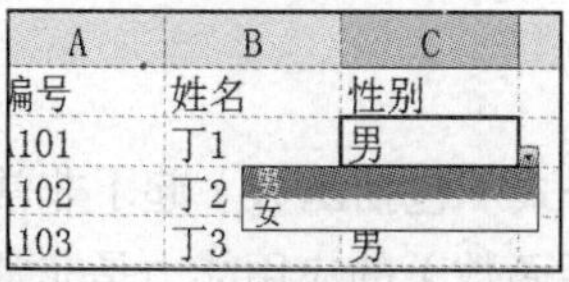

图 1-24　下拉式列表输入界面

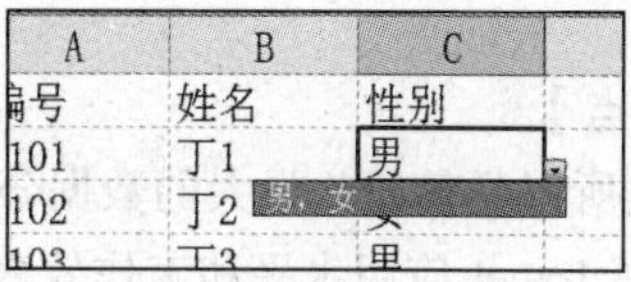

图 1-25　操作后界面

5．如果自定义罗马数字序列，在“自定义序列”对话框中输入如图 1-26 所示的序列，是否正确？

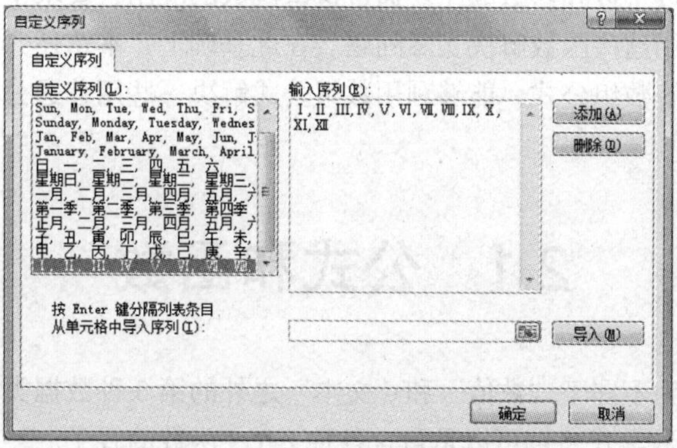

图 1-26　自定义罗马数字序列

6．如何为一个工作簿设置密码？“打开权限密码”和“修改权限密码”有何不同？

7．“保护工作表”和“保护工作簿”有何不同？如果需要锁定某些单元格不允许用户编辑，应如何操作？如果需要隐藏单元格中公式，应如何操作？如果想要禁止用户删除工作表，应如何操作？

第2章 函数应用基础

【本章要点】

Excel 之所以具备如此强大的数据分析与处理功能，公式（包括函数）起了非常重要作用。要想有效提高 Excel 应用水平和工作效率，提高公式（包括函数）的应用能力是非常有效的途径之一。

本章介绍使用 Excel 公式应用的相关基本知识和与公式应用相关的两个重要工具：引用和函数。本章重点介绍一些最基本、最重要、最常用的函数，要求学生熟练掌握这些函数的功能、各函数参数的意义以及参数个数和参数顺序。通过这些函数的应用，要求学生熟练掌握公式和函数的各种操作，并能够使用这些函数解决实际问题。在此基础上，本章还介绍了数组公式的概念及使用方法，要求学生理解数组公式，能够利用数组公式解决一些用普通公式无法解决或较难解决的问题。

2.1 公式和函数

我们把“公式”列为不同于“数值”和“文本”之外的第 3 种数据类型。它的特点是以“=”号开头，可以是简单的数学式，也可以是包含各种 Excel 函数的式子。

1．公式

Excel 中的“公式”是指由用户自行设计对工作表进行计算和处理的式子，其内部可以包括函数、引用、运算符和常量。以公式“=SUM(E1：H1)*A1+26”为例，它要以等号“=”开始，式中的“SUM( )”是函数，“A1”、“E1：H1”是对单元格 A1 和 E1 到 H1 的引用（使用其中存储的数据），“26”是常量，“*”和“+”则是算术运算符（另外还有比较运算符、文本运算符和引用运算符等）。如果函数要以公式的形式出现，它必须有两个组成部分，一个是函数名称前面的等号，另一个则是函数本身。

如果公式中同时用到多个运算符，Excel 将按表 2-1 所示的顺序进行运算。

若要更改求值的顺序，须将公式中要先计算的部分用括号括起来。

2．函数

Excel 函数即是预先定义、执行计算、分析等处理数据任务的特殊公式，或通俗地讲，函数是预先编写的公式，可以对一个或多个值执行运算，并返回一个或多个值。函数可以简化和缩短工作表中的公式，尤其在用公式执行很长或复杂的计算时。以常用的求和函数 SUM 函数为例，它的语法是“SUM（number1,number2,...）”。其中“SUM”称为函数名称，一个函数只有唯一的

一个名称，它决定了函数的功能和用途。函数名称后紧跟左括号，接着是用逗号分隔的称为参数的内容，最后用一个右括号表示函数结束。参数是函数中最复杂的组成部分，它规定了函数的运算对象、顺序或结构等。按照函数的来源，Excel 函数可以分为内置函数和扩展函数两大类。前者只要启动了 Excel，用户就可以使用它们，Excel 的内置函数有 300 多个；而后者必须通过单击“工具|加载宏”菜单命令加载，然后才能像内置函数那样使用。

表 2-1　运算符优先级

运算符	说明	
:（冒号）	区域运算符	引用运算符
（单个空格）	交叉运算符	
,（逗号）	联合运算符	
–	负号（如 - 1）	算术运算符
%	百分比	
^	乘幂	
* 和 /	乘和除	
+ 和 –	加和减	
&	连接两个文本字符串（文本运算符）	
= < > <= >= <>	比较运算符	

学习函数时首要一点，是搞清楚这个函数实现什么功能、返回什么值。使用函数得出答案和自己建立公式得出答案是有些差别的。自已建立公式，必须搞清楚每个细节，而使用函数则不必。Excel 的帮助文档也是根据这一点来解释函数的功能的。

2.2　函数的参数

函数右边括号中的部分称为参数，假如一个函数可以使用多个参数，那么参数与参数之间使用半角逗号进行分隔。参数可以是常量（数字和文本）、逻辑值（如 TRUE 或 FALSE）、数组、错误值（如#N/A）或单元格引用（如 E1:H1），甚至可以是另一个或几个函数等。参数的类型和位置必须满足函数语法的要求，否则将返回错误信息。

1．常量

常量是直接输入到单元格或公式中的数字或文本，或由名称所代表的数字或文本值，例如，数字“2890.56”、日期“2003-8-19”和文本“电视机”都是常量。但是，公式或由公式计算出的结果都不是常量，因为只要公式的参数发生了变化，它自身或计算出来的结果就会发生变化。

2．逻辑值

逻辑值是比较特殊的一类参数，它只有 TRUE（真）或 FALSE（假）两种类型。例如，在公式“=IF(A3=0,"",A2/A3)”中，“A3=0”就是一个可以返回 TRUE（真）或 FALSE（假）两种结果的参数。当“A3=0”为 TRUE（真）时在公式所在单元格中填入空值，否则在单元格中填入“A2/A3”的计算结果。

3. 数组

数组是相同数据类型的集合。数组公式用于产生一个或多个结果，可以对存放在行和列中的一组参数进行计算。

Excel 中有常量和区域两类数组。前者放在“{}”内部，而且内部各列的数值要用逗号“,”隔开，各行的数值要用分号“;”隔开。例如，要表示第 1 行中的 56、78、89 和第 2 行中的 90、76、80 这样一组数，即建立一个 2 行 3 列的常量数组应表示为“{56,78,89;90,76,80}”。

区域数组是一个矩形的单元格区域，该区域中的单元格共用一个公式。例如，公式“=B1:B3*A1:A3”作为数组公式使用时，它所引用的矩形单元格区域“B1:B3”和“A1:A3”就是一个区域数组。

4. 错误值

使用错误值作为参数的函数主要是信息函数，例如，“ERROR.TYPE”函数就是以错误值作为参数。它的语法为“ERROR.TYPE(error_val)”，如果其中的参数是#NUM!，则返回数值“6”。

5. 单元格引用

单元格引用是函数中最常见的参数，引用的目的在于标识工作表单元格或单元格区域，并指明公式或函数所使用数据的位置，公式或函数可同时引用多个单元格，或同一个单元格被多个公式或函数引用。引用的单元格可以是和公式同一个工作表的，也可以是同一工作簿的其他工作表的，还可以是其他工作簿中的。

默认情况下，Excel 使用 A1 引用样式，此样式引用字母标识列（从 A 到 IV，共 256 列），引用数字标识行（从 1 到 65536）。这些字母和数字称为行号和列标。若要引用某个单元格，可以输入列标和行号。例如，B2 引用列 B 和行 2 交叉处的单元格。经常使用的单元格引用方式如表 2-2 所示。

表 2-2　单元格引用方式

若要引用	请 使 用
列 A 和行 10 交叉处的单元格	A10
在列 A 和行 10 到行 20 之间的单元格区域	A10:A20
列 A 到列 E 和行 10 到行 20 之间的单元格区域	A10:E20
行 5 中的全部单元格	5:5
行 5 到行 10 之间的全部单元格	5:10
列 H 中的全部单元格	H:H
列 H 到列 J 之间的全部单元格	H:J

当将单元格内的公式复制到其他单元格的时候（可以使用复制、粘贴命令或填充柄），单元格的引用根据公式所在单元格的位置发生变化而变化情况，我们可以将引用分为相对引用、绝对引用和混合引用 3 种类型。

（1）相对引用。以存放在 F2 单元格中的公式“=SUM(A2:E2)”为例，当公式由 F2 单元格复制到 F3 单元格以后，公式中的引用也会变化为“=SUM(A3:E3)”。若公式自 F 列向下继续复制，“行标”每增加 1 行，公式中单元格地址的行标也自动加 1。也就是说，公式中的相对单元格引用（如 A1）是基于包含公式和单元格引用的单元格的相对位置。如果公式所在单元格的位置改变，引用也随之改变。默认情况下，新公式使用相对引用。

（2）绝对引用。如果上述公式改为“=SUM($A$3:$E$3)”，则无论公式复制到何处，其引用的位置始终是“A3:E3”区域，即公式所在单元格的位置改变，绝对引用保持不变。

（3）混合引用。混合引用有“绝对列和相对行”，或是“绝对行和相对列”两种形式。前者如“=SUM($A3:$E3)”，后者如“=SUM(A$3:E$3)”。如果公式所在单元格的位置改变，则相对引用的行或列改变，而绝对引用的列或行不变。

（4）三维引用。上面几个实例引用的都是同一工作表中的数据，如果要分析同一工作簿中多张工作表上的数据，或不同工作簿中的数据，就要使用三维引用。

① 引用同一工作簿中其他工作表的单元格。例如，公式放在工作表 Sheet1 的 C6 单元格，要引用工作表 Sheet2 的“A1:A6”和 Sheet3 的“B2:B9”区域进行求和运算，则公式中的引用形式为“=SUM(Sheet2!A1:A6,Sheet3!B2:B9)”。也就是说三维引用中不仅包含单元格或区域引用，还要在前面加上带“!”的工作表名称。

② 引用不同工作簿中的工作表的单元格。如果要引用的数据来自另一个工作簿，例如，工作簿 Book1 中的 SUM 函数要绝对引用工作簿 Book2 中的数据，其公式为“=SUM([Book2]Sheet1!$A$1:$A$8, [Book2]Sheet2! $B$1:$B$9)”，也就是在原来单元格引用的前面加上“[Book2]Sheet1!”。放在中括号里面的是工作簿名称，带“!”的则是其中的工作表名称，即当跨工作簿或工作表引用单元格或区域时，引用对象的前面必须用“!”作为工作表分隔符，用中括号作为工作簿分隔符。不过三维引用要受到较多限制，例如，不能使用于数组公式，三维引用不能与交叉引用运算符（空格）一起使用等。

提示

上面介绍的是 Excel 默认的引用方式，称为“A1 引用样式”。如果要计算位于“宏”内的行和列，必须使用“R1C1 引用样式”。在这种引用样式中，Excel 使用“R”加“行标”和“C”加“列标”的方法指示单元格位置。启用或关闭 R1C1 引用样式必须单击“工具|选项”菜单命令，打开对话框的“常规”选项卡，选中或清除“设置”下的“R1C1 引用样式”选项。由于这种引用样式很少使用，限于篇幅本文不做进一步介绍。

通过键盘直接输入公式中的每个单元格地址及引用是比较麻烦的，这里介绍两个引用单元格的输入技巧。

（1）选中存放公式的单元格输入“=”号后，用鼠标左键单击一下引用的单元格即可输入。用这种方法输入公式不仅快速，而且由于是通过直观的单击，所以也不容易出错。如果要输入单元格区域，则用鼠标选择相应的区域即可。

（2）要改变公式中的引用方式时，将光标移动到引用地址处，可以通过 F4 键来完成，反复按 F4 键可以在 4 种引用类型中循环选择。例如，在编辑栏中输入“=B4”，按一下 F4 键，变为“=$B$4”，再按一下 F4 键，变为“=B$4”，再按一下 F4 键，变为“=$B4”，最后按一次 F4 键，又返回了开始的“=B4”。

6. 嵌套函数

除了上面介绍的情况外，函数也可以是嵌套的，即一个函数是另一个函数的参数，例如，有如下公式：

=IF(MOD(MID(A1，17，1),2)=1,"男","女")

该公式用于判断 18 位身份证号码的第 17 位是否是奇数进而来判断性别，其中公式中的 IF 函数使用了嵌套的 MOD 函数，MOD 函数又使用了嵌套的 MID 函数。

7. 名称和标志

为了更加直观地标识单元格或单元格区域，从而更容易理解公式的含义，我们可以给它们赋予一个名称，从而在公式或函数中直接引用。例如“B2:B46”区域存放着学生的物理成绩，计算平均分的公式一般是“=AVERAGE(B2:B46)”。将 B2:B46 区域命名为“物理分数”以后，该公式就可以变为“=AVERAGE(物理分数)”，从而使公式变得更加直观。

给一个单元格或区域命名的方法如下。

（1）选中要命名的单元格或单元格区域。

（2）鼠标单击编辑栏顶端的“名称框”，在其中输入名称，然后按回车键确认，注意，一定要按回车键作为确认，否则命名不成功；或单击“插入|名称|定义”菜单命令，在打开的“定义名称”对话框中输入名称后确定即可，如图 2-1 所示。

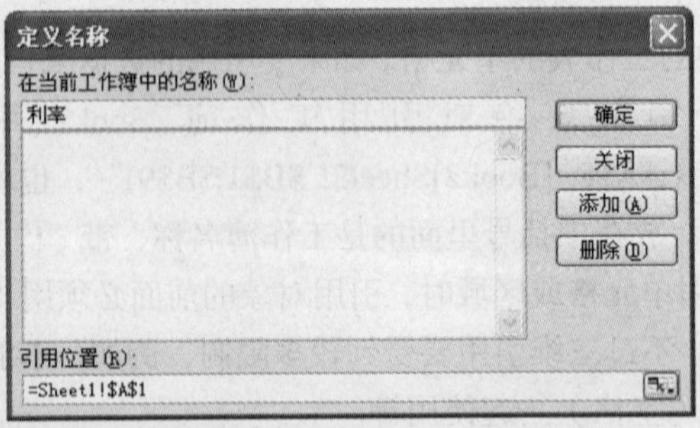

图 2-1 “定义名称”对话框

如果要删除已经命名的区域，可以按相同方法打开“定义名称”对话框，选中要删除的名称删除即可。

给单元格或单元格区域命名的名称要符合以下要求：

（1）允许使用的字符名称的第一个字符必须是字母或下画线，名称中的字符可以是字母、数字、句号和下画线；

（2）名称中不能包含空格；

（3）名称不能使用其他单元格的名称；

（4）名称的最大字符长度为 255；

（5）名称中不区分大小写。

由于 Excel 工作表多数带有“列标志”，例如，一张成绩统计表的首行通常带有“序号”、“姓名”、“数学”、“物理”等“列标志”（也可以称为字段），如果单击“工具|选项”菜单命令，在打开的对话框中单击“重新计算”选项卡，选中“工作簿选项”选项组中的“接受公式标志”选项，公式就可以直接引用“列标志”了。例如，“B2:B46”区域存放着学生的物理成绩，而 B1 单元格已经输入了“物理”字样，则求物理平均分的公式可以写成“=AVERAGE(物理)”。

需要特别说明的是，创建好的名称可以被所有工作表引用，而且引用时不需要在名称前面添加工作表名（这就是使用名称的主要优点），因此名称引用实际上是一种绝对引用。而公式引用“列标志”时的限制较多，它只能在当前数据列的下方引用，不能跨越工作表引用，但是引用“列标志”的公式在一定条件下可以复制。从本质上讲，名称和标志都是单元格引用的一种方式。因为它们不是文本，使用名称和标志时都不能用引号将名称和标志引起来。

2.3 函数输入方法

对 Excel 公式而言，函数是其中的主要组成部分，因此公式输入问题可以归结为函数输入问题。

1. "插入函数"对话框

"插入函数"对话框是 Excel 输入公式的重要工具，以公式"=SUM(Sheet2!A1:A6, Sheet3!B2:B9)"为例，Excel 输入该公式的具体过程如下：

（1）选中存放计算结果（即需要应用公式）的单元格；

（2）单击编辑栏（或工具栏）中的"fx"按钮，或单击"插入|函数"菜单命令，则表示公式开始的"="出现在单元格和编辑栏中；

（3）在打开的"插入函数"对话框中的"选择函数"列表里找到"SUM"函数。如果需要的函数不在里面，可以打开"或选择类别"下拉列表进行选择，如图 2-2 所示；

（4）单击"确定"按钮，打开"函数参数"对话框，如图 2-3 所示。

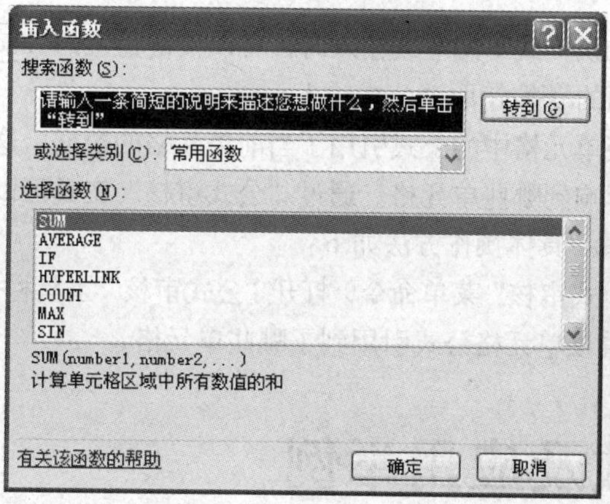

图 2-2 "插入函数"对话框

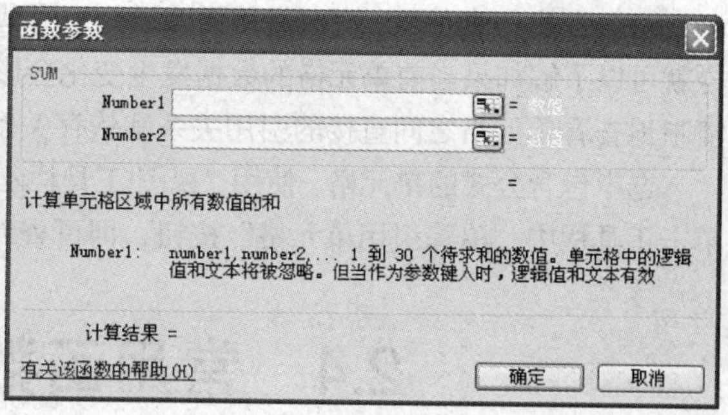

图 2-3 "函数参数"对话框

对 SUM 函数而言，它可以使用从 Number1 开始直到 Number30 共 30 个参数。首先应当把光标放在对话框的"Number1"框中，单击相应工作簿中的工作表标签，例如"Sheet2!"，"Sheet2!"即可自动进入其中，接着鼠标拖动选中要引用的区域即可。再按相同方法选择要引用的单元格区域即可。

上述方法的最大优点就是引用的区域很准确，特别是三维引用时不容易发生工作表或工作簿名称输入错误的问题。

2. 编辑栏输入

输入公式尤其是输入嵌套层次较多的公式时，使用直接在编辑栏中输入的方法将更加快捷。操作步骤如下：

（1）选中存放计算结果的单元格；

（2）鼠标单击 Excel 编辑栏，按照公式的组成顺序依次输入各个部分；

（3）公式输入完毕后，单击编辑栏中的"输入"（即"√"）按钮（或回车）即可。

手工输入时同样可以采取上面介绍的方法引用区域，以公式"=SUM(Sheet2!A1:A6,

Sheet3!B2:B9)”为例，可以先在编辑栏中输入“=SUM ()”，然后将光标插入括号中间，再按上面介绍的方法操作就可以输入公式了。但是，分隔引用之间的逗号必须用手工输入，而不能像“插入函数”对话框那样自动添加。

参数工具提示：在键入函数时，会出现一个带有语法和参数的工具提示。例如，键入=ROUND()时，工具提示就会出现，如图 2-4 所示。工具提示只在使用内置函数时出现。

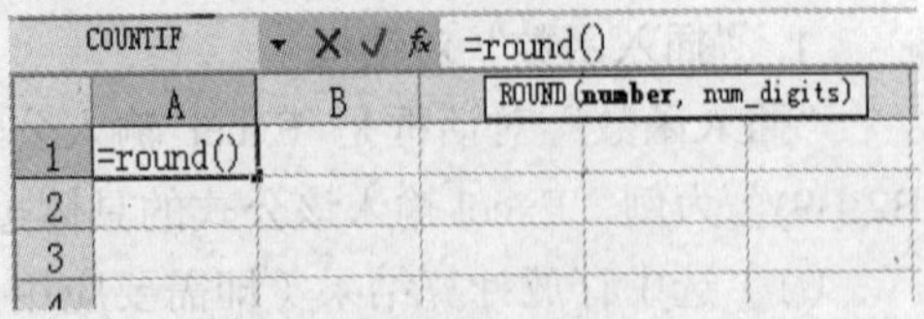

图 2-4　参数工具提示

3. 有关公式的其他操作

（1）公式的修改：已编辑好的公式如果需要修改，可用鼠标左键双击公式所在单元格，进入公式编辑状态，进行编辑。

（2）公式的显示：输入公式后，通常单元格中显示公式及函数的计算结果。若有较多公式需要修改，往往希望能够显示公式本身，而不是公式结果，此时，可以使用快捷方式 Ctrl+～键进行公式本身和公式结果的显示切换。

（3）公式的复制：除使用“填充柄”进行公式复制外，还可以使用“复制”命令对公式进行复制，然后使用“选择性粘贴”命令，打开“选择性粘贴”对话框，然后可以根据具体情况选择“是”复制公式，还是仅复制公式的计算结果。

（4）公式的取消：输入公式过程中，若输入错误，或不想继续输入时，可以按键盘上的 Esc 键退出输入状态，或单击图 2-4 中公式编辑框左侧的 × 按钮取消公式输入。

（5）查找公式引用：有时候需要知道到底哪些单元格中的公式引用了当前单元格的数据，这样就可以了解如果当前单元格的数据发生变化会影响到哪些单元格。通过“公式审核”工具可以清晰地查看单元格之间直接的引用关系和依存关系。具体操作方法如下：

选中包含公式的单元格，使用“视图|工具栏|公式审核”菜单命令，打开“公式审核”工具栏，单击工具栏中“追踪引用单元格”按钮，即可查看该单元格公式引用到了哪些单元格。

2.4　常用函数及应用举例

2.4.1　常用函数及功能简介

Excel 提供了众多函数，像 SUM、AVERAGE、MAX、MIN、COUNT、IF、COUNTIF、SUMIF 等都是经常使用的函数，应熟练掌握它们的用法。Excel 常用函数及功能简介如表 2-3 所示。

表 2-3　Excel 中的常用函数及功能简介

函　数	函数功能	参数说明	函数类型
COUNT(value1,value2,...)	计算单元格区域或数字数组中数字字段的输入项个数	value1, value2, ...　为包含或引用各种类型数据的参数（1 到 30 个），但只有数字类型的数据才被计算	统计
COUNTIF (Range, Criteria)	统计某个单元格区域中符合指定条件的单元格数目	Range：要统计的单元格区域；Criteria：指定的条件表达式	统计
COUNTA(value1, value2,...)	返回参数列表中非空值的单元格个数	value1，value2, ...　参数个数为 1 到 30 个，可以是任何类型，可以包括空字符 ("")，但不包括空白单元格	统计

续表

函　　数	函数功能	参数说明	函数类型
COUNTBLANK(range)	计算指定单元格区域中空白单元格的个数	Range 为需要计算其中空白单元格个数的区域	统计
AVERAGE (number1, number2…)	求出所有参数的算术平均值	number：需要求平均值的数值或引用的单元格区域（1～30 个）	数学和三角
SUM (number1, number2，…)	计算所有参数数值的和	number1，number2，…需要计算的值，可以是具体的数值、引用的单元格（区域）、逻辑值等	数学和三角
SUMIF (Range, Criteria,Sum_Range)	计算符合指定条件的单元格区域内的数值和	Range：条件判断的单元格区域； Criteria：指定条件表达式； Sum_Range：需要计算的数值所在的单元格区域	数学和三角
IF(Logical,Value_if_true, Value_if_false)	根据对指定条件的逻辑判断的真假结果，返回相对应的内容	Logical 代表逻辑判断表达式； Value_if_true 表示当判断条件为逻辑“真（TRUE）”时的显示内容，如果忽略返回“TRUE”； Value_if_false 表示当判断条件为逻辑“假（FALSE）”时的显示内容，如果忽略返回“FALSE”	逻辑
LEN (text)	统计字符串中字符数目	text：要统计的文本字符串	文本
LEFT (text, num_chars)	从字符串的第一个字符开始，截取指定数目的字符	text：被截取字符的字符串； num_chars：给定的截取数目	文本
RIGHT (text, num_chars)	从字符串的最后一个字符开始，截取指定数目的字符	text：被截取字符的字符串； num_chars：给定的截取数目	文本
MID (text, start_num, num_chars)	从字符串的指定位置开始，截取指定数目的字符	Text：一个文本字符串； start_num：指定的起始位置； num_chars：要截取的数目	文本
TODAY（ ）	给出系统日期	该函数不需要参数	日期和时间
MAX (number1, number2，…)	求出一组数中的最大值	需求最大值的数值或引用单元格区域（1～30 个）	统计
MIN (number1, number2，…)	求出一组数中的最小值	需求最小值的数值或引用单元格区域（1～30 个）	统计
LARGE(array,k) SMALL(array,k)	返回数据集中第 k 个最大/小值	array 为需要从中选择第 k 个最大/小值的数组或数据区域。k 为返回值在数组或数据单元格区域中的位置（从大到小或从小到大排）	统计
RANK (Number,ref, order)	求出某一数值在一列数值中的相对于其他数值的排位	Number：需要排序的数值； ref：排序数值所处的单元格区域； order：排序方式参数，默认 0 为降序	统计
TEXT (value, format_text)	根据指定的数值格式将相应的数字转换为文本形式	value：须转换的数值或引用单元格； format_text：指定文字形式的数字格式	文本
VALUE（text）	将一个代表数值的文本型字符串转换为数值型	text：需要转换文本型字符串数值	文本

2.4.2 应用举例

【例 2-1】统计个数

注意观察图 2-5 中 C 列的公式，理解函数的功能。其中 B 列是 6 个月的存款记录，注意“空白”单元格和文本数据对统计函数的影响。

	A	B	C	D
1	月份	存款额	公式	说明（结果）
2	1月	2000	=COUNT(B2:B7)	统计数值型单元格个数（4）
3	2月		=COUNTA(B2:B7)	统计非空单元格的个数（5）
4	3月	1000	=COUNTBLANK(B2:B7)	统计空单元格的个数（1）
5	4月	4000	=COUNTIF(B2:B7,">2000")	统计超过2000的单元格个数（2）
6	5月	已取出		
7	6月	3000		
8				

图 2-5　统计函数

【例 2-2】基于条件对数字进行求和

利用 SUMIF 函数对表中的发票数据求和公式及说明如图 2-6 所示。

	A	B	C	D
1	销售人员	发票		
2	Buchanan	15000		
3	Buchanan	9000		
4	Suyama	8000		
5	Suyama	20000		
6	Buchanan	5000		
7	Dodsworth	22500		
8				
9	说明（结果）			公式
10	Buchanand的发票总和（29000）			=SUMIF(A2:A7,"Buchanan",B2:B7)
11	大于或等于9，000的大额发票的总和（66500）			=SUMIF(B2:B7,">=9000",B2:B7)
12	小于9000的小额发票的总和（13000）			=SUMIF(B2:B7,"<9000",B2:B7)
13	小于9000的小额发票的张数（2）			=COUNTIF(B2:B7,"<9000")

图 2-6　利用 SUMIF 函数求和公式

【例 2-3】计算区域中的最小数或最大数及排名

对表中数据求最大或最小和排名公式及说明如图 2-7 所示。

	A	B	C	D
1	数据	名次		
2	10	=RANK(A2,A$2:A$7)		
3	7	=RANK(A3,A$2:A$7)		
4	9	=RANK(A4,A$2:A$7)		
5	27	=RANK(A5,A$2:A$7)		
6	0	=RANK(A6,A$2:A$7)		
7	4	=RANK(A7,A$2:A$7)		
8				
9	公式		说明（结果）	
10	=MIN(A2:A7)		区域中的最小数（0）	
11	=MAX(A2:A7)		区域中的最大数（27）	
12	=SMALL(A2:A7,2)		区域中第二个最小的数（4）	
13	=LARGE(A2:A7,3)		区域中第三个最大的数（9）	

图 2-7　求最大或最小及排名公式

2.5 数组公式

Excel 中数组公式非常有用，尤其在不能使用工作表函数直接得到结果时，数组公式显得特别重要，它可建立产生多值或对一组值而不是单个值进行操作的公式。

数组公式是对一组或多组值执行多重计算，并返回一个或多个结果。数组公式括于花括号“{}”中。按Ctrl+Shift+Enter组合键可以输入数组公式，Microsoft Excel 自动在花括号“{}”之间插入公式。数组区域共用一个公式。

2.5.1 数组公式的操作

1. 输入数组公式

首先必须选择用来存放结果的单元格区域（可以是一个单元格），在编辑栏输入公式，然后按Ctrl+Shift+Enter组合键锁定数组公式，Excel 将在公式两边自动加上花括号“{}”。

注意

不要自己键入花括号，否则，Excel 认为输入的是一个正文标签。

例如，在 A1 到 B3 区域输入如下数据：

A1=1，B1=4，

A2=2，B2=5，

A3=3，B3=6。

A1：B3 也可以认为是个数组，它是一个三行两列的数组。我们可以以数组的方式输入。如选中工作表中的 A1：B3 区域，输入如下公式：={1,4;2,5;3,6}，按Ctrl+Shift+Enter组合键即可将数组中的数据输入到选择的单元格区域中。

现在我们要把它转置一下（使用 TRANSPOSE()函数），就是变成两行三列的数组，使结果为：

C1=1，D1=2，E1=3，

C2=4，D2=5，E2=6。

如果在 C1 单元格输入公式：=TRANSPOSE(A1:B3) ，输完之后按Ctrl+Shift+Enter组合键，这时只显示 A1 单元格的数据。因为转置过来的数组是 6 个数，不可能放在一个单元格。这时候再把 C1：E2 选中（不要把 C1 中公式删除），将光标置于编辑栏（激活编辑栏），按Ctrl+Shift+Enter组合键即可。

对于数组常量的内容，可由下列规则构成。

（1）数组常量可以是数字、文字、逻辑值或错误值。

（2）数组常量中的数字，也可以使用整数、小数或科学记数格式。

（3）文字必须以双引号引起来。

（4）同一个数组常量中可以含有不同类型的值。

（5）数组常量中的值必须是常量，不可以是公式。例如，{2*3,3*3,4*3}是不可用的。

（6）数组常量不能含有货币符号、括号或百分比符号。

（7）所输入的数组常量不得含有不同长度的行或列。例如，{1,2,3;1,2}就无法引用了。

注意：有些函数的参数为常量数组，在数值参数外要用花括号{}，公式外不用，输入时也不必按 Ctrl+Shift+Enter 组合键。如输入公式：=MAX({23,24,25,22})，按 Enter 键，结果显示为 25。

2. 编辑数组公式

编辑数组公式时，须选取数组区域并且激活编辑栏，公式两边的花括号将消失，然后编辑公式，结束按 Ctrl+Shift+Enter 组合键。选取数组公式所占有的全部区域后，按 Delete 键即可删除数组公式。

当要单独更改数组区域中其中一个单元格时，系统会认为正在更改部分单元格的数据源，如此会导致数据源不一致的现象，从而导致与其他相关单元格脱离关系，这样数组公式就失去作用，所以系统不允许更改数组公式的部分内容。这样的好处是可以维护数据的完整性，做到与数据源总是有一致的对应关系。

如果不想继续对数组公式进行编辑，可按 Esc 键退出编辑状态。

3. 数组参数的使用

数组公式最大的特征就是所引用的参数是数组参数，包括区域数组和常量数组。区域数组是一个矩形的单元格区域，如 A1:D5。常量数组是一组给定的常量，如{1,2,3}或{1;2;3}或{1,2,3;1,2,3}，数组公式中的常量数组必须自己键入花括号“{}”将数组常量括起来，并且用“,”和“;”分离元素。其中“,”分离不同列的值，“;”分离不同行的值。

使用不在工作表中的数组时，公式仅占用一个单元格时也需要以数组的方式输入。其具体原则是：一个公式使用了数组，并且这个数组不在工作表上，就应该使用数组的方式输入这个公式。

例如，假设要将 A1：A50 区域中的所有数值舍入到 2 位小数位，然后对舍入的数值求和。很自然地就会想到使用公式：=ROUND(A1，2)+ROUND(A2，2)+…+ROUND(A50，2)。

这样复杂的公式，我们可以用数组公式来简化。因为数组 ROUND(A1：A50，2)并不在工作表中，因此要使用数组的方式输入公式，即{=SUM(ROUND(A1：A50，2))}。

4. 数组公式产生的结果

数组公式是对一组数据进行同样的操作，所以一般数组公式能计算出多个结果。若再对多个结果进行求和等运算，也可以产生一个计算结果。

（1）计算多个结果。使用数组公式能计算出多个结果，并将其输入到与数组参数具有相同列数和行数的单元格区域中。

下面我们再以使用数组计算 3 种产品的销售额为例，来说明如何产生多个计算结果。

其操作过程如下。

① 如图 2-8 所示，选择 D2:D4 单元格区域，该区域中的每个单元格保存的是销售金额。

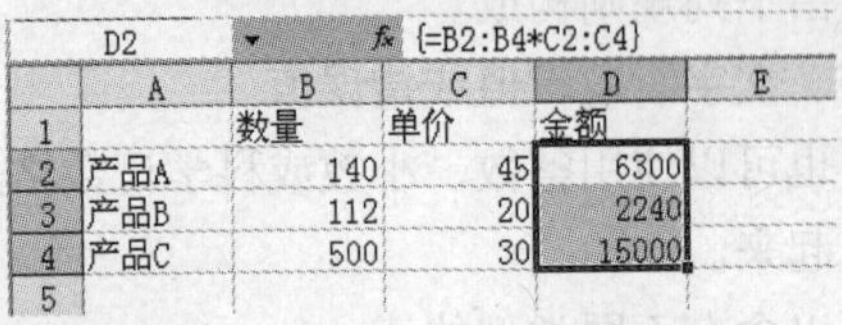

图 2-8 产生多个结果的数组公式

② 在 D2 单元格中输入公式“=B2:B4*C2:C4”按 Ctrl+Shift+Enter 组合键，就可以从图 2-8 中看到执行后的结果。同时我们可以看到 D2 到 D4 的单元格中都会出现用花括号“{ }”框住的

公式，这表示 D2 到 D4 被当作一个单元格来处理，所以不能对 D2 到 D4 中的任一单元格做任何单独处理，必须针对整个数组做处理。公式表示 B2: B4 范围内的每一个单元格和 C2: C4 内相对应的单元格相乘，相乘的结果共有 3 个数字，每个数字代表一个产品的销售额。

（2）计算单个结果。可用数组公式执行多个计算而生成单个结果。通过用单个数组公式代替多个不同的公式，可简化工作表模型。

例如，下例是计算所有产品总销售额。

如图 2-9 所示，在单元格 D5 中的公式“=SUM(B2:B4*C2:C4)”表示 B2: B4 范围内的每一个单元格和 C2:C4 内相对应的单元格相乘，也就是把每个产品的销售量和销售单价相乘，相乘的结果共有 3 个数字，每个数字代表一个产品的销售额，而“SUM”函数将这些销售额相加，就得到了总销售额。

D5　{=SUM(B2:B4*C2:C4)}

	A	B	C	D	E
1		数量	单价	金额	
2	产品A	140	45		
3	产品B	112	20		
4	产品C	500	30		
5				23540	
6					

图 2-9　产生单个结果的数组公式

5. **包含数组公式的单元格区域的选择**

由于数组公式常常是多个单元格使用同一公式，当我们对公式进行修改时就必须先选择包含数组公式的所有单元格，然后才能修改公式。可是，有时候我们不知道此数组公式到底包括哪些单元格，那么，可以使用以下方法进行选择，选择步骤如下。

（1）单击数组公式中的某个单元格。

（2）单击“编辑|定位|定位条件|当前数组”菜单命令。

2.5.2　数组公式应用举例

下面介绍几个使用数组公式的例子。

【例 2-4】使用 IF 函数和 SUM 函数求和。

利用 IF 函数和 SUM 函数对表中的销售数据求和及公式与说明如图 2-10 所示。

注意：该公式使用了数组，必须按 Ctrl+Shift+Enter 组合键确定公式的输入。不能在合并的单元格中输入公式，可以先输入公式求解结果再合并单元格。注意单元格内的文本不应有多余的空格字符。

	A	B	C	D	E	F
1	地区	销售人员	类型	销售		
2	南部	Buchanan	饮料	3571		
3	西部	Davolio	奶制品	3338		
4	东部	Suyama	饮料	5122		
5	北部	Suyama	奶制品	6239		
6	南部	Dodsworth	农产品	8677		
7	南部	Davolio	肉类	450		
8	南部	Davolio	肉类	7673		
9	东部	Suyama	农产品	664		
10	北部	Davolio	农产品	1500		
11	南部	Dodsworth	肉类	6596		
12						
13	公式					说明（结果）
14	=SUM(IF((A2:A11="南部")*(C2:C11="肉类"),D2:D11))					南部地区肉类销售总和 (14719)
15	=SUM(IF((A2:A11="南部")+(A2:A11="东部"),D2:D11))					南部或东部地区销售总和 (32753)

图 2-10　求和公式

说明：公式中 IF 函数的第一个参数是两组逻辑值相乘。在 Excel 中，逻辑值 True=1，False=0，进行逻辑值运算时，(True)*(True)=1，(True)*(False)=0，(False) *(False)=0，(True)+(True)=2，

(True)+(False)=1，(False)+(False)=0。当 IF 函数的第一个参数为非零数值，认为条件是成立的，即为逻辑真（True）；否则，条件不成立，为逻辑假（False）。

下面通过数组公式来完成常见的各种统计。

【例 2-5】计算两个班的男女生人数。

如图 2-11 所示，单元格 B22 中的公式为：

=SUM(IF((A2:A20="一 1 班")*(D2:D20="男"),1,0))

再按 Ctrl+Shift+Enter 组合键。这个数组公式创建了一个条件求和，若在 A2:A20 中出现值“一 1 班”，则返回一个逻辑值“True”，值为“1”，若 D2:D20 中出现值“男”，也返回一个逻辑值“True”，值为“1”，则数组公式将与其相对应的值相乘并累加，若是 1*1=1，则加 1，若是 1*0=0、0*1=0 或是 0*0=0，则累加零。（虽然数组 A2:A20 和 D2:D20 均在工作表中，但其相乘的数组(A2:A20="一 1 班")*(D2:D20="男")不在工作表中，因此必须使用数组公式。）

此计算公式还可以进行简化，将 IF 函数去掉，仅使用 SUM 函数即可（原因请同学们自行分析）：

=SUM((A2:A20="一 1 班")*(D2:D20="男"))

同理，求“一 1 班”的女生人数也是一样，只须把公式改为：

=SUM((A2:A20="一 1 班")*(D2:D20="女"))

当然，要是求“一 2 班”或是其他班级的男女生数也是一样的道理，请同学们自己领会。

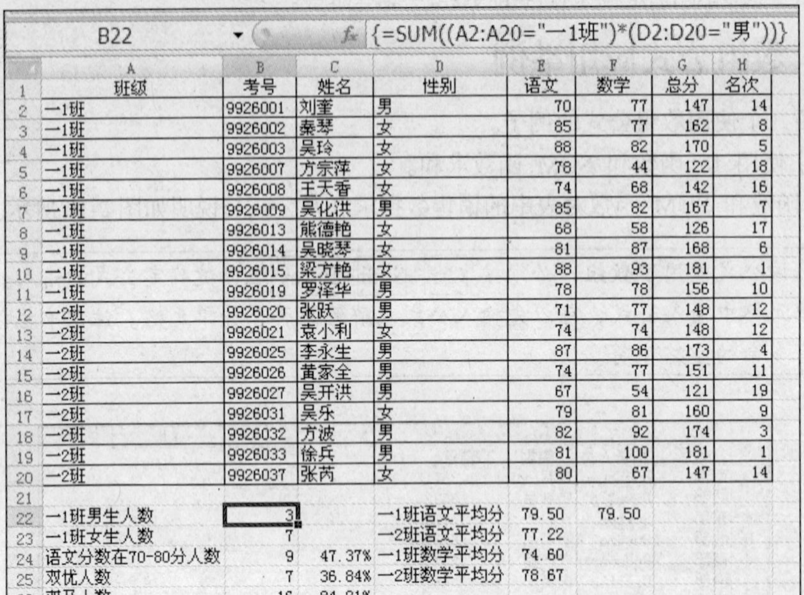

B22 {=SUM((A2:A20="一1班")*(D2:D20="男"))}

	A	B	C	D	E	F	G	H
1	班级	考号	姓名	性别	语文	数学	总分	名次
2	一1班	9926001	刘奎	男	70	77	147	14
3	一1班	9926002	秦琴	女	85	77	162	8
4	一1班	9926003	吴玲	女	88	82	170	5
5	一1班	9926007	方宗萍	女	78	44	122	18
6	一1班	9926008	王天香	女	74	68	142	16
7	一1班	9926009	吴化洪	男	85	82	167	7
8	一1班	9926013	熊德艳	女	68	58	126	17
9	一1班	9926014	吴晓琴	女	81	87	168	6
10	一1班	9926015	梁方艳	女	88	93	181	1
11	一1班	9926019	罗泽华	男	78	78	156	10
12	一2班	9926020	张跃	男	71	77	148	12
13	一2班	9926021	袁小利	女	74	74	148	12
14	一2班	9926025	李永生	男	87	86	173	4
15	一2班	9926026	黄家全	男	74	77	151	11
16	一2班	9926027	吴开洪	男	67	54	121	19
17	一2班	9926031	吴乐	女	79	81	160	9
18	一2班	9926032	方波	男	82	92	174	3
19	一2班	9926033	徐兵	男	81	100	181	1
20	一2班	9926037	张芮	女	80	67	147	14
21								
22	一1班男生人数	3		一1班语文平均分	79.50	79.50		
23	一1班女生人数	7		一2班语文平均分	77.22			
24	语文分数在70-80分人数	9	47.37%	一1班数学平均分	74.60			
25	双优人数	7	36.84%	一2班数学平均分	78.67			
26	双及人数	16	84.21%					

图 2-11 计算一 1 班的男生人数

【例 2-6】统计各分数段的人数及百分比。

在统计考试成绩的时候，有可能要统计出 90～100 分、80～89 分、70～79 分等各分数段的人数，并计算出占班级人数的百分比，这时利用数组公式也会更方便。同样以下面的工作表作为例子：要求算出语文分数在 70～80 分之间的人数。

如图 2-11 所示，在 B24 中输入一个数组公式：

=SUM ((E2:E20>=70)*(E2:E20<=80))

然后，再按 Ctrl+Shift+Enter 键。这个数组公式也创建了一个条件求和，若是 E2:E20 当中的成绩>=70 并且 E2:E20 当中的成绩<=80，返回 1*1=1，SUM 就累加 1，反之 1*0=0 或是 0*1=0 或是 0*0=0 就累加 0。

【例 2-7】统计双优和双及人数。

求及格人数或是优秀人数的时候，单科的往往比较简单，用一个简单的公式就行了。但是，要求两科都及格的人数或是两科都优秀的人数，就要用数组函数才能做到了。同样以上面的工作表为例，计算出语文、数学双科的优秀人数。

如图 2-11 所示，在 B25 中输入数组公式：=SUM((E2:E20>=80)*(F2:F20>=80))，再按 Ctrl+Shift+Enter 键。在这个公式中，若是 E2:E20 和 F2:F20 中的两个值都满足>=80（大于或等于 80），则返回一个值 1*1=1，SUM 就累加 1，要是两列中有一个不能满足>=80（大于或等于 80）或两个都不满足，则返回 1*0=0 或是 0*1=0 或是 0*0=0，就累加 0。

当然，这是两个班的双科优秀人数，要是只求“一 1 班”的，则要再加一个条件，使数组公式改为：=SUM((E2:E20>=80)*(F2:F20>=80)*（A2:A20=“一 1 班”）)，求一 2 班的则要把后面的“一 1 班”改为“一 2 班”，其他的情况下大家应该能灵活运用。求双科及格人数公式为：=SUM((E2:E20>=60)*(F2:F20>=60))。

【例 2-8】统计各班语文和数学平均分。

一般的平均值统计可以使用 Average 函数，例如，求所有同学的语文平均分，可使用公式“=Average(E2:E20)”即可计算。但是，如果是带条件的求平均值问题，例如，本题求一 1 班的语文平均分，使用 Average 函数就无法完成了。

求带条件的平均值问题我们可以分解成两个部分，一是条件求和，另一个是条件计数，用总和除以总个数即可计算平均值。如果是简单条件，可以使用 SUMIF 函数，如果是复杂条件则可以使用 SUM 函数和 IF 函数的组合，下面是用两种不同方法的公式。

方法一，不使用数组公式，单元格 E22 中公式为

=SUMIF(A2:A20,"一 1 班",E2:E20)/COUNTIF(A2:A20,"一 1 班")

方法二，使用数组公式，单元格 E22 中公式为

{=SUM(IF(A2:A20="一 1 班",E2:E20,0))/SUM(IF(A2:A20="一 1 班",1,0))}

【例 2-9】按照总分从高到低为所有学生排名次。

方法一，不使用数组公式，单元格 H2 中公式为

=RANK (G2,G$2:G$20)

然后，使用填充柄将 H2 中公式复制到 H3:H22 即可。

方法二，使用数组公式，选择单元格 H2:H20，单元格 H2:H20 中公式为：

{=RANK (G2:G20, G2:G20)}

习　题

一、选择题

1. Excel 的单元格引用是基于工作表的列标和行号，有绝对引用和相对引用之分，在进行绝对引用时，须在列标和行号前各加（　　）符号。

A. ?　　B. %　　C. #　　D. $

2．在 Excel 表格中，若在单元格 B1 中存储一个公式=A$7，将其复制到 F1 单元格后，公式变为（ ）。

A．=A$7　　B．=E$7　　C．=D$1　　D．=C$7

3．SUM(B1:B4)等价于（　　）。

A．SUM(A1:B4 B1:C4)　　B．SUM(B1+B4)

C．SUM(B1+B2，B3+B4)　　D．SUM(B1,B2,B3,B4)

4．在 Excel 中，若单元格引用随公式所在单元格位置的变化而改变，则称为（ ）。

A．相对引用　　B．绝对引用　　C．混合引用　　D．三维引用

5．在 Excel 中，公式的定义必须以（ ）符号开头。

A．=　　B．”　　C．:　　D．*

6．在 Excel 中，两个不相邻单元格地址之间的分隔符号是（ ）。

A．逗号　　B．分号　　C．空格　　D．冒号

7．在 Excel 中，单元格区域“C2：D3，E4”表示引用的是（ ）。

A．C2，D3，E4 三个单元格

B．C2，D3，D4，E4 四个单元格

C．C2，C3，D2，D3，E4 五个单元格

D．C2，C3，C4，D2，D3，D4，E4 七个单元格

8．Excel 的混合引用表示有（ ）。

A．$B$7　　B．$B6　　C．C7　　D．R7

9．在 A2 单元格内输入 4.1，在 A3 单元格内输入 4.3，然后选中 A2：A3 后，拖动填充柄，得到的数字序列是（ ）。

A．等差序列　　B．等比序列　　C．整数序列　　D．日期序列

10．已知工作表中 K6 单元格中为公式“=F6*$D$4”，在第 3 行处插入一行，则插入后 K7 单元格中的公式为（ ）。

A．=F7*$D$5　　B．=F7*$D$4　　C．=F6*$D$4　　D．=F6*$D$5

11．Excel 工作表 A1 单元格的内容为公式“=SUM（B2：D7）”，用删除行的命令将第 2 行删除后，A1 单元格的公式将调整为（　　）。

A．=SUM(ERR)　　B．=SUM(B3:B7)

C．=SUM(B2:D6)　　D．#VALUE!

12．设工作表区域 A1：A12 各单元格从上向下顺序存储有某商店 1～12 月的销售额。为了在区域 B1：B12 各单元格从上向下顺序得到从 1 月到各月的累计销售额，其操作过程如下：先在 B1 单元格中输入公式（　　），然后将其中的公式向下复制到区域 B2：B12 中。

A．=SUM(A1:A1)　　B．=SUM(A1:A12)

C．=SUM(A1:A$1)　　D．=SUM(A1:$A1)

二、填空题

1．在 Excel 的工作表中输入公式时，必须以________开始。

2．Excel 可进行非当前工作表单元格的引用，如要引用 Sheet4 工作表中的 B6、B7、B8 三个单元格，则应在当前工作表的选定单元格中输入________。

3．Excel 可进行非当前工作表单元格的引用，如在当前工作表的选定单元格中输入 Sheet4!B6:B8，则是引用________。

4．在 Excel 中，第二行第五列的单元格地址为________。

5．Excel 函数中各参数间的分隔符号一般用________。

6．假设 A2 单元格内容为文字“叁百”，A3 单元格内容为数字“5”，则 COUNT(A2:A3)的值为________。

7．假设在 B5 单元格中保存的是一公式为“SUM(B2:B4)”，将其复制到 D5 单元格后，公式变为________；复制到 C7 单元格后变为________；复制到 D6 单元格后变为________。

8．如果仅需要复制某单元格中的公式，而不复制其内容及格式，应在使用命令“复制”后，使用________命令。

9．如图 2-12 所示，若要计算销售额超过“150000”的奖金的和，公式为________。

	A	B	C
1	销售额	奖金	
2	100,000	7,000	
3	200,000	14,000	
4	300,000	21,000	
5	400,000	28,000	

图 2-12　销售奖金

三、思考题

1．SUM（ ）函数、SUMIF（ ）函数以及 IF（ ）与 SUM（ ）函数联合使用，分别适合解决什么样的问题？

2．函数 COUNT（ ）、COUNTA（ ）、COUNTBLANK（ ）、COUNTIF（ ）的功能分别是什么？有什么区别？

3．分别使用普通公式和数组公式计算图 2-13 中合计金额时，公式和操作有何不同？

	A	B	C	D
2	编号	基本工资	奖金	合计
3	001	200	800	
4	002	1500	2800	
5	003	3000	400	
6	004	2000	2400	
7	005	700	400	
8	006	1500	2000	
9	007	1200	1500	
10	008	800	100	
11	009	3000	2200	

图 2-13　工资数据

四、应用题

1．现有某公司销售利润表，如图 2-14 所示。写出各单元格中所需公式或函数。

（1）计算第一季度销售总额，结果放在单元格 B9 中，则 B9 中公式为________。

（2）计算电视机的年度销售总值，结果放在单元格 F3 中，则 F3 中公式为________。

（3）若使用复制 F3 中公式的方法计算其他产品全年销售合计，则 F3 中公式应为________。

（4）若使用复制 B9 中公式的方法计算其他季度销售额，则 B9 中公式应为________。

（5）计算洗衣机各季度平均销售额，结果放在单元格 G8 中，G8 中公式应为________。

（6）设：销售百分比=销售合计/全年各产品销售总额*100%。

计算空调的销售百分比，结果放在单元格 H4 中，再复制公式计算 VCD 的销售百分比，H4 中公式应为________。

	A	B	C	D	E	F	G	H
1	友谊家电公司销售利润表（万元）							
2		第一季度	第二季度	第三季度	第四季度	销售合计	季度平均销售	销售百分比
3	电视机	322.5	245.9	345.4	491.5			
4	空调	483.6	341.6	564.8	437.8			
5	电冰箱	216.4	199.7	234.5	229.3			
6	音响设备	655.8	540.5	443.8	445.7			
7	VCD	225.6	186.9	176.4	204.5			
8	洗衣机	198.5	154.6	124.7	189.4			
9	各季度销售总额							

图 2-14　销售利润表

2．如图 2-15 所示的表格，写出完成以下要求的操作步骤。

	A	B	C	D	E	F	G
1	学号	姓名	性别	班级	机械制图	普通物理	大学英语
2	92362009	翁光明	男	二班	26	91	89
3	92361004	钱宝方	男	一班	65	60	57
4	92363008	钱旭亮	男	三班	77	73	76
5	92364003	吴树西	男	四班	45	83	72
6	92362005	周甲红	女	二班	62	65	64
7	92361007	叶秋阳	男	一班	85	44	82
8	92365006	方昌霞	女	五班	73	81	56
9	92361001	宋大刚	男	一班	76	78	64
10	92362002	黄惠惠	女	二班	81	88	82
11	平均分						
12	最高分						
13	最低分						
14	不及格人数						

图 2-15　成绩表

（1）在右侧增加“总分”一列，并算出各同学的总分。

（2）求各门课的平均成绩，结果放在对应列的下方。

（3）统计本表 A1:G10 单元格区域中共有多少个数字，结果放在 A15 单元格中。

（4）求每门功课的最高分与最低分，结果放在对应列的下方。

（5）统计各门课不及格的人次，结果放在对应列的下方。

（6）在右侧增加“英语补考”一列，求出各同学英语是否补考，在需补考的同学后打上“补考”。

（7）在右侧增加“补考否”一列，统计哪些同学需要补考，在需补考的同学后打上“是”（只要有一门课程需要补考，则显示“是”，否则显示“否”）。

（8）统计一班普通物理平均分，结果放在 F15 单元格中。

（9）统计一班机械制图 80 分以上人数，结果放在 E15 单元格中。

3．使用普通公式和数组公式两种不同的方法分别建立九九乘法表（见图 2-16）。

九九乘法表									
	1	2	3	4	5	6	7	8	9
1	1	2	3	4	5	6	7	8	9
2	2	4	6	8	10	12	14	16	18
3	3	6	9	12	15	18	21	24	27
4	4	8	12	16	20	24	28	32	36
5	5	10	15	20	25	30	35	40	45
6	6	12	18	24	30	36	42	48	54
7	7	14	21	28	35	42	49	56	63
8	8	16	24	32	40	48	56	64	72
9	9	18	27	36	45	54	63	72	81

图 2-16　九九乘法表

第 3 章 常见的错误信息分析

【本章要点】

使用公式进行数据的统计和分析时，经常会出现一些错误。有些是由于输入错误，有些则是因为公式中出现了不符合要求的内容。由于错误原因的不同，在 Excel 中返回的错误值也会有所不同。只有了解了这些错误值的含义，才能更好地解决公式中的错误，得到正确的结果。本章重点介绍八种类型的错误提示信息以及它们产生的常见原因。

3.1 错误提示

在 Excel 的应用中，公式是一个重点。然而对于大多新手来说，掌握公式却有一定的难度，这不仅因为公式除了有特别的书写格式外，还要输入一些参数，这使得使用者无论书写格式有错误，还是输入的参数有错误，都不能得出正确的结果。由于得不出正确的结果，就影响了学生学习的积极性及工作进度。如果能认真分析一下 Excel 的出错提示，从中找出错误原因，这将对进一步学习大有帮助。

在 Excel 中，当公式有错误时，会显示以"#"开头的信息。在出错单元格的左上角，会出现一个绿色的小三角，提示用户该单元格存在问题。单击该单元格会在单元格边上出现一个错误标识（错误指示器），将鼠标移到错误标识上会弹出一个错误的提示信息，如图 3-1 所示。如果单击错误标识会弹出一个关于错误的快捷菜单，选择相应的命令可以查看或处理错误信息，如图 3-2 所示。

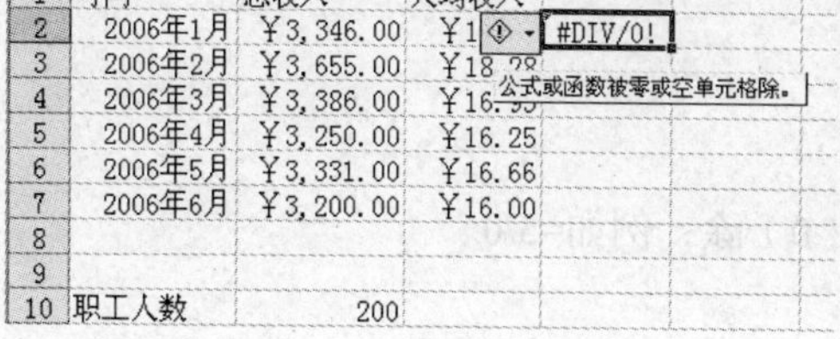

图 3-1　错误信息提示

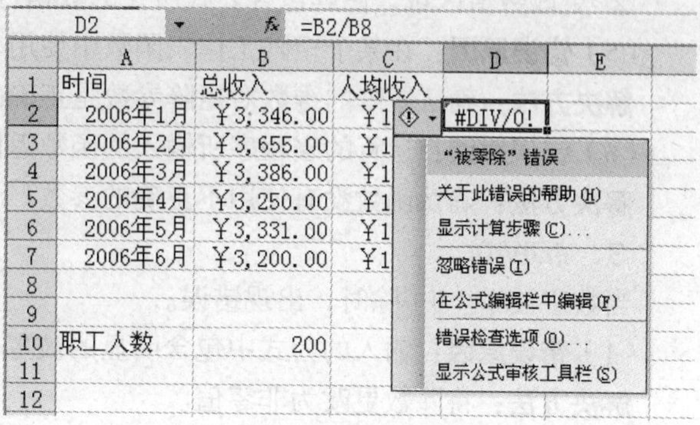

图 3-2　错误信息快捷菜单

3.2 常见错误提示信息

1．#####

错误原因：出现此错误的原因是因为公式产生结果太长，超出了单元格的宽度，单元格容纳不下，或者使用了负的日期或负的时间。

解决方法：增加列宽或缩小字体填充，避免日期和时间均为负数。

注意：

（1）如果使用 1900 年日期系统，Microsoft Excel 中的日期和时间必须为正值。

（2）如果对日期和时间进行减法运算，应确保建立的公式是正确的。

（3）如果公式是正确的，虽然结果是负值，但可以通过将该单元格的格式设置为非日期或时间格式来显示该值。单击“格式|单元格”菜单命令，再单击“数字”选项卡，然后选择一个非日期或时间的格式。

2．#VALUE!

当参数或操作数类型没有使用系统期望的数值类型时，就会出现这种错误。

（1）**错误原因：**当公式需要数字或逻辑值（例如 TRUE 或 FALSE）时，却输入了文本。Microsoft Excel 无法将文本转换为正确的数值类型。

解决方法：确认公式或函数所需的运算符或参数正确，并且公式引用的单元格中包含有效的数值。例如，如果单元格 A5 中包含数字且单元格 A6 中包含文本“Not available”，则公式“=A5+A6”将返回错误值“#VALUE!”。

（2）**错误原因：**输入或编辑了数组公式，然后按 Enter 键。

解决方法：选定包含数组公式的单元格或单元格区域，按 F2 键编辑公式，然后按 Ctrl+Shift+Enter 组合键。

（3）**错误原因：**将单元格引用、公式或函数作为数组常量输入。

解决方法：确认数组常量不是单元格引用、公式或函数。

（4）**错误原因：**为需要单个值（而不是区域）的运算符或函数提供了区域。

解决方法：

① 将区域更改为单个值；

② 更改数值区域，使其包含公式所在的数据行或列。

（5）**错误原因：**在某个矩阵工作表函数中使用了无效的矩阵。

解决方法：确认矩阵的维数对矩阵参数是正确的。

（6）**错误原因：**运行的宏程序所输入的函数返回“VALUE!”。

解决方法：确认函数没有使用不正确的参数。

3．#DIV/0!

当数字被零（0）除时，出现错误。

（1）**错误原因：**输入的公式中包含明显的被零（0）除，例如=5/0。

解决方法：将除数更改为非零值。

（2）**错误原因：**使用对空白单元格或包含零的单元格的引用作除数。

注释：如果操作数是一个空白单元格，则 Microsoft Excel 将其解释为零。

解决方法：

① 将单元格引用更改到另一个单元格；

② 在单元格中输入一个非零的数值作为除数；

③ 可以在作为除数引用的单元格中输入值“**#N/A**”，这样就会将公式的结果从“#DIV/0!”更改为“#N/A”，表示除数不可用；

④ 使用 IF 工作表函数来防止显示错误值。例如，如果产生错误的公式是“=A5/B5”，则可使用“=IF(B5=0,"",A5/B5)”。其中，两个引号代表了一个空文本字符串。

（3）**错误原因：**运行的宏程序中包含有返回“#DIV/0!”的函数或公式。

解决方法：确认函数或公式中的除数不为零或不是空值。

4．#NAME?

当 Microsoft Excel 未识别公式中的文本时，就会出现此错误。

（1）**错误原因：**使用“分析工具库”加载宏部分的函数，而没有装载加载宏。

解决方法：安装和加载“分析工具库”加载宏。

操作方法：

① 单击“工具|加载宏”菜单命令；

② 在“可用加载宏”列表中，选中“分析工具库”框，再单击“确定”按钮；

③ 如果必要，请按安装程序中的指示进行操作。

（2）**错误原因：**正在使用不存在的名称。

解决方法：确保使用的名称存在。单击“插入|名称|定义”菜单命令，如果所需名称没有被列出，请使用“定义”命令添加相应的名称。

（3）**错误原因：**名称拼写错误。

解决方法：更正拼写。

（4）**错误原因：**在公式中使用了禁止使用的标志。

解决方法：在公式中使用标志。单击“工具|选项”菜单命令，在“选项”对话框中，再单击“重新计算”选项卡。在“工作簿选项”下，选中“接受公式标志”复选框。

（5）**错误原因：**函数名称拼写错误。

解决方法：更正拼写。使用“插入|函数”菜单命令将正确的函数名称插入到公式中。

（6）错误原因：在公式中输入文本时没有使用双引号。

解决方法：将公式中的文本用双引号引起来。例如，下面公式将文本“The total amount is”与单元格 B50 中的值连接起来：“="The total amount is "&B50”。

（7）**错误原因：**漏掉了区域引用中的冒号 (:)。

解决方法：请确保公式中的所有区域引用都使用了冒号 (:)。例如，“SUM(A1:C10)”。

（8）**错误原因：**引用了其他未包含在单引号中的工作表。

解决方法：如果公式中引用了其他工作表或工作簿中的值或单元格，且那些工作簿或工作表的名字中包含非字母字符或空格，那么必须用单引号（'）将这个字符括起来。

5．#N/A

当数值对函数或公式不可用时，就会出现此错误。

（1）**错误原因：**遗漏数据，取而代之的是“#N/A”。

解决方法：用新数据取代“#N/A”。

注释：可以在数据还不可用的单元格中输入“**#N/A**”。公式在引用这些单元格时，将不进行数值计算，而是返回“#N/A”。

（2）**错误原因：**为 HLOOKUP、LOOKUP、MATCH 或 VLOOKUP 工作表函数的“lookup_value”参数赋予了不适当的值。

解决方法：请确保“lookup_value”参数值的类型正确。例如，应该引用值或单元格，而不应引用区域。

（3）**错误原因：**在未排序的数据表中，使用 VLOOKUP、HLOOKUP 或 MATCH 工作表函数来定位值。

解决方法：在默认情况下，使用这些函数在其中查找信息的数据表必须按升序排序。但是，VLOOKUP 和 HLOOKUP 工作表函数还包含一个“range_lookup”参数，允许函数在没有排序的数据表中查找完全匹配的值。若要查找完全匹配值，请将“range_lookup”参数设置为“FALSE”。

MATCH 工作表函数包含“match_type”参数，该参数指定被排序列表的顺序以查找匹配结果。如果函数找不到匹配结果，请更改“match_type”参数。若要查找完全匹配的结果，请将“match_type”参数设置为“0”。

（4）**错误原因：**数组公式中使用的参数的行数或列数与包含数组公式的区域的行数或列数不一致。

解决方法：如果要在多个单元格中输入数组公式，请确认被公式引用的区域与数组公式占用的区域具有相同的行数和列数，或者减少包含数组公式的单元格。例如，如果数组公式被输入到 15 个行高的区域中（C1:C15），但是公式引用了 10 个行高的区域（A1:A10），则在区域 C11:C15 中将显示 #N/A。若要更正这个错误，请将公式输入到较小的区域中（如 C1:C10），或者更改公式引用的区域，使之与公式所在的区域具有相同的行数（如 A1:A15）。

（5）**错误原因：**内部函数或自定义工作表函数中缺少一个或多个必要参数。

解决方法：在函数中输入全部参数。

（6）**错误原因：**使用的自定义工作表函数不可用。

解决方法：确认包含此工作表函数的工作簿已经打开并且函数工作正常。

（7）**错误原因：**运行的宏程序所输入的函数返回“#N/A”。

解决方法：确认函数中的参数正确，并且位于正确的位置。

6．#REF!

当单元格引用无效时，就会出现这种错误。

（1）**错误原因：**删除其他公式所引用的单元格，或将已移动的单元格粘贴到其他公式所引用的单元格上。

解决方法：更改公式，或者在删除或粘贴单元格之后立即单击“撤消”按钮，以恢复工作表中的单元格。

（2）**错误原因：**使用的链接所指向的程序未处于运行状态。

解决方法：启动该程序。

（3）**错误原因：**链接到了不可用的动态数据交换（DDE）主题，如“系统”。

解决方法：确保使用的是正确的 DDE 主题。

（4）**错误原因：**运行的宏程序所输入的函数返回“#REF!”。

解决方法：检查函数以确定参数是否引用了无效的单元格或单元格区域。例如，如果宏程序所输入的函数试图引用它上面的单元格，而该函数所在的单元格为工作表的第一行，这时函数将返回“#REF!”，因为第一行上面再没有单元格。

7．#NUM!

公式或函数中使用无效数字值时，就会出现这种错误。

（1）错误原因：在需要数字参数的函数中使用了无法接受的参数。

解决方法：确保函数中使用的参数是数字。例如，即使需要输入的值是“$1,000”，也应在公式中输入“1000”。

（2）错误原因：使用了迭代计算的工作表函数，如 IRR 或 RATE，并且函数无法得到有效的结果。

解决方法：为工作表函数使用不同的初始值，或更改 Microsoft Excel 迭代公式的次数。

操作方法：

① 在“工具”菜单上，单击“选项”，再单击“重新计算”选项卡；

② 选中“迭代计算”复选框；

③ 若要设置 Microsoft Excel 进行重新计算的最大次数，请在“最多迭代次数”框中键入迭代次数。迭代次数越高，Excel 用于计算工作表的时间越多；

④ 若要设置两次迭代结果之间可以接受的最大误差，请在“最大误差”框中键入所需的数值。数值越小，结果越精确，Excel 用于计算工作表的时间也越多。

（3）错误原因：由公式产生的数字太大或太小，Microsoft Excel 不能表示。

8．#NULL!

当指定并不相交的两个区域的交点时，就会出现这种错误。用空格表示两个引用单元格之间的相交运算符。

（1）错误原因：使用了不正确的区域运算符。

- 若要引用连续的单元格区域，请使用冒号（:）分隔引用区域中的第一个单元格和最后一个单元格。例如，“SUM(A1:A10)”引用的区域为单元格“A1”到单元格“A10”，包括“A1”和“A10”这两个单元格。
- 如果要引用不相交的两个区域，请使用联合运算符，即逗号（,）。例如，如果公式对两个区域进行求和，请确保用逗号分隔这两个区域“(SUM(A1:A10,C1:C10))”。

（2）错误原因：区域不相交。

解决方法：更改引用以使其相交。

习　　题

一、选择题

1．在 Excel 表格的单元格中出现一连串的“#######”符号，则表示（　　）。

A．在公式单元格引用不再有效　　B．单元格中的数字太大

C．计算结果太长超过了单元格宽度　　D．在公式中使用了错误的数据类型

2．当在 Excel 中进行操作时，若某单元格中出现“#VALUE!”的信息时，其含义是（　　）。

A．在公式单元格引用不再有效　　B．单元格中的数字太大

C．计算结果太长超过了单元格宽度　　D．在公式中使用了错误的数据类型

3．在 Excel 中，错误值总是以（　　）开头。

A．$　　B．@　　C．#　　D．&

二、思考题

若在各单元格中输入指定内容，如表 3-1 所示，单元格中将显示什么结果？原因是什么？

表 3-1

单 元 格	所输入的公式和值	显示结果	原 因
A1	=Apple		
A2	=”Apple”+12		
A3	=LOOKUP(“Love”,A1:E1)		
A4	=630/0		
B1 B2 C1	100 =B1+200 将 B2 中公式复制到 C1		
D1 D2 D3	100 200 =sun(D1,D2)		

第 4 章 函数及应用

【本章要点】

函数作为 Excel 处理数据的一个最重要手段，功能十分强大，在生活和工作实践中可以有多种应用，甚至可以用 Excel 来设计复杂的统计管理表格或者小型的数据库系统。本章将详细介绍各种类型函数中一些重要和常用的函数使用方法以及它们的应用实例，要求学生能够熟练掌握各函数的功能，各函数的参数的数量、顺序及意义，能够利用函数解决生产实践中各种实际问题。本章将分类介绍一些较实用的函数。

4.1 数学与三角函数及应用

1. 绝对值函数 ABS（数值型参数）

Excel 中的 ABS(x)等价于数学中的 $|x|$。

例如：ABS(100)=100；ABS(-100)=100

特别提醒：如果 number 参数不是数值，而是一些字符（如 A 等），则 B2 中返回错误值“#VALUE! ”。

2. 取整函数 INT（数值型参数）

功能：将数值向下取整为最接近的整数。

举例：输入公式“=INT(3.6)”，确认后显示出 3。

特别提醒：在取整时，不进行四舍五入；如果输入的公式为“=INT(–3.6)”，则返回结果为–4。

3. 截取函数 TRUNC(数值型参数 [，小数位数])

功能：如果省略“小数位数”，默认为 0，则截取参数的整数部分，否则保留指定位数的小数。TRUNC 和 INT 类似，都能截取整数部分，但是如果参数是负数，结果是不一样的。

举例：TRUNC(3.6)=3　　说明：3.6 截取整数部分等于 3。

TRUNC(–3.6)=–3　　说明：3.6 截取整数部分等于–3。

TRUNC(3.627，1)=3.6　　说明：3.627 保留 1 位小数等于 3.6。

TRUNC(3.627，2)=3.62　　说明：3.627 保留 2 位小数等于 3.62。

4. 四舍五入截取函数 ROUND(number，num_digits)

功能：返回某个数字按指定位数取整后的数字。**“number”为**需要进行四舍五入的数字，“num_digits”是指定的小数位数，按此位数进行四舍五入。

（1）如果“num_digits”大于 0，则四舍五入到指定的小数位。

（2）如果“num_digits”等于 0，则四舍五入到最接近的整数。

（3）如果“num_digits”小于 0，则在小数点左侧进行四舍五入。

举例：ROUND(2.15, 1)= 2.2。　　说明：将 2.15 四舍五入到一个小数位 2.2。

ROUND(2.149, 1)= 2.1。　　说明：将 2.149 四舍五入到一个小数位 2.1。

ROUND(−1.475, 2)= −1.48。　　说明：将−1.475 四舍五入到两小数位−1.48。

ROUND(21.5, −1) =20。　　说明：将 21.5 四舍五入到小数点左侧一位 20。

5. 求余函数 MOD（被除数，除数）

功能：返回“被除数”除以“除数”的余数。可以借用函数 INT 来表示：MOD(n, d) = n - d*INT(n/d)。

MOD 函数结果的正负号与除数相同，当除数与被除数的符号不同时，结果是余数的“互补数”。

例如：MOD(7,4)=3。说明：7 除以 4 的余数是 3。

6. 正弦函数 SIN(*x*)、余弦函数 COS(*x*)

（1）SIN(*x*)的功能：返回给定 *x* 的正弦值，其中 *x* 用弧度表示。

（2）COS(*x*)的功能：返回给定 *x* 的余弦值，其中 *x* 用弧度表示。

如果 a 是度数，则 a 的正弦值用 SIN(a*PI()/180)来计算，其中 PI()是 π=3.14159。

【例 4-1】用图形描述正弦与余弦的曲线

在 Excel 中用图形描述正弦与余弦的曲线，可以用折线图来实现。一个完整的正弦或余弦曲线的周期是 360°，图 4-2 中是每隔 10°计算一个正弦和余弦的值，并且用折线图描述正弦和余弦的值。

第一步：在工作表上输入数据和公式（输入的结果见图 4-1）的步骤如下。

① 在 A2:A38 单元格输入 0，10，20，…，360 作为正弦和余弦函数的自变量（输入方法见第一章“等差数列”）。

② 在 B1 和 C1 单元格分别输入“sin”和“cos”作为表头。

③ 在 B2 单元格输入公式=SIN(A2*PI()/180)，并复制到 B3:B38 单元格。

④ 在 C2 单元格输入公式=COS(A2*PI()/180)，并复制到 C3:C38 单元格。

B2　　fx =SIN(A2

	A	B	C
1		SIN	COS
2	0	0	1
3	10	0.173648	0.984808
4	20	0.34202	0.939693
5	30	0.5	0.866025
6	40	0.642788	0.766044
7	50	0.766044	0.642788
8	60	0.866025	0.5
9	70	0.939693	0.34202
10	80	0.984808	0.173648
11	90	1	6.13E-17

图 4-1　计算正弦和余弦值图

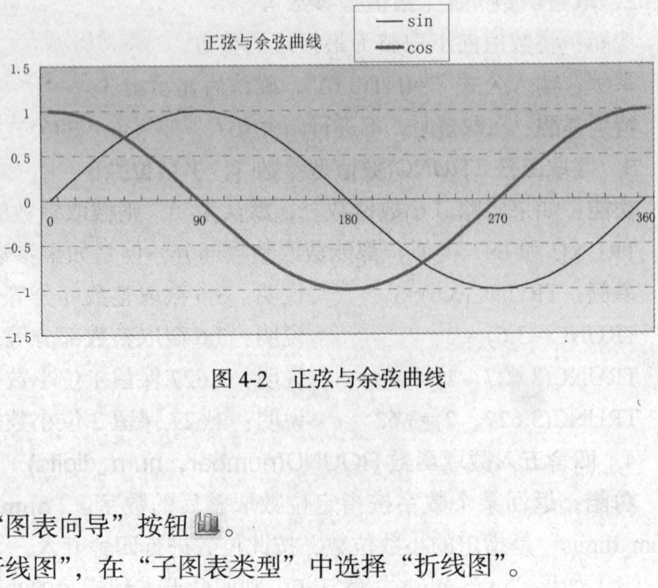

图 4-2　正弦与余弦曲线

第二步：建立图表。

① 选定 A1:C38 单元格区域。

② 单击“常用”工具栏中的“图表向导”按钮。

③ 在“图表类型”中选择“折线图”，在“子图表类型”中选择“折线图”。

④ 单击“下一步”→“下一步”，在“图表选项”对话框的“标题”选项卡输入图表的标题“正弦与余弦曲线”，单击“完成”按钮。

第三步：修饰图表。

① 改变水平轴的刻度和文字的大小。

鼠标指针指向带刻度的水平轴单击鼠标右键，选择“坐标轴格式”；或者在“图表”工具栏的列表上选择“分类轴”，再单击“坐标轴格式”按钮。然后在“刻度”选项卡中对 X 轴的设置从上到下的数字分别是“1”、“9”、“1”（按 9*10 的间隔标记刻度）。

② 改变垂直轴上的文字大小。

鼠标指针指向带刻度的水平轴，单击鼠标右键，选择“坐标轴格式”；或者在“图表”工具栏的列表上选择“数值轴”，再单击“坐标轴格式”按钮，在“字体”选项卡中设置字号为“9 号”字。

③ 改变“绘图区”的底色。

鼠标右击带有灰色底的绘图区，选择“绘图区格式”，选择一种“绘图区”的底色。

④ 改变曲线的颜色与粗细。

鼠标右击一根曲线或者在“图表”工具栏的列表上选择“系列 sin”或者“系列 cos”，再单击“数据系列格式”按钮。在“图案”选项卡中，改变曲线的颜色与粗细。效果如图 4-2 所示。

7. 平方根函数 SQRT(数值型参数)

SQRT(x)等价于数学中的 $\sqrt{x}$ 。例如，SQRT(4)=2。

注意　x 的取值范围为非负数。

8. 随机函数 RAND（ ）

功能：返回大于等于 0 及小于 1 的均匀分布的随机数。产生[a,b)之间的随机实数的公式：=a+RAND()*(b-a)。

例如：产生[0, 10）之间的随机实数 RAND()*10。

产生[a,b]之间的随机整数的公式：=a+INT(RAND()*(b-a))。

产生[0, 10]之间的随机整数的公式：=INT(RAND()* 10)。

产生[20, 50]之间的随机整数的公式：=20+INT(RAND()*30)。

系统每次对工作表进行计算时，都会自动更新 RAND()的值。如果不希望 RAND 产生的随机数自动更新，可以用第一章介绍的“选择性粘贴”的方法，将结果粘贴为对应的数值。

9. 对数函数 LN, LOG，LOG10

（1）自然对数函数 LN(b)。

功能：返回 b 的自然对数。LN 函数是 EXP 函数的反函数。

例如：LN(1)=0；EXP(0)=1。

（2）对数函数 LOG(b[，a])。

功能：返回以 a 为底，b 的对数。如果 a 省略，则认为底数为 10。

LOG(b[,a])等价于数学中的 $LOG_a b$。

（3）常用对数 LOG 10(b)。

功能：返回以 10 为底，b 的对数。

10. 指数函数 EXP(x)

功能：返回 e 的 x 次幂。等价于数学中的 e^x。

11. 求幂函数 POWER(a, b)

功能：返回 a 的 b 次幂。等价于 a^b，表示 a^b。

例如：POWER(2, 3)=8。

4.2 统计函数及应用

1. 中位数函数 MEDIAN（参数 1，参数 2,…）

功能：返回一组数的中值。如果参加统计数据的个数为偶数，返回位于中间的两个数平均值。

例如：MEDIAN(1,2,3)=2　　　　MEDIAN(2,5,3,8,11)=5；

MEDIAN(2,1,4,3)=2.5（取 1,2,3,4 中的（2+3）/2=2.5 ）。

2. 众数函数 MODE（参数 1，参数 2,…）

功能：返回一组数中出现频率最高的数。如果数据中没有重复出现的数，返回错误值＃N/A。

例如：MODE(2,5,6,5,8,6,11,6,8)=6；

MODE（2,5,5,6,2,6,5,6）＝5（5 和 6 重复出现次数都是 3，取最小的）。

3. 频数函数 FREQUENCY（数据区，分段点区）

功能：以数组的形式返回“数据区”中数据的频数分布。

说明：数据区是指要分析的数据所在的区域，“分段点区”是为了告诉计算机各个分段的情况而建立的一个区域。如果分段区有 n 个数，则返回数组的个数最多为 n+l。

例如，图 4-3 中的“分段点区”有 3 个数，那么统计结果最多是 4 个。4 个结果分别是小于等于第一个数；大于第一个数且小于等于第二个数；大于第二个数且小于等于第三个数之间；大于第四个数的频数。

用 FREQUENCY 需要注意以下几点：

（1）分段点区是一列或一行连续的单元格区域，要求数据从小到大存放；

（2）“分段点区”中的每一个数据表示一个分段点，统计的结果是包含该数据以及小于该数据的个数；

（3）计算的结果是一个数组，其形式与分段点区（行或列）的形式一致，必须按数组的要求输入函数。

【例 4-2】统计图 4-3 所示的数据表中不同年龄段的人数。要求统计年龄小于 30,30～39, 40～49 以及年龄大于 49 的人数。

分析：所求的是 4 个年龄段的人数，因此分段点区要输入 3 个分段点数据。为了保证每一个区段都表示等于和小于区段点设置的数据，3 个分段点为 29、39 和 49。

操作步骤如下。

（1）建立分段点区。例如，在 I7:I9 单元格中输入 29， 39 和 49 作为分段点数据（见图 4-3）。

（2）选定 J7:J10 单元格，输入“=FREQUENCY(C3:C17,I7:I9)”，按 Ctrl+Shift+Enter 组合键。

4. 标准差函数 STDEV（参数 1，参数 2,…）

标准差是反映一组数据与数据的平均值的离散程度。标准差是方差的平方根，方差(variance)是表示偏差程度的量，先求某一群体的平均值与实际值差数的平方和，再用自由度（一组数据的个数）除平方和所得之数即为方差(普通自由度为实测值的总数减 1)。

	A	B	C	D
1	职工情况简表			
2	编号	性别	年龄	学历
3	10001	女	45	本科
4	10002	女	42	中专
5	10003	男	29	博士
6	10004	女	40	博士
7	10005	男	55	本科
8	10006	男	35	硕士
9	10007	男	23	本科
10	10008	男	36	大专
11	10009	男	50	硕士
12	10010	女	27	中专
13	10011	男	22	大专
14	10012	女	35	博士
15	10013	女	32	本科
16	10014	女	30	硕士
17	10015	女	25	本科

=FREQUENCY(C3:C17,I7:I9)

统计各年龄段的人数

分段点	结果	说明
29	5	年龄≤29的人数
39	5	29<年龄≤39之间的人数
49	3	39<年龄≤49之间的人数
	2	年龄>49的人数

图 4-3　频数函数应用举例

如果标准差比较小，说明数据与平均值的离散程度就比较小，平均值能够反应数据的均值，具有统计意义。反之，如果标准差比较大，说明数据与平均值的离散程度就比较大（数据中含有非常大或非常小的数），平均值在一定程度上失去数据“均值”的意义。

若有 $x_1, x_2, \ldots, x_n$ 共 n 个数，此处标准偏差的计算使用“n-1”方法。

函数 STDEV 的计算式为

$$\text{平均值}\ \bar{x}=\frac{x_1+x_2+\ldots+x_n}{n} \qquad \text{标准差 STDEV}=\sqrt{\frac{\sum_{i=1}^{n}(x_i-\bar{x})^2}{n-1}}$$

【例 4-3】计算图 4-4 中的表 1 和表 2 的平均工资和标准差。

	A	B	D	E
1	表1		表2	
2	编号	工资	编号	工资
3	10001	1200	10006	3500
4	10002	1000	10007	2800
5	10003	1600	10008	3500
6	10004	10000	10009	2800
7	10005	1300	10010	2500
8	平均工资	3020	平均工资	3020
9	标准差	3908	标准差	455

图 4-4　平均值与标准差函数应用举例

操作步骤如下。

（1）在 B8 单元格输入公式“=AVERAGE(B3:B7)”，并将该公式复制到 E8 单元格。

（2）在 B9 单元格输入公式“=STDEV(B3:B7)”，并将该公式复制到 E9 单元格。

从图 4-4 的表 1 和表 2 可以看出，两个表的平均工资是一样的，为 3020 元，但是表 1 的平均工资不能真正地反映平均的工资水平。这是因为表 1 中的大多数人的工资都低于 2000 元，远离平均工资，所以表 1 的平均工资已经失去了意义。通过比较可以看出表 1 的标准差明显大于表 2 的标准差。若标准差非常大，为了计算平均值，考虑剔除非常大或非常小的数，再重新计算平均值。

5. 线性趋势值函数 FORECAST(*x*，数据系列 *y*，数据系列 *x*)

功能：依据数据系列 x 和 y，对给定的 x 值推导出 y 的值。

其中数据系列 x 和 y 分别是自变量和因变量，用该函数可以对未来销售额、消费趋势进行预测。

【例 4-4】图 4-5 所示为“城镇居民家庭平均每人全年消费性支出表（2004 年）”中的两项统计数据“消费性支出（元）”和“食品”消费支出。若某个人 2004 年食品支出是 2000 元，请推测出他的消费支出大约是多少。

C6 =FORECAST(2000,B4:J4,B5:J5)

	A	B	C	D	E	F	G	H	I	J
1	城镇居民家庭平均每人年消费性支出（2004年）									
2–3	项目	总平均	最低收入户	#困难户	低收入户	中等偏下户	中等收入户	中等偏上户	高收入户	最高收入户
4	消费性支出（元	7182.10	2855.15	2441.12	3942.23	5096.15	6498.36	8345.70	10749.35	16841.82
5	食品	2709.60	1417.76	1248.87	1827.42	2201.88	2581.24	3130.75	3740.68	4914.64
6			4641.28							

图 4-5 线性趋势函数应用举例

操作步骤如下。

例如，在 C6 输入公式：=FORECAST(2000,B4:J4,B5:J5)，结果 C6 单元格为 4641.28 元。

4.3 逻辑函数及应用

Excel 中没有逻辑运算符，实现逻辑运算是通过逻辑函数完成的，将参加逻辑运算的各个运算数作为函数的参数。常用的逻辑函数有 AND()函数、OR()函数和 NOT()函数。

1. 逻辑与函数 AND（参数 1，参数 2,…）

功能：所有的参数均为真值则函数为真值。否则，有一个参数为假值则函数为假值。

例如，判断 A2 单元格中数据是否在 1～100 之间，可使用公式：“=AND(1<A2, A2<100)”。

2. 逻辑或函数 OR（参数 1，参数 2,…）

功能：有一个参数为真值则函数为真值。否则，若所有的参数均为假值则函数为假值。

例如，判断 A2 单元格中数据是否小于 1 或大于 100，可使用公式：“=OR(1<A2, A2<100)”。

3. 逻辑非函数 NOT（参数）

功能：函数值取参数的反值。参数值为真则函数值为假；否则，参数值为假，函数值为真值。

【例 4-5】计算图 4-6 中的工资“补助 1”和“补助 2”。计算标准如下。

	A	B	C	D	E	F	G	H	I
1	职工情况简表								
2	编号	性别	年龄	学历	科室	职务等级	工资	补助1	补助2
3	10001	女	45	本科	科室2	正处级	2300	300	0
4	10002	女	42	中专	科室1	科员	1800	100	0
5	10003	男	29	博士	科室1	正处级	1600	300	100
6	10004	女	40	博士	科室1	副局级	2400	500	0
7	10005	男	55	本科	科室2	副局级	2500	500	0
8	10006	男	35	硕士	科室3	正处级	2100	300	0
9	10007	男	23	本科	科室2	科员	1500	100	0
10	10008	男	36	大专	科室1	科员	1700	100	0
11	10009	男	50	硕士	科室1	正局级	2800	500	0
12	10010	女	27	中专	科室3	科员	1400	100	0
13	10011	男	22	大专	科室1	科员	1300	100	0
14	10012	女	35	博士	科室3	副处级	1800	300	100
15	10013	女	32	本科	科室1	副处级	1800	300	100
16	10014	女	30	硕士	科室2	科员	1500	100	0
17	10015	女	25	本科	科室3	科员	1600	100	0

图 4-6 逻辑函数的应用举例

（1）补助 1 的计算标准是：局级 500 元，处级 300 元，其余人员 100 元；

（2）补助 2 的计算标准是：处级以上且工资低于 2000 元的补助 100 元。

在 H3 单元格输入公式计算“补助 1”：

=IF(OR(F3="正局级"，F3="副局级"),500,IF(OR(F3="正处级",F3="副处级"),300,100))。

在 I3 输入公式计算“补助 2”：

＝IF(AND（NOT(F3="科员"),G3<2000）,100,0)

或

＝IF(AND(F3<>"科员",G3<2000),100,0)。

4.4　数据库函数及应用

4.4.1　数据库函数的格式与约定

数据库函数的格式：函数名（database, field，条件区）。

说明如下。

（1）database 是数据清单区。在 Excel 中，我们可以理解数据清单就是数据库。在一个数据库中，信息按记录存储。每个记录中包含信息内容的各项，称为字段。Microsoft Excel 提供有一系列功能，可以很容易地在数据清单中处理和分析数据。在运用这些功能时，应根据下述准则在数据清单中输入数据。

① 在数据清单的第一行里创建列标志（列标题）。

② 避免在一个工作表上建立多个数据清单，因为数据清单的某些处理功能（如筛选等）一次只能在同一工作表的一个数据清单中使用。

③ 在工作表的数据清单与其他数据间至少留出一个空白列和一个空白行。

④ 避免在数据清单中放置空白行和列。在执行排序、筛选或插入自动汇总等操作时，这将有利于 Microsoft Excel 检测和选定数据清单。

⑤ 避免将关键数据放到数据清单的左右两侧。因为这些数据在筛选数据清单时可能会被隐藏。

⑥ 在设计数据清单时，应使同一列中的各行有近似的数据项。

⑦ 在单元格的开始处不要插入多余的空格，因为多余的空格影响排序和查找。

⑧ 不要使用空白行将列标志和第一行数据分开。

（2）field 用于指明要统计的列，field 可以是：

① 字段名所在的单元格地址；

② 带英文双引号的“字段名”；

③“列”在数据清单中的位置（用数字表示），例如，“2”表示第 2 列。

以图 4-6 为例，以下 3 个公式是等价的：

=DAVERAGE(A2:I17,C2,I10:I12)；

=DAVERAGE(A2:I17, "年龄",I10:I12)；

=DAVERAGE(A2:I 17,3,I 10:I12)。

（3）条件区的约定与“高级筛选”的条件区完全一样，“条件区域”是包含一组搜索条件的单元格区域，它包含一个条件标志行（标题行），同时至少有一行用来定义条件，条件区域内的条件还存在着这样的关系：处于同一行上的条件之间是“与”的关系，不同行的条件之间则是“或”关系。若使用公式作为条件，条件标志行应为空。

4.4.2 数据库函数与应用举例

1. 数据库函数

（1）求和函数 DSUM(database, field，条件区)。

功能：对 database 的“field”字段求满足“条件区”条件的数据的累加和。

说明：DSUM 与 SUM 不同，SUM 可以求任意位置的数据累加和，DSUM 只能求数据清单中一列数据中满足条件的数据累加和。

DSUM 包含了 SUMIF 的功能。SUMIF 只能对给定的一个条件求数据的累加和，而 DSUM 可以对给定的多个条件求指定的列数据的累加和。

（2）求平均值 DAVERAGE(database, field，条件区)。

功能：对 database 的“field”字段求满足“条件区”条件的数据的平均值。

（3）求最大值 DMAX(database, field，条件区)。

功能：对 database 的“field”字段求满足“条件区”条件的数据的最大值。

（4）求最小值 DMIN(database, field，条件区)。

功能：对 database 的“field”字段求满足“条件区”条件的数据的最小值。

（5）统计数值型数据的个数 DCOUNT(database,[field]，条件区)。

功能：在 database 中查找满足“条件区”条件的记录，统计满足条件的记录中“field”字段中存放数值型数据的单元格的个数。

如果“field”省略（逗号不能省），表示对“数据清单区”求满足“条件区”条件的记录个数。

（6）统计个数 DCOUNTA(database, [field]，条件区)。

功能：在 database 中查找满足“条件区”条件的记录，统计满足条件的记录中“field”字段中非空单元格的个数。

如果 field 省略（逗号不能省），对 database 求满足“条件区”条件的记录的个数（此时的功能与 DCOUNT 相同）。

2. 数据库函数应用举例

下面以图 4-6 所示的数据清单为例，介绍数据库函数的使用。

为了操作方便，将图 4-6 的数据清单区 A2:I17 命名为“职工表”。

【例 4-6】统计职务等级为“正处级”和“副处级”的平均年龄和最大年龄。

（1）建立条件区，如图 4-7 中 M2:M4 所示。

（2）统计平均年龄。在 K 单元格输入公式：=DAVERAGE(职工表,C2,M2:M4)。

（3）统计最大年龄。在 K3 单元格输入公式：=DMAX（职工表,C2,M2:M4)。

【例 4-7】统计“科室 2”的工资总和以及人数。

（1）建立条件区，如图 4-7 中 M7:M8 所示。

（2）统计“科室 2”的工资总和。在 K4 单元格输入公式：=DSUM（职工表,G2,M7:M8）。

（3）统计“科室 2”的人数。在 K5 单元格输入公式：=DCOUNTA（职工表,,M7:M8)。

【例 4-8】统计“科室 1”或性别为“男”的人数。

（1）建立条件区，如图 4-7 中 O2:P4 所示。

（2）在 K6 单元格输入公式：=DCOUNTA（职工表,,O2:P4）。

【例 4-9】统计“科室 1”的男同志人数。

（1）建立条件区，如图 4-7 中 O7:P8 所示。

（2）在 K7 单元格输入公式：=DCOUNTA（职工表,,O7:P8）。

	J	K	L	M	N	O	P	Q	R
1		统计结果		条件区1		条件区3			条件区5
2	正（副）处平均年龄	35.2		职务等级		科室	性别		
3	正（副）处级最大年龄	45		正处级		科室1			FALSE
4	科室2的工资总和	7800		副处级			男		
5	科室2的人数	4							
6	科室1或“男”的人数	10		条件区2		条件区4			条件区6
7	科室1且“男”的人数	4		科室		科室	性别		工资
8	低于平均工资的人数	10		科室2		科室1	男		<1500
9	工资低于1500的人数	2							

图 4-7　数据库函数的应用

【例 4-10】统计低于平均工资的人数。

（1）建立条件区。R2 单元格为空，在 R3 单元格输入公式：=G3<AVERAGE ($G$3:$G$17)。

注意　条件公式以工资列的第一个单元格为基准。

（2）在 K8 单元格输入公式：=DCOUNT(职工表,,R2:R3)。

【例 4-11】统计工资低于 1500 元的人数。

（1）建立条件区，如图 4-7 中 R7:R8 所示，或在 R8 单元格中输入公式：=G3<1500。

注意　当 R8 使用公式时，应删除标题中“工资”，即 R7 单元格应为空。

（2）在 K9 单元格输入公式：=DCOUNT（职工表,,R7:R8）。

4.5　财务函数及应用

1. 偿还函数 PMT(rate,nper,pv,fv,type)

功能：基于固定利率及等额分期付款方式，返回投资或贷款的每期付款额，其中“未来值”和“类型”可省略。如果省略，默认值为 0。

说明如下。

PMT 有两个功能，一个是求投资的每期付款额，另一个是求贷款的每期付款额。若基于固定利率并采用等额分期存款的方式希望得到一个未来值的回报，求投资的每期付款额，则现值 pv=0。若是基于固定利率并采用等额分期付款的方式向银行或金融机构贷款，求贷款的每期付款额，则未来值 fv=0。

其中：

（1）期利率(rate)为各期利率；

（2）期数(nper)为总投资（或贷款）的付款期的总数；

（3）现值(pv)为从投资（贷款）开始计算，未来付款的累积和，也称为本金；

（4）未来值(fv)为最后一次付款后希望得到的现金余额；

（5）类型(type)为 1 或 0，指定各期的付款时间是在期初（1 表示）还是期末（0 表示）。

注意 rate 和 nper 的单位应一致，例如“一期”为“一个月”或“一年”。

【例 4-12】银行向某个企业贷款 20 万元，2 年还清的年利率为 5.76%，计算企业月支付额。

公式：=PMT(5.76%/12，24，200000)，结果等于–¥8 842.51。

对于同一笔贷款，如果支付期限在每期的期初，支付额为公式：

=PMT(5.76%/12，24，200000，0，1)，结果等于–¥8 800.27

【例 4-13】银行以 5.22%的年利率贷出 8 万元，并希望对方在半年内还清，计算将返回的每月所得款数。

公式：=PMT(5.22%/12，6，80000)，结果等于–¥13 537.07

【例 4-14】如果以按月定额存款方式在 10 年中存款 50 000 元，假设存款年利率为 3.8%计算月存款额。

公式：=PMT(3.8%/12，10* 12，0，50000)，结果等于–¥343.15。

【例 4-15】图 4-8 (a)所示为贷款表，包括贷款总额、贷款年限、贷款年利率和每期付款次数。要求按表中所给的条件，分别计算按“月”和“年”分期付款的金额。

	A	B	C	D	E	F	G
1	贷款（计算分期付款额）						
2	贷款总金额	年限	年利率	每期付款次数	付款时间	按月付款每次付款金额	按年付款每次付款金额
3	200000	2	5.76%	12	期初	-¥8,800.27	-¥102,799.38
4	200000	2	5.76%	12	期末	-¥8,842.51	-¥108,720.62
5	100000	5	5.85%	12	期初	-¥1,916.97	-¥22,336.13
6	100000	5	5.85%	12	期末	-¥1,926.31	-¥23,642.85
7	100000	10	6.12%	12	期初	-¥1,110.58	-¥12,876.13
8	100000	10	6.12%	12	期末	-¥1,116.24	-¥13,664.15

=PMT(C3/12,B3*D3,A3,0,IF(E3="期末",0,1))

=PMT(C3,B3,A3,0,IF(E3="期末",0,1))

（a）

	A	B	C	D	E	F
1	定额存款（投资）					
2	总金额（未来值）	年限	年利率	每期付款次数	付款时间	月存款额
3	20000	3	2.10%	12	期初	-¥537.78
4	20000	3	2.10%	12	期末	-¥538.73
5	100000	4	2.70%	12	期初	-¥1,970.76
6	100000	4	2.70%	12	期末	-¥1,975.20
7	1000000	10	3.80%	12	期初	-¥6,841.40
8	1000000	10	3.80%	12	期末	-¥6,863.07

=PMT(C3/12,B3*D3,0,A3,IF(E3="期末",0,1))

（b）

图 4-8　PMT 函数应用举例

（1）计算按“月”分期付款的金额。

在 F3 单元格输入公式：=PMT(C3/12,B3*D3,A3,0,IF(E3="期末",0,1))。

（2）计算按“年”分期付款的金额。

在 G3 单元格输入公式：=PMT(C3,B3,A3,0,IF(E3="期末",0,1))，然后再选定 F3:G3，拖曳“填充柄”向下复制到第 8 行。

【例 4-16】图 4-8（b）所示为定额存款（投资）表，包括预期未来的存款总额、年限、年存款利率、每期付款次数和付款时间。要求计算定额存款的月存款额。

在 F3 单元格输入公式：=PMT(C3/12,B3*D3,0,A3,IF(E3="期末",0,1))，然后再将 F3 单元格中的公式复制到 F4:F8 求得其他项目的分期付款的金额。

2. 可贷款函数 PV(rate, nper, pmt,fv,type)

功能：返回投资的现值。现值为一系列未来付款的当前值的累加和。例如，借入方的借入款，即是贷出方的贷款现值。

说明：期利率(rate)、期数(nper)、未来值(fv)和类型(type)与 PMT 函数中的含义相同。每期得到金额(pmt)为各期所应付给（或得到）的金额，其数值在整个年金期间（或投资期内）保持不变。

【例 4-17】某家企业每月偿还能力在 200 万，准备引进新设备向银行贷款，贷款年利率为 6%（复利），分 12 个月还清，计算出银行可贷款给该企业的钱数。

=PV(6%/ 12,12,200)等于￥-2 323.79，银行可贷款数为 2 323.79 万元。

3. 未来值函数 FV(rate,nper,pmt,pv,type)

功能：基于固定利率及等额分期付款方式，返回某项投资的未来值。

说明：期利率(rate)、期数（nper)、现值(pv)和类型(type)与 PMT 函数中的含义相同。pmt 为每期所应付给（或得到）的金额。如果省略 pmt，则必须包括 pv。

【例 4-18】如果将 2000 元以年利 2.5%存入银行一年，并在以后十二个月的每个月初存入 300 元，则一年后银行账户的存款额为多少？

=FV(2.5%/12, 12，-300，-2000, 1)等于¥5699.7

4. 返回投资的总期数函数 NPER(rate, pmt, pv, fv, type)

功能：基于固定利率及等额分期付款方式，返回投资的总期数。

说明：其中 rate,pv,fv,type 的含义见 PMT 函数，pmt 的含义见 PV 函数。

5. 返回年金的各期利率函数 RATE(nper,pmt,pv,fv,type,guess)

功能：基于固定利率及等额分期付款方式，年金的各期利率。

说明：其中 nper、pv、fv、type 的含义见 PMT 函数，pmt 的含义见 PV 函数。如果省略 pmt，则必须包含 fv 参数。guess 为预期利率，默认值为 10% 。函数 RATE 通过迭代法计算得出，并且可能无解或有多个解。如果在进行 20 次迭代计算后，函数 RATE 的相邻两次结果没有收敛于 0.0000001，函数 RATE 将返回错误值#NUM!。如果函数 RATE 不收敛，可改变 guess 的值。通常当 guess 位于 0 到 1 之间时，函数 RATE 是收敛的。

【例 4-19】图 4-9 所示为贷款表，包括贷款额、贷款年限、每期付款额。要求按表中所给的条件，分别计算按“月”和“年”的利率。

在 A6 单元格中输入图 4-9 所示的公式得到月利率，在 A7 单元格中输入图 4-9 所示的公式得到年利率。

	A	B
1	数据	说明
2	4	贷款期限
3	-200	每月支付
4	8000	贷款额
5	公式	说明（结果）
6	=RATE(A2*12, A3, A4)	在上述条件下贷款的月利率（1%）
7	=RATE(A2*12, A3, A4)*12	在上述条件下贷款的年利率（0.09241767 或 9.24%）

图 4-9　返回年金的各期利率函数举例

4.6　日期函数及应用

1. 日期函数

（1）取日期的天数函数 DAY(日期参数)。

功能：用整数(1～31)返回日期在一个月中的序号。如果日期参数是给定的日期，应包含在英文双引号中。

例如：DAY("2008/10/1")=1。

（2）取日期的月份函数 MONTH(日期参数)。

功能：用整数(1～12)返回日期的月份。

例如：MONTH("2008/10/1")=10。

（3）取日期的年函数 YEAR(日期参数)。

功能：用 4 位整数返回日期的年份。

例如：YEAR("2008/7/19")=2008。

（4）取当前日期和时间函数 NOW()。

功能：返回当前计算机系统的日期和时间，包括年、月、日和时间。

说明：NOW()函数的值会根据计算机系统的不同日期和时间自动更新。

例如：若输入＝NOW()显示输入公式时的系统时间，按 F9 键或编辑其他单元格，系统重新计算日期和时间。

（5）取当前日期函数 TODAY()。

功能：返回当前计算机系统的日期，包括年、月、日。

说明：TODAY()函数的值会根据计算机系统的不同日期自动更新。

（6）建立日期函数 DATE(Year,Month,Day)。

功能：用 3 个数值型数据组成一个日期型数据。Excel 中无日期型常量，通常需要使用 DATE（）函数来表示日期。

例如：DATE(2008,10,1)=2008/10/1

2. 日期函数应用举例

【例 4-20】计算 2008 年奥运会距离现在过去多少天。

输入公式：=Today ()–"2008/8/8"。

【例 4-21】表 4-1 所示为某个人的个人定期存款表。要求根据“期限”和“存款日期”计算“取款日期”，并根据“取款日期”和当前的系统日期判断存款是否到期，能在“到期提示”列自动显示“存款到期”提示信息，以便及时取款。（假设系统当前时间为 2006 年 6 月 1 日。）

在 E2 单元格输入公式：=DATE(YEAR(D2),MONTH(D2)+C2*12,DAY(D2))，再将该公式复制到 E3:E7（结果见表 4-1 的 E 列）。

在 F2 单元格输入公式：=IF(NOW()>E2,"存款到期"，"")，再将该公式复制到 F3:F7（结果见表 4-1 的 F 列）。

表 4-1　　　　　　个人定期存款表

	A	B	C	D	E	F
1	存款额	期限	期限	存款日期	取款日期	到期提示
2	10000	三个月	0.25	2006-1-1	2006-4-1	存款到期
3	10000	六个月	0.5	2006-8-5	2007-2-5	
4	15000	一年	1	2005-9-4	2006-9-4	
5	30000	二年	2	2004-5-8	2006-5-8	存款到期
6	20000	三年	3	2006-2-1	2009-2-1	
7	20000	五年	5	2006-6-8	2011-6-8	

【例 4-22】根据图 4-10 所示的“B 列”职工的出生日期，计算职工到目前为止的年龄。

在“职工情况表”中填写“出生日期”，要比填写“年龄”更科学。因为随着增长，所填写的

“年龄”已经失去意义。因此最好填写“出生日期”，再根据“出生日期”计算到目前为止的年龄。

操作方法是：在 C2 单元格输入公式：=YEAR(TODAY())−YEAR(B2)，然后再复制到 C3:C8。

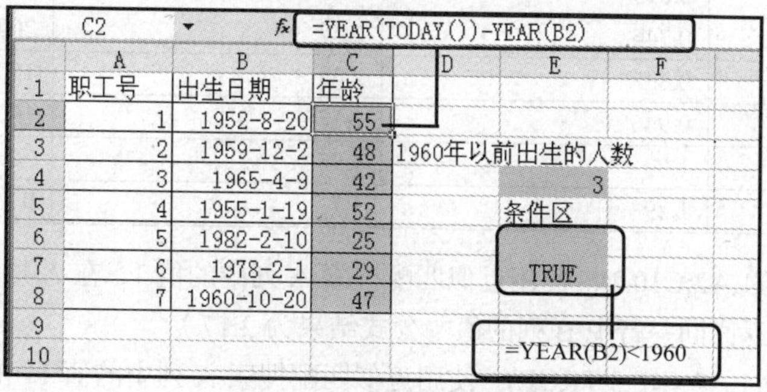

图 4-10　日期函数应用举例

【例 4-23】统计图 4-10 所示的数据表中 1960 年以前出生的人数（不含 1960 年出生的）。

操作如下。

（1）建立条件区：在 E7 单元格输入公式：=YEAR(B2)< 1960 。

（2）在 E4 单元格输入公式计算 1960 年以前出生的人数：=DCOUNT(A1:C8,,E6:E7)。

4.7　查找和引用函数及应用

1. 按列查找函数 VLOOKUP(查找值，数据区，列标，匹配类型)

功能：在“数据区”的“首列”查找“查找值”，找到后返回“查找值”所在行中指定“列标”处的值。

其中第四个参数“匹配类型”为逻辑值，指定希望 VLOOKUP 函数查找精确的匹配值还是近似匹配值。

（1）0 或 FALSE：查找精确的匹配值。如果数据区第一列中有两个或多个值与查找值匹配，则使用第一个找到的值。如果找不到精确匹配值，则返回错误值“#N/A”。

（2）1 或 TRUE，或省略不写：返回精确匹配值或近似匹配值。也就是说，如果找到精确匹配值则返回精确匹配值，如果找不到精确匹配值，则返回小于“查找值”的最大值。

注意　此时数据区的第一列中的值必须以升序排序，否则 VLOOKUP 函数可能无法返回正确的值。

看下面的例子，设有表 4-2，现根据大气特征表的“密度”列来查找“粘度”和“温度”列中对应的值。我们来分析以下各公式的意义。

表 4-2　大气特征表

	A	B	C
1	密度	粘度	温度
2	0.457	3.55	500
3	0.525	3.25	400
4	0.616	2.93	300

续表

	A	B	C
5	0.675	2.75	250
6	0.746	2.57	200
7	0.835	2.38	150
8	0.946	2.17	100
9	1.09	1.95	50
10	1.29	1.71	0

（1）VLOOKUP(1,A2:C10,2)。使用近似匹配搜索 A 列中的值 1，在 A 列中找到小于等于 1 的最大值 0.946，然后返回同一行中 B 列的值（公式结果为 2.17）。

（2）VLOOKUP(1,A2:C10,3,TRUE)。使用近似匹配搜索 A 列中的值 1，在 A 列中找到小于等于 1 的最大值 0.946，然后返回同一行中 C 列的值（公式结果为 100）。

（3）VLOOKUP(0.7,A2:C10,3,FALSE)。使用精确匹配在 A 列中搜索值 0.7。因为 A 列中没有精确匹配的值，所以返回一个错误值（公式结果为#N/A）。

（4）VLOOKUP(0.1,A2:C10,2,TRUE)。使用近似匹配在 A 列中搜索值 0.1。因为 0.1 小于 A 列中最小的值，所以返回一个错误值（公式结果为#N/A）。

（5）VLOOKUP(2,A2:C10,2,TRUE)。使用近似匹配搜索 A 列中的值 2，在 A 列中找到小于等于 2 的最大值 1.29，然后返回同一行中 B 列的值（公式结果为 1.71）。

【例 4-24】已知图 4-11 中有两个表“人民币存款利率表”和“个人存款”表。其中“人民币存款利率表”存放了人民币整存整取的存款利率，“个人存款”表输入了某个人的多笔“整存整取”存款的“年限”和“存款额”数据，要求计算出“个人存款”表中每笔存款的“年利率”、“存款年限”（数字）、“税后利率”以及“到期本息”。

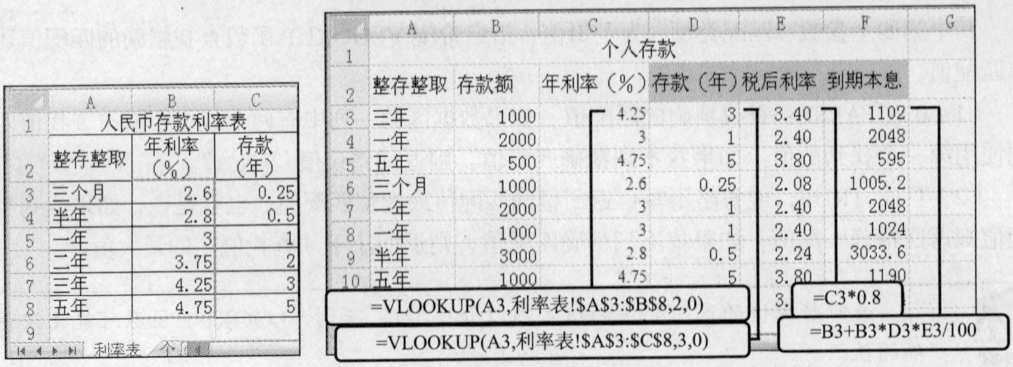

图 4-11　VLOOKUP 函数应用举例

（1）求每笔存款的“年利率”。

解题思路：C3 单元格可根据“个人存款”表 A 列的数据（如 A3）到“人民币存款利率表”的 A 列查找与之相等的值（如 A7），然后得到对应行的第 2 列值（得到“利率表”的 4.25 放到公式所在的单元格）。用 VLOOKUP 函数在 C3 单元格输入公式：=VLOOKUP(A3,利率表!$A$3:$B$8,2,0)。

（2）求每笔存款的“存款年限”（数字）。

在 D 单元格输入公式：=VLOOKUP(A3,利率表!$A$3:$C$8,3,0)。

（3）求每笔存款的“税后利率”，设税后利率为年利率的 80%。

在 E3 单元格输入公式：=C3*0.8。

（4）求每笔存款的“到期本息”，到期本息=本金+利息=本金+本金*存款年限*税后利率。

在 F3 单元格输入公式：=B3+B3*D3*E3/100。

（5）将 C3:F3 复制到 C4:F11（选定 C3:F3，鼠标指针指向“填充柄”向下拖曳到第 11 行）。

【例 4-25】根据图 4-12 中的“税率表”计算“工资表 2”的工薪税。

解题思路如下。

（1）应发工资=基本工资+奖金-五险一金，所以 E2 中公式为：=B2+C2-D2。

（2）应税工资的计算方法：因 3500 元为个人所得税起征点，应发工资不到 3500 元的应税工资为 0，超过 3500 元的则为应发工资减去 3500 元，所以 F2 中公式为：=IF(E2>3500，E2-3500，0)。

（3）工薪税计算。根据“工资表 2”F 列的“应税工资”在“税率表”的 C 列查找与“应税工资”相等的值，如果没有相等的值，找小于“应税工资”的最大值，返回对应行的“税率”，用“税率”与“应税工资”相乘之后再减去“速算扣除”，所以 G2 中公式为：

=VLOOKUP(F2,税率表!$C$3:$E$9,2,1)*F2-VLOOKUP(F2,税率表!$C$3:$E$9,3,1)。

（4）实发工资=应发工资-工薪税，所以 H2 中公式为： =E2-G2。

	A	B	C	D	E
1		个人所得税税率表			
2	级数	全月应纳税所得额	纳税上限	税	速算扣除
3	1	不超过1500元	0	3%	0
4	2	超过1500元至4500元	1500	10%	105
5	3	超过4500元至9000元	4500	20%	555
6	4	超过9000元至35000元	9000	25%	1005
7	5	超过35000元至55000元	35000	30%	2755
8	6	超过55000元至80000元	55000	35%	5505
9	7	超过80000元	8000		
10					

税率表 工资表2 Sheet3

	A	B	C	D	E	F	G	H
1	编号	基本工资	奖金	五险一金	应发工资	应税工资	工薪税	实发工资
2	001	4000.00	800	912	3888.00	388.00	11.64	3876.36
3	002	3500.00	2800	1197	5103.00	1603.00	55.30	5047.70
4	003	5000.00	400	1026	4374.00	874.00	26.22	4347.78
5	004	4000.00	2400	1206	5194.00	1694.00	64.40	5129.60
6	005	2700.00	400	589	2511.00	0.00	0.00	2511.00
7	006	3500.00	2000	1206	4294.00	794.00	23.82	4270.18
8	007	3200.00	1500	893	3807.00	307.00	9.21	3797.79
9	008	2800.00	100	551	2349.00	0.00	0.00	2349.00

= VLOOKUP(F2,税率表!$C$3:$E$9,2,1)*F2-VLOOKUP(F2,税率表!$C$3:$E$9,3,1)

税率表 工资表2 Sheet3

图 4-12　用 VLOOKUP 计算工薪税

2. 按行查找函数 HLOOKUP(查找值，数据区，行标，匹配类型)

功能：在“数据区”、“首行”查找“查找值”，找到后返回所在列中指定“行标”处的值。HLOOKUP 函数与 VLOOKUP 函数的功能基本一样，只是 HLOOKUP 函数在“数据区”的第一行查找。

3. 数组转置函数 TRANSPOSE（数据区）

功能：将函数中数据区的数据转置，即行数据转为列数据，列数据转为行数据。

【例 4-26】将 A1:B3 单元格区域的数据转置，存放到 D1:F2 单元格区域，如图 4-13 所示。

D1　fx {=TRANSPOSE(A1:B3)}

	A	B	C	D	E	F
1	1	4		1	2	3
2	2	5		4	5	6
3	3	6				

图 4-13　转置函数应用举例

操作步骤如下。

（1）选定 Dl:F2。

（2）在编辑栏输入公式“=TRANSPOSE(A1:B3)”，同时按Ctrl+Shift+Enter组合键。

另外，用“编辑|选择性粘贴”菜单命令也能实现转置。

4.8 文本函数及应用

1. 文本函数

在下面介绍的函数中，请注意以下两点。

第一，字符串 S 可以是字符串常数或文本型的公式。

第二，若两个函数名的不同仅在于一个函数名的后面多一个“B”，则带“B”的函数汉字为2 个字符；不带“B”的函数中一个汉字为 1 个字符。

（1）字符串长度函数 LEN(S)、LENB(S)。

功能：返回字符串的长度。

例如：LEN ("计算机 CPU")=6

LENB("计算机 CPU")=9

（2）截取子串函数 MID(S , *m* , *n*), MIDB(S , *m* , *n*)。

功能：返回 S 串从 *m* 位置开始的共 *n* 个字符或文字。

例如：MID("计算机中央处理器 CPU",4,5)=中央处理器

MIDB("计算机中央处理器 CPU",7,4)=中央

MID ("CPU"，2，1)＝P

（3）截取左子串函数 LEFT(S [，*n*])、LEFTB(S [，*n*])。

功能：返回 S 串最左边的 *n* 个字符。如果省略 *n*，默认 *n* =1。

例如：LEFT("计算机中央处理器 CPU",4)=计算机中

LEFTB("计算机中央处理器 CPU",4)= 计算

（4）截取右子串函数 RIGHT(S [，*n*])、RIGHTB(S[，*n*])。

功能：返回 S 串最右边的 *n* 个字符。如果省略 *n*，默认 *n* =1。

例如：RIGHT("计算机中央处理器 CPU",6)= 处理器 CPU

RIGHTB("计算机中央处理器 CPU",9)=处理器 CPU

（5）删除首尾空格函数 TRIM(S)。

功能：删除 S 的前后空格。常用于去掉字符串前后误输入的空格，以便准确处理数据。

（6）数值转文本函数 TEXT(数值型数据，格式)。

功能：按给定的“格式”将“数值型数据”转换成文本型数据。

例如：TEXT(12.345,"$##,##0.00")=$12.35

TEXT(37895，"yy-mm-dd")=03-10-01

（7）四舍五入转换文本函数 FIXED(数值型数据[，*n*][，逻辑值])。

功能：对“数值型数据”进行四舍五入并转换成文本数字串。

当 *n*>0 时，对数据的小数部分四舍五入到从左至右的第 *n* 位；

当 *n*=0 时，对数据的小数部分最高位四舍五入取数据的整数部分；

当 *n*<0 时，对数据的整数部分四舍五入到从右至左的第 *n* 位。

如果省略 *n*，默认 *n* =2。

如果“逻辑值”为 FALSE 或省略，则返回的文本中包含逗号分隔符。

FIXED 函数的功能与 ROUND 函数基本一样，不同的是 FIXED 函数的结果是文本型数据，且可以选择是否带逗号分隔符。

例如，=FIXED(1234.56,-1)的结果是“1,230”。

（8）文本转数值函数 VALUE(S)。

例如，VALUE ("12.80") =12.8

若参数为非数字字符，会出现错误，例如：VALUE ("AB") = #VALUE!

（9）大小写字母转换函数 LOWER(S)、UPPER(S)。

LOWER 与 UPPER 都不改变文本中的非字母的字符。

① 转换为小写字母函数 LOWER(S)。例如：=LOWER("aBCdE")的结果是“abcde”。

② 转换为大写字母函数 UPPER(S)。例如：=UPPER("aBCdE")的结果是“ABCDE”。

（10）替换函数 REPLACE(S1,m,n,S2), REPLACEB(S1,m,n,S2)。

功能：结果为 S1，但是 S1 中从 *m* 开始的 *n* 个字符已经被 S2 替换。

例如：=REPLACE("abcdef",2,3,"x")的结果是“axef”。

=REPLACE("abcd",1,2,"xyz")的结果是“xyzcd”。

（11）比较函数 EXACT(S1,S2)。

功能：比较两个字符串是否完全相等。如果字符串 S1 等于字符串 S2 返回 TRUE，否则返回 FALSE。只有 S1 与 S2 的长度相等且按位相等（区分大小写字母）结果为 TRUE。

例如，EXACT("EXCEL"," Excel")=FALSE；EXACT("abc","ab")=FALSE。

（12）查找函数 FIND(sub,　S,　*n*)、FINDB(sub,　S,　*n*)。

功能：从 S 串的左起第 *n* 个位置开始查找 sub 子串，返回 sub 子串在 S 中的起始位。

如果在 S 中没有找到 sub，返回＃VALUE！。 FIND 区分大小写，sub 中不允许使用通配符。

例如，FIND("ab","xaBcaba",1)=5；FIND("计算机"，"中国计算机",1)=3；FINDB("计算机"，"中国计算机",1)=5。

（13）搜索函数 SEARCH(sub,　S,　*n*)、 SEARCHB(sub,　S,　*n*)。

功能：与 FIND 函数基本一样，但是 SEARCH 函数不区分大小写，sub 中允许使用通配符。通配符包括问号（“?”可匹配任意的单个字符）和星号（“*”可匹配任意一串字符）。如果要搜索真正的问号或星号，在问号或星号的前面键入波形符（“～”）。

例如，SEARCH("ab", "xaBcaba",1)=2（注意 SEARCH 不区分大小写）。

（14）重复文本函数 REPT(S,*n*)。

功能：返回字符串 S 的 *n* 个重复文本。

例如，＝REPT（"+-",3）的结果是“+-+-+-”。

（15）字符串合并函数 CONCATENATE (text1,text2,…)。

功能：将几个文本字符串合并为一个文本字符串。

例如，=CONCATENATE("中国","银行")，结果是“中国银行”。

连接字符串也可用字符串连接符“&”，如：="中国"&"银行"。

2. 应用举例

【例 4-27】数值型数据转换为文本型数据。

如果在图 4-14 所示的 A 列输入数值型的数字序列 1001, 1002，…转换为文本型后可以带前导“0”。

例如，在 B2 单元格输入公式：=TEXT(A2,"0")，将该公式复制到 B3:B6。B 列的数据为文本型数据。“0” 表示转换后的文本至少包括一位 0。

例如，在 C2 单元格输入公式：=TEXT(A2, "000000")，将该公式复制到 C3:C6。“000000” 共 6 个 0，表示转换后的文本一共包含 6 位数字，若不够 6 位，则须补 0 凑够 6 位。所以，C 列的数据为增加两个前导 “0” 的文本型数据。

【例 4-28】文本型数据转换为数值型数据。

如果在图 4-14 所示的 E 列输入文本型数列 “'101 ，'102，…”，转换为数值型数据的操作是：在 F2 单元格输入公式：=VALUE(E2)，将该公式复制到 F3:F6。

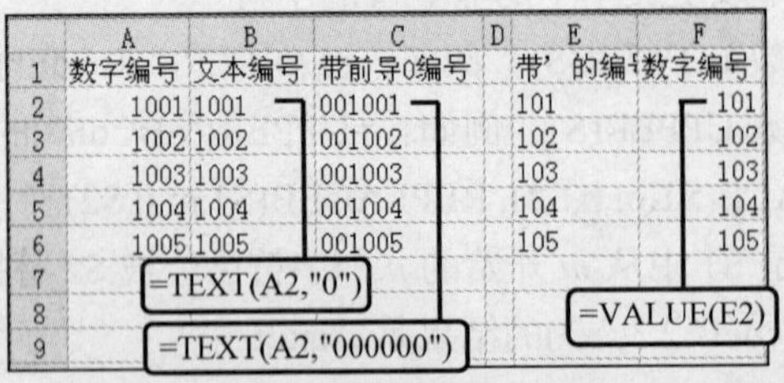

图 4-14　转换函数应用举例

【例 4-29】如果在图 4-15 所示的 A 列和 B 列分别存放了 “基金代码” 和 “基金简称”，用字符串函数与字符串运算得到 C 列，然后再将 C 列分解为 D 列和 E 列。

（1）由 A 列和 B 列得到 C 列的操作是：

在 C2 单元格输入公式 “=B2&"("&A2&")"”，然后再复制到 C3:C6。

（2）由 C 列得到 D 列的操作是：

在 D2 单元格输入公式 “=MID(C2,1,FIND("(",C2,1)-1)”，然后再复制到 D3:D6。

（3）由 C 列得到 E 列的操作是：

在 E2 单元格输入公式 “=MID(C2,FIND("(",C2,1),LEN(C2)-(FIND("(",C2,1)-1))”，然后再复制到 E3:E6。

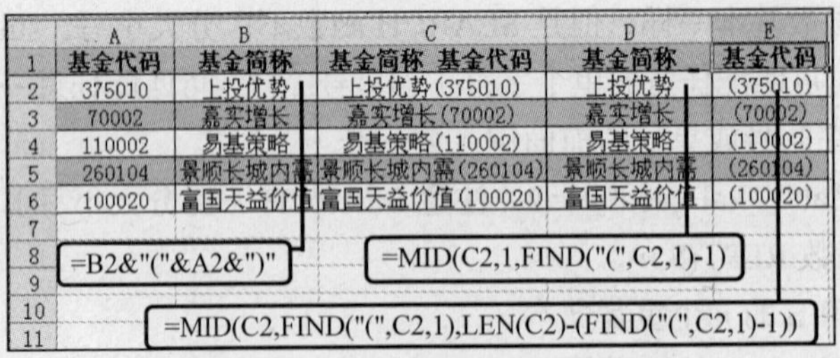

图 4-15　字符串与子字符串应用举例

【例 4-30】已知图 4-16 中的 A 列是学号，学号前 4 位代表年级，第 5～6 位代表专业（所在的学系）。要求统计 “04” 级学生的人数，统计电子商务系（第 5～6 位为 36）的人数。

（1）统计 “04” 级学生的人数。

① 建立条件区。在 C9 单元格输入公式：=MID (A2, 3, 2) ="04"；

或者：=LEFT (A2,4) = "2004"

② 在 C3 单元格输入统计公式：=DCOUNT (A1:A11,,C8:C9)

（2）统计电子商务系（第 5～6 位为 36）的人数。

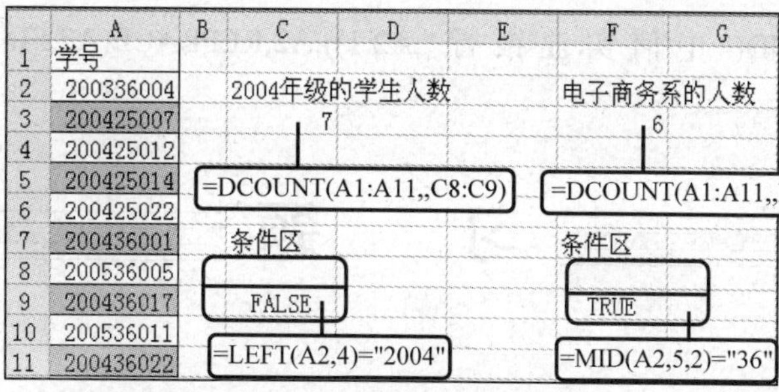

图 4-16 字符串应用举例

① 建立条件区。在 F9 单元格输入公式：=MID (A2, 5, 2) ="36"

② 在 F3 单元格输入统计公式：=DCOUNT (A1:A11,,F8:F9)

【例 4-31】图 4-17 中的 A 列为单位名称，要求将 A 列中含有“中信实业银行”的文字更名为“中信银行”后放入 B 列。

解题思路：首先用查找函数 FIND 在 A 列对应位置查找“中信实业银行”，找到后确定它所在的起始位置。然后用 REPLACE 函数从确定的位置开始共 6 个文字用“中信银行”替换。操作方法如下。

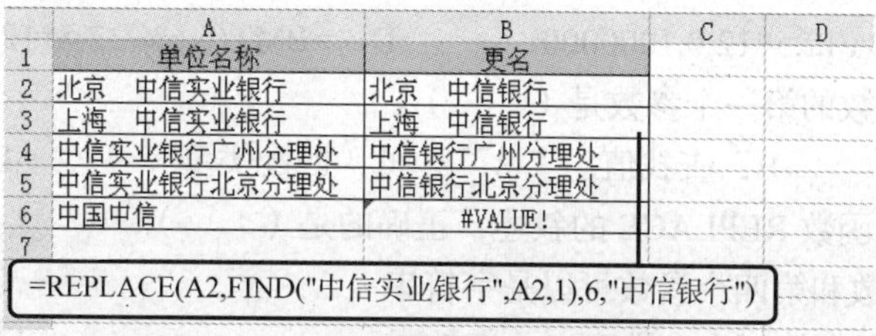

图 4-17 字符串替换应用举例

在 B2 单元格输入公式：

=REPLACE(A2,FIND("中信实业银行",A2,1),6, "中信银行")

然后将该公式复制到 B3:B6。

如果 FIND 函数查找不到要找的字符串，返回“# VALUE!”。

4.9 信息函数

1. ISERROR 函数

如果参数值为任意错误值(#N/A、#VALUE!、#REF!、#DIV/0!、#NUM!、#NAME? 或 #NULL!)，则返回值为 True。

2. ISNA 函数

如果参数值为错误值#N/A，则返回值为 True。

【例 4-32】在【例 4-31】中，如果希望未找到“中信实业银行”则无须进行替换，不希望出现错误信息，则可利用信息函数完成此功能，用 FIND 函数未找到“中信实业银行”，也就是查找结果为错误值的话，则不替换，仍为单元格 A2 的值，不是错误值，则进行替换。将 B2 单元格公式修改为：

=IF(ISERROR(FIND(" 中信实业银行 ",A2,1)),A2,REPLACE(A2,FIND(" 中信实业银行 ",A2,1),6,"中信银行"))。

习　题

一、选择题

1．在 Excel 中，一个数据清单由 3 个部分组成（　　）。

A．公式、记录和数据库　　B．区域、记录和字段

C．工作表、数据和工作簿　　D．数据、公式和函数

2．用函数计算在年利率 1.75%，每个月连续存款，连续存 5 年，5 年后存款额为 50000 元，则每月需要存款多少元，以下正确的公式是（　　）。

A．=PMT(1.75%,5,0,50000)　　B．=PMT(1.75%,5,50000)

C．=PMT(1.75%/12,5*12,0,50000)　　D．=PMT(1.75%/12,5*12, 50000)

3. 银行向某企业贷款 100 万元，5 年还清的年利率为 6.6%，企业的年支付额的公式是(　　)。

A．=PMT(6.6%,5,0,1000000)　　B．=PMT(6.6%,5,1000000)

C．=PMT(6.6%/12,5*12,0,1000000)　　D．=PMT(6.6%/12,5*12, 1000000)

4．VLOOKUP 函数的第一个参数是（　　）。

A．数据区　　B．查找值　　C．匹配类型　　D．列标

5．下列有关替换函数 REPLACE 的叙述，正确的是（　　）。

A．第一个参数和第四个参数可以是字符串

B．第一个参数和第三个参数可以是字符串

C．第二个参数和第三个参数可以是字符串

D．第二个参数和第四个参数可以是字符串

二、填空题

假设各单元格中内容如下：

A1:　25　B1:　3　C1: 0.333　A2: “Rotary　”（注：Rotary 后面有三个空格）

B2: “Secondary School”　C2: “CCC”

则输入以下各公式的单元格结果是：

（1）=INT(C1)+ROUND(SQRT(B1)，1)

____________________。

（2）=ROUND(A1/C1,2)

____________________。

（3）=CONCATENATE(C2,A2,B2)

____________________。

（4）=EXACT(LEFT(C2),RIGHT(C2))

____________________。

（5）=LEN(A2)+LEN(A1)

____________________。

（6）=LOWER(C2)&MID(B2,3,3)

________________________。

（7）=TRIM(MID(B2,7,12))

________________________。

（8）=LEN(A2)+SQRT(A1)

________________________。

三、应用题

1．如图 4-18 所示，计算奖金提成比例和奖金提取额，其计算方法为：销售额大于 30 万元且销售费用占销售额的比例不超过 1%，则奖金提取比例为 15%，否则为 10%，写出相应公式。

	A	B	C	D	E
1	销售奖金提取比例及提取额（元）				
2	销售部门	销售额	销售费用	奖金提成比例	奖金提取额
3	部门A	234325	3425		
4	部门B	432465	5430		
5	部门C	546742	5908		
6	部门D	568736	4503		
7	部门E	765833	5347		
8	部门F	345873	3246		
9	部门G	289050	1256		
10	部门H	423578	5428		

图 4-18　奖金提成比例和奖金提出额

（1）计算奖金提成比例公式（以单元格 D3 为例）。

（2）奖金提取额公式（以单元格 E3 为例）。

2．利用 FREQUENCY 函数统计如图 4-19 所示的一组数据中小于 40 的数值个数、介于 40～60 之间的数值个数、大于 60 的数值个数。

3．有如图 4-20 所示的成绩单。

	A	B	C
1	56		
2	32		
3	54		
4	61		
5	21		
6	78		
7	35		
8			
9			

图 4-19　Frequency 函数统计数值个数

	A	B	C	D
1	姓名	语文	数学	英语
2	李娜	80	82	88
3	高辉	85	72	70
4	宋琳	80	76	83
5	李侃	85	75	89
6	辛鑫	62	86	90
7	潘科	90	85	75

图 4-20　成绩单

利用数据库函数求解以下问题：

（1）查找成绩都及格的同学中最高的语文成绩；

（2）语文成绩大于 59 分的平均成绩；

（3）查找数学成绩及格的记录中有数学成绩的单元格数；

（4）查找语文成绩大于 70、数学及格的记录中第 2 列非空的单元格数。

4．利用数据库函数求解以下问题，房屋信息数据如图 4-21 所示。

（1）>80 平方米的住房面积总和；

（2）住房面积>80 平方米，总价>300000 元的房屋的总价之和。

5．利用财务函数求解以下问题，数据如图 4-22 所示。

	A	B	C	D	E
1	住房面积	卧室数	卫生间数	每平方米价格	总价
2	100	3	2	2000	200000
3	120	2	1	2500	300000
4	110	3	2	3000	330000
5	90	2	1	4200	378000
6	78	1	1	4500	351000

图 4-21　房屋信息

	A	B
1	年利率	4.13%
2	付款时长（年）	20
3	贷款额	200000

图 4-22　贷款数据

（1）按期初付款将贷款还清的月支付额；

（2）按期末付款将贷款还清的年支付额。

6．如果预在 10 年后使得存款数额达到 150000 元，且现在每月存入 1000 元，利用财务函数计算其开始应存入银行的现值数额，设年利率为 4.125%。

7．数值如图 4-23 所示，计算在第 A 列中查找 1.568 返回同行 C 列的值。

	A	B	C
1	0.35	45	48
2	0.5	12	52
3	0.8563	56	61
4	1.568	50	71
5	5.258	15	75

图 4-23　数值

8．有如图 4-24 所示发票统计表，写出完成以下统计所需的公式和函数。

（1）2006 年 11 月 30 日前的所有发票金额；

（2）2006 年所有发票金额；

（3）2007 年 1 月 1 日后的所有发票金额；

（4）2006 年 12 月 5 日至 2006 年 12 月 26 日的所有发票金额。

	A	B	C	D	E
1	发票号	发票金额	发票日期		
2	A00026	78908	2006/11/28		
3	A00028	46577	2006/11/30		
4	A00034	60000	2006/12/2		
5	A00035	65554	2006/12/5		
6	A00036	24566	2006/12/8		
7	A00037	86754	2006/12/10		
8	A00038	34566	2006/12/10		
9	A00039	297665	2006/12/20		
10	A00040	65456	2006/12/26		
11	A00041	23456	2006/12/28		
12	A00042	97866	2007/1/5		
13	A00043	35677	2007/1/10		
14	A00044	54234	2007/1/12		
15					
16	统计项目			不使用数据库函数	使用数据库函数
17	2006年11月30日前的所有发票金额				
18	2006年所有发票金额				
19	2007年1月1日后的所有发票金额				
20	2006年12月5日至2006年12月26日				

图 4-24　发票统计表

第 5 章 数据处理

【本章要点】

Excel 提供了非常实用的数据分析工具，利用这些分析工具，可解决数据管理中的许多问题，例如财务分析工具、统计分析工具、工程分析工具、规划求解工具、方案管理器等。本章主要介绍财务管理与统计分析中常用的一些数据分析工具。

5.1 用假设方法求解

假设分析是在单元格中更改值以查看这些更改将如何影响工作表中公式结果的过程。Excel 附带了三种假设分析工具：单变量求解、模拟运算表和方案。

5.1.1 单变量求解

单变量求解是解决假定一个公式要取得某一结果值，其中变量的引用单元格应取值为多少的问题。

单变量求解可以求解只有一个变量的方程的根，方程可以是线性方程，也可以是非线性方程。例如，求方程 $5x^3+3x^2-9x+11=0$ 的根，如图 5-1 所示，用单元格 B3 表示 x，用单元格 C3 表示方程 y，在单元格 C3 中输入公式“=5*B3^3+3*B3^2-9*B3+11”，然后使用菜单命令“工具|单变量求解”，打开“单变量求解”对话框，设置“目标单元格”为代表方程的单元格 C3，“目标值”为 0，“可变单元格”为代表要求解的变量 x 的单元格 B3，单击“确定”按钮，则可自动求解。

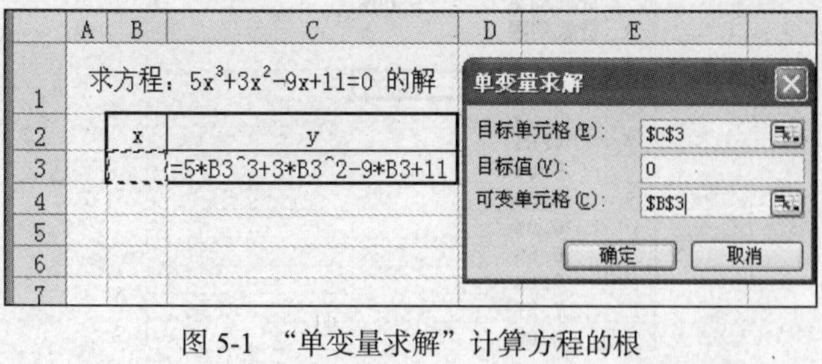

图 5-1 “单变量求解”计算方程的根

注意，有时方程可能不止一个解，得到解的值是多少与 x 取的初始值有关。若不能得到解时，可改变 x 的初始值，重新求解。假设的解与真实的解越接近，求解的速度越快。默认情况下，“单变量求解”命令在它执行 100 次求解与指定目标值的差在 0.001 之内时停止计算。如果不需要这么高的精度，可以选择“工具”菜单中的“选项”命令，单击“重新计算”，修改“最多次数”和“最大误差”框中的值。

单变量求解工具还可以解决许多数据管理中涉及一个变量的求解问题，如果知道要从公式获得的结果，但不知道公式获得该结果所需的输入值，那么可以使用单变量求解功能。

【例 5-1】一个职工的年终奖金是全年销售额的 20%，前三个季度的销售额已经知道了，该职工想知道第四季度的销售额为多少时，才能保证年终奖金为 1000 元。

用单变量求解法解决问题（见图 5-2），具体操作步骤如下。

（1）选定包含想产生特定数值的公式的目标单元格。例如，单击单元格 E2。

（2）选择“工具|单变量求解”命令，打开“单变量求解”对话框。此时，“目标单元格”框中含有刚才选定的单元格。

（3）在“目标值”框中输入想要的解。例如，输入“1000”。

（4）在“可变单元格”框中输入“$B$5”或“B5”。

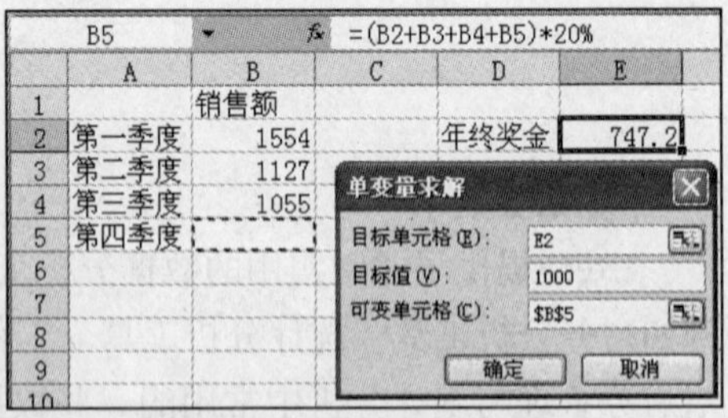

图 5-2　用“单变量求解”解决问题

（5）单击“确定”按钮，出现“单变量求解状态”对话框。在此例中，计算结果“1264”显示在单元格 B5 内。要保留这个值，单击“单变量求解状态”对话框中的“确定”按钮。

5.1.2　模拟运算表

模拟运算表是将工作表中的一个单元格区域的数据进行模拟计算，测试使用一个或两个变量对运算结果的影响。在 Excel 中，可以构造两种模拟运算表：单变量模拟运算表和双变量模拟运算表。

1．单变量模拟运算表

单变量模拟运算表是基于一个输入变量，用它来模拟对一个或多个公式计算结果的影响。

【例 5-2】企业向银行贷款 10000 元，期限 5 年，使用“模拟运算表”模拟计算不同的利率对月还款额的影响，操作步骤如下。

（1）设计模拟运算表结构，输入计算模型(A1:B3)及变化的利率（A6:A14），如图 5-3 所示。

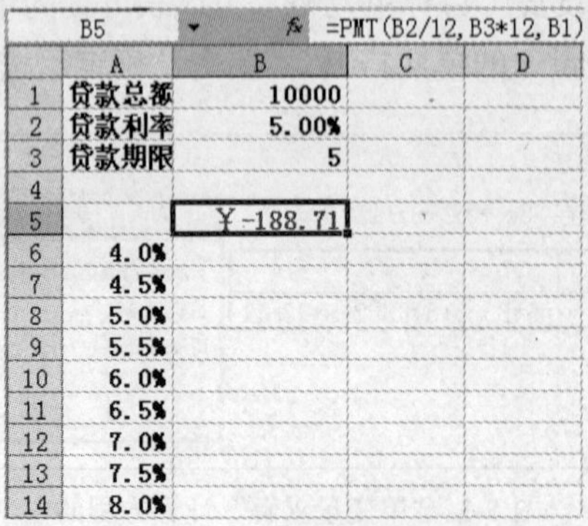

图 5-3　单变量模拟运算表

（2）在 B5 单元格中输入公式：=PMT (B2/12,B3*12,B1)。

（3）选取包括公式和需要进行模拟运算的单元格区域 A5:B14。

（4）单击“数据|模拟运算表”，弹出“模拟运算表”对话框，如图 5-4 所示。

（5）由于本例中引用的是列数据，故在“输入引用列的单元格”编辑框中输入“$B$2”，单击“确定”按钮，即得到单变量模拟运算表的计算结果，如图 5-5 所示。

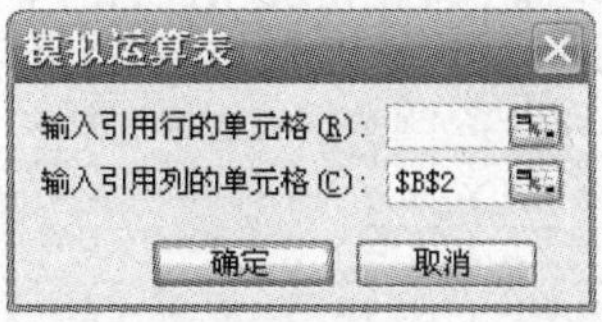

图 5-4 “模拟运算表”对话框

	A	B
1	贷款总额	10000
2	贷款利率	5.00%
3	贷款期限	5
4		
5		￥-188.71
6	4.0%	-184.165
7	4.5%	-186.430
8	5.0%	-188.712
9	5.5%	-191.012
10	6.0%	-193.328
11	6.5%	-195.661
12	7.0%	-198.012
13	7.5%	-200.379
14	8.0%	-202.764

图 5-5 单变量模拟运算表结果

2. 双变量模拟运算表

双变量模拟运算表比单变量模拟运算表要略复杂一些，双变量模拟运算表是考虑两个变量的变化对一个公式计算结果的影响，它与单变量模拟运算表的主要区别在于双变量模拟运算表使用两个可变单元格（即输入单元格）。双变量模拟运算表中的两组输入数值使用的是同一个公式，这个公式必须引用两个不同的输入单元格。

创建双变量模拟运算表的一般过程如下。

（1）建立计算模型。

（2）在工作表的某个单元格内，输入所需引用的两个输入单元格的公式。

（3）在公式下面同一列中键入一组输入数值，在公式右边同一行中键入第二组输入数值。

（4）选定包含公式以及数值行和列的单元格区域。

（5）单击“数据|模拟运算表”，弹出“模拟运算表”对话框。

（6）在“输入引用行的单元格”编辑框中，输入要由行数值替换的输入单元格的引用。

（7）在“输入引用列的单元格”编辑框中，输入要由列数值替换的输入单元格的引用。

【例 5-3】我们把在前面的例子中规定的还款期限由固定的 5 年改变为 5～20 年，即现在对计算的要求变成为：利用双变量模拟运算表及 PMT 财务函数计算贷款 10000 元，年利率为 4.0% ～8.0%时，各种年利率下，当还款期限在 5～20 年之间变化时，每月等额的还款金额。

根据题目的要求，具体的操作可按如下步骤进行。

（1）按照双变量模拟运算表的输入要求，在工作表中输入以下内容：贷款总额（10000）固定年利率（5%）、固定还贷期限（5）、每月还贷款金额公式、年利率变化序列（4% ～8.0%），还贷期限变化序列（5, 7, 10, 15, 20），输入单元格式排列如图 5-7 所示（注意：在计算贷款期限时要乘以 12 个月为单位计算）。

在图 5-7 中，单元格区域 A6:A14 为要输入“年利率”序列；单元格区域 B5:F5 为要输入“还贷期限”序列。

（2）在单元格 A5 内输入公式为“=PMT(B2/12,B3*12,B1))，公式中的单元格 B2（代表年利率）、B3（代表期限）将作为输入单元格。

（3）选定单元格区域 A5:F14。

（4）单击“数据|模拟运算表”，弹出“模拟运算表”对话框。

（5）在“输入引用行的单元格”编辑框中，选择或输入要用行数值序列（即“还贷期限”序列 B5:F5）替换的输入单元格“$B$3”；在“输入引用列的单元格”编辑框中，选择或输入要用列数值序列（即“年利率”序列 A6:A14）替换的输入单元格“$B$2”，如图 5-6 所示。

（6）单击“确定”按钮。

经过上述操作过程后，得到双变量模拟运算表的计算结果如图 5-7 所示。

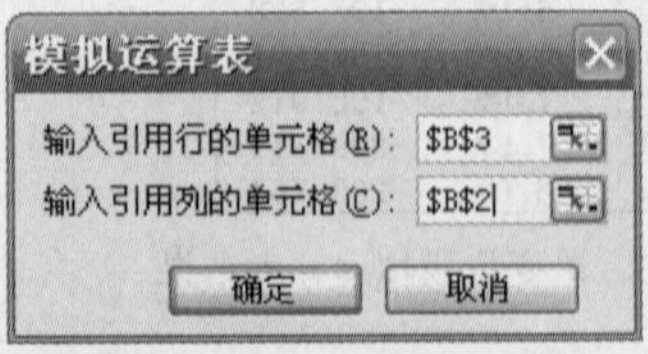

图 5-6 “模拟运算表”对话框

	A	B	C	D	E	F
1	贷款总额	10000				
2	贷款利率	5.00%				
3	贷款期限	5				
4						
5	￥-188.71	5	7	10	15	20
6	4.0%	￥-184.165	￥-136.688	￥-101.245	￥-73.969	￥-60.598
7	4.5%	￥-186.430	￥-139.002	￥-103.638	￥-76.499	￥-63.265
8	5.0%	￥-188.712	￥-141.339	￥-106.066	￥-79.079	￥-65.996
9	5.5%	￥-191.012	￥-143.700	￥-108.526	￥-81.708	￥-68.789
10	6.0%	￥-193.328	￥-146.086	￥-111.021	￥-84.386	￥-71.643
11	6.5%	￥-195.661	￥-148.494	￥-113.548	￥-87.111	￥-74.557
12	7.0%	￥-198.012	￥-150.927	￥-116.108	￥-89.883	￥-77.530
13	7.5%	￥-200.379	￥-153.383	￥-118.702	￥-92.701	￥-80.559
14	8.0%	￥-202.764	￥-155.862	￥-121.328	￥-95.565	￥-83.644

=PMT(B2/12,B3*12,B1)

图 5-7 双变量模拟运算表

3. 修改模拟运算表

当创建了单变量或双变量模拟运算表后，可以根据需要做各种修改。

（1）修改模拟运算表的计算公式。当计算公式发生变化时，模拟运算表将重新计算，并在相应单元格中显示出新的计算结果。

（2）修改用于替换输入单元格的数值序列。当这些数值序列的内容被修改后，模拟运算表将重新计算，并在相应单元格中显示出新的计算结果。

（3）修改输入单元格。选定整个模拟运算表（其中包括计算公式、数值序列及运算结果区域），然后单击“数据|模拟运算表”，弹出“模拟运算表”对话框，这时可以在“输入引用行的单元格”或“输入引用列的单元格”编辑框中重新指定新的输入单元格。

（4）由于模拟运算表中的计算结果是存放在数组中的，所以当需要清除模拟运算表的计算结果时，必须清除所有的计算结果，而不能只清除个别计算结果。如果用户想要只删除模拟运算表的部分计算结果，则屏幕上将会出现如图 5-8 所示的消息框，提示用户不能进行这样的操作。此时可按 Esc 键取消操作。

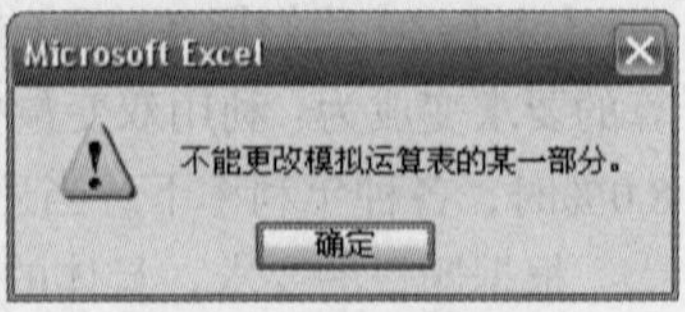

图 5-8 出错消息框

（5）如果只是要删除模拟运算表的运算结果，则在进行删除操作时，一定要首先确认选定的只是运算结果区域，而没有选定其中的公式和输入数值，然后按 Delete 键。

（6）如果要删除整个模拟运算表（包括计算公式、数值序列及运算结果区域），则选定整个模拟运算表，然后按 Delete 键（或者单击“编辑|清除”，然后单击“全部”按钮）。

（7）如果要将模拟运算表的结果转化为常量，可以使用“编辑|选择性粘贴...”菜单命令，选择“只有值”选项即可。

5.1.3 方案管理器

在企业的生产经营活动中，由于市场的不断变化，企业的生产销售受到各种因素的影响，企业需要估计这些因素并分析其对企业生产销售的影响。模拟运算表主要用来考查一个或两个决策变量的变动对于分析结果的影响，但对于一些更复杂的问题，常常需要考查更多的因素。例如，为了达到公司的预算目标，可以从多种途径入手，如增加广告促销，提高价格，降低包装费、材料费，减少非生产开支等。Excel 提供了方案管理器工具来解决这些问题，利用方案管理器，可以很方便地对多种方案（即多个假设条件，可达 32 个变量）进行模拟分析。例如，不同的市场状况、不同的定价策略等，可能产生不同的结果，即利润会有不同的变化。对于每个变量改变的结果都被称为一个方案，根据多个方案的对比分析，可以考查不同方案的优劣，从中选择最合适公司目标的方案。

下面结合实例来说明如何使用方案管理器进行方案分析和管理。

【例 5-4】某企业生产光盘，现使用方案管理器，假设生产不同数量的光盘（例如，3000，5000，10000），分析对利润的影响。

已知：在该例中有 4 个可变量：单价、数量、推销费率和单片成本。

利润＝销售金额－成本－费用×（1+推销费率）

销售金额＝单价× 数量

费用＝20000

成本＝固定成本＋数量*单片成本

固定成本＝70000

1．建立方案

创建方案是方案分析的关键，应根据实际问题的需要和可行性来创建一组方案。在创建方案之前，为了使创建的方案能够明确地显示有关变量，以及为了将来进行方案总结时便于阅读方案总结报告，需要先给有关变量所在的单元格命名。操作步骤如下。

（1）建立模型。将数据、变量及公式输入在工作表中，如图 5-9 所示。我们假设该表是以 J 公司去年的销售为基础的。在单元格“B2:B5”中保存着要进行模拟的 4 个变量，分别是：“单价”、“数量”、“单片成本”和“推销费率”。

	A	B	C
1		方案一	
2	单价	70	四个变量
3	数量	3000	
4	单片成本	9	
5	推销费率	0.05	
6			
7	固定成本	70000	固定成本＝70000
8	费用	20000	费用＝20000
9	成本	=B7+B3*B4	成本＝固定成本＋数量*单片成本
10	销售金额	=B2*B3	销售金额＝单价*数量
11			
12	利润	=B10-B9-B8*(1+B5)	利润＝销售金额－成本－费用*（1+推销费率）

图 5-9　建立模型

（2）给单元格命名。为了使单元格地址的意义明确，可以为 B1:B12 单元格命名，以单元格 A1:A12 中的文字代替单元格的地址（命名后，在后面的方案摘要报告中，会以“单价”代替地址“$B$2”、“数量”代替地址“$B$3”……）。

方法为：选定单元格区域 A1:B12，单击“插入|名称|指定”，在出现的“指定名称”对话框中，选定“最左列”复选框。

（3）建立方案。

① 单击“工具|方案”，弹出“方案管理器”对话框，如图 5-10 所示。由于现在还没有任何方案，所以方案管理器对话框中间显示“未定义方案”的信息。

② 单击“添加…”按钮，弹出如图 5-11 所示的“编辑方案”对话框。

③ 在“方案名”文本框中键入方案名称，如“方案一”；在“可变单元格”编辑框中键入变量所在的单元格地址的引用，在这里输入“B2:B5”；可以选择保护项“防止更改”。单击“确定”按钮，就会进入到图 5-12 所示的“方案变量值”对话框。

④ 文本框中显示原来的数据。编辑每个可变单元格的值，如图 5-12 所示，在输入过程中可使用 Tab 键在各输入框中进行切换，单击“确定”按钮。“方案一”方案创建完毕，相应的方案自动添加到方案管理器的方案列表中。如果需要再建立其他的方案，可以单击“添加”按钮重新进入图 5-11 所示的“编辑方案”对话框中，继续添加方案。“方案二”的变量值为：单价=65，数量=5000，单片成本=8，推销费率=0.04；“方案三”的变量值为：单价=60，数量=10000，单片成本=7，推销费率=0.035。

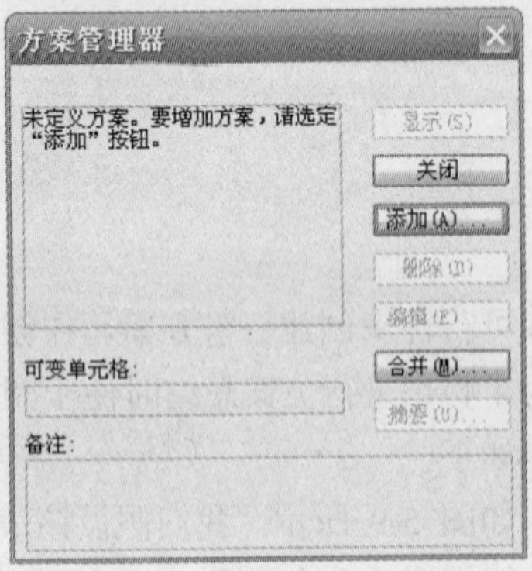

图 5-10 “方案管理器”对话框

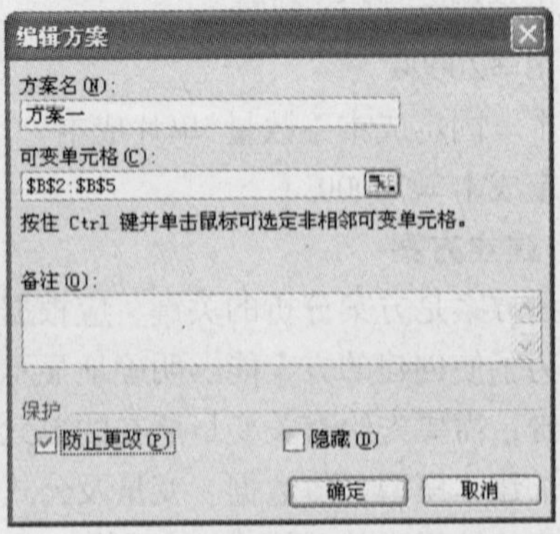

图 5-11 “编辑方案”对话框

⑤ 输入完所有的方案后，单击“确定”按钮，就会看到已设置了方案的“方案管理器”对话框。

⑥ 单击“关闭”按钮，完成该项工作。

2. 显示方案

设定了各种模拟方案后，任何时候都可以执行方案，查看模拟的结果。操作步骤如下。

（1）单击“工具|方案”，弹出“方案管理器”对话框（见图 5-13）。

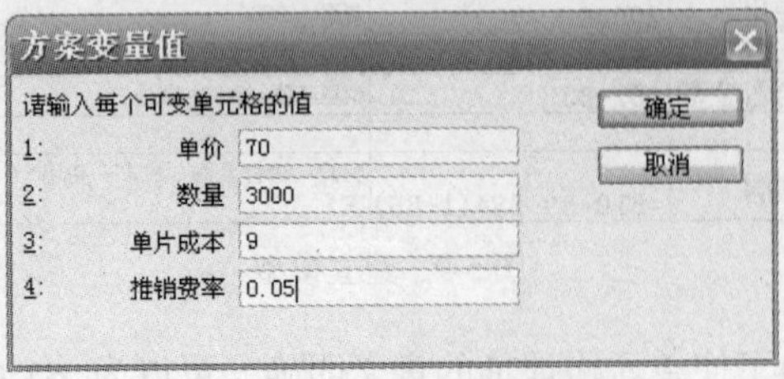

图 5-12 “方案变量值”对话框

（2）在“方案”列表框中，选定要显示的方案，例如选定“方案二”。

（3）单击“显示”按钮，则被选方案中可变单元格的值出现在工作表的可变单元格中，同时工作表重新计算，以反映模拟的结果，如图 5-13 所示。

（4）重复显示其他方案，最后单击“关闭”按钮。

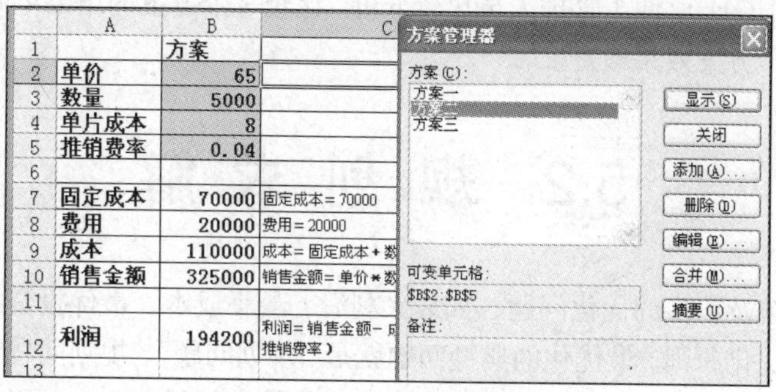

图 5-13　显示运算结果

3. 修改、删除或增加方案

对做好的方案进行修改，只须在图 5-13 所示的“方案管理器”对话框中选中需要修改的方案，单击“编辑”按钮，系统弹出“编辑方案”对话框（见图 5-11)，在其中进行相应的修改即可。

若要删除某一方案，则在图 5-13 所示的“方案管理器”对话框中选中需要删除的方案，单击“删除”按钮即可。

若要增加方案，则在图 5-13 所示的“方案管理器”对话框中单击“添加…”按钮，然后在“添加方案”对话框中填写相关的项目即可。

4. 建立方案报告

上述浏览方式只能一个方案一个方案地查看，如果将所有方案汇总到一个工作表中，然后再对不同方案的影响比较分析，对于帮助决策人员综合考查各种方案效果更好。Excel 的方案工具可以根据需要对多个方案创建方案总结，以便决策人员做出更明智的决策。具体操作步骤如下。

选择“工具|方案”，弹出“方案管理器”对话框。单击“摘要”按钮，弹出如图 5-14 所示的“方案摘要”对话框。

根据需要在“方案摘要”对话框中选择适当的“结果类型”，一般情况下可选择“方案摘要”，如果需要对报告进一步分析，可选“方案数据透视表”。在“结果单元格”编辑框中，通过选定单元格或键入单元格引用来指定每个方案中重要的单元格。这些单元格中应有引用可变单元格的公式，这里选定利润所在单元格 B12。如果要输入多个引用，每个引用之间用逗号隔开。最后单击“确定”按钮，Excel 就会把“方案摘要”表放在单独的工作表中，如图 5-15 所示。

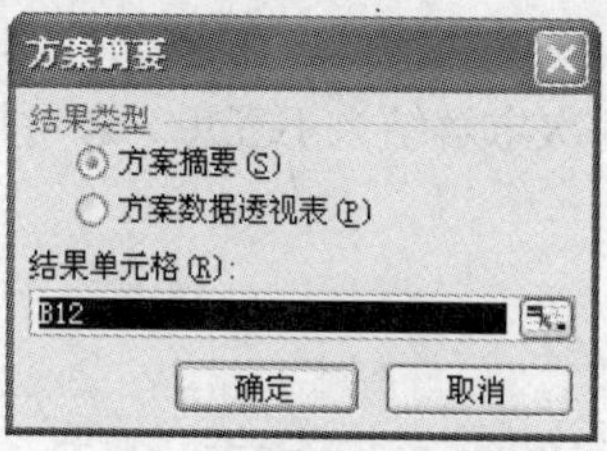

图 5-14　“方案摘要”对话框

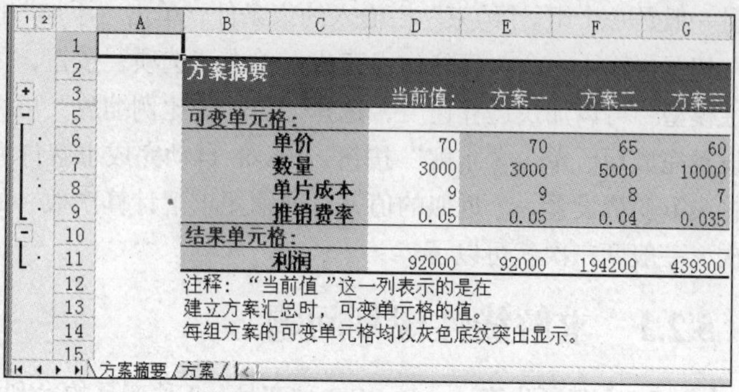

图 5-15　“方案摘要”工作表

在方案摘要中，“当前值”列显示的是在建立方案汇总时，可变单元格原来的数值。每组方案的可变单元格均以灰色底纹突出显示。根据各方案的模拟数据计算出的目标值也同时显示在总结中（单元格区域 D11:G11），便于管理人员比较分析。比较 3 个方案的结果单元格“利润”的数值，可以看出“方案三”方案效果最好。

5.2 规划求解

在经济管理中涉及很多的优化问题，如最大利润、最小成本、最优投资组合、目标规划等，在运筹学上称为最优化原则。最优化的典型问题就是“规划问题”。规划问题可以从两个方面进行阐述：一是用尽可能少的人力、物力、财力资源去完成给定的任务；二是用给定的人力、物力、财力资源去完成尽可能多的工作。两种说法，一个目的，就是利润最大化，成本最小化。

规划求解是 Excel 的一个非常有用的工具，不仅可以解决运筹学、线性规划等问题，还可以用来求解线性方程组及非线性方程组。

“规划求解”加载宏是 Excel 的一个可选安装模块，在安装 Microsoft Excel 时，如果采用“典型安装”，则“规划求解”工具没有被安装，只有在选择“完全 / 定制安装”时才可选择安装这个模块。在安装完成进入 Excel 后，单击“工具|加载宏”按钮，在“加载宏”对话框中选择“规划求解”复选框，然后单击“确定”按钮，系统则安装和加载“规划求解”工具，然后就可以使用它了。

求解“规划问题”一般要经过如下 4 个步骤。

（1）确定决策变量。决策变量就是等待决定问题的数量，用 x_1，x_2，…，x_n 表示。

（2）确定目标函数 z。将决策变量用数学公式表达出来，就是目标函数。目标函数可以是最大（max）、最小（min），或某个具体确定值。

（3）确定约束条件。约束条件就是人力、物力、财力资源的限制范围，用≥、≤或＝表示，还有非负约束（≥0）和整数约束（=int）。

（4）求解规划方程组，获取目标函数的最优化解。

做规划求解关键要设计一个好表格，将决策变量、约束条件、目标函数依次排列，然后单击“工具|规划求解”。在“规划求解参数”对话框中输入“目标单元格”（用鼠标选取即可），目标单元格中必须事先输入含决策变量的计算公式，目标值可以根据需要设置为“最大值”、“最小值”或“目标值”。如设置为“目标值”，应输入目标数值。“可变单元格”即决策变量的单元格，决策变量一般是一个组。“约束”栏输入约束条件，单击“添加”按钮输入一个约束条件，再单击“添加”按钮再输入一个，直到输入完成。单击“选项”按钮，可修改迭代运算的参数，选择“采用线性模型”可以加快运算速度，选择“自动按比例缩放”可以避免数值相差过大引起的麻烦。以上设置完成后，单击“求解”按钮，Excel 自动完成求解计算。需要说明的是，在求解之前，最好将决策变量设置一个近似的值，以便缩短求解计算次数。如果一次求解结果不理想，还可再来一次，一般两三次就可以了。

5.2.1 求解线性规划问题

【例 5-5】某厂生产 A、B、C 3 种产品，3 种产品的净利润分别为 90 元、75 元、50 元；3 种产品使用的机时数分别为 3 小时、4 小时、5 小时；3 种产品使用的手工时数分别为 4 小时、3 小时、2 小时；由于机时数与手工时数的限制，生产产品的数量和品种受到制约。工厂极限生产能力为：机工最多 400 小时；手工最多 280 小时。对产品数量的限制为产品 A 最多不能超过 50 件，产品 C 至少要生产 32 件。

求：如何安排产品 A、B、C 的生产数量，以获得最大利润？

解：可以将上述问题改写为数学形式，设产品 A 的数量为 x_1，B 的数量为 x_2，C 的数量为 x_3，将问题化为求最大值：

Max $z=90x_1+75x_2+50x_3$

约束条件为：

$3x_1+4x_2+5x_3\leqslant 400$

$4x_1+3x_2+2x_3\leqslant 280$

$x_1\leqslant 50$

$x_3\geqslant 32$

用 Excel 求解生产产品 A、B、C 的数量。

操作步骤如下。

（1）建立数据模型。将上述变量、约束条件和公式，输入到工作表中，如图 5-16 所示。

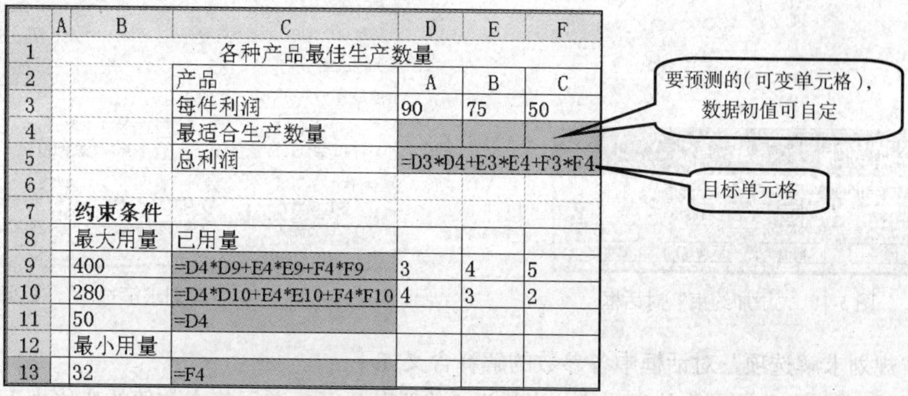

	A	B	C	D	E	F
1			各种产品最佳生产数量			
2			产品	A	B	C
3			每件利润	90	75	50
4			最适合生产数量			
5			总利润	=D3*D4+E3*E4+F3*F4		
6						
7		约束条件				
8		最大用量	已用量			
9		400	=D4*D9+E4*E9+F4*F9	3	4	5
10		280	=D4*D10+E4*E10+F4*F10	4	3	2
11		50	=D4			
12		最小用量				
13		32	=F4			

图 5-16　建立数据模型

其中单元格中的公式为：

D5：=D3*D4+E3*E4+F3*F4

C9：=D4*D9+E4*E9+F4*F9

C10：=D4*D10+E4*E10+F4*F10

C11：=D4

C13：=F4

（2）进行求解。单击“工具|规划求解”弹出“规划求解参数”对话框，如图 5-17 所示。

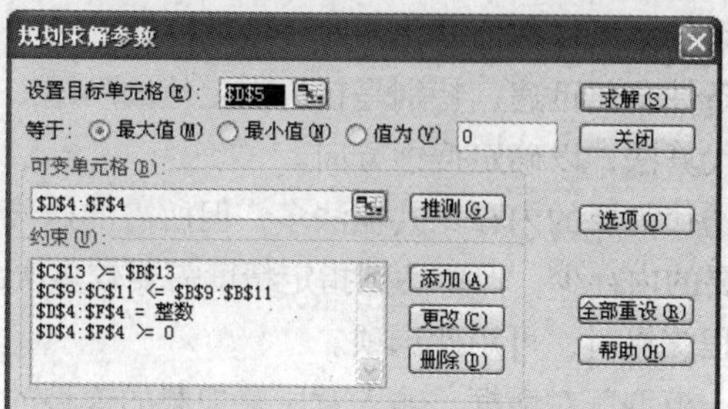

图 5-17 “规划求解参数”对话框

在“规划求解参数”对话框中的“设置目标单元格”编辑框中输入“$D$5”；“等于”选择“最大值”；在“可变单元格”编辑框中输入“$D$4:$F$4”；在“约束”中添加以下的约束条件：“$C$13>=$B$13”、“$C$9:$C$11<=$B$9:$B$11”。

这里，添加约束条件的方法是：单击“添加”按钮，弹出“添加约束”对话框，如图 5-18 所示，输入完毕一个约束条件后，单击“添加”按钮，则又弹出空白的“添加约束”对话框，再输入第二个约束条件。当所有约束条件都输入完毕后，单击“确定”按钮，则系统返回到“规划求解参数”对话框。

如果发现输入的约束条件有错误，还可以对其进行修改，方法是：选中要修改的约束条件，单击“更改”按钮，则系统弹出“改变约束”对话框，再进行修改即可。

如果需要，还可以设置有关的项目，即单击“选项”按钮，弹出“规划求解选项”对话框，如图 5-19 所示，对其中的有关项目进行设置即可。

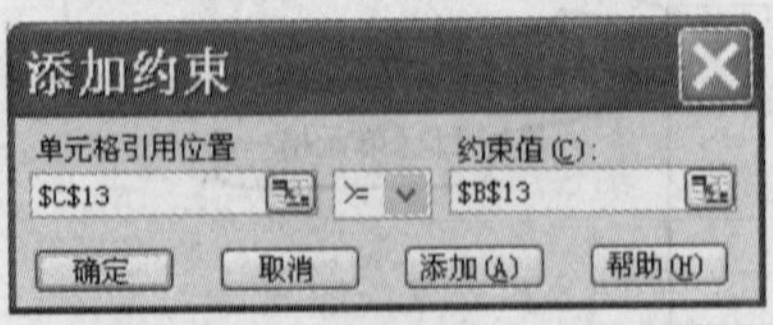

图 5-18 “添加约束”对话框

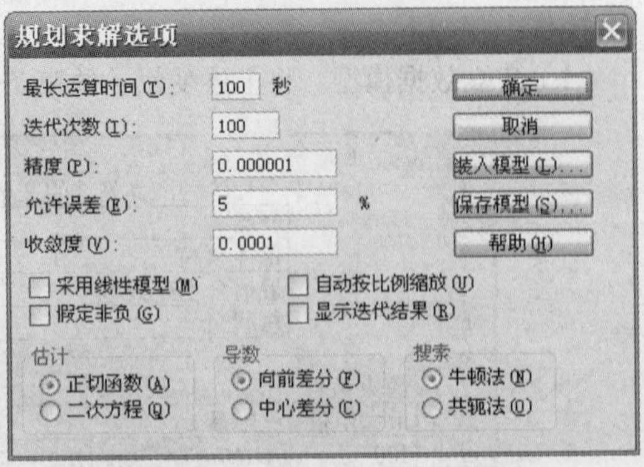

图 5-19 “规划求解选项”对话框

“规划求解选项”对话框中各参数的解释含义如下。

收敛度：在此输入收敛度数值，当最近 5 次迭代后目标单元格中数值的变化小于“收敛度”框中设置的数值时，“规划求解”停止运行。收敛度只应用于非线性规划求解问题，并且必须表示为小数（0 到 1 之间）。设置的数值越小，收敛度就越高。

假定非负：如果选中此复选框，则对于在“添加约束”对话框的“约束值”框中没有设置下限的所有可变单元格，假定其下限为 0。

估计：指定在每个一维搜索中用来得到基本变量初始估计值的逼近方案。

正切函数：使用正切向量线性外推。

二次方程：用二次方程外推法，提高非线性规划问题的计算精度。

导数：指定用于估计目标函数和约束函数偏导数的差分方案。

向前差分：用于大多数约束条件数值变化相对缓慢的问题。

中心差分：用于约束条件变化迅速，特别是接近限定值的问题。

搜索：指定每次的迭代算法，以确定搜索方向。

牛顿法：用准牛顿法迭代需要的内存比共轭法多，但所需的迭代次数少。

共轭法：比牛顿法需要的内存少，但要达到指定精度需要较多次的迭代运算。当问题较大和内存有限，或步进迭代进程缓慢时，可用此选项。

装入模型：显示“装入模型”对话框，输入对所要加载的模型的引用。

保存模型：显示“保存模型”对话框，在其中可指定保存模型的位置。只有需要在工作表上保存多个模型时，才单击此命令。第一个模型会自动保存。

“规划求解”可以用来求0～1整数规划问题，即变量都是0或1的线性规划问题。我们只要在整数规划的基础上再添加两个约束就可以求解 0～1 整数规划问题了。令所有变量大于等于 0 且小于等于1，并且为整数，实际上就限定了变量只能为0或者1。

在建立好所有的规划求解参数后，单击“求解”按钮，则系统将显示如图5-20所示的“规划求解结果”对话框，选择“保存规划求解结果”选项，单击“确定”按钮，则求解结果显示在工作表中，如图5-21所示。

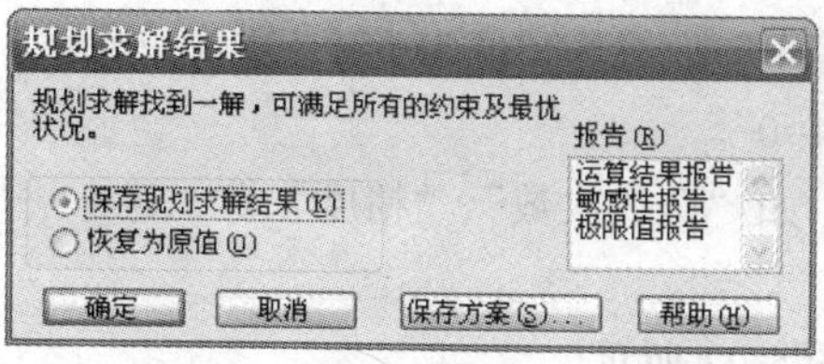

图5-20 “规划求解结果”对话框

	A	B	C	D	E	F
1			各种产品最佳生产数量			
2			产品	A	B	C
3			每件利润	90	75	50
4			最适合生产数量	20	45	32
5			总利润	6775		
6						
7		约束条件				
8		最大用量	已用量			
9		400	400	3	4	5
10		280	279	4	3	2
11		50	20			
12		最小用量				
13		32	32			

图5-21 运算结果

当所建立的模型准确，“规划求解结果”对话框会提示：“规划求解找到一解，可满足所有的约束及最优状况。”。当所建立的模型不准确，“规划求解结果”对话框会提示相应的找不到解的信息。

如果需要，还可以选择“运算结果报告”、“敏感性报告”、“极限值报告”及“保存方案”，以便对运算结果做进一步的分析。

运算结果报告：显示“目标单元格”、“可变单元格”的“初值”与“终值”，以及所有“约束值”的内容和状态。

敏感性报告：提供了有关可变单元格与约束值中细微变化的敏感信息。当变量采用了整数约束时，系统会提示：具有整数约束条件的问题不生成敏感性报告及极限值报告。

极限值报告：列出了“目标单元格”和“可变单元格”的数值以及与上限值、下限值相对应的目标值。

5.2.2 求解方程组

利用规划求解工具还可以求解线性或非线性方程组，下面举例说明。

【例5-6】有如下的非线性方程组：

$$\begin{cases} 8x^3+3y-4z-8=0 \\ xy+z=0 \\ y^2+z-4=0 \end{cases}$$

利用“规划求解”工具求解方程组的解，操作步骤如下。

（1）建立计算模型。在工作表中输入数据及公式，如图5-22所示。

单元格E2:E4为可变单元格，存放方程组的解，其初值可设为零（也可为空）。

在B2单元格中输入求和公式“=8*E2^3+3*E3-4*E4-8”；在B3单元格中输入求和公式“=E2*E3+E4”；在B4单元格中输入求和公式“=E3 ^2+E4-4”。

	A	B	C	D	E	F
1	方程组	求和		方程解		
2	方程1：8*X^3+3*Y-4*Z-8=0	=8*E2^3+3*E3-4*E4-8		X=	0	
3	方程2：X*Y+Z=0	=E2*E3+E4		Y=	0	
4	方程3：Y^2+Z-4=0	=E3^2+E4-4		Z=	0	
5				设初值为 0		
6						

图 5-22 利用“规划求解”工具求解方程组

（2）单击“工具|规划求解”，弹出“规划求解参数”对话框，设置“规划求解参数”对话框中的参数。

可以任意选取一个方程的求和作为目标函数（在求解时设其值为零，而其他两个方程的求和作为约束条件，使其值为零，这样，3 个方程的求和都为零，就可以求解了）。这里选取方程 1 的求和作为目标函数，方程 2 和方程 3 的求和作为约束条件。

本例“设置目标单元格”设置为单元格“$B$2”；“等于”设置为“值为 0”；“可变单元格”设置为“$E$2:$E$4”；“约束”中添加“$B$3=0”、“$B$4=0”。

如有必要，还可以对“选项”的有关参数进行设置，如“迭代次数”、“精度”等，这里精度设置为 10^{-11}。

（3）单击“求解”按钮，即可得到方程组的解，如图 5-23 所示。

	A	B	C	D	E
1	方程组	求和			方程解
2	方程1：8*X^3+3*Y-4*Z-8=0	6.89226E-13		X=	0.1953
3	方程2：X*Y+Z=0	-2.63622E-13		Y=	2.1000
4	方程3：Y^2+Z-4=0	4.74287E-13		Z=	-0.4101
5					

图 5-23 求解结果

5.3 相关分析与回归分析

客观现象总是普遍联系和相互依存的。客观现象之间的数量联系存在着两种不同的类型：一种是函数关系；另一种是相关关系。

当一个或几个变量（自变量）取一定值时，另一个变量（因变量）有一个确定的值与之相对应，我们称这种关系为确定的函数关系。例如，某种商品的销售收入 y 与该商品的销售量 x 以及该商品的价格 p 之间的关系可用 $y=p*x$ 表示，这就是一种函数关系。一般把作为影响因素的变量称为自变量，把发生对应变化的量称为因变量。在上例中 y 是因变量，p 和 x 是自变量。

当一个或几个变量取一定值时，与之对应的那个变量的值虽然不确定，但仍按某种规律在一定范围内变化，变量间的这种相互关系，称为具有不确定性的相关关系。例如，劳动生产率与工资水平、投资额与国民收入、商品流转规模与流通费的关系，等等。

变量之间的函数关系和相关关系，在一定条件下是可以相互转化的。本来具有函数关系的变量，当存在观测误差时，其函数关系往往以相关的形式表现出来。而具有相关关系的变量之间的联系，如果我们对它们有了深刻的规律性认识，并且能够把影响因变量变动的因素全部纳入方程，这时的相关关系也可能转化为函数关系。另外，相关关系也具有某种变动规律性，所以相关关系经常可以用一定的函数形式去近似地描述。客观现象的函数关系可以用数学分析的方法去研究，而研究客观现象的相关关系则必须借助于统计学中的相关和回归分析方法。

相关分析与回归分析是研究现象之间相关关系的两种基本方法。所谓相关分析，就是用一个指标来表明现象之间相互依存关系的密切程度。所谓回归分析，就是根据相关关系的具体形态，选择一个合适的数学模型，来近似地表达变量间的平均变化关系。

相关分析与回归分析有着密切联系，它们不仅有共同的研究对象，而且在具体应用时，常常必须互相补充。相关分析需要依靠回归分析来表明变量相关的具体形式，而回归分析要依靠相关分析来表明现象数量变化的相关程度。只有当变量之间存在着高度相关时，进行回归分析寻求其相关的具体形式才有意义。

但是，应当指出相关分析与回归分析之间在研究目的和方法上有明显区别。相关分析研究变量之间的相关的方向和相关的程度，但相关分析不能指出变量间相互关系的具体形式，也无法从一个变量的变化来推测另一个变量的变化情况。而回归分析则是研究变量之间相互关系的具体形式，它对具有相关关系的变量之间的数量联系进行测定，确定一个相关的数学表达式，根据这个数学方程可以从已知量推测未知量，从而为估计和预测提供一个重要方法。

5.3.1 相关分析

相关关系是指变量之间存在的不完全确定性的关系。在实际问题中，许多变量之间的关系并不是完全确定的。例如，居民家庭消费与居民家庭收入这两个变量的关系就不是完全确定的。收入水平相同的家庭，它们的消费额往往不同；消费额相同的家庭，它们的收入也可能不同。对现象之间相关关系密切程度的研究，称为相关分析。

相关分析的主要目的是对现象之间的相关关系的密切程度给出一个数的度量，相关系数就是对变量之间相关关系密切程度的度量。对两个变量之间线性相关程度的度量称为简单相关系数。

简单相关系数又称皮尔逊相关系数，它描述了两个定距变量间联系的紧密程度。样本的简单相关系数一般用 r 表示。

设$(x_i,y_i), i=1,2,\ldots,n$ 是(x,y)的 n 组观测值，简单相关系数的计算公式为

$$r=\frac{\sum_{i=1}^{n}(x_i-\overline{x})(y_i-\overline{y})}{\sqrt{\sum_{i=1}^{n}(x_i-\overline{x})^2}\sqrt{\sum_{i=1}^{n}(y_i-\overline{y})^2}}$$

相关系数的取值范围是在-1 和$+1$ 之间，即$-1\leqslant r\leqslant 1$。

r 有如下性质：

$r>0$ 为正相关，$r<0$ 为负相关；

如果$|r|=1$，则表明两个变量是完全线性相关；

$r=0$，则表明两个变量完全不线性相关，但两个变量之间有可能存在非线性相关。

当变量之间非线性相关程度较大时，就可能导致 $r=0$。因此，当 $r=0$ 时或很小时，应结合散点图做出合理的解释。

根据 r 的值，将相关程度划分为以下几种情况：

当$|r|\geqslant 0.8$ 时，视为高度相关；

$0.5\leqslant|r|\leqslant 0.8$ 时，视为中度相关；

$0.3\leqslant|r|\leqslant 0.5$ 时，视为低度相关；

$|r|\leqslant 0.3$ 时，说明两个变量之间相关程度极弱，可视为不相关。

对于多个变量的相关情况，一般是借助于一个反映两两变量之间相互关系的矩阵来表示，矩阵的行和列分别表示变量，阵中的下三角中的元素表示相关系数。由于该矩阵只有下三角真正有用，所以也称之为皮尔逊下三角矩阵。

【例 5-7】根据图 5-24 所示的数据，对家庭月消费支出与家庭月收入的数据进行相关分析。

操作步骤如下。

（1）建立数据模型。将数据输入到工作表中，如图 5-24 所示。

（2）单击“工具|数据分析”，在弹出的“数据分析”对话框中选择“相关系数”，将弹出“相关系数”对话框。设置对话框内容如下：

① 输入区域：选取图 5-24 数据表中“$B$1:$C$11”，表示标志与数据；

② 分组方式：根据数据输入的方式选择“逐行”或“逐列”，此例选择“逐列”；

③ 由于数据选择时包含了标志，所以要选择“标志位于第一行”复选框；

④ 根据需要选择输出的位置，本例为“$E$2”。

以上设置如图 5-25 所示。

	A	B	C
1	家庭编号	月收入（百元）	月消费支出（百元）
2	1	9	6
3	2	13	8
4	3	15	9
5	4	17	10
6	5	18	11
7	6	20	13
8	7	22	14
9	8	23	13
10	9	26	15
11	10	30	20

图 5-24 相关分析数据模型

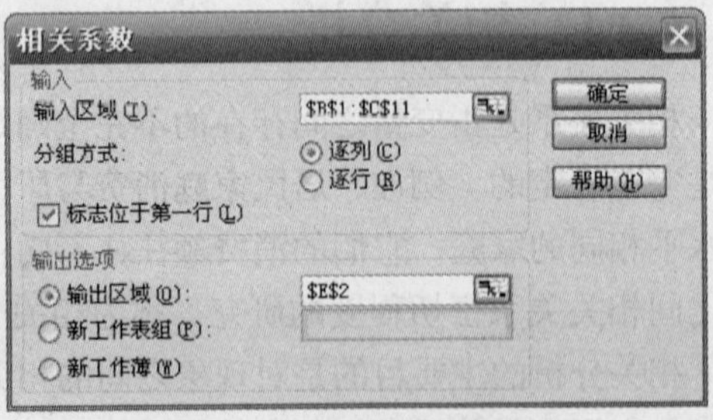

图 5-25 “相关系数”对话框

（3）单击“确定”按钮，输出结果如图 5-26 所示。

E	F	G
	月收入（百元）	月消费支出（百元）
月收入（百元）	1	
月消费支出（百元）	0.979747601	1

图 5-26 相关分析结果

分析结果表明：相关系数 r=0.979747601，表示家庭月消费支出与家庭月收入之间存在高度正相关关系。

【例 5-8】多变量的相关分析。某产品在 15 个地区的销售额、广告费、促销费以及竞争对手的销售额的统计数据，如图 5-27 所示，试分析数据序列的相关性。

操作步骤如下。

（1）建立数据模型。将数据输入到工作表区域 A1:E16 中，如图 5-27 所示。

（2）单击“工具|数据分析”，在弹出的“数据分析”对话框中选择“相关系数”，将弹出“相关系数”对话框，设置对话框的内容如下：

① 输入区域：选取图 5-27 数据表中“$B$1:$E$16”，表示标志与数据；

② 分组方式：选择“逐列”；

③ 选择“标志位于第一行”复选框。

④ 输出区域："$A$18"。

⑤ 单击"确定"按钮，则出现分析结果矩阵，如图 5-27 中的区域 A18:E22 所示。

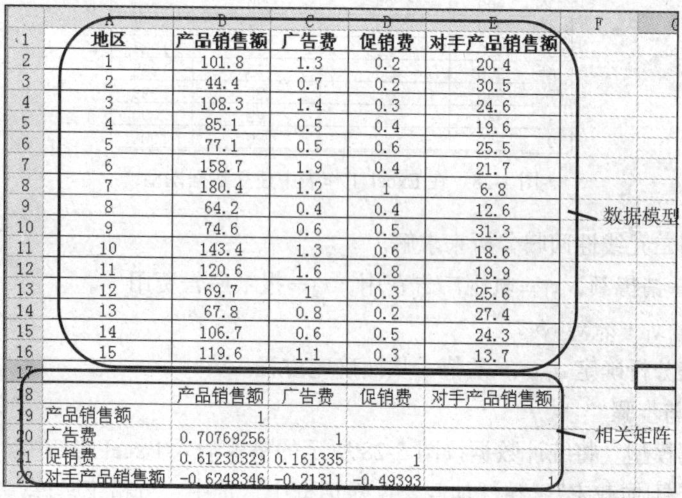

	A	B	C	D	E
1	地区	产品销售额	广告费	促销费	对手产品销售额
2	1	101.8	1.3	0.2	20.4
3	2	44.4	0.7	0.2	30.5
4	3	108.3	1.4	0.3	24.6
5	4	85.1	0.5	0.4	19.6
6	5	77.1	0.5	0.6	25.5
7	6	158.7	1.9	0.4	21.7
8	7	180.4	1.2	1	6.8
9	8	64.2	0.4	0.4	12.6
10	9	74.6	0.6	0.5	31.3
11	10	143.4	1.3	0.6	18.6
12	11	120.6	1.6	0.8	19.9
13	12	69.7	1	0.3	25.6
14	13	67.8	0.8	0.2	27.4
15	14	106.7	0.6	0.5	24.3
16	15	119.6	1.1	0.3	13.7
17					
18		产品销售额	广告费	促销费	对手产品销售额
19	产品销售额	1			
20	广告费	0.70769256	1		
21	促销费	0.61230329	0.161335	1	
22	对手产品销售额	-0.6248346	-0.21311	-0.49393	

图 5-27 多变量相关分析数据模型及结果矩阵

运算结果分析：B20=0.70769256，表示产品销售额与广告费正向相关，相关系数为 0.70769256（中度）；

B21=0.61230329，表示产品销售额与促销费正向相关，相关系数为 0.61230329（中度）；

B22＝-0.6248346，表示产品销售额与对手产品销售额反向相关，相关系数为-0.6248346（中度）；

D22＝-0.49393，表示促销费与对手产品销售额反向相关，相关系数为一 0.49393（轻度）；C21、C22 数据小于 0.3 可视为基本不相关。

5.3.2 回归分析

回归分析法是在掌握大量观察数据的基础上，利用数理统计方法建立因变量与自变量之间的回归关系函数表达式（称回归方程式）。回归分析中，当研究的因果关系只涉及因变量和一个自变量时，叫做一元回归分析；当研究的因果关系涉及因变量和两个或两个以上自变量时，叫做多元回归分析。此外，回归分析中，又依据描述自变量与因变量之间因果关系的函数表达式是线性的还是非线性的，分为线性回归分析和非线性回归分析。线性回归分析法是最基本的分析方法，遇到非线性回归问题可以借助数学手段化为线性回归问题进行处理。

回归分析在试验设计数据处理时有非常重要的作用，Excel 的数据分析工具库中提供了回归分析的工具。通过回归分析，会得到自变量与因变量间的拟合方程，进一步可以使用数据分析工具库中的规划求解工具（参见 5.2 节），根据拟合方程来确定最优试验条件。

在预测的回归分析中，首先必须收集一些影响被预测对象相关变量的历史资料，然后将收集到的数据输入计算机进行自动计算得到回归方程和相关参数。计算出的回归方程是否能够作为预测的依据取决于对相关参数进行分析，所以需要运用数理统计的方法，如拟合检验、显著性检验，得出检验结果。如果检验结果表明回归方程是可靠的，最后把已拟好的相关变量值代入回归方程得出最终的预测值。

【例 5-9】对销售额进行多元回归分析预测，数据如图 5-28 所示。

	A	B	C	D
1	销售额（万元）	电视广告费用（万元）	报纸广告费用（万元）	年份
2	960	50	15	1994
3	900	20	20	1995
4	950	40	15	1996
5	920	25	25	1997
6	950	30	33	1998
7	940	35	23	1999
8	940	25	42	2000
9	940	30	25	2001

图 5-28　在 Excel 工作表中建立数据模型

解：本题可用二元线性回归分析来求解。

设定变量：y＝销售额，x_1＝电视广告费用，x_2＝报纸广告费用

方程为：$y=a_1 x_1 + a_2 x_2 + b$

通过线性回归分析确定 a_1,a_2,b 的值，从而确定方程。

1．操作方法与步骤

（1）建立数据模型。将统计数据按图 5-28 所示的格式输入 Excel 表格中。

（2）单击“工具|加载宏”，在“加载宏”对话框中，选中“分析工具库”复选框，然后单击“确定”按钮。

（3）单击“工具|数据分析”按钮，在“数据分析”对话框中，选中“回归”命令，单击“确定”按钮，则会弹出图 5-29 所示的“回归”对话框。

（4）选择工作表中 A1:A9 单元格作为“y 值输入区”，选择工作表中的 B1:C9 单元格作为“x 值输入区”，在“输出区域”编辑框中选择 A11 单元格，并设置对话框中的参数如图 5-29 所示。

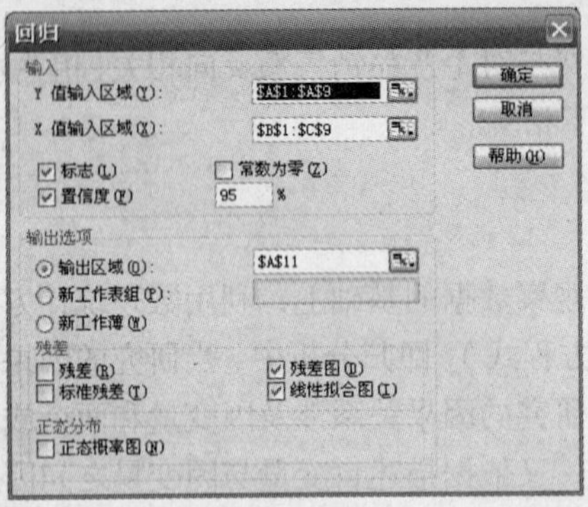

图 5-29　“回归”对话框中参数的设置

“回归”对话框中的各参数设置说明如下。

① y 值输入区域：选择因变量数据所在的区域，可以包含标志。

② x 值输入区域：选择自变量取值数据所在的区域，可以包含标志。

③ 如果选择数据时包含了标志则选择“标志”复选框。

④ 如果强制拟合线通过坐标系原点则选择“常数为零”复选框，即 b=0。

⑤ 置信度：分析置信度，一般选择 95%。

⑥ 输出选项：根据需要选择分析结果输出的位置。

⑦ 残差选项：根据需要可选择分析结果中包含“残差”、“标准残差”、“残差图”及“线性拟合图”。

⑧ 如果希望输出正态概率图则选择“正态概率图”复选框。

（5）按图 5-29 所示的内容设置对话框后，单击“确定”按钮，显示分析的数据结果如图 5-30、图 5-31 所示，图形结果如图 5-32、图 5-33 所示。

	A	B	C	D	E	F	G	H	I
10									
11	SUMMARY OUTPUT								
12									
13	回归统计								
14	Multiple R	0.958663444							
15	R Square	0.9190356							
16	Adjusted R Square	0.88664984							
17	标准误差	6.425873026							
18	观测值	8							
19									
20	方差分析								
21		df	SS	MS	F	Significance F			
22	回归分析	2	2343.540779	1171.77039	28.3777684	0.001865242			
23	残差	5	206.4592208	41.29184415					
24	总计	7	2550						
25									
26		Coefficients	标准误差	t Stat	P-value	Lower 95%	Upper 95%	下限 95.0%	上限 95.0%
27	Intercept	832.3009169	15.73868952	52.88247894	4.5717E-08	791.8433275	872.7585063	791.8433275	872.7585063
28	电视广告费用（万元）	2.290183621	0.304064556	7.531899313	0.00065323	1.508560797	3.071806445	1.508560797	3.071806445
29	报纸广告费用（万元）	1.300989098	0.320701597	4.056696662	0.0097608	0.476599399	2.125378798	0.476599399	2.125378798

b　a_1　a_2

图 5-30　回归分析结果（一）

33	RESIDUAL OUTPUT					PROBABILITY OUTPUT	
34							
35	观测值	预测 销售额（万元）	残差	标准残差		百分比排位	销售额（万元）
36	1	966.3249344	-6.324934421	-1.164629818		6.25	900
37	2	904.1243713	-4.124371285	-0.759433293		18.75	920
38	3	943.4230982	6.576901788	1.211025352		31.25	940
39	4	922.0802349	-2.080234881	-0.383040109		43.75	940
40	5	943.9390658	6.060934229	1.116018642		56.25	940
41	6	942.3800929	-2.380092893	-0.438253896		68.75	950
42	7	944.1970496	-4.197049551	-0.772815768		81.25	950
43	8	933.531153	6.468847015	1.191128891		93.75	960

图 5-31　回归分析结果（二）

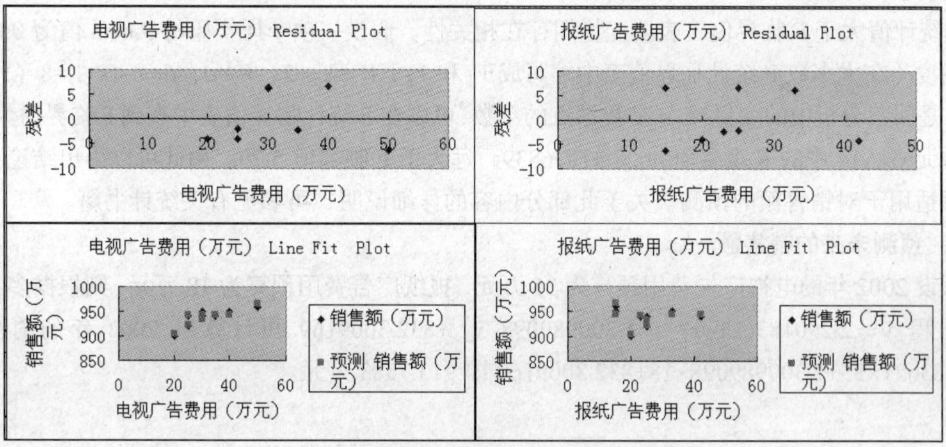

图 5-32　回归分析结果图（一）

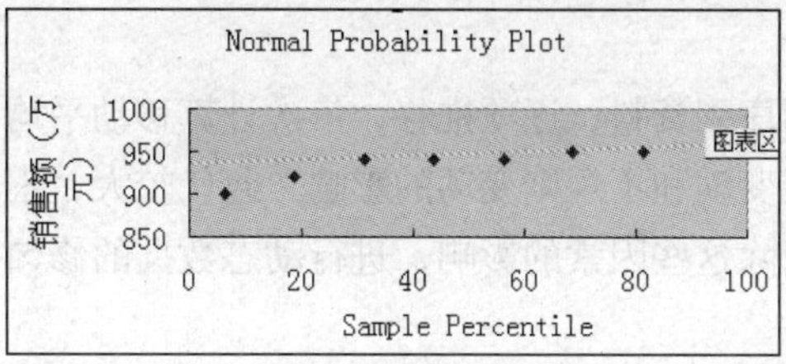

图 5-33　回归分析结果图（二）

2. 回归分析结果

计算结果包括以下 3 部分。

第一部分“回归统计”反映整个回归方程拟合的情况，具体有相关系数、决定系数 R^2、调整自由度的决定系数、回归标准差以及样本个数。

第二部分“方差分析”，包括可解释的离差平方和、残差平方和、总离差平方和、它们的自由度以及由此计算出的 F 统计量和 F 统计量的显著水平。

第三部分是回归系数的估计值以及它们的估计标准误差、t 统计量、t 统计量的 P 值、回归系数估计值的上下界。

由回归分析结果可见：回归方程 $y = a_1x_1+a_2x_2+b$ 中，a_1 = 2.2901836209178;a_2=1.30098909825998; b=832.300916901311，将上述结果整理如表 5-1 所示。

表 5-1 回归结果整理

多元回归方程	y=2.290183621 x_1 + 1.300989098 x_2 +832.3009169		
标准差	a_1 = 2.2901836209178	a_2=1.30098909825998	b=832.300916901311
判定系数=0.9190356		y 估计值的标准误差=6.425873026	
F 统计值=28.37776839		自由度=5	
回归平方和=2343.540779		回归	

3. 检验回归方程的可靠性

在上例中，判定系数（决定系数 R^2）为 0.9190356 (B15 单元格中的值)，表明在电视广告费用 x_1、报纸广告费用 x_2 与销售额 y 之间存在很大的相关性。然后可以通过 F 统计来确定具有如此高的 R^2 值的结果偶然发生的可能性。假设事实上在变量间不存在相关性，但选用 8 年数据作为小样本进行统计分析却导致很强的相关性。“Alpha”表示得出这样的相关性结论错误的概率。如果 F 观测统计值大于 F 临界值，表明变量间存在相关性。假设一项单尾实验的 Alpha 值为 0.05，根据自由度（在大多数 F 统计临界值表中缩写成 V_1 和 V_2）V_1=k=2，V_2=d，$f=n-(k+l)=8-(2+1)=5$，其中 k 是回归分析中的变量数，n 是数据点的个数，可以在 F 统计临界值表中查到 F 临界值为 5.79。而在单元格 A14 中的 F 观测值为 28.37776839，远大于 F 临界值 5.79。由此可以得出结论：此回归方程适用于对销售额的预测。关于此部分内容的详细说明，可参见有关统计书籍。

4. 预测未来的销售额

假设 2002 年的电视广告费用预算为 35 万元，报纸广告费用预算为 18 万元，则根据多元线性回归方程 y=2.290183621 x_1 + 1.300989098 x_2 +832.3009169 可计算出 2002 年的销售额为 2.290183621×35+1.300989098×18+832.3009169 即 913.7583 万元。

5.4 移动平均

移动平均法是根据时间序列资料，逐项推移，依次计算移动平均，来反映现象的长期趋势。特别是现象的变量值受周期变动和不规则变动的影响，起伏较大，不能明显地反映现象的变动趋势时，运用移动平均法，消除这些因素的影响，进行动态数据的修匀，以利于进行长期趋势的分析和预测。

移动平均又分为简单移动平均和加权移动平均，加权移动平均与简单移动平均的区别在于：在简单移动平均法中，计算移动平均数时每个观测值都用相同的权数；而在加权移动平均法中，则需要对每个数据值选择不同的权数，然后计算最近 n 个时期数值的加权平均数作为预测值。在大多数情况下，最近时期的观测值应取得最大的权数，而比较远的时期权数应依次递减。加权移动平均为要处理的数据中近期数据更重要而给予更多的权数。进行加权平均预测时，通常是先对数据进行加权处理，然后再调用分析工具计算。

简单移动平均的计算公式如下：

设 x_i 为时间序列中的某时间点的观测值，其样本数为 N；每次移动地求算术平均值所采用的观测值的个数为 n（n 的取值范围：$2<n<t-1$），则在第 t 时间点的移动平均值 Mi 为

$$M_i = \frac{1}{n}(x_i + x_{i-1} + x_{i-2} + \mathrm{L} + x_{i-n+1}) = \frac{1}{n}\sum_{i=t-n+1}^{t} x_i$$

式中：Mi——第 t 时间点的移动平均值，也可当作第 $t+1$ 时间点的预测值，即

$$y_{i+1}=M_i \quad 或 \quad y_i=M_{i-1}$$

移动平均分析工具及公式可以基于特定的过去某段时期中变量的均值对未来值进行预测。

【例 5-10】某公司 1994～2005 年销售额数据如图 5-34 所示。进行 3 年移动平均，并预测 2006 年销售额。

操作步骤如下。

（1）建立数据模型。将原始数据输入到单元格区域 A1:B13，如图 5-34 所示。

（2）单击“工具|数据分析”按钮，弹出“数据分析”对话框。

（3）在“数据分析”对话框中选择“移动平均”，单击“确定”按钮，弹出“移动平均”对话框，做下述设置，即可得到如图 5-35 所示的“移动平均”对话框。

① 在“输出区域”内输入：“$B$1:$B$13”，即原始数据所在的单元格区域。

② 在“间隔”文本框中输入“3”，表示使用 3 年移动平均法。

③ 因为指定的输入区域包含标志行，所以选中“标志位于第一行”复选框。

④ 在“输出区域”编辑框中输入“$C$1”，即将输出区域的左上角单元格定义为 C1。

⑤ 选择“图表输出”复选框和“标准误差”复选框。

	A	B
1	年份	实际销售额
2	1994	280
3	1995	300
4	1996	350
5	1997	370
6	1998	420
7	1999	440
8	2000	490
9	2001	480
10	2002	500
11	2003	520
12	2004	630
13	2005	770

图 5-34　建立数据模型

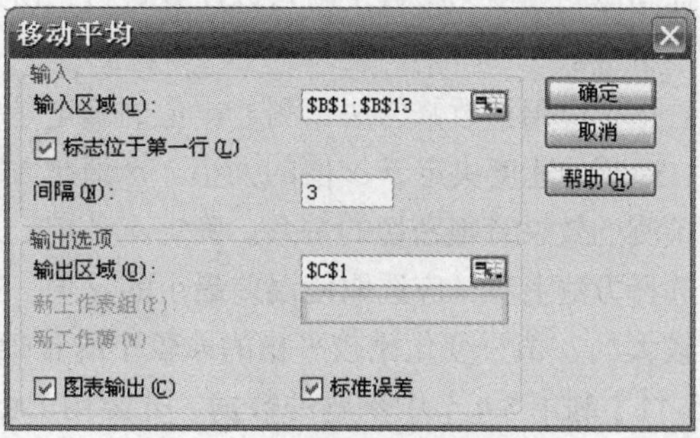

图 5-35　“移动平均”对话框

（4）单击“确定”按钮，便可得到移动平均结果，如图 5-36 所示。

在图 5-36 中，C3:C12 对应的数据即为 3 年移动平均的预测值；单元格区域 D5:D12 即为标准误差。根据公式 $y_{i+1}=M_i$ 得 2006 年的销售额预测应为 M_{2005}，所以为 640。

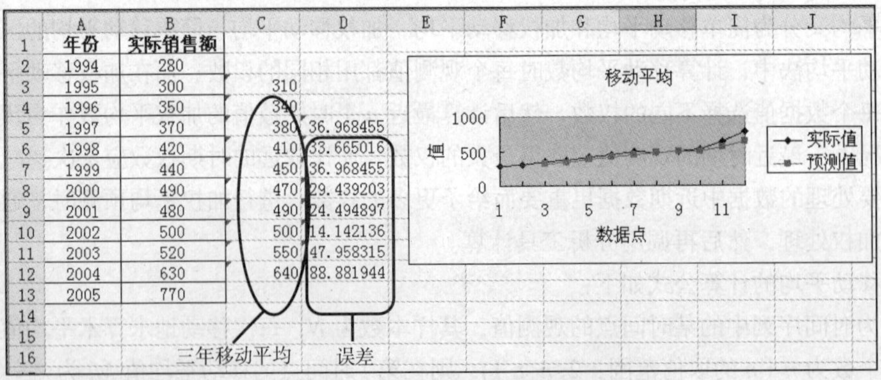

图 5-36 “移动平均”的分析结果

5.5 指 数 平 滑

指数平滑是在移动平均基础上的进一步扩展。指数平滑法是用过去时间数列值的加权平均数作为趋势值，越靠近当前时间的指标越具有参考价值，因此给予更大的权重，按照这种随时间指数衰减的规律对原始数据进行加权修匀。所以它是加权移动平均法的一种特殊情形。其基本形式是根据本期的实际值 Y_t 和本期的趋势值 $\hat{Y}_t$，分别给以不同权数 α 和 1-α，计算加权平均数作为下期的趋势值 $\hat{Y}_{t+1}$。

基本指数平滑法模型如下：

$$\hat{Y}_{t+1} = \alpha Y_t + (1-\alpha)\hat{Y}_t$$

式中：$\hat{Y}_{t+1}$ 表示时间数列 t+1 期趋势值，Y_t 表示时间数列 t 期的实际值，$\hat{Y}_t$ 表示时间数列 t 期的趋势值，α 为平滑常数（$0<\alpha<1$）。

若利用指数平滑法模型进行预测，从基本模型中可以看出，只需一个 t 期的实际值 Y_t，一个 t 期的趋势值 $\hat{Y}_t$ 和一个 α 值，所用数据量和计算量都很少，这是移动平均法所不能及的。

为了提高修匀程度，指数平滑可以反复进行，所以指数平滑方法可以分为一次平滑、二次平滑、三次平滑等。

不难看出，应用指数修匀法预测，α 值的确定是一个关键问题。因为权数的分配是按指数方式递减的，递减的速度决定于 α 值的大小。α 值越大时权数的递减速度越快，反之越慢。所以 α 的取值与预测的效果有很密切的关系。确定 α 值前，通常可以先取各种值进行试算，然后再做出决定。从选择方法上看，应选取使误差最小的 α 值。如从数据的特征上看，变化呈阶梯式上升或下降者取较大的 α 值；变化比较平稳的取较小的 α 值。

【例 5-11】利用 5.4 节中例题的数据，介绍用 Excel 进行单指数平滑的方法。

用 Excel 进行单指数平滑的步骤如下。

（1）建立数据模型。利用 5.4 节中例题的数据模型，如图 5-34 所示。

（2）单击“工具|数据分析”按钮，在弹出的“数据分析”对话框中选择“指数平滑”，单击“确定”按钮，显示“指数平滑”对话框。

（3）在“指数平滑”对话框的“输入区域”编辑框中键入“$B$1:$B$13”；在“输出区域”

编辑框中键入$C$1；在“阻尼系数”文本框中键入数字“0.3”；选中“图表输出”、“标准误差”复选框，如图 5-37 所示。

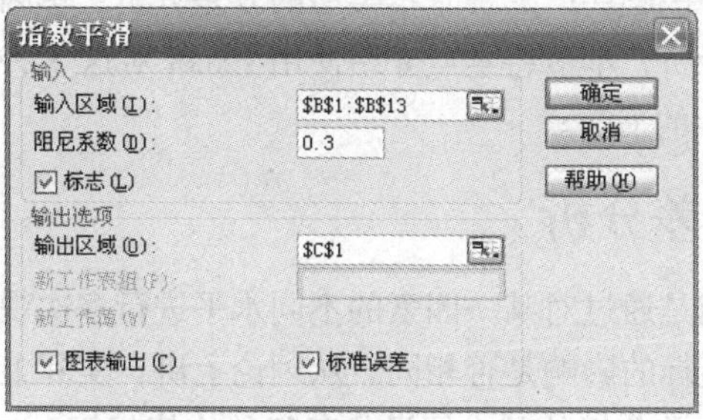

图 5-37　“指数平滑”对话框

（4）单击“确定”按钮，结果如图 5-38 所示。

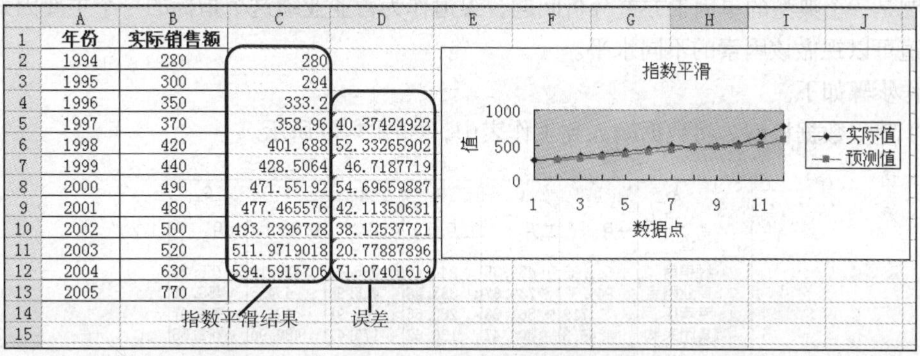

	A	B	C	D
1	年份	实际销售额		
2	1994	280	280	
3	1995	300	294	
4	1996	350	333.2	
5	1997	370	358.96	40.37424922
6	1998	420	401.688	52.33265902
7	1999	440	428.5064	46.7187719
8	2000	490	471.55192	54.69659887
9	2001	480	477.465576	42.11350631
10	2002	500	493.2396728	38.12537721
11	2003	520	511.9719018	20.77887896
12	2004	630	594.5915706	71.07401619
13	2005	770		

图 5-38　指数平滑结果

指数平滑预测应注意以下问题。

（1）平滑（阻尼）系数取值为 0～1，若希望敏感地反映观测值的变化，则取较大值如 α=0.9，0.8，0.75 等；若要消除周期性变动，侧重于反映长期发展趋势，则取较小值，α=0.1，0.01 等。

（2）指数平滑是对近期数据加权修匀，越近期的数据影响越大。若一次结果不理想，可保持 α 取值做二次、三次指数平滑。

（3）当数据变化规律接近于线性时，一次、二次指数平滑效果较好；当数据变化规律接近于非线性时，三次指数平滑效果较好。

5.6　方差分析

方差分析（Analysis of Variance，ANOVA）是数理统计学中常用的数据处理方法之一，是经济和科学研究中分析试验数据的一种有效的工具，也是开展试验设计、参数设计和容差设计的数学基础。一个复杂的事物，其中往往有许多因素互相制约又互相依存。运用数理的方法对数据进行分析，以鉴别各种因素对研究对象某些特征值的影响大小和影响方式，这种方法就叫做方差分析。这里，把所关注的对象的特征称为指标，影响指标的各种原因叫做因素，在实验中因素的各种不同状态称为因素的水平。根据影响指标的因素的数量，方差分析分为单因素方差分析、双因素方差分析和多因素方差分析。根据因素间是否存在协同作用或称为交互作用，双因素方差分析可以分为无重复和有重复的。

Excel 数据分析工具库中提供了 3 种基本类型的方差分析：单因素方差分析、双因素无重复试验和可重复试验的方差分析，本节将重点介绍使用 Excel 对这 3 种方差进行分析。关于统计方面的知识，请参考有关统计的书籍。

5.6.1 单因素方差分析

单因素方差分析的作用是通过对某一因素的不同水平进行多次观测，然后通过统计分析判断该因素的不同水平对考察指标的影响是否相同。从理论上讲，实际上是在检验几个等方差正态总体的等均值假设。单因素方差分析的基本假设是各组的均值相等。

【例 5-12】为了考察不同的销售渠道对总销售额的贡献，连续半年对不同渠道的业绩进行观测，得到一组数据如图 5-39 所示，要求用方差分析判断各渠道的作用是否相同。

本题是一个典型的单因素方差分析问题，渠道作为营业业绩这个指标的一个主要因素，而不同的渠道可以视做该因素的不同水平。

操作步骤如下。

（1）建立数据模型。将数据输入到工作表中，如图 5-39 所示。

	A	B	C	D	E	F	G
1	月份 渠道	一月	二月	三月	四月	五月	六月
2	经销商	548.85	439.35	244.46	386.42	419.19	755.29
3	商业网点	846.83	739.67	363.28	425.95	434.5	453.16
4	专卖店	719	361.96	282.66	161.91	426.9	526.97
5	集团采购	345.3	304.47	130.62	176.41	482.94	768.53

图 5-39 单因素方差分析数据模型

（2）单击“工具|数据分析”，在弹出的“数据分析”对话框中选择“方差分析：单因素方差分析”，将弹出“方差分析：单因素方差分析”对话框。

（3）设置对话框的内容，如图 5-40 所示。

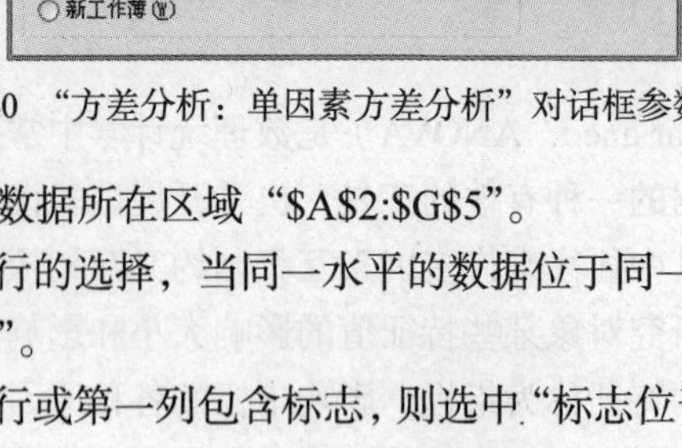

图 5-40 “方差分析：单因素方差分析”对话框参数设置

① 输入区域：选择分析数据所在区域“$A$2:$G$5”。

② 分组方式：提供列与行的选择，当同一水平的数据位于同一行时选择“行”，位于同一列时选择“列”，本例选择“行”。

③ 如果输入区域的第一行或第一列包含标志，则选中“标志位于第一列”复选框，本例选取。

④ α：显著性水平，一般输入 0.05，即 95%的置信度。

⑤ 输出区域：分析结果将以选择的单元格为左上角开始输出，本例选择“$A$7”。

（4）单击“确定”按钮，则出现“单因素方差分析”结果，如图 5-41 所示。

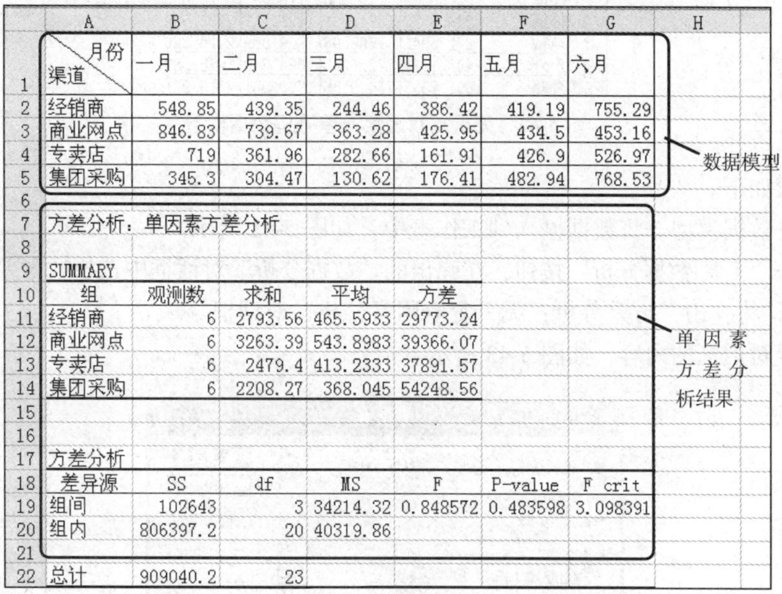

	A	B	C	D	E	F	G	H
1	月份/渠道	一月	二月	三月	四月	五月	六月	
2	经销商	548.85	439.35	244.46	386.42	419.19	755.29	
3	商业网点	846.83	739.67	363.28	425.95	434.5	453.16	
4	专卖店	719	361.96	282.66	161.91	426.9	526.97	
5	集团采购	345.3	304.47	130.62	176.41	482.94	768.53	
6								
7	方差分析：单因素方差分析							
8								
9	SUMMARY							
10	组	观测数	求和	平均	方差			
11	经销商	6	2793.56	465.5933	29773.24			
12	商业网点	6	3263.39	543.8983	39366.07			
13	专卖店	6	2479.4	413.2333	37891.57			
14	集团采购	6	2208.27	368.045	54248.56			
15								
16								
17	方差分析							
18	差异源	SS	df	MS	F	P-value	F crit	
19	组间	102643	3	34214.32	0.848572	0.483598	3.098391	
20	组内	806397.2	20	40319.86				
21								
22	总计	909040.2	23					

图 5-41 单因素方差分析数据模型及分析结果

运算结果说明如下。

运算结果分为概要和方差分析两部分。

概要：返回每组数据（代表因素的一个水平）样本数、合计、均值和方差。

方差分析：返回标准的单因素方差分析表，包括离差平方和、自由度、均方、F 统计量、概率值、F 临界值。

其中的“组间”就是影响销售额的因素（不同的销售渠道），“组内”就是误差，“总计”就是总和，“差异源”则是方差来源，“SS”是平方和，“df”称为自由度，“MS”是均方，“F”称为 F 比（F 统计量），“P-value”则是原假设（结论）成立的概率（这个数值越接近 0，说明原假设成立的可能性越小，反之原假设成立的可能性越大，“F crit”为拒绝域的临界值。

分析组内和组间离差平方和在总离差平方和中所占的比重，可以直观的看出各组数据对总体离差的贡献。将 F 统计量的值与临界值比较，可以判定是否接受等均值的假设。其中 F 临界值是用 FINV 函数计算出来的。本例中 F 统计值是 0.848572，远远小于 F 临界值 3.098393 。所以，接受等均值假设，即认为 4 种渠道的总体水平没有明显差距。从显著性分析上也可以看出，概率高达 0.48，远远大于 0.05。

5.6.2 无重复双因素方差分析

无重复双因素方差分析是考察在两个因素各自取不同水平时指标的观测值，然后通过统计分析判断不同因素、不同水平对指标的影响是否相同。从理论上讲，实际上是在检验几组等方差正态总体下的均值假设。无重复双因素方差分析的基本假设有两个，分别是各行和各列的均值相等。

【例 5-13】为了考察不同的广告媒体和费用对总销售额的影响，在一批社会经济水平相当的城市中采取了不同的广告组合，并分别统计了销售业绩，数据如图 5-42 所示。要求用双因素无重复方差分析研究不同的广告媒体和广告费用对销售业绩的影响。

	A	B	C	D	E
1	媒体\费用	50000	100000	150000	200000
2	报纸	249.0672	1374.891	1125.111	2236.902
3	电视	871.5941	1528.93	1829.009	2416.326
4	户外	443.1311	772.6245	1354.849	1875.387
5	直邮	691.8338	734.9155	1790.991	2313.921

图 5-42　无重复双因素方差分析数据模型

操作步骤如下。

（1）建立数据模型。将数据输入到工作表中，如图 5-42 所示。

（2）单击“工具|数据分析”按钮，在弹出的“数据分析”对话框中选择“方差分析：无重复双因素分析”，将弹出“方差分析：无重复双因素分析”对话框。

（3）设置对话框的内容，如图 5-43 所示。

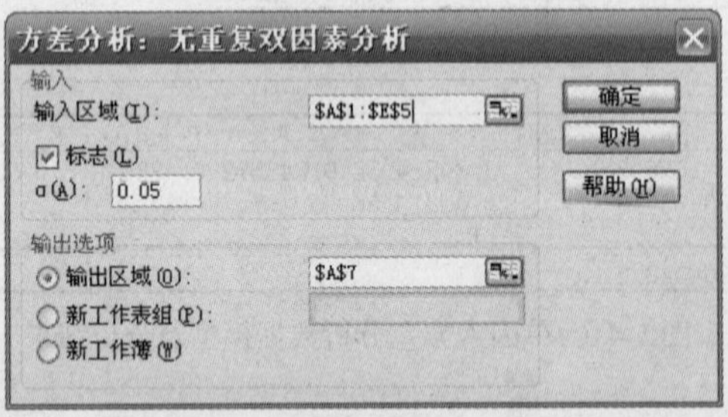

图 5-43　“方差分析：无重复双因素分析”对话框参数设置

① 输入区域：选择分析数据所在区域“$A$1:$E$5”。

② 如果输入区域的第一行或第一列包含标志，则选中“标志”复选框，本例选取。

③ α：显著性水平，一般输入 0.05，即 95%的置信度。

④ 输出区域：分析结果将以选择的单元格为左上角开始输出，本例选择“$A$7”。

（4）单击“确定”按钮，则出现“方差分析：无重复双因素分析”结果，如图 5-44 所示。

	A	B	C	D	E	F	G	H	I
1	媒体\费用	50000	100000	150000	200000				
2	报纸	249.0672	1374.891	1125.111	2236.902				
3	电视	871.5941	1528.93	1829.009	2416.326				
4	户外	443.1311	772.6245	1354.849	1875.387				
5	直邮	691.8338	734.9155	1790.991	2313.921				
6									
7	方差分析：无重复双因素分析								
8									
9	SUMMARY	观测数	求和	平均	方差				
10	报纸	4	4985.971	1246.493	668996				
11	电视	4	6645.859	1661.465	413115.9				
12	户外	4	4445.992	1111.498	401431.9				
13	直邮	4	5531.661	1382.915	643598.3				
14									
15	50000	4	2255.626	563.9066	74915.85				
16	100000	4	4411.361	1102.84	166658.4				
17	150000	4	6099.96	1524.99	117345.1				
18	200000	4	8842.536	2210.634	55352.65				
19									
20									
21	方差分析								
22	差异源	SS	df	MS	F	P-value	F crit		
23	行	662757.2	3	220919.1	3.427708	0.065832	3.862548		
24	列	5801367	3	1933789	30.00404	5.12E-05	3.862548		
25	误差	580058.7	9	64450.96					
26									
27	总计	7044183	15						

数据模型

无重复双因素方差分析结果

图 5-44　“无重复双因素”方差分析数据模型及分析结果

运算结果说明如下。

运算结果分为概要和方差分析两部分。

概要：返回每个因素和不同水平下的样本数、合计、均值和方差。

方差分析：返回标准的无重复双因素方差分析表，包括离差平方和（SS）、自由度（df）、均方（MS）、F 统计量（F）、概率值（P-value）和 F 临界值（F Grit）。

通过分析行间、列间和误差的离差平方和在总离差平方和中所占的比重，可以直观地看出因素与水平的变化对总体指标变动的影响。将 F 统计量的值与临界值比较，可以判定是否接受等均值的假设。其中 F 临界值是用 FINV 函数计算出来的。

本例中行间、列间和误差的离差平方和水平接近。

行间 F 统计值是 3.427708，略小于 F 临界值 3.862548。显著性分析的概率值是 0.065832，也大于 0.05，所以接受行间等均值假设，即认为不同广告媒体对销售业绩的影响无明显区别。不过当置信度稍稍降低时，F 统计量将大于 F 临界值，所以建议对不同媒体做进一步研究分析。

列间 F 统计值是 30.00404，远大于 F 的临界值 3.862548。显著性分析的概率值只有 0.0000512，所以拒绝列间等均值假设。认为不同的广告投放力度对销售有明显的影响。

5.6.3　可重复双因素方差分析

可重复双因素方差分析是使两个有协同作用的因素同时作用于考察对象，并重复试验，然后通过统计分析判断不同的因素组合在多次试验中对指标的影响是否相同。从理论上讲，这仍然是在检验几组等方差正态总体下的均值假设。可重复双因素方差分析的基本假设是三个，分别是各行、各列和各行列（可以假设是各“平面”）的均值相等。

【例 5-14】为了考察不同的 CPU 和不同的主板搭配是否有不同的效果，在保证其他配置相同的条件下，将 3 种 CPU 和 4 种主板搭配后各自进行 3 次试验，分别测量整机的综合测试指标 T-Mark。要求用可重复双因素方差分析研究不同的 CPU、主板以及两者的组合对整机性能的影响。

操作步骤如下。

（1）建立数据模型。将数据输入到工作表中，如图 5-45 所示。

（2）单击“工具|数据分析”，在弹出的“数据分析”对话框中选择“方差分析：可重复双因素分析”，将弹出“方差分析：可重复双因素分析”对话框。

（3）设置对话框的内容，如图 5-46 所示。

	A	B	C	D	E
1		MB-1	MB-2	MB-3	MB-4
2	CPU-1	4849.88	4361.16	3908.21	4154.78
3		5547.51	4455.65	4654.9	4882.91
4		5599.18	5866.57	5122.13	5638.24
5	CPU-2	4359.76	5010.71	6768.46	6446.17
6		6234.89	6577.75	7148.26	6984.44
7		6652.25	7038.27	7540.09	7472.54
8	CPU-3	4047.28	4779.92	5211.15	7331.84
9		5427.76	7948.62	7012.97	8818.88
10		6248.72	8416.37	7577.79	9053.08

图 5-45　可重复双因素方差分析数据模型

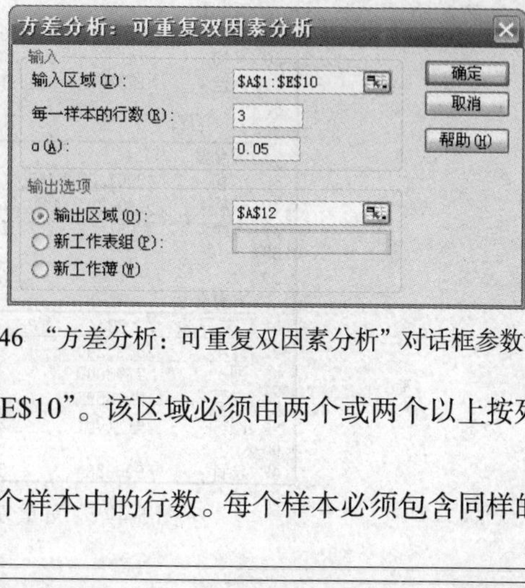

图 5-46　“方差分析：可重复双因素分析”对话框参数设置

① 输入区域：选择分析数据所在区域“$A$1:$E$10”。该区域必须由两个或两个以上按列或按行排列的相临数据区域组成。

② 每一样本行数：在此文本框中输入包含在每个样本中的行数。每个样本必须包含同样的行

数，本例为 3，即重复试验 3 次。

③ α：在此输入要用来计算 F 统计的临界值的显著性水平。本例为 0.05，即 95%的置信度。

④ 输出区域：分析结果将以选择的单元格为左上角开始输出，本例选择“$A$12”。

（4）单击“确定”按钮，则出现“方差分析：可重复双因素分析”结果，如图 5-47 所示。

运算结果说明如下：

可重复双因素方差分析的结果较为复杂，但是仍然分为概要和方差分析两部分。

概要：概要部分对于不同的因素组合按照试验批次分别返回包括样本数、合计、均值和方差的概要表。

方差分析：返回标准的可重复双因素方差分析表，其中包括离差平方和（SS）、自由度(df)、均方（MS）、F 统计量（F）、概率值（P-value）和 F 临界值（F crit）。

在可重复双因素方差分析中，总的离差平方被分解为 4 个部分：“样本（即大行）”、“列”、“交互”和“内部（即误差）”。而 F 统计和 F 临界值也各有 3 个：行间、列间和交互。它们分别用来检验 3 个（本例）基本假设。

行间 F 统计值是 12.14336，远大于 F 临界值 3.402826。概率值为 0.000227 也很小。拒绝行间等均值假设，认为不同的 CPU 对整机的性能有明显影响。

列间 F 统计值是 2.507735，略小于 F 临界值 3.008787。概率值为 0.08301 也较大。接受列间等均值假设，认为不同的主板对整机的性能无明显影响。

交互的 F 统计值是 1.980174，小于 F 临界值 2.508189，概率值 0.10847 更大，接受交互等均值假设。认为不同的 CPU 和主板的搭配对整机性能无明显影响。

	A	B	C	D	E	F	G
12	方差分析：可重复双因素分析						
13							
14	SUMMARY	MB-1	MB-2	MB-3	MB-4	总计	
15	CPU-1						
16	观测数	3	3	3	3	12	
17	求和	15996.57	14684.38	13685.24	14675.93	59042.12	
18	平均	5332.19	4894.793	4561.747	4891.977	4920.177	
19	方差	175134.6	710542	374908.6	550225	410965.5	
20							
21	CPU-2						
22	观测数	3	3	3	3	12	
23	求和	17246.9	18626.73	21456.81	20903.15	78233.59	
24	平均	5748.967	6208.91	7152.27	6967.717	6519.466	
25	方差	1490969	1129782	148865.3	263568.6	903711	
26							
27	CPU-3						
28	观测数	3	3	3	3	12	
29	求和	15723.76	21144.91	19810.91	25203.8	81883.38	
30	平均	5241.253	7048.303	6603.637	8401.267	6823.615	
31	方差	1237673	3913870	1531498	871467.5	2762200	
32							
33	总计						
34	观测数	9	9	9	9		
35	求和	48967.23	54456.02	54952.96	60782.88		
36	平均	5440.803	6050.669	6105.884	6753.653		
37	方差	780912.2	2322185	1911459	2756175		
38							
39							
40	方差分析						
41	差异源	SS	df	MS	F	P-value	F crit
42	样本	25093240	2	12546620	12.14336	0.000227	3.402826
43	列	7773040	3	2591013	2.507735	0.08301	3.008787
44	交互	12275597	6	2045933	1.980174	0.10847	2.508189
45	内部	24797007	24	1033209			
46							
47	总计	69938884	35				

图 5-47 “可重复双因素”方差分析结果

习　题

一、选择题

1．在进行单变量求解时，“单变量求解”命令存在于（　　）菜单下。

A．插入　　B．格式　　C．工具　　D．数据

2．要进行一次单变量求解，需要进行下列（　　）步骤。

A．选中目标单元格，单击“工具|单变量求解”，弹出“可变单元格”对话框，在对话框中选定可变单元格，单击“确定”按钮完成操作。

B．选中可变单元格，单击“工具|单变量求解”，在“目标单元格”对话框中选定可变单元格，单击“确定”按钮。

C．单击“工具|单变量求解”，在“单变量求解状态”对话框的目标单元格和可变单元格中输入或使用折叠按钮选择单元格，单击“确定”按钮（目标值为目标单元格中的数值）。

D．单击“工具|单变量求解”，在“单变量求解状态”对话框的目标单元格和可变单元格中输入或使用折叠按钮选择单元格，在目标值中输入目标单元格的最终值，单击“确定”按钮。

3．关于模拟运算表，下列正确的说法是（　　）。

A．单变量模拟运算表只能模拟一个公式值的变化情况

B．双变量模拟运算表可以模拟两个公式值的变化情况

C．单变量模拟运算表可以模拟多个公式值的变化情况

D．双变量模拟运算表可以模拟一个公式随两个变量变化的情况

4．如果需要更改公式所使用的多个单元格，同时这些值都有多个限制，并想求解出相应的结果值，需要进行下列中的（　　）运算。

A．单变量求解　　B．合并计算

C．规划求解　　D．模拟运算

5．以前从未用过规划求解，则使用规划求解的步骤为（　　）。

A．右键单击工具栏，从弹出快捷菜单中选择“自定义”，弹出“自定义”对话框，单击“命令”选项卡，从右侧的命令列表中将“规划求解”按钮拖到“工具”菜单或“工具”菜单栏→规划求解，弹出“规划求解参数”对话框（见图 5-48），设定“设置目标单元格”、“可变单元格”及其他参数，完成设定后，单击“求解”按钮结束操作。

B．单击“规划求解”，弹出“规划求解参数”对话框（见图 5-48），设定“设置目标单元格”、“可变单元格”及其他参数，完成设定后，单击“求解”按钮结束操作。

C．单击“工具|加载宏”，在“加载宏”对话框中选择“规划求解”，单击“确定”按钮，系统自动加载，选择“工具|规划求解”，在“规划求解”对话框中（见图 5-48），设定“设置目标单元格”、“可变单元格”及其他参数，单击“求解”按钮。

D．选择“工具|加载宏”，从弹出的“加载宏”对话框中选取“规划求解”选项，单击“确定”按钮后系统自动加载，选择“数据|规划求解”，弹出“规划求解”对话框（如图 5-48 所示），设定“设置目标单元格”、“可变单元格”及其他参数，完成设定后，单击“求解”按钮结束操作。

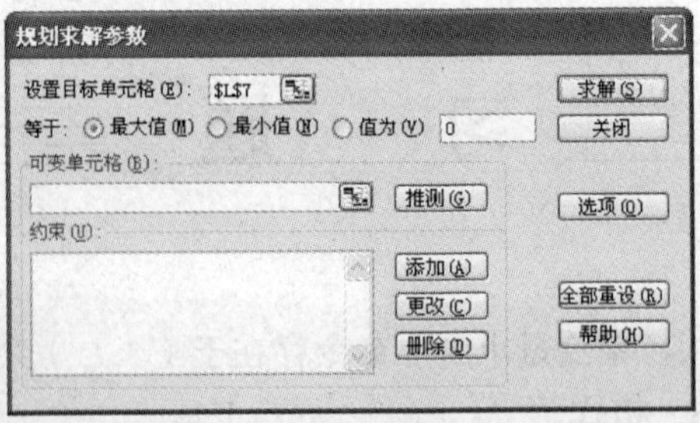

图 5-48 “规划求解参数”对话框

6．下列创建方案的操作步骤正确的是（　　）。

A．在数据表中输入数据，选定可变单元格，单击“工具|方案”，在“方案管理器”对话框中单击“添加”按钮添加方案（不需要再输入可变单元格），单击“确定”按钮结束创建过程。

B．在数据表中输入数据，单击“工具|方案”，在“方案变量值”对话框中设定可变单元格数值，单击“确定”按钮，打开“方案管理器”对话框，在此设定方案名称以及一些备注信息，设定完成后，单击“确定”按钮，结束创建过程。

C．在数据表中输入数据，单击“工具|方案”，弹出“方案管理器”对话框，单击“添加”按钮，在“添加方案”对话框中添加方案，包括可变单元格信息，单击“确定”按钮，回到“方案管理器”对话框，单击“确定”按钮，结束创建过程。

D．以上都不对。

二、填空题

1．如图 5-49 所示，使用模拟运算表，模拟计算当贷款的年利率分别为 5%、5.25%、5.50%…时，每期的付款金额，并请回答下列问题。

	A	B	C	D	E	F	G	H	I
1		贷款金额	200000						
2		付款年限	15						
3		年利率	5%						
4									
5									
6									
7			5.00%	5.25%	5.50%	5.75%	6.00%	6.25%	
8									
9									

图 5-49　模拟运算表

计算每期的还款金额的公式应该输入在（1）单元格中；计算公式为:（2）；在“模拟运算表”对话框（见图 5-50）中的（3），输入单元格的引用地址（4）。

（1）＿＿＿＿＿＿＿＿＿＿。

（2）＿＿＿＿＿＿＿＿＿＿。

（3）＿＿＿＿＿＿＿＿＿＿。

（4）＿＿＿＿＿＿＿＿＿＿。

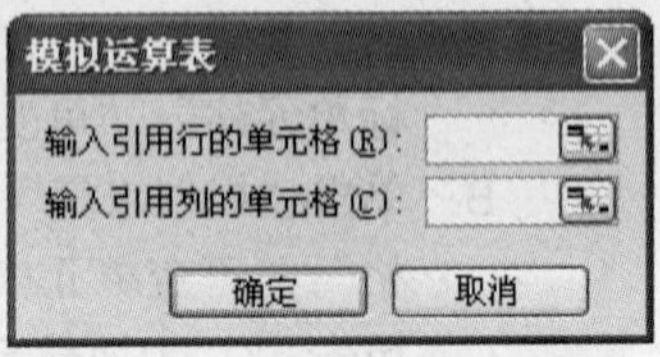

图 5-50 “模拟运算表”对话框

2．利用 Excel 的规划求解工具，求下面非线性方程组的解。

$$\begin{cases} 8X^3+3Y^2+Z-19=0 \\ 5X^2+4Z-8=0 \\ 5X+2Y^2+6Z-9=0 \end{cases}$$

请回答下列问题。

（1）设将方程的解（X、Y、Z 的值）放在工作表 D2:D4 区域中（见图 5-51）。请写出为了求解方程，需要在区域 A2:A4 中输入的求和公式。

A2: ______________________

A3: ______________________

A4: ______________________

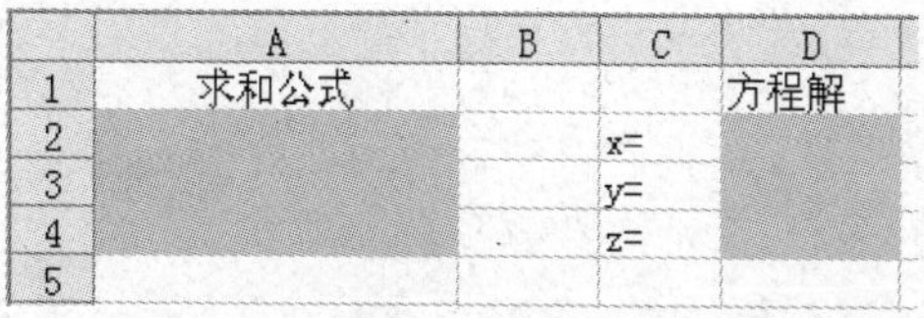

图 5-51　工作表

（2）填写“规划求解参数”对话框的内容（见图 5-52）。

设置目标单元格：______________________

等于：______________________

可变单元格：______________________

约束：______________________

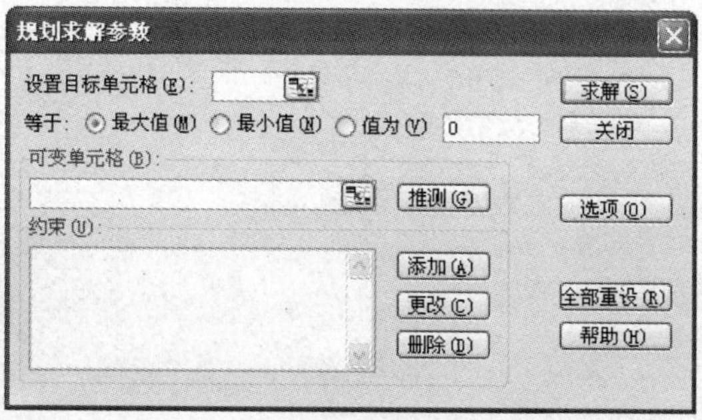

图 5-52　“规划求解参数”对话框

三、简答题

1．简述规划求解的步骤。

2．简述什么是相关分析和回归分析？它们之间的联系和区别？如何加载“分析工具库”？

第 2 篇
Access 数据库技术

Excel 具有强大的数据处理和数据分析功能，利用 Excel 能够轻松地对表格中的数据进行计算、统计、排序、分类、查询及图表制作等数据分析与处理工作。但是，如果需要对大量数据进行处理，完成数据的组织、存储、检索、维护和加工利用，那么，使用数据库系统可以具有更好的数据安全性、较小的冗余度、较高的数据独立性和易扩展性。数据库已经成为计算机技术应用最广泛的一个方面。

微软公司的 Microsoft Office Access 是 Office 组件之一，是目前世界上最流行的关系型桌面数据库管理系统，延续了 Office 系列一贯简易、方便的操作界面。Access 可以有效地组织、管理和共享数据库的信息，并且数据库信息与 Web 结合在一起，为在局域网络和互联网共享数据库的信息奠定了基础。同时，Access 概念清楚，简单易学，功能完备，不仅成为初学者的首选，而且被越来越广泛地运用于开发各类管理软件。

本篇从第 6 章至第 13 章内容包括数据库基础知识、Access 2003 操作简介、建立数据表和关系、查询、窗体、报表、数据访问页、宏等 8 章，每章均配以 Access 应用系统实例。本篇所用数据取自于示例数据库中的罗斯文示例数据库，符合商业领域的实际情况。通过对信息管理系统开发案例的讲述，不仅综合了 Access 的主要功能的应用，而且为读者自行开发管理系统提供了切实可行的模板。

第6章 数据库基础知识

【本章要点】

了解数据库是一种先进的数据管理技术，领会数据库方式管理数据的特点和优越性，掌握数据库管理技术的发展阶段；重点领会数据库系统的组成、DBMS 在系统中的作用和地位。

了解数据模型是用来抽象地表示和处理现实世界中数据和信息的工具。掌握概念模型中的有关概念及 E—R 图。领会逻辑模型是用于表示数据库的逻辑结构，掌握最常用的逻辑模型有层次模型、网状模型和关系模型。重点掌握关系模型的有关概念、关系代数、SQL 语言、完整性约束。熟悉数据库管理系统开发的要点。

6.1 数据库系统概述

6.1.1 数据库、数据库管理系统和数据库系统

1．数据库（DataBase，DB）

数据库是关于某个特定主题或目的的数据的集合，或者理解为用来存储和管理所需各种信息的通用"仓库"。在日常生活和工作中经常会接触到各种数据库，例如课程表和客户通讯录等，都可以看作是简单的"数据库"。

2．数据库管理系统（DataBase Management System，DBMS）

在数据处理的一系列活动中，数据的收集、存储、分类、传输等操作为基本操作，这些基本操作环节称为数据管理，而这些环节是靠管理或支持数据库的系统软件——数据库管理系统提供的，数据库管理系统的任务就是对数据资源进行管理，并且使之能为多个用户共享，同时还能保证数据的安全性、可靠性、完整性、一致性，还要保证数据的高度独立性。

具体来说，一个数据库管理系统应该具备如下功能。

（1）数据库定义功能：可以定义数据库的结构和数据库的存储结构，可以定义数据库中数据之间的联系，可以定义数据的完整性约束条件和保证完整性的触发机制等。

（2）数据库操纵功能：可以完成对数据库中数据的操纵，可以装入、删除、修改数据，可以重新组织数据库的存储结构，可以完成数据库的备份和恢复等操作。

（3）数据库查询功能：可以以各种方式提供灵活的查询功能，使用户可以方便地使用数据库中的数据。

（4）数据库控制功能：可以完成对数据库的安全性控制、完整性控制、多用户环境下的并发

控制等各方面的控制。

（5）数据库通信功能：在分布式数据库或提供网络操作功能的数据库中还必须提供数据库的通信功能。

使用数据库的主要目的是跟踪数据的变化。用户除了将数据放在数据库中外，还需要进行数据的编辑、排序和筛选，或者根据需要生成各种各样的报表。因此，为了更好地控制和使用数据库，应该选择一个易学易用的数据库管理系统。本书将介绍功能强大的关系型桌面数据库管理系统——中文 Access2003。

3. 数据库系统（DataBase System，DBS）

简单来说，数据库系统就是基于数据库的计算机应用系统。它包括：以数据库为主体的数据库；管理数据库的系统软件 DBMS；支持数据库系统的计算机硬件环境和操作系统环境；管理和使用数据库系统的人，特别是数据库管理员；方便使用和管理系统的各种技术说明书和使用说明书等，如图 6-1 所示。

由此可以看出，数据库、数据库管理系统和数据库系统是 3 个不同的概念，数据库强调的是数据，数据库管理系统是系统软件，而数据库系统强调的是系统，数据库管理系统是整个数据库系统的核心。

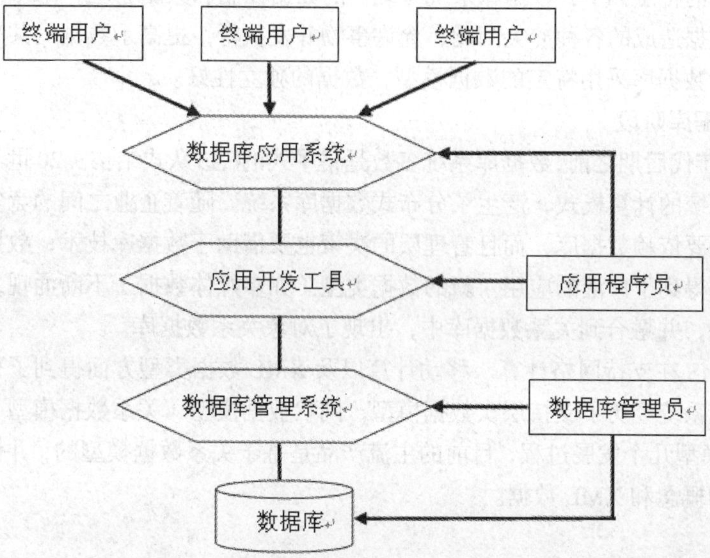

图 6-1　数据库系统

6.1.2　数据库管理技术的发展

计算机数据的管理是随着计算机硬件（主要是外存储器）、软件技术和计算机应用范围的发展而不断发展的，数据库的发展大致经历了如下 4 个阶段：人工管理阶段、文件系统阶段、数据库系统阶段及高级数据库阶段。

1. 人工管理阶段

20 世纪 50 年代中期以前，计算机主要用于科学计算。那时的计算机硬件方面，外存只有卡片、纸带和磁带，没有磁盘等直接存取的存储设备；软件方面，只有汇编语言，没有操作系统和高级语言，更没有管理数据的软件；数据处理的方式是批处理。这些决定了当时的数据管理只能依赖人工进行。

人工管理阶段的特点是：数据不保存，且依赖于程序或软件，没有专门的数据管理软件，数据的独立性很差，只有程序的概念，基本上没有文件的概念。

2. 文件系统阶段

20 世纪 60 年代，随着科学技术的发展，计算机技术有了很大的提高，计算机的应用范围也不断扩大，不仅用于科学计算，还大量用于管理。这时的计算机硬件已经有了磁盘和磁鼓等直接存取的外存设备；软件也有了操作系统、高级语言，操作系统中的文件系统是专门用于数据管理的软件；处理方式不仅有批处理，还增加了联机实时处理。

文件系统阶段的特点如下：程序和数据有一定的独立性，程序文件和数据文件具有各自的属性。数据文件可以长期保存，但数据冗余（数据重复）度大，且文件之间缺乏联系，相对孤立，仍然不能反映客观世界各个事物之间错综复杂的联系。

3. 数据库系统阶段

20 世纪 60 年代末以来，计算机的应用更为广泛，用于数据管理的规模也更为庞大，由此带来数据量的急剧膨胀。计算机存储技术有了很大发展，出现了大容量的磁盘。在处理方式上，联机实时处理的要求更多。这种变化促使了数据管理手段的进步，数据库技术应运而生。

数据库系统的特点如下：数据库系统有统一的数据控制和数据管理，DBMS 采用特殊的技术协调同时访问数据造成的各种冲突问题，允许事物并发执行，提高了数据的共享程度。同时，减少了数据冗余。数据库采用特定的数据模型，数据的独立性好。

4. 高级数据库阶段

20 世纪 70 年代后期之前，数据库系统多数是集中式的(主/从式结构)。20 世纪 80 年代，Internet 的出现改变了传统的计算模式，产生了分布式数据库系统。随着企业之间的竞争越来越激烈，不但日常业务处理要依赖数据库，而且管理层的决策也要借助于数据库技术，数据仓库、联机分析和数据挖掘技术得到了广泛的应用。新的数据类型（如多媒体数据）不断涌现，面向对象数据库技术得到了发展，并融合到关系数据库中，出现了对象关系数据库。

目前，DBMS 在支持网格计算、移动计算以及 XML 数据类型方面得到了很大发展。

数据库管理系统经历了支持层次数据模型、网状数据模型、关系数据模型、面向对象数据模型、XML 数据模型几个发展过程，目前的主流产品是基于关系数据模型的，并做了适当的扩充以支持面向对象的概念和 XML 数据。

6.2 数据模型

数据模型是工具，是用来抽象地表示和处理现实世界中数据和信息的工具。数据模型应满足三个方面的要求：一是能够比较真实地模拟现实世界；二是容易被人理解；三是便于在计算机系统中实现。

6.2.1 什么是数据模型

数据需要人们认识、理解、整理、规范和加工，然后才能存放到数据库中，也就是说数据从现实生活进入到数据库实际经历了若干个阶段。一般分为 3 个阶段，即现实世界阶段、信息世界阶段和机器世界阶段，称为数据的 3 种范畴。如同在建筑设计和施工的不同阶段需要不同的图纸一样，在实施数据库应用中也需要使用不同的数据模型：概念模型（信息模型）、逻辑模型和物理模型。我们知道计算机只能处理数据，所以首先要解决的问题是按用户的观点对现实世界中数据和信息建模，然后再按系统的观点对数据建模。换句话说，就是解决如何将现实世界的数据转化为概念世界的数据，以及概念世界的数据转化为机器世界的数据的问题，图 6-2 是现实世界客观对象的抽象过程。

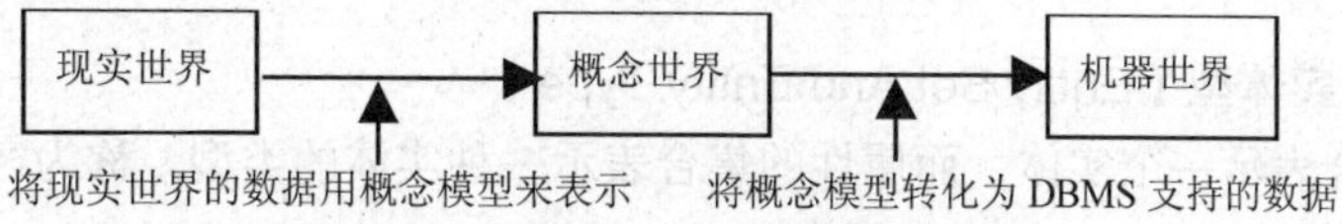

图 6-2　现实世界客观对象的抽象过程

6.2.2　3 种数据模型

数据模型是客观事物及联系的数据描述，它应具有描述数据和数据联系两方面的功能。根据模型应用的不同目的，可以将这些模型划分为如下 3 类。

1．概念模型

概念模型独立于计算机系统，它完全不涉及信息在计算机系统中的表示，只是用来描述某个特定组织所关心的信息结构，是按用户的观点对数据和信息建模，是对现实世界中数据对象的基本表示和概括性描述，主要用于数据设计。

2．逻辑模型

逻辑模型是直接面向数据库的逻辑结构的，是数据库系统的基石，任何一个数据库管理系统都是基于某种逻辑数据模型。目前，数据库领域最常用的逻辑模型有层次模型、网状模型和关系模型。

3．物理模型

物理模型是对数据最底层的抽象，它描述数据在磁盘或磁带上的存储方式和存储方法，是面向计算机系统的。物理模型的具体实现是数据库管理系统的任务，用户可以不考虑物理级的细节。

从概念模型到逻辑模型的转换由数据库设计人员完成，从逻辑模型到物理模型的转换由数据库管理系统完成。

6.3　概 念 模 型

6.3.1　基本概念

由于直接将现实世界按具体数据模型进行组织，必须同时考虑很多因素，设计工作非常复杂，并且效果也不理想，因此需要一种方法能够对现实世界的信息结构进行描述。

P.P.S.Chen 于 1976 年提出了的实体—联系模型，即通常所说的 E—R（Entity—Relationship）方法。这种方法由于简单、实用，得到了非常普遍的应用，也是目前描述信息结构最常用的方法。实体—联系模型就是概念模型中的代表。

在概念模型中需要用到如下概念。

1. 实体（Entity）

客观存在并相互区别的事物称为实体。实体可以是实际的事物，也可以是抽象的事物。例如，客户、雇员等属于实际的事物；客户订单等是抽象事物。

2. 实体的属性（Attribute）

描述实体的特性称为属性。例如，雇员实体用姓氏、名称、职务、出生日期、雇用日期、照片等属性来描述。

3. 实体集和实体型（Entity Set And Entity Type）

属性值的集合表示一个实体，而属性的集合表示一种实体的类型，称为实体型。同类型的实体的集合，称为实体集。

例如，雇员（姓氏、名称、职务、出生日期、雇用日期、照片）就是一个实体型。全体雇员就是一个实体集。

在 Access 中，用“表”来存放同一类实体，即为实体集。例如，雇员表、客户表、供应商表、订单表等。Access 的一个“表”包含若干字段，“表”中的字段就是实体的属性。字段值的集合组成表中的一条记录，代表一个具体的实体，即每一条记录表示一个实体。

4. 实体之间的联系

实体之间的对应关系称为联系。它反映现实世界事物之间的相互联系。两个实体（设 A、B）间的联系有以下 3 种类型。

（1）一对一联系（1:1）。如果实体集 A 与实体集 B 之间存在联系，并且对于实体集 A 中的任意一个实体，实体集 B 中至多只有一个实体与之对应；而对于实体集 B 中的任意一个实体，在实体集 A 中也至多只有一个实体与之对应，则称为实体集 A 到实体集 B 的联系是一对一的。例如，电影院里观众与座位之间、乘车旅客与车票之间等都是一对一联系。

（2）一对多联系（1:N）。如果实体集 A 与实体集 B 之间存在联系，并且对于实体集 A 中的任意一个实体，实体集 B 中可以有多个实体与之对应；而对于实体集 B 中的任意一个实体，在实体集 A 中也至多只有一个实体与之对应，则称实体集 A 到实体集 B 的联系是一对多的。例如，供应商与产品之间、班级与学生之间都是一对多联系。

（3）多对多联系（M:N）。如果实体集 A 与实体集 B 之间存在联系，并且对于实体集 A 中的任意一个实体，实体集 B 中可以有多个实体与之对应；而对于实体集 B 中的任意一个实体，在实体集 A 中也可以有多个实体与之对应，则称为实体集 A 到实体集 B 的联系是多对多的。例如，学生与课程之间，商店与顾客之间等都是多对多联系。

6.3.2 E—R 图

实体—联系模型也叫 E—R 模型或 E—R 图。E—R 图包括下面 3 个要素。

（1）实体。用矩形框表示实体，把实体名写在框内。

（2）属性。用椭圆形表示，把属性名写在椭圆内，并用连线与实体连接起来。

（3）实体之间的联系。用菱形框表示，框内写上联系名，用连线与有关的实体相连，并在连线上注明联系类型。

例如，有客户、雇员、运货商 3 个实体，并且有语义：每个客户可以向多个雇员发出订购需求，购买多种产品；每个雇员可以为多个客户提供产品订购服务。运货商可以为多个雇员提供运输服务，将货物送给多个客户，同时每个雇员可以联系多个运货商送货，每个客户可以收到多个运货商送来的货物。假设联系命名为订购，描述雇员、客户和运货商之间关系的 E—R 图，如图 6-3 所示。

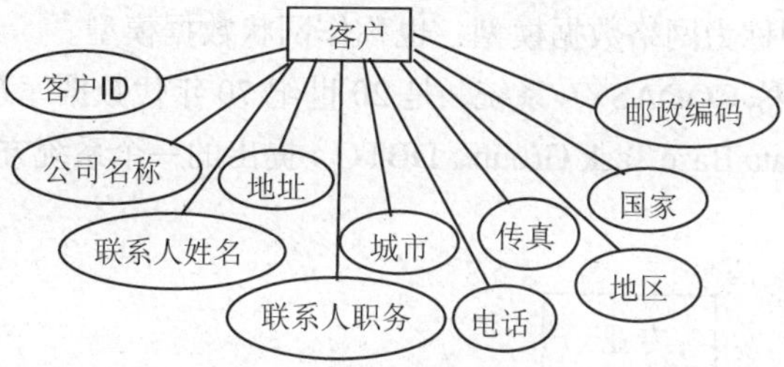

（a）实体与属性

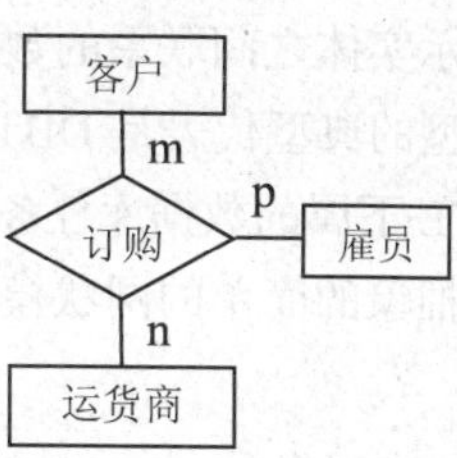

（b）实体之间的联系

图 6-3　E—R 图

6.4　逻辑数据模型

逻辑数据模型是数据库系统的基础，一般所说的数据模型都是指逻辑数据模型。数据库中不仅要存放数据本身，还要存放数据与数据之间的联系。传统的逻辑数据模型有层次数据模型、网状数据模型和关系数据模型。

6.4.1　层次模型

用树型结构来表示实体之间联系的模型称为层次数据模型。构成层次模型的树是由结点和连线组成，结点表示实体集，连线表示相连两个实体之间的联系，这种联系只能是一对多的。通常把表示“一”的实体放在上方，称为父结点；而把表示“多”的实体放在下方，称为子结点。

层次模型表示一对多的联系直接而方便，但是层次模型有以下两点限制：

（1）有且仅有一个结点无父结点，这个结点即为树的根；

（2）其他结点有且仅有一个父结点。

这样就使得多对多联系不能直接用层次模型表示。若用图表示，层次模型是一棵倒立的树。节点层次从根开始定义，根为第一层，根的孩子为第二层，根称为其孩子的双亲，同一双亲的孩子称为兄弟，如图 6-4 所示。支持层次模型的典型系统是诞生于 1970 年左右的 IBM 公司的 IMS（Information Management System）。

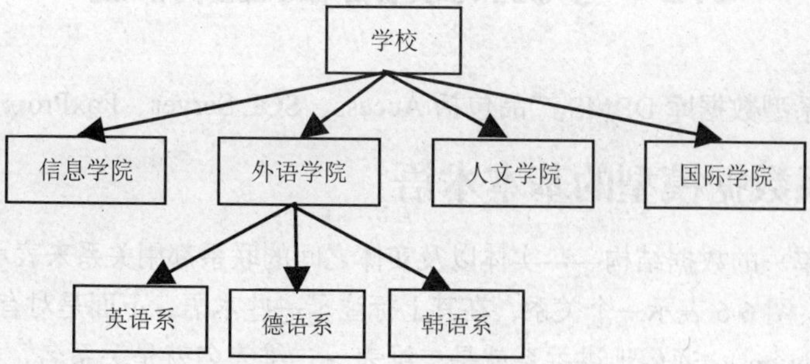

图 6-4　层次模型示意图

6.4.2　网状数据模型

如果取消层次模型中的两点限制，即允许每一个结点可以有多个父结点，便形成了网络。用网络结构表示实体之间联系的数据模型称为网络数据模型，也称作网状数据模型。

网状模型的典型代表是 DBTG，也称 CODASYL 系统，是 20 世纪 70 年代数据库系统语言协会 CODASYL 下属的数据库任务组（Data Base Task Group，DBTG）提出的一个系统方案。图 6-5 给出了一个抽象的简单的网状模型。

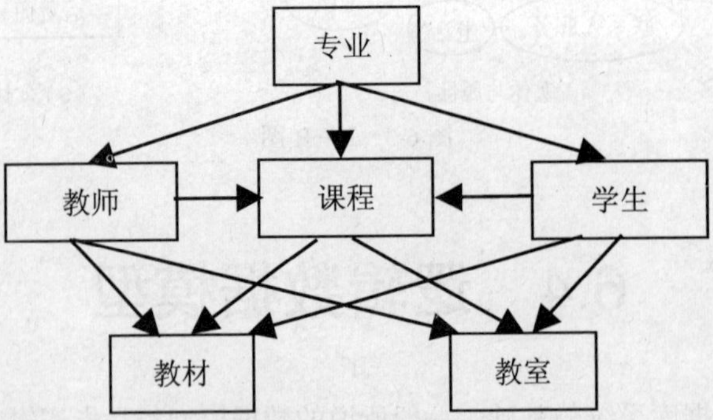

图 6-5　网状模型示意图

6.4.3　关系数据模型

关系数据模型源于数学，它把数据看成是二维表中的元素，而这个二维表就是关系。用关系（表格数据）表示实体和实体之间联系的模型称为关系数据模型。

关系数据模型是目前最重要的一种模型，也是目前所有数据库系统采用的数据模型。美国 IBM 公司的研究员 E.F.Codd 于 1970 年发表了题为“大型共享系统的关系数据库的关系模型”的论文，文中首次提出了数据库系统的关系模型。20 世纪 80 年代以来，计算机厂商推出的数据库系统（DBMS）几乎都支持关系模型，非关系系统的产品也大多加上了关系接口。

关系数据区别于层次模型和网状模型在于数据描述的一致性，模型概念单一。在关系数据库中，实体及实体之间的联系都用二维表来表示，使得描述实体的数据本身能够自然地反映它们之间的联系，而层次和网状模型是使用指针来存储和体现联系的。

6.5　关系数据模型概述

目前流行的关系型数据库 DBMS 产品包括 Access、SQL Server、FoxPro、Oracle 等软件。

6.5.1　关系数据模型的基本术语

关系模型采用单一的数据结构——实体以及实体之间的联系都用关系来表示，并且直观来看关系就是一张二维表，图 6-6 表示一个关系，在其上标注了一些术语，下面是对有关术语做的解释。

（1）关系（Relation）：通俗地讲关系就是二维表，二维表名就是关系名，如图 6-6 中的关系名是“仓库”。

（2）属性（Attribute）：二维表中的列称为属性（字段）；每个属性有一个名称，称为属性名；二维表中对应某一列的值称为属性值；二维表中列的个数称为关系的元数；一个二维表如果有 n 列，则称 n 元关系。图 6-6 中仓库关系是一个 3 元关系。

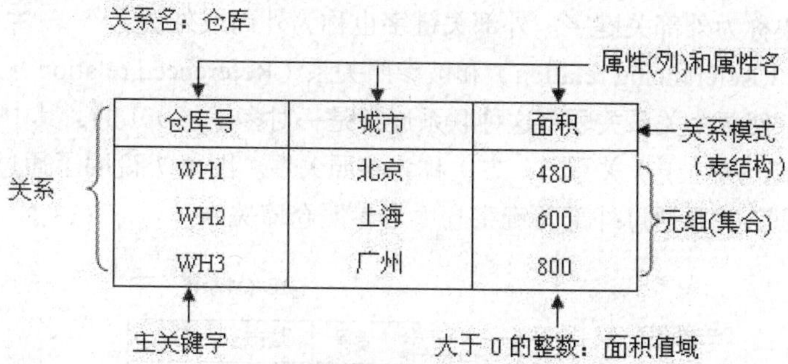

图 6-6　关系及其术语

（3）值域（Domain）：（关系）二维表中属性的取值范围称为值域，如图 6-6 中面积属性的取值规定为大于 0 的整数。

（4）元组（Tuple）：（关系）二维表中的行称为元组（记录值），关系中的所有元组叫关系实例（**Relation instance**）。在图 6-6 的仓库关系中的元组有：

（WH1，北京，480）;

（WH2，上海，600）;

（WH3，广州，800）。

（5）分量（Component）：元组中的每一个属性值称为元组的一个分量，n 元关系的每个元组有 n 个分量。如在元组（WH3，广州，800）中对应于仓库号属性的分量是“WH3”，对应于城市属性的分量是“广州”，对应于面积属性的分量是“800”。

（6）关系模式（Relation schema）：二维表的结构称为关系模式，或者说关系模式就是二维表的表框架或结构，它相当于文件结构或记录结构。设关系名为 REL，其属性为 A1，A2，…，A*n*，则关系模式可以表示为：REL（A1，A2，…，A*n*）。对于每个 A*i*（*i*=1，…，*n*）还包括该属性到值域的映像，即属性的取值范围。

又如，有关系名为 Student 的学生信息关系，其属性为 Snum，Sname，Ssex，Class，Department，Tel，则关系模式可以表示为 Student(Snum，Sname，Ssex，Class，Department，Tel)。图 6-6 的关系模式可以表示为：仓库（仓库号，城市，面积）。

（7）关系模型（Relation model）：关系模型是所有的关系模式、属性名和关键字的汇集，是模式描述的对象。

（8）关系数据库（Relation Database）：对应于一个关系模型的所有关系的集合称为关系数据库。

（9）候选关键字（Candidate key）：如果属性组 A_{i1}，A_{i2}，…，$A_{in}(1<i<n)$使得每个元组在其上的取值具有唯一性，并且去掉任何一个属性后元组在其上的取值不再具有唯一性，则称该属性组为候选关键字。候选关键字又称为候选码或候选键。在一个关系上可以有多个候选关键字。

（10）主关键字（Primary key）：有时一个关系中有多个候选关键字，这时可以选择其中一个作为主关键字，简称关键字。主关键字也称为主码或主键。每个关系都有一个并且只有一个主关键字。

（11）主属性（Primary attribute）：包含在任一候选关键字中的属性称为主属性。

（12）非主属性（Nonprimary attribute）：不包含在任一候选关键字中的属性称为非主属性。

（13）外部关键字（Foreign key）：如果一个属性不是所在关系的关键字，但是是其他关系的关键字，则该属性集称为外部关键字。外部关键字也称为外码或外键。

（14）参照关系（Referencing relation）和被参照关系（Referenced relation）：在关系数据库中可以通过外部关键字使两个关系关联，这种联系通常是一对多（1：*n*）的，其中主（父）关系（1方）称为被参照关系，从（子）关系（*n* 方）称为参照关系。图 6-7 说明了通过外部关键字关联的两个关系，其中职工关系通过外部关键字仓库号参照仓库关系。

仓库（被参照关系）

主关键字

仓库号	城市	面积
WH1	北京	480
WH2	上海	600
WH3	广州	800
WH6	长沙	550

外部关键字

职工（参照关系）

仓库号	职工号	工资
WH2	E1	2250
WH1	E3	2230
WH2	E4	2280
WH3	E6	2260
WH1	E8	2500

图 6-7　参照关系与被参照关系

6.5.2　关系模型的完整性约束

关系模型的完整性约束是一组约束条件，它们规定了关系实例中允许出现的元组和不允许出现的元组。关系模型中有三类完整性约束：实体完整性、参照完整性和用户定义完整性。

1. 实体完整性

对任何一个关系 R，若属性 A 是关系 R 的主属性，则属性 A 不可以为空值。所谓空值是“不知道”或“没有确定”，它既不是数值 0，也不是空字符串，而是一个未知的量。实体完整性是要保证关系中的每个元组都是可识别和唯一的。如果主属性取空值，则意味着关系中的某个元组是不可标识的，即存在不可区分的实体，这与实体的完整性定义是矛盾的。关系数据库管理系统可以用主关键字实现实体完整性，这是由关系数据库管理系统自动支持的。

2. 参照完整性

现实世界中的实体之间存在着某种联系，而在关系模型中实体是用关系描述的，实体之间的联系也是用关系描述的，这样就自然存在着关系和关系之间的参照或引用。

参照完整性也是关系模型必须满足的完整性约束条件。

设有如图 6-8 所示的数据库，其中含有 4 个实体（关系）和 3 个联系。

（1）在仓库关系和职工关系之间存在参照或引用关系，职工关系的仓库号属性的取值需要参照仓库关系的主关键字“仓库号”；这时职工关系的仓库号属性是职工关系的外部关键字。从语义上来讲，一个职工肯定隶属于一个已经存在的仓库，而不会属于一个不存在的仓库。在这里仓库关系是被参照关系，职工关系是参照关系，职工关系仓库号属性的取值需要参照仓库关系仓库号属性的值。

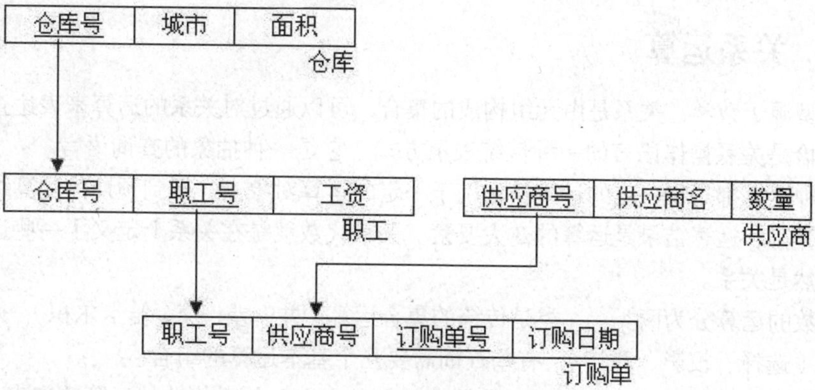

图 6-8　数据库

（2）在职工关系和订购单关系之间，职工关系是被参照关系，订购单关系是参照关系，职工号属性是职工关系的主关键字，是订购单关系的外部关键字，订购单关系的职工号的取值需要参照职工关系的职工号属性值。从语义上来讲，每张订购单都是由一名具体的职工经手的，它不可能由一名不存在的职工经手。

（3）在供应商关系和订购单关系之间，供应商关系是被参照关系，订购单关系是参照关系，供应商号属性是供应商关系的主关键字，是订购单关系的外部关键字，订购单关系的供应商号的取值需要参照供应商关系的供应商号属性值。从语义来讲，每张订购单都是与一个具体的供应商签订的，它不可能与一个不存在的供应商存在订购关系。

以上是订购单关系同时分别参照职工关系和供应商关系，在插入一订购单元组时，需要同时分别参照职工关系的职工号属性值和供应商关系的供应商号属性值。只有两个被参照的属性值都存在，这个插入才是合法的。

根据以上的讨论，我们给出参照关系和被参照关系的定义：设 F 是关系 R 的一个属性或属性组，但不是关系 R 的关键字，另外有主关键字为 K 的关系 S。如果关系 R 的属性或属性组 F 与关系 S 的主关键字 K 相对应，则称 F 是关系 R 的外部关键字，并称关系 R 是参照关系，S 是被参照关系。关系 R 和 S 可以是同一个关系。

从定义和前面的讨论可以看出参照关系的外部关键字和被参照关系的主关键字是出自同一个值域的，并且在实际应用中往往也给予相同的名称（但不是必须的）。参照完整性规则定义了外部关键字与主关键字之间的引用规则。

参照完整性规则的内容是：如果属性（或属性组）F 是关系 R 的外部关键字，它与关系 S 的主关键字 K 相对应，则对于关系 R 中每个元组在属性（或属性组）F 上的值必须为：

或者取空值（F 的每个属性均为空值）；

或者等于 S 中某个元组的主关键字的值。

3. 用户定义完整性

实体完整性和参照完整性是关系数据库模型必须要满足的，或者说是关系数据模型固有的特性。除此之外，还有其他与应用密切相关的数据完整性约束，例如，某个属性的值必须唯一，某个属性的取值必须在某个范围内，某些属性值之间应该满足一定的函数关系等。类似这些方面的约束不是关系数据模型本身所要求的，而是为了满足应用要求而提出的，这些完整性需求需要用户来定义，所以又称为用户定义完整性。

6.5.3 关系运算

关系模型源于数学，关系是由元组构成的集合，可以通过对关系的运算来表达查询要求，而关系代数恰恰是关系操作语言的一种传统表示方式，它是一种抽象的查询语言。

任何一种运算都是将一定的运算符作用于一定的运算对象上，得到预期的运算结果。所以运算对象、运算符、运算结果是运算的 3 大要素。关系代数就是在关系上定义了一些运算，这些运算的结果仍然是关系。

关系代数的运算分为两类：一类是传统的集合运算（并、差、交、笛卡尔积），另一类是专门的关系运算（选择、投影、联接），有些查询需要几个基本运算的组合。

关系代数用这些运算来表达对关系数据库的各种查询，关系代数的运算符如表 6-1 所示。

表 6-1　　关系代数运算符

运算符		含义
传统的集合运算符	∪	并
	∩	交
	−	差
	×	广义笛卡尔积
专门的关系运算符	σ	选择
	∏	投影
	⋈	连接
比较运算符	>	大于
	<	小于
	=	等于
	≠	不等于
	⩽	小于等于
	⩾	大于等于
逻辑运算符	∧	与
	∨	或
	¬	非

1．传统的集合运算

这类运算完全把关系看作是元组的集合。

（1）并（Union）。并运算是一个二元运算。参与运算的有两个关系，这两个关系的属性个数必须相同，并且相同位置上的属性必须来自同一个域。并运算的结果是一个新的关系，其关系模式同原来的关系，新关系实例是两个关系实例的并。

（2）交（Intersection）。交运算类似于并运算，只是新关系的关系实例是两个关系实例的交。

（3）差（Difference）。差运算类似于并运算，只是新关系的关系实例是两个关系实例的差。

（4）笛卡尔积。两个分别具有 n 个属性和 m 个属性的关系 R 和 S 的笛卡尔积是一个具有（$m+n$）个属性的关系。新关系的关系模式由关系 R 和 S 的属性连接而成，新关系实例中元组的前 n 列是关系 R 的一个元组，后 m 列是关系 S 的一个元组。若 R 有 k_1 个元组，S 有 k_2 个元组，则关系 R

和 S 的笛卡尔积有 $k_1 \times k_2$ 个元组。

假设已知关系 R、S 和 T，如图 6-9 所示，R∪S、R∩S、R-S、R×T 可表示为：

$R \cup S=\{t|t \in R \lor t \in S\}$

$R \cap S=\{t|t \in R \land t \in S\}$

$R-S=\{t|t \in R \land t \notin S\}$

$R \times T=\{\widehat{t_r t_r} \mid t_r \in R \land t_r \in T\}$

运算结果如图 6-10 所示。

关系 R

A	B	C	D
A1	B1	C1	D1
A1	B2	C2	D2
A2	B2	C1	D3

关系 S

A	B	C	D
A1	B2	C2	D1
A1	B3	C2	D2
A2	B2	C1	D3

关系 T

B	E
B1	E1
B2	E2

图 6-9 关系 R、S 和 T

关系 R∪S

A	B	C	D
A1	B1	C1	D1
A1	B2	C2	D2
A2	B2	C1	D3
A1	B2	C2	D1
A1	B3	C2	D2

关系 R∩S

A	B	C	D
A2	B2	C1	D3

关系 R-S

A	B	C	D
A1	B1	C1	D1
A1	B2	C2	D2

关系 R×T

R.A	R.B	R.C	R.D	T.B	T.E
A1	B1	C1	D1	B1	E1
A1	B1	C1	D1	B2	E2
A1	B2	C2	D2	B1	E1
A1	B2	C2	D2	B2	E2
A2	B2	C1	D3	B1	E1
A2	B2	C1	D3	B2	E2

图 6-10 关系 R∪S、R∩S、R–S、R×T 的结果

2. 专门的关系运算

（1）选择（Select）。选择运算是最简单的运算，它从指定的关系中选择某些元组形成一个新的关系，被选择的元组是用满足某个逻辑条件来指定的。对关系 R 选择运算表示为：

$$\sigma_F(R)=\{ t|t \in R \land F(t)=\text{true}\}$$

其中 F 是一个逻辑表达式，其值为“真”或“假”。例如，对关系 R 选择属性 A 的值为 A1 的元组构成新的关系，可以有如下的选择运算：$\sigma_{A=\text{“A1”}}(R)$。其结果如图 6-11 所示。

A	B	C	D
A1	B1	C1	D1
A1	B2	C2	D2

图 6-11 选择运算的结果

（2）投影（Project）。投影是一元关系运算，用于选取某个关系上我们感兴趣的某些列（属性），并且将这些列组成一个新的关系。投影运算可表示为：

$$\Pi_A(R)=\{t[A]|t\in R\}$$

其中，A 为 R 中需要保留的属性组，$t[A]$是从元组 t 生成的新元组，新元组是从元组 t 中去掉不包含在属性组 A 中的属性。例如，对关系 R 投影属性 A、C、D 构成新的关系，可以有如下的投影运算：$\prod_{A,C,D}(R)$。其结果如图 6-12 所示。注意，投影之后不仅取消了原关系中的某些属性，而且还可能取消某些重复的元组。

A	C	D
A1	C1	D1
A1	C2	D2
A2	C1	D3

图 6-12　投影运算的结果

（3）联接（Join）。联接运算是从两个关系的笛卡尔积中在水平方向进行选择运算，在垂直方向进行投影运算从而产生一个新关系。关系 R，S 的连接运算可记作：

$$R \underset{i\theta j}{\bowtie} S=\sigma_{i\theta j}(R\times S)$$

其中，$i\,\theta j$ 是一个比较式，$\theta\in\{=,\ >,\ >=,\ <=,\ <,\ <>\}$，$i$ 是关系 R 中的属性或者是一个常数，j 是关系 S 中的属性或者是一个常数，i 和 j 必须是同一个定义域（相同的类型）。还可以用逻辑运算符和上面的一般形式构成更复杂的条件。

在连接运算中，有两种最重要、最常用的连接是等值连接和自然连接。

等值连接是 θ 为“=”的连接运算，它是从 R 和 S 广义笛卡尔积中选取在 A，B 属性上值相等的元组，记作：

$$R \underset{A=B}{\bowtie} S=\sigma_{A=B}(R\times S)$$

自然连接是一种特殊的等值连接，它要求关系 R 中的属性 i 和关系 S 中的属性 j 名字相同，并且将去掉结果中重复的属性列。如果 R 和 S 有相同的属性 A，则自然连接记为：

$$R\bowtie S=\sigma_{R.A=S.A}(R\times S)$$

自然连接运算的步骤：

（1）计算两个关系的笛卡尔积；

（2）在笛卡尔积中选择同名属性上值相等的元组；

（3）去掉重复属性。

自然连接与等值连接的区别如下。

（1）等值连接相等的属性可以是相同属性，也可以是不同属性；自然连接相等的属性必须是相同的属性。

（2）自然连接必须去掉重复的属性，特指相等比较的属性，而等值连接无此要求。

（3）自然连接一般用于有公共属性的情况。如果两个关系没有公共属性，那么它们的自然连接就退化为广义笛卡尔乘积。如果是两个关系模式完全相同的关系自然连接运算，则变为交运算。

图 6-13 表示仓库和职工两个关系，图 6-14 表示仓库和职工进行自然连接（仓库 $\bowtie$ 职工）的结果。

下面我们再看一个需要综合运算的例子。以图 6-13 表示仓库和职工两个关系为例，要求出在上海工作的职工的工资值有哪些，则可以写出如下的关系代数式：

R1=$\sigma_{城市=“上海”}$（仓库）

R2=R1 $\bowtie$ 职工

R3=$\prod_{工资}$（R2）

仓库

仓库号	城市	面积
WH1	北京	480
WH2	上海	600
WH3	广州	800
WH6	长沙	550

职工

仓库号	职工号	工资
WH2	E1	2250
WH1	E3	2230
WH2	E4	2280
WH3	E6	2260
WH1	E8	2500

图 6-13　“仓库”和“职工”关系

仓库⋈职工

仓库号	城市	面积	职工号	工资
WH2	上海	600	E1	2250
WH1	北京	480	E3	2230
WH2	上海	600	E4	2280
WH3	广州	800	E6	2260
WH1	北京	480	E8	2500

图 6-14　“仓库⋈职工”结果

上述的分解过程可以合并表示为：$\prod_{\text{工资}}((\sigma_{\text{城市=“上海”}}(\text{仓库}))><\text{职工})$，计算过程和所得结果如图 6-15 所示。

R1

仓库号	城市	面积
WH2	上海	600

职工

仓库号	职工号	工资
WH2	E1	2250
WH1	E3	2230
WH2	E4	2280
WH3	E6	2260
WH1	E8	2500

↓ 自然连接

R2

仓库号	城市	面积	职工号	工资
WH2	上海	600	E1	2250
WH2	上海	600	E4	2280

↓ 投影

R3

工资
2250
2280

图 6-15　综合运算

选择和投影运算的操作对象只是一个表，相当于对一个二维表进行切割。联接运算需要两个表作为操作对象。如果需要联接两个以上的表，应当两两进行联接。

总之，在对关系数据库的查询中，利用关系的选择和投影、联接运算可以方便地分解或构成新的关系。

6.5.4　SQL 语言

SQL（Structured Query Language）语言是关系数据库的标准语言，它包含了关系代数的基本运算，并进行了扩充，功能十分强大。SQL 语言包括了对数据库的所有操作，在功能上可以分为：数据定义语言、数据操纵语言、数据控制语言、嵌入式 SQL 和动态 SQL。

SQL 语言主要特点如下。

1．综合统一

SQL 语言风格统一，可以独立完成数据库生命周期中的全部活动，包括定义关系模式、录入数据以建立数据库、查询、更新、维护、数据库重构、数据库安全性控制等一系列操作要求，这就为数据库应用系统开发提供了良好的环境。

2. 高度非过程化

用 SQL 语言进行数据操作，用户只须提出“做什么”，而不必指明“怎么做”。

3. 共享性

SQL 是一个共享语言，它全面支持客户机/服务器模式。

4. 语言简洁，易学易用

SQL 所使用的语句很接近自然语言，易于掌握和学习。由于设计巧妙，完成核心功能只用了 9 个动词，如表 6-2 所示。

表 6-2　SQL 语言的动词

功　能	动　词
数据定义	CREATE,DROP,ALTER
数据操作	INSERT,UPDATE,DELETE
数据查询	SELECT
数据控制	GRANT,REVOKE

其中 SQL 的核心是数据查询。SQL 的查询命令使用 SELECT 语句完成对数据库的查询操作，涵盖了关系代数的所有运算。它的基本形式由 SELECT-FROM-WHERE 查询块组成，多个查询可以嵌套执行。其语法格式如下：

```
SELECT [ALL|DISTINCT] *|<字段列表>
FROM 〈表名1〉[,〈表名2〉]...
[WHERE 〈条件表达式〉]
[GROUP BY 〈字段1〉[HAVING 〈条件表达式〉]]
[ORDER BY 〈字段2〉[ASC|DESC]]
```

（1）“SELECT”说明执行查询操作。

（2）“ALL|DISTINCT”用来限制返回的记录数量，默认值为“ALL”，“DISTINCT”说明要去掉重复的记录。

（3）可以使用“*”代表从特定表中指定的全部字段。<字段列表>使用“,”将项分开，这些项可以是字段、常数或系统内部的函数。

（4）“FROM”短语说明要查询的数据来自哪些表。

（5）“WHERE”短语说明查询的条件。查询条件的运算非常丰富，表 6-3 列出了常用的运算符。

表 6-3　WHERE 子句中常用的运算符

查询方式	运 算 符
比较	=, >, >=, <=, <, <>, !>, !<
确定范围	BETWEEN AND、NOT BETWEEN AND
确定集合	IN，NOT IN
字符匹配	LIKE、NOT LIKE
空值	IS NULL，IS NOT NULL
否定	NOT
多重条件	AND，OR

（6）“GROUP BY”短语用于对查询结果按指定的列进行分组，可以利用它进行分组、汇总。

（7）“HAVING”短语必须跟随“GROUP BY”使用，用来限定分组必须满足的条件。

（8）“ORDER BY”短语用来对查询结果进行排序。ASC 表示结果按某一字段值的升序排列，如果选择 DESC，表示检索结果按某一字段值降序排列。

SELECT 语句具有灵活的使用方式和丰富的功能，用它可以构造各种各样的查询。【例 6-1】至【例 6-5】将使用如图 6-16 所示的订货数据库（该数据库中有仓库、职工、订购单、供应商 4 个关系表）创建 SQL 查询。

仓库号	城市	面积
WH1	北京	370
WH2	上海	500
WH3	广州	200
WH4	武汉	400

仓库

仓库号	职工号	工资
WH2	E1	1220
WH1	E3	1210
WH2	E4	1250
WH3	E6	1230
WH1	E7	1250

职工

职工号	供应商号	订购单号	订购日期
E3	S7	OR67	2002/06/23
E1	S4	OR73	2002/07/28
E7	S4	OR76	2002/05/25
E6	NULL	OR77	NULL
E3	S4	OR79	2002/06/13
E1	NULL	OR80	NULL
E3	NULL	OR90	NULL
E3	S3	OR91	2002/07/13

订购单

供应商号	供应商名	地址
S3	振华电子厂	西安
S4	华通电子公司	北京
S6	607 厂	郑州
S7	爱华电子厂	北京

供应商

图 6-16　订货数据库

【例 6-1】查找在仓库 WH1 或 WH2 工作，并且工资少于 1250 元的职工号。

```
SELECT 职工号
FROM 职工
WHERE 工资<1250  AND  (仓库号="WH1" OR 仓库号="WH2");
```

【例 6-2】检索出工资在 1220 元到 1240 元范围内的职工信息。

```
SELECT *
FROM 职工
WHERE 工资 BETWEEN 1220 AND 1240;
```

【例 6-3】找出尚未确定供应商的订购单。

```
SELECT *
FROM  订购单
WHERE  供应商号  'NULL';
```

【例 6-4】按职工的工资值升序检索出全部职工信息。

```
SELECT *
FORM  职工
ORDER  BY  工资;
```

这里的 ORDER BY 是排序子句，默认（或加 ASC）为升序如果需要将结果按降序排列，只要加上 DESC。

【例 6-5】找出工资多于 1230 元的职工号和他们所在的城市。

```
SELECT  职工号，城市
FROM  职工，仓库
```

```
WHERE （工资>1230）AND（职工.仓库号=仓库.仓库号）；
```

当 FROM 之后的多个关系中含有相同的属性名时，必须用关系前缀直接指明属性所属的关系。

6.6 数据库设计基础

任何软件产品的开发过程都必须遵循一定的开发步骤。在创建数据库之前应先对数据库进行设计。

Access 数据库文件的扩展名为.mdb。在建立一个数据库管理系统之前，合理设计数据库的结构是保障系统高效、准确完成任务的前提。

6.6.1 数据库设计的步骤

Access 数据库开发一般按如下步骤进行。

（1）需求分析：是指对数据库管理系统实际需求的分析，分析系统需要完成哪些功能，要存储哪些数据。

（2）确定需要的表：将数据分解为不同的相关主题，在数据库中为每个主题建立一个表。

（3）确定需要的字段：确定在各表中存储数据的内容，即确立各表的结构。

（4）确定各表之间关系：仔细研究各表之间的联系，确定各表之间的数据应如何进行联接。

（5）创建其他对象：根据实际应用的需要，分别创建窗体、查询、报表、宏等对象。

（6）改进整个设计：可以在各表输入一些数据作为例子，验证结果的准确性，发现问题，可以对设计做调整。

在最初的设计中，不必担心发生错误或遗漏。若在数据库设计阶段出现一些错误，在 Access 中是极易修改的。但是，一旦数据库中拥有大量的数据，并且被用到窗体、查询、报表或访问页中，再进行修改就非常困难了。所以在确定数据库设计之前一定要做适量的测试和分析工作，排除其中的错误和不合理的设计。

下面以“食品商贸公司管理系统”数据库为例，介绍数据库设计的一般过程。

6.6.2 需求分析

“食品商贸公司管理系统”数据库是以 Access 提供的“罗斯文示例数据库”为基础，进行了部分修改而创建的，这样的数据库应用于食品销售公司，需要进行产品的采购和销售，从中赚钱利润。在整个的业务流程中，需要对供应商、产品、雇员、客户、运货公司、销售订单等信息进行管理。要求具有从这些数据中能够查出各类销售额、产品库存、发货单，生成发货单、各类销售额等报表，生成供客户和雇员查看的订单与发货页等功能。

6.6.3 确定数据库中的表

为了保证系统易于使用并能灵活扩展，创建包含最少信息的表非常重要。要实现这一目标，必须考虑创建多个表，每个表中的字段只与表的任务有关。在创建了这些表之后，再通过某些方法把这些表连接起来。在表的设计过程中应遵循下列原则。

（1）每条信息只保存在一个表中。这样信息的更新只在一处进行，效率高，消除了数据的不一致，同时避免了数据冗余。

（2）每个表应该只包含关于一个主题的信息，可以独立于其他主题来维护每个主题的信息。

根据这一原则，“食品商贸公司管理系统”数据库中应包含产品、类别、客户、雇员、订单、订单明细、供应商、运货商共 8 个表。

6.6.4　确定表中的字段

表确定后，就要确定每张表包括哪些字段。在确定所需字段时，要注意以下几点。

（1）每个字段包含的内容应该与表的主题相关，应包含相关主题所需的全部信息。

（2）不要包含需要推导或计算的数据。

（3）要以不可再分的基本数据项作为字段来保存信息。

根据以上原则，可以为“食品商贸公司管理系统”数据库中的各个表设置表结构，如表 6-4～6-11 所示。

表 6-4　产品

字段名称	数据类型	字段大小	字段名称	数据类型	字段大小
产品 ID	自动编号		单价	货币	
产品名称	文本	40	库存量	数字	整型
供应商 ID	数字	长整型	订购量	数字	整型
类别 ID	数字	长整型	再订购量	数字	整型
单位数量	文本	20	中止	是否	

表 6-5　类别

字段名称	数据类型	字段大小
类别 ID	自动编号	长整型
类别名称	文本	15
说明	备注	
图片	OLE 对象	

表 6-6　客户

字段名称	数据类型	大小	字段名称	数据类型	字段大小
客户 ID	文本	5	地区	文本	15
公司名称	文本	40	邮政编码	文本	10
联系人姓名	文本	30	国家	文本	15
联系人职务	文本	30	电话	文本	24
地址	文本	60	传真	文本	24
城市	文本	15			

表 6-7　雇员

字段名称	数据类型	大小	字段名称	数据类型	字段大小
雇员 ID	自动编号	长整型	地区	文本	15
姓氏	文本	20	邮政编码	文本	10
名字	文本	10	国家	文本	15

续表

字段名称	数据类型	大小	字段名称	数据类型	字段大小
职务	文本	30	家庭电话	文本	24
尊称	文本	25	分机	文本	4
出生日期	日期/时间		照片	OLE 对象	255
雇用日期	日期/时间		备注	备注	
地址	文本	60	上级	数字	长整型
城市	文本	15			

表 6-8 订单

字段名称	数据类型	字段大小	字段名称	数据类型	字段大小
订单 ID	自动编号	长整型	运货费	货币	
客户 ID	文本	5	货主名称	文本	40
雇员 ID	数字	长整型	货主地址	文本	60
订购日期	日期/时间		货主城市	文本	15
到货日期	日期/时间		货主地区	文本	15
发货日期	日期/时间		货主邮政编码	文本	10
运货商	数字	长整型	货主国家	文本	15

表 6-9 订单明细

字段名称	数据类型	字段大小	字段名称	数据类型	字段大小
订单 ID	数字	长整型	数量	数字	整型
产品 ID	数字	长整型	折扣	数字	单精度
单价	货币				

表 6-10 供应商

字段名称	数据类型	大小	字段名称	数据类型	字段大小
供应商 ID	自动编号	长整型	地区	文本	15
公司名称	文本	40	邮政编码	文本	10
联系人姓名	文本	30	国家	文本	15
联系人职务	文本	30	电话	文本	24
地址	文本	60	传真	文本	24
城市	文本	15	主页	超链接	

表 6-11 运货商

字段名称	数据类型	大小
运货商 ID	自动编号	长整型
公司名称	文本	40
电话	文本	24

6.6.5　确定主键及建立表之间关系

在 Access 中，每个表不是完全孤立的部分，在创建表结构时就要考虑应使表之间能够建立相互的联系。例如，在创建的“食品商贸公司管理系统”数据库中的 8 个表，如表 6-4～表 6-11 所示的结构中，不同的表中有相同的字段名，如“客户”表中有“客户 ID”，“订单”表中也有“客户 ID”，通过这个字段，就可以建立起这两个表之间的关系。

1. 主键

为了保证在不同表中的信息发生联系，每个表都有一个能够唯一确定每条记录的字段或字段组合，该字段或字段组合被称为主关键字（或叫主键）。主键是用于将表联系到其他表的外部键（被联接表中与主键匹配的字段或字段组）上的，从而使不同的表中的信息发生联系。

如果表中没有可作为主键的字段，可以在表中增加一个字段，该字段的值为序列号（称自动编号），以此来标识不同记录。

作为主键的字段值不允许重复，也不允许是空值（Null）。

上述表 6-4 至表 6-11 中，字体为加粗的字段或字段组合为关键字，字体为斜体的字段为外部键。

2. 关系的种类

表之间的关系可以归结为以下 3 种类型。

（1）一对一关系。一对一关系表现为关联的两个表中的记录是一一对应的。

（2）一对多关系。一对多关系表现为主表中的每条记录与相关表中的多条记录相关联。关联字段中，该字段作为主键的表（即一端表）称为主表或父表，该字段作为外键的表（即多端表）称为相关表或子表。数据库中的关系大多是一对多的关系。如图 6-17 中的“客户”表和“订单”表之间就是一对多的关系，因为一个客户可以有多次订货。

（3）多对多关系。多对多关系表现为关联的两个表中任一个表中的一条记录与相关表中的多条记录相关联。在 Access 中，多对多关系不是直接建立的，而是通过一个被称为中间表（也叫纽带表）建立的。如“雇员”表和“客户”表之间就是多对多的关系，因为一个雇员可以给多个客户供货，同时一个客户可以向多个雇员订货。“订单”表就是它们之间联系的纽带表。

“食品商贸公司管理系统”数据库中各表之间的关系，如图 6-17 所示。

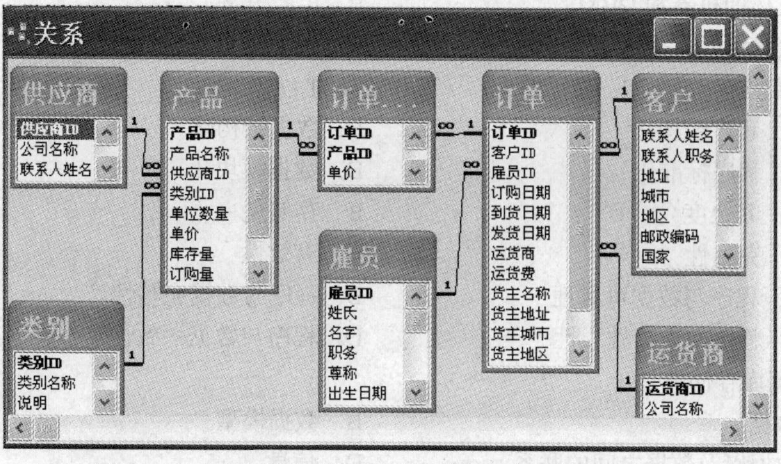

图 6-17　“食品贸易公司管理系统”数据库中各表之间的关系

6.6.6 完善数据库

在设计数据库时，信息复杂和情况变化会造成考虑不周，如有些表没有包含属于自己主题的全部字段，或者包含了不属于自己的主题字段。此外，在设计数据库时经常忘记定义表与表之间的关系，或定义的关系不正确。因此，在初步确定了数据库需要包含哪些表、每个表包含哪些字段以及各个表之间的关系后，还要重新研究设计方案，检查可能存在的缺陷，并进行相应的修改。只有通过反复修改，才能设计出比较完善的数据库系统。

习题

一、简答题

1. 什么是数据库、数据库管理系统、数据库系统？

2. 现常用的数据库管理系统软件有哪些？数据库管理系统和数据库应用系统之间的区别是什么？

3. 数据管理技术的发展大致经历了哪几个阶段？各阶段的特点是什么？

4. 解释以下名词：实体、实体集、实体型。

5. 数据库管理系统所支持的传统数据模型是哪 3 种？各自有哪些优缺点？

6. 怎样理解关系、元组、属性、域、主键和外键？

7. 设计数据库的基本步骤有哪些？

二、选择题

1. 在数据库管理技术的发展过程中，经历了人工管理阶段、文件系统阶段和数据库系统阶段，在这几个阶段中，数据独立性最高的是（　　）阶段。

A. 数据库系统　　　　B. 文件系统
C. 人工管理　　　　B. 数据项管理

2. 数据库的概念模型独立于（　　）。

A. 具体的机器和 DBMS　　　　B. E-R 图
C. 信息世界　　　　D. 现实世界

3. 数据库具有（　　）、最小的（　　）和较高的（　　）。

① A. 程序结构化　　　　B. 数据结构化
　C. 程序标准化　　　　D. 数据模块化
② A. 冗余度　　　　B. 存储量
　C. 完整性　　　　D. 有效性
③ A. 程序与数据可靠性　　　　B. 程序与数据完整性
　C. 程序与数据独立性　　　　D. 程序与数据一致性

4. 在数据库存储的是（　　）。

A. 数据　　　　B. 数据模型
C. 数据以及数据之间的联系　　　　D. 信息

5. 数据库的特点之一是数据的共享，严格来讲，这里的数据共享是指（　　）。

A. 同一个应用中的多个程序共享一个数据集合

B．多个用户、同一种语言共享数据

C．多个用户共享一个数据文件

D．多种应用、多种语言、多个用户相互覆盖地使用数据集合

6．数据库（DB）、数据库系统（DBS）和数据库管理系统（DBMS）三者之间的关系是（　　）。

A．DBS 包括 DB 和 DBMS　　B．DBMS 包括 DB 和 DBS

C．DB 包括 DBS 和 DBMS　　D．DBS 就是 DB，也就是 DBMS

7．数据库系统的核心是（　　）。

A．编译系统　　B．数据库管理系统

C．操作系统　　D．数据库

8．按照传统的数据模型分类，数据库系统可以分为 3 种类型（　　）。

A．大型、中型和小型　　B．西文、中文和兼容

C．层次、网状和关系　　D．数据、图形和多媒体

9．对关系模式叙述错误的是（　　）。

A．建立在严格的数学理论、集合论和谓词演算公式的基础上

B．目前的 DBMS 绝大部分采取关系数据模型

C．用二维表表示关系模型是其一大特点

D．不具有连接操作的 DBMS 也可以是关系数据库系统

10．关系数据库管理系统应能实现的专门关系运算包括（　　）。

A．排序、索引、统计　　B．选择、投影、连接

C．关联、更新、排序　　D．显示、打印、制表

11．关系模型中，一个关键字是（　　）。

A．可由多个任意属性组成

B．至多由一个属性组成

C．可由一个或多个其值能唯一标识该关系模式中任何元组的属性组成

D．以上都不是

12．同一个关系模型的任两个元组值（　　）。

A．不能全同　　B．可全同

C．必须全同　　D．以上都不是

13．在关系代数的传统集合运算中，假定有关系 R 和 S，运算结果为 W。如果 W 中的元组属于 R，或者属于 S，则 W 为（　　）运算的结果。如果 W 中的元组属于 R 而又不属于 S，则 W 为（　　）运算的结果。如果 W 中的元组既属于 R 又属于 S，则 W 为（　　）运算的结果。

A．笛卡尔积　　B．并　　C．差　　D．交

14．在关系代数的专门关系运算中，从表中取出满足条件的属性的操作称为（　　）；从表中选出满足某种条件的元组的操作称为（　　）；将两个关系中具有共同属性值的元组连接到一起构成新表的操作称为（　　）。

A．选择　　B．投影　　C．连接　　D．扫描

15．自然连接是构成新关系的有效方法。一般情况下，当对关系 R 和 S 使用自然连接时，要求 R 和 S 含有一个或多个共有的（　　）。

A．元组　　B．行　　C．记录　　D．属性

16．如果表 A 中的一条记录与表 B 中的多条记录相匹配，且表 B 中的一条记录与表 A 中的

多条记录相匹配，则表A和表B间的关系是（　　）关系。

A．一对一　　B．一对多　　C．多对一　　D．多对多

17．在数据库中能够唯一标识一个元组的属性（或属性的组合）称为（　　）。

A．记录　　B．字段　　C．域　　D．主键

18．表示二维表的“列”的关系模型术语是（　　）。

A．记录　　B．字段　　C．元组　　D．数据项

19．表示二维表的“行”的关系模型术语是（　　）。

A．记录　　B．字段　　C．元组　　D．数据项

20．对关系模型叙述错误的是（　　）。

A．在一个关系中元组和列的次序都无关紧要

B．可以将日常手工管理的各种表格，按照一张表一个关系直接存放到数据库系统中

C．每个属性必须是不可分割的数据单元，表中不能再包含表

D．在同一个关系中不能出现相同的属性名

21．用二维表来表示实体及实体之间联系的数据模型是（　　）

A．实体—联系模型　　B．层次模型

C．网状模型　　D．关系模型

22．为了合理组织数据，应遵从的设计原则是（　　）。

A．“一事一地”原则，既一个表描述一个实体或实体间的一种联系

B．表中的字段必须是原始数据和基本数据元素，并避免在之间存在重复字段

C．用外部关键字保证有关联的表之间的联系

D．以上各条原则都包括

23．关系型数据库管理系统中所谓的关系是（　　）。

A．各条记录中的数据彼此有一定的关系

B．一个数据库文件与另一个数据库文件有一定的关系

C．数据模型符合满足一定条件的二维表格式

D．数据库中各个字段之间彼此有一定的关系

24．下列描述错误的是（　　）。

A．从关系模式中指定若干属性组成新的关系称为投影

B．连接是关系的横向组合

C．从关系中选出满足条件的元组的操作称为选择

D．选择运算的操作对象为一个表，投影和连接需要两个表作为操作对象

25．以下有关关系描述错误的是（　　）。

A．同一关系中不能出现相同的属性名

B．关系中允许有完全相同的元组

C．在一个关系中元组的次序是无关紧要的

D．在一个关系中列的次序是无关紧要的

26．数据库系统是由（　　）组成的一个整体。

A．数据库、DBMS

B．数据库、DBMS、数据库应用程序

C．DBMS、数据库应用程序

D．计算机、数据库、DBMS、数据库应用程序和用户

27．以下关于数据模型描述不正确的是（　　）。

A．数据模型表示的是数据库本身

B．数据模型是客观事物及其联系的描述

C．数据模型能以一定的结构形式表示出各种不同数据及数据间的关系

D．数据模型是对现实世界的描述

28．关于关系的描述不正确的是（　　）。

A．直观上说，关系就是二维表　　B．二维表的任意两列不能相同

C．二维表的任意两列可以相同　　D．二维表允许有些属性取空值

29．数据的完整性为（　　）。

A．数据的正确性　　B．数据的独立性、可靠性

C．数据的一致性　　D．数据的正确性、有效性、相容性

30．关键字段的描述正确的是（　　）。

A．关键字段可以取空值

B．关键字段可以重复

C．关键字段既可以取空值又可以重复

D．关键字段既不能取空值又不能重复

31．下面关于数据库系统特点中错误的是（　　）。

A．实现资料共享，减少冗余　　B．采用特定的数据模型

C．具有较高的资料独立性　　D．不统一的数据控制功能

三、填空题

1．目前常用的数据库管理系统软件有________、________、________。

2．________实际上就是存储在某一种媒体上的能够被识别的物理符号。

3．一个关系的逻辑结构就是一个________。

4．对关系进行选择、投影或联接运算后，运算的结果仍然是一个________。

5．要想改变关系中属性的排列顺序，应使用关系运算中的________运算。

6．工资关系中有工资号、姓名、职务工资、津贴、公积金、所得税等字段，其中可以作为主键的字段是________。

7．表之间的关系有 3 种，即一对一、________、________。

第7章 Access 2003 数据库系统简介

【本章要点】

了解 Access 2003 的基本特点，掌握创建数据库的方法，熟悉 Access 2003 的窗口，重点掌握 Access 2003 中 7 种对象的功能。

7.1 Access 2003 的特点

Access 2003 同所有的数据库管理系统一样，用于构造数据库应用程序并对数据库实行统一管理。用户可以通过 Access 2003 提供的开发环境及工具方便地构建数据库应用程序，大部分工作是直观的、可视化的操作，无须编写程序代码就可方便地完成数据库的管理工作。

Access 2003 可以高效地完成各种类型中小型数据库的管理工作，如财务、行政、金融、经济、统计、审计等领域。Access 2003 集以前版本的优点，而且还增加了许多新功能，在易用性、智能化基础上，进一步突出了简单易用、快速便捷的特点。Access 2003 是一个基于关系模型的数据库管理系统，适用于中小型数据库的管理，它具有以下基本特点。

（1）存储文件单一。一个 Access 2003 数据库文件包含了该数据库中的全部数据表、查询等与之相关的内容。

（2）可以利用各种图例查询，快速获取数据。

（3）利用报表设计工具，可以非常方便、快捷地生成数据报表，而不需要编程。

（4）可以方便地访问由 dbase、Paradox、FoxPro 等各种数据库系统生成的数据库，并且支持 ODBC 标准。

（5）利用 OLE 技术，可以在数据库中插入各种对象，包含声音、图像、视频等对象。

（6）Access 为用户提供了强大的向导功能，利用向导，用户可以轻松地创建 Access 的各种对象，包括表、查询、报表、Web 页、宏和模块。

（7）提供了功能强大的编程语言——VBA（Visual Basic For Application），利用它用户可以编写复杂的数据库应用程序。

（8）提供了断点设置、单步执行等调试功能，能够自动进行语法检查和错误诊断。

（9）可以将数据库应用程序的建立移进用户环境，并最终淡化用户和应用程序开发者之间的关系。

7.2　Access 2003 的安装、启动和关闭

1. Access 2003 的安装

在 Microsoft Office 2003 软件中，主要包含了 Word、Excel、PowerPoint、Access、Outlook、Publisher 等应用程序和其他 Office 工具。Access 2003 是作为 Office 2003 的一个组成部分一同发布的，运行在 Windows9X/NT/2000/XP 等操作系统环境下。启动 Windows 操作系统后，将 Office 2003 的安装光盘插入光盘驱动器，系统会自动安装程序。如果系统未能自动启动安装程序，则用户可以打开光盘根目录，用鼠标双击安装文件 Setup，安装程序即开始运行。安装向导为用户提供了完全安装、最小安装、典型安装、自定义安装等多种安装类型。建议使用“完全安装”方式。

2. Access 2003 的启动

安装完 Access 2003 以后，可以开始使用了。与启动其他 Office 软件一样，可以通过“开始”菜单、桌面快捷方式、“运行”中输入命令启动 Access 2003。Access 的图标是。

3. Access 2003 的退出

可以使用以下任意一种方式退出 Access 2003。

（1）选择“文件|退出”菜单命令。

（2）单击标题栏右端的“关闭”按钮。

（3）使用“控制菜单”的“关闭”命令。

（4）按快捷键 Alt+F4。

7.3　Access 2003 的主界面

Access 2003 是一个功能强大的数据库管理工具，其主界面如图 7-1 所示。

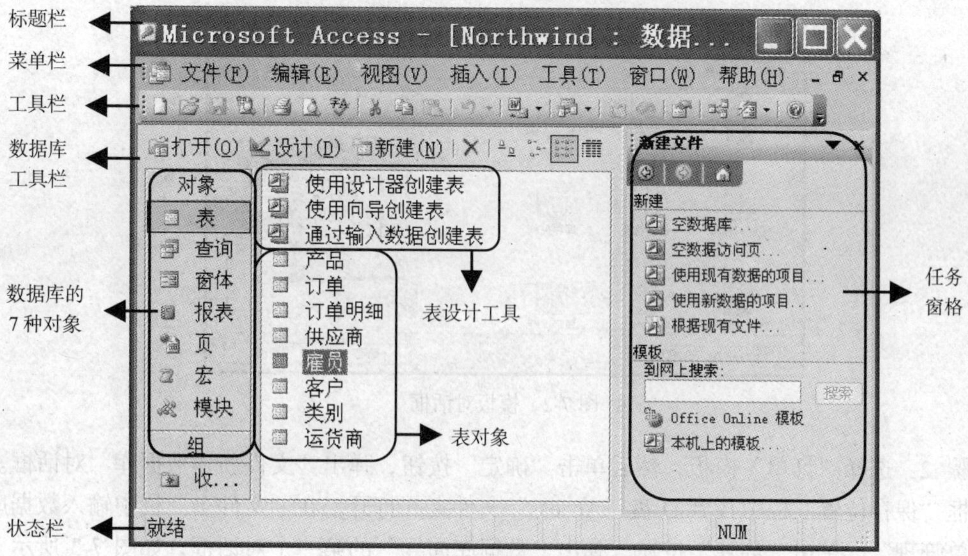

图 7-1　Access 2003 主界面

任务窗格提供了打开和新建数据库等非常方便的命令操作，可以根据需要打开和关闭任务窗格。

7.4 创建、打开和关闭数据库

Access 数据库与传统的数据库概念有所不同，它是以一个单独的数据库文件存储在磁盘中，并且每个文件存储了所有其他的 Access 对象。事实上，对于 Access 数据库管理系统来说，一个数据库对象是一个一级容器对象，其他 Access 对象均置于该容器对象之中，称为 Access 数据库子对象。正是基于 Access 的这一特点，在使用 Access 组织、存储和管理数据时，应先创建数据库，然后在该数据库中创建所需的数据库对象。

7.4.1 创建数据库

Access 2003 提供了 3 种创建数据库的方法。

（1）模板。在 Access 中提供了许多可以选择的数据库模板，如“订单”、“分类总账”、“讲座管理”、“工时与账单”、“联系人管理”、“资产追踪”等。通过这些模板可以方便、快速地创建基于该模板的数据库。这种方法简单，适合初学者使用。

（2）空白。先创建一个空白数据库，然后添加所需要的表、查询、窗体、报表等对象。这种方法灵活，可以创建出用户需要的各种数据库，但操作较为复杂。

（3）根据现有的文件。此方法是利用已有的数据库创建出一个新的数据库。

【例 7-1】利用系统提供的“订单”模板，快速建立一个“订单管理”数据库，并将建好的数据库保存在 D 盘创建的 Access 文件夹中。

步骤 1：在 D 盘创建名为“Access”文件夹后，启动 Access 2003，选择“文件|新建”菜单命令，在窗口右边的任务窗格中单击“本机上的模板…” 选项，如图 7-1 所示，弹出“模板”对话框，再选择“数据库”选项卡，如图 7-2 所示。

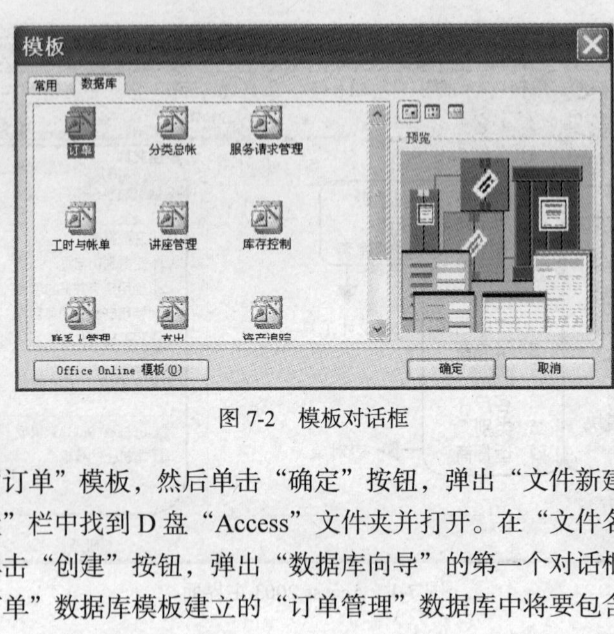

图 7-2 模板对话框

步骤 2：选择“订单”模板，然后单击“确定”按钮，弹出“文件新建数据库”对话框。在该对话框“保存位置”栏中找到 D 盘“Access”文件夹并打开。在“文件名”栏中输入数据库名称“订单管理”，单击“创建”按钮，弹出“数据库向导”的第一个对话框，如图 7-3 所示。该对话框列出了在“订单”数据库模板建立的“订单管理”数据库中将要包含的信息，这些信息包括客户信息、订单信息等。这些信息是由模板本身确定的，不能改变，如果包含的信息不能完全满足要求，可以在使用向导创建数据库操作结束后，再对它进行修改。

步骤 3：单击“下一步”按钮，弹出“数据库向导”的第二个对话框，如图 7-4 所示。在该对话框左边列表中列出了“订单管理”数据库包含的表。单击其中的某一个表，对话框右边列表框内列出该表可包含的字段。这些字段分为两种，一种是表必须的，用黑体表示；另一种是表可选字段，用斜体表示。如果要将可选字段包含到表中，则选中它前面的复选框。

步骤 4：在接下来的向导中，确定屏幕的显示样式和指定打印报表所用样式即可完成数据库的创建。

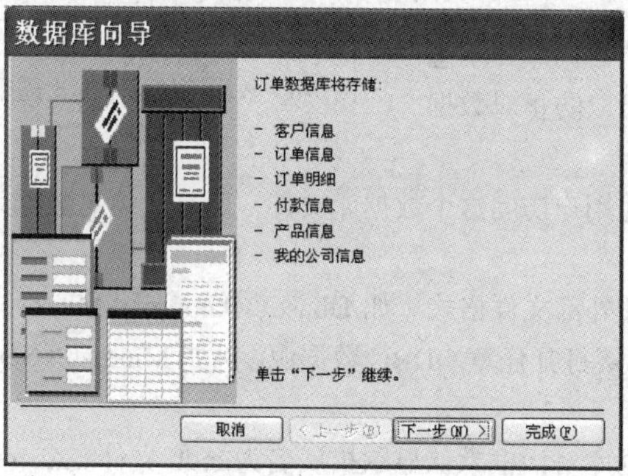

图 7-3　“数据库向导”第一个对话框

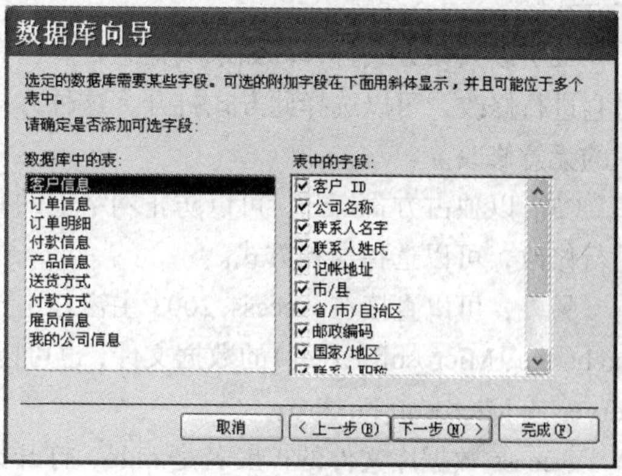

图 7-4　“数据库向导”第二个对话框

【例 7-2】创建一个名为“食品商贸公司管理系统”的空数据库，并将建好的数据库保存在 D 盘创建的 Access 文件夹中。

启动 Access 2003，选择“文件|新建”菜单命令，在窗口右边的任务窗格中单击“空数据库…”选项，弹出“文件新建数据库”对话框，在该对话框“保存位置”栏中找到 D 盘 Access 文件夹，并打开。在“文件名”文本框中输入“食品商贸公司管理系统”，单击“创建”按钮。

这样就完成了“食品商贸公司管理系统”空数据库的创建，同时出现“食品商贸公司管理系统”数据库窗口，如图 7-5 所示。此窗口名称为数据库窗口，也是设计操作时经常使用的窗口，可以由此建立、打开和设计各个对象。此时建立的数据库中没有任何其他数据库对象存在，可以根据需要在该数据库容器中创建其他的数据库对象。

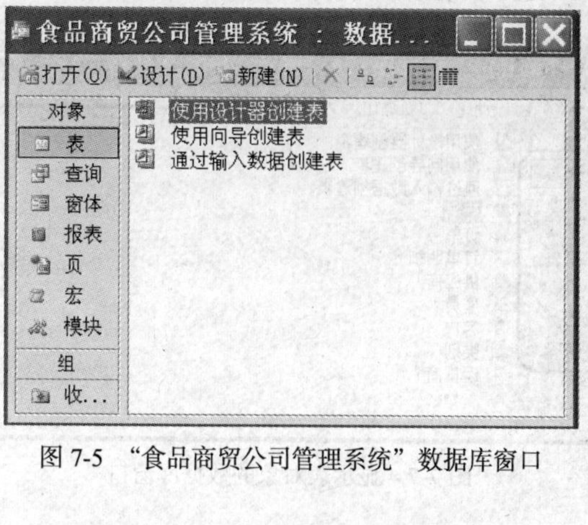

图 7-5　“食品商贸公司管理系统”数据库窗口

7.4.2 打开数据库

在 Access 中，数据库是一个文档文件，可以在“资源管理器”或“我的电脑”窗口中双击.mdb 文件打开数据库，也可以采用由“任务窗格”或“文件”菜单打开。

若在多用户环境下（即多个用户，通过网络共同操作一个数据库文件），还应该根据使用方式的不同，在“打开”对话框右下角的“打开”下拉列表中选择相应的打开方式，如图 7-6 所示。

（1）打开（以共享方式）。采用这种方式，网络上的其他用户可以再打开这个文件，也可以同时编辑这个文件，这是默认的打开方式。

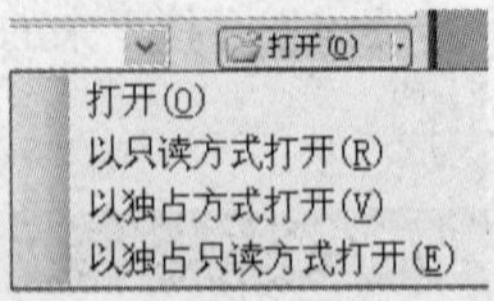

图 7-6 数据库的打开方式选择

（2）以只读方式打开。如果只是想查看已有的数据库并不想对它进行修改，可以选择此方式打开，这种方式可以防止对数据库的无意修改。

（3）以独占方式打开。可以防止网络上的其他用户访问这个数据库文件，而且无须对数据库进行修改，可以选择这种方式。

另外，可以直接在 Access 2003 主窗口中打开外部文件格式（如 Dbase、Paradox、Microsoft Exchange、Microsoft Excel）的数据文件，也可以直接打开任意 ODBC 数据源，例如 Microsoft SQL Server 或 Microsoft FoxPro。

Access 数据库文件的扩展名是.mdb，打开数据库对话框默认显示扩展名为.mdb 文件。Access 在同一时间内只能打开一个数据库，无法同时打开多个数据库。

7.4.3 存储并关闭数据库

用以下方法可存储并关闭数据库，但不关闭主窗口。

（1）单击数据库窗口的关闭按钮。

（2）选择主窗口的“文件|关闭”菜单命令。

7.5 数据库窗口操作

当创建或打开 Microsoft Access 数据库文件时，会打开如图 7-7 所示的数据库窗口。

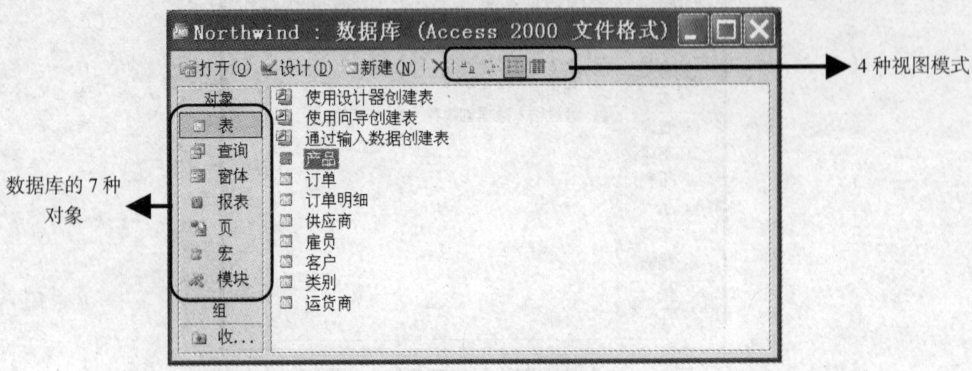

图 7-7 显示表对象的数据库窗口

7.5.1　4 种视图模式

一个 Access 数据库可拥有多个不同类型的对象，由数据表至模块等都是对象。一般情况下，同一时间只能显示一种对象，图 7-7 所示的显示所有表对象。若要显示“查询”对象，在“查询”上单击鼠标左键即可。

数据库窗口的对象显示方式称为视图模式。Access 共有 4 种视图模式，图 7-7 是“列表”模式，此外还有“大图标”、“小图标”、“详细信息”3 种模式。

以实用性而言，“列表”、“详细信息”模式比较实用，前者可以看到所有的对象，后者可按“名称”、“类型”、“创建日期”或“修改日期”来改变对象的排列顺序。

7.5.2　数据库对象的组

数据库窗口会显示 Access 的 7 种对象，但在列表框中同时只能显示 1 种对象，无法同时显示多种类型的对象。若要同时显示多种类型的对象，可以使用“组”对象，将多个对象加入到同一组中。

1. 向组中添加对象是在该组中创建该对象的快捷方式，不会影响对象的实际位置

【例 7-3】将“罗斯文示例数据库”中的“产品”表和“产品”窗体添加到“收藏夹”组中。

（1）启动 Access 2003，选择“帮助|示例数据库…|罗斯文示例数据库”菜单命令，打开“Northwind”数据库。

（2）选择“产品”表，执行“编辑|添加到组|收藏夹”菜单命令，如图 7-8 所示。

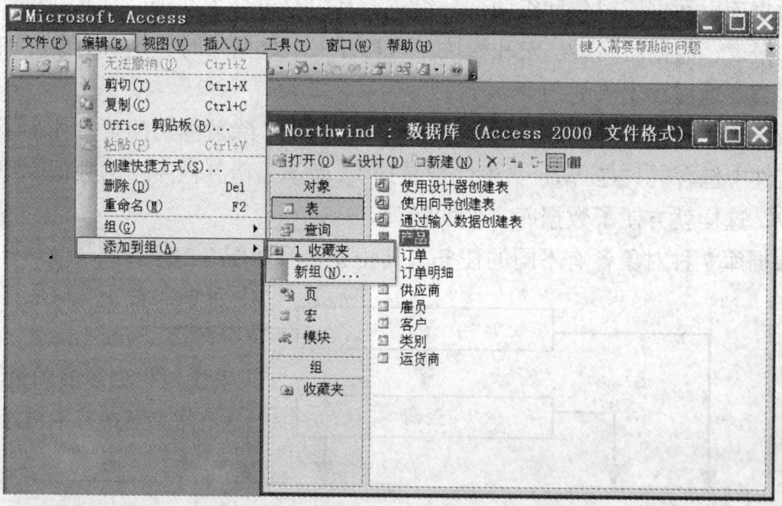

图 7-8　添加对象到“收藏夹”组的操作

（3）切换至窗体，选择“产品”窗体对象，单击鼠标右键，在弹出的快捷菜单中选择“添加到组|收藏夹”命令。

以上通过两种方法将对象添加到组中。本例使用的组名称是“收藏夹”，是 Access 默认的一个组，对象加入到组后的结果如图 7-9 所示。

2. 新建组

“组”栏包括一个或多个组。组中存放的是数据库中不同类型的对象（如表、查询等）的快捷方式。创建一个组的操作步骤如下。

（1）用鼠标右键单击“对象”栏中的任何对象或“组”栏中的任何组，打开快捷菜单，选择“新组”命令，打开“新建组”对话框。

（2）在“新建组”对话框中输入要创建的组名，单击“确定”按钮即可。

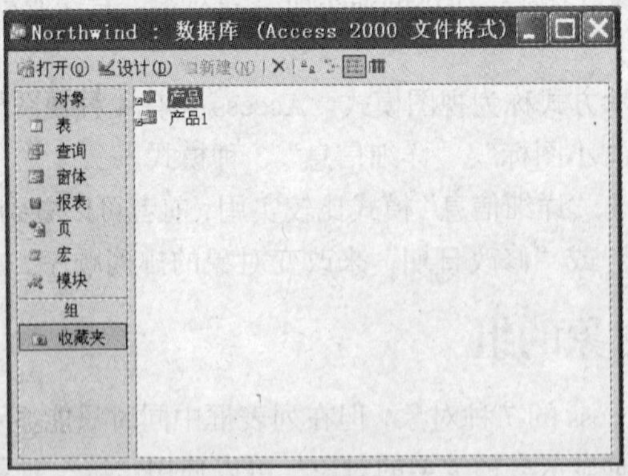

图 7-9 “收藏夹”组

7.6 7 种对象的关系

作为一个数据库管理系统，Access 通过各种数据库对象来管理数据。

Access 数据库由数据库对象和组两部分组成，其中对象分为 7 种。这些数据库对象包括表、查询、窗体、报表、数据访问页、宏和模块。当打开一个数据库时，这些对象在如图 7-7 所示的窗口左侧非常直观地显示出来。

Access 所管理的这些对象存放在同一个数据库文件中（除数据访问页单独存于数据库文件之外，数据库文件中包含的只是 Web 页的快捷链接），而不是像其他 PC 的数据库那样分别存放在不同的文件中，这样就方便了数据库文件的管理。

Access 数据库 7 种对象各有不同的任务，其相互关系如图 7-10 所示。

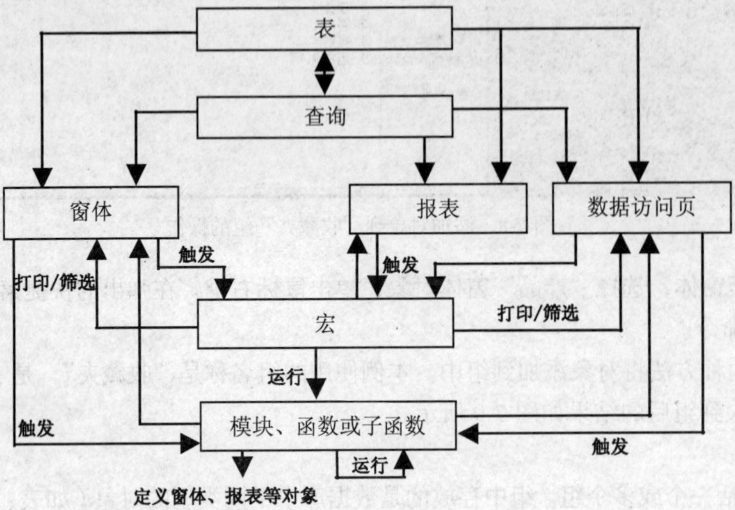

图 7-10 Access 各对象及其相互关系

1. 表（Table）

从图 7-10 中可以看到，在整个关系图中，“表”的位置处于最高层，由它衍生出数据库其他对象，它是数据库的数据源。

在 Access 中用户可以利用表向导、表设计器等工具以及 SQL 语句创建表，然后将各种不同类型数据输入到表中。

2. 查询（Query）

查询也是一个“表”，是以表为基础数据源的“虚表”。查询可以作为表加工处理后的结果，也可以作为数据库其他对象的数据来源。

在 Access 中，查询具有极其重要的地位，利用不同的查询方式，可以方便、快捷地浏览数据库中的数据，同时利用查询还可以实现数据的统计分析与计算等操作。

3. 窗体（Form）

窗体是用户与 Access 数据库应用程序交互的主要接口，用户通过建立和设计不同风格的窗体，加入数据、文字、图像、多媒体，使得数据的输入/输出更加方便，程序界面友好而实用。

窗体本身并不存储数据，数据一般存在表中。它只是提供了访问数据、编辑数据的界面。通过这个界面，使得用户对数据库的操作更加简单。

通过窗体，用户可以不必接触表就可以浏览、检索、更新和修改数据表。

4. 报表（Report）

报表是以打印格式展示数据的一种方式。与窗体不同，报表不能用来输入数据。在数据库的使用中，有很大一部分用户的目的是为了打印和显示数据，尽管有窗体打印和显示功能，但要产生复杂的打印输出及许多统计分析时，窗体所提供的功能是不能够满足用户需要的。而报表对数据专业化的显示和分析功能正好弥补了窗体这方面的不足。

5. 宏（Macro）

宏是由一些操作组成的集合，创建这些操作可以帮助用户自动完成常规任务。宏对象可以是单个宏命令，也可以是一组宏的集合。通过事件触发宏操作，可以更方便地在窗体或报表中操作数据。

宏操作可以打开窗体、运行查询、生成报表、运行另一个宏以及调用模块等。

6. 数据访问页（DAP）

数据访问页是数据库中一种特殊的数据库对象，它可以实现通过因特网访问用户数据库中的数据。

7. 模块（Module）

模块是一个用 VBA 代码编辑的程序，基本上是由声明、语句和过程组成的集合。

对于熟悉 Visual Basic 程序设计语言的用户，可以通过 Visual Basic 程序设计语言编写数据库应用系统的前台界面，再依靠 Access 的后台支持，实现系统开发的全过程。

用户可以在数据库的 Visual Basic 编辑器中编辑 VBA 代码，如图 7-11 所示。

而对于不熟悉 Visual Basic 程序设计语言的用户，直接编辑 VBA 语言不可避免地要遇到很多麻烦，如不熟悉代码、不了解库函数以及编译问题等。对于一个较大型数据库的开发工作，要使得该产品具有灵活多变的功能，完成更多用户特定需求的任务，加入模块就变得必不可少。

因为在数据库的开发过程中，开发人员可以完全不接触源代码，仅利用 Access 提供的可视化数据库编程工具，如查询、窗体、报表和数据访问页等，就可以完成绝大部分任务，所以不熟悉 Visual Basic 程序设计语言的用户，也不必担心。

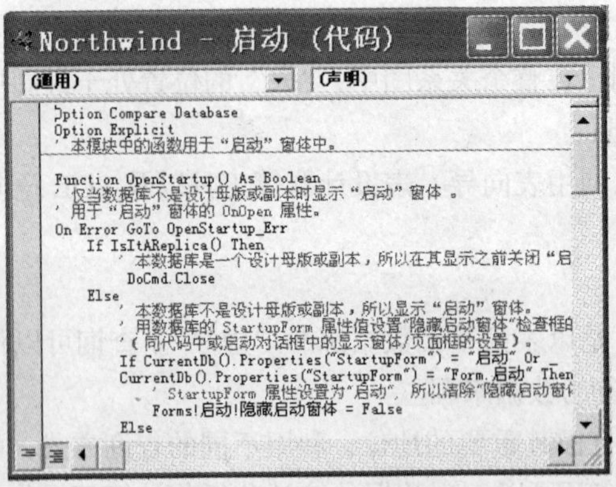

图 7-11　代码的设计窗口

习　题

一、简答题

1．说明 Access 数据库 7 种对象之间的关系。

2．Access 2003 是什么类型的数据库管理系统？

3．利用 Access 数据库模板创建的数据库与创建的空数据库有哪些不同？

二、选择题

1．Access 所属的数据库应用系统的理想开发环境类型是（　　）。

A．大型　　B．大中型　　C．中小型　　D．小型

2．Access 是一个（　　）软件。

A．文字处理　　B．电子表格　　C．网页制作　　D．数据库管理

3．利用 Access 创建的数据库文件，其默认的扩展名为（　　）。

A．.adp　　B．.dbf　　C．.frm　　D．.mdb

4．在 Access 中，建立数据库文件可以选择“文件”下拉菜单的（　　）命令。

A．新建　　B．打开　　C．保存　　D．另存为

5．Access 在同一时间，可以打开（　　）个数据库。

A．1　　B．2　　C．3　　D．4

6．Access 2003 建立的数据库文件，默认为（　　）版本。

A．Access 2002　　B．Access 2000

C．Access 97　　D．以上都不是

7．以下不属于 Access 数据库对象的是（　　）。

A．窗体　　B．组合框　　C．报表　　D．宏

8．在 Access 数据库对象中，不包括（　　）对象。

A．窗体　　B．工作簿　　C．报表　　D．表

9．Access 中（　　）对象允许用户使用 Web 浏览器访问 Internet 或 Intranet 中的数据。

A．宏　　B．报表　　C．数据访问页　　D．模块

10．Access 数据库中存储和管理数据的基本对象是（　　），它是具有结构的某个相同主题

的数据集合。

A．窗体　　B．表　　C．工作簿　　D．报表

11．下列说法正确的是（　　）。

A．在 Access 中，数据库中的数据存储在表和查询中

B．在 Access 中，数据库中的数据存储在表和报表中

C．在 Access 中，数据库中的数据存储在表、查询和报表中

D．在 Access 中，数据库中的数据都存储在表中

12．在 Access 中，下述叙述正确的是（　　）。

A．查询是一个文件　　B．窗体是一个文件

C．表是一个文件　　D．库是一个文件

13．Microsoft Access 是（　　）。

A．操作系统的一部分　　B．操作系统支持下的系统软件

C．一种编译程序　　D．一种操作系统

14．Access 数据库中，表就是（　　）。

A．关系　　B．索引　　C．记录　　D．数据库

15．关于 Access 窗口，下列说法错误的是（　　）。

A．Access 窗口由标题栏、菜单栏、工具栏和状态栏等几部分组成

B．Access 菜单栏是一成不变的

C．对象列表框默认状态下会显示创建此类对象的快捷方式

D．在组中添加对象不改变该对象原始的位置

三、填空题

1．Access 是功能强大的________系统，具有界面友好、易学易用、开发简单、接口灵活等特点。

2．________是数据库中用来存储数据的对象，是整个数据库的基础。

3．Access 数据库中的对象包括：________、________、________、________、________、________和________。

4．Access 中，除了________之外，其他对象都存放在一个扩展名________的数据库文件中。

5．Microsoft Access 是________系列应用软件之一。

第8章 表及表之间的关系

【本章要点】

表是关于特定主题数据的集合，是数据库存储数据的基本对象。创建表首先要确定表中需要的字段，确定字段的数据类型和大小。Access 提供了多种创建表的方法，要求掌握利用表设计器创建表，及采用“导入或链接”方法从外部数据源获取数据创建表的操作。字段是表中存储数据的基本单元，要求学生能够设置字段的属性，创建表之后，对表结构的修改（增加字段、删除字段、更改字段名、更改字段的数据类型和更改字段的属性）；在使用数据库的过程中，大量的是对表中数据进行增、删、查和改等操作，要求掌握上述针对表的结构和表中数据的各种操作。

每个表都应该有一个主键，以便唯一标识记录，这也是创建关系所必需的。要求掌握“自动编号主键”、“单字段主键”和“多字段主键”的概念。Access 中对主键自动设置索引，如果要想根据某个字段或多个字段的值快速查找记录，就须按这些字段建立索引，要求掌握创建主键和索引的操作方法。

为了创建查询、窗体报表，以便显示多个表中的数据，就必须创建关系，要求学生掌握 Access 中关系的参照完整性，掌握创建关系和实施参照完整性的操作方法。

8.1 表 的 建 立

表是 Access 数据库的基础，是存储数据的容器，其他数据库对象，如查询、窗体、报表等都是在表对象基础上建立并使用的。在空数据库建好后，要先建立表对象，并建立各表之间的关系，以提供数据的存储构架，然后逐步创建其他 Access 对象，最终形成完备的数据库。本节主要介绍表的设计、建立、操作和管理的基本方法。

建立表对象首先要建立表结构，然后输入表中的数据内容。

8.1.1 表结构的组成

表结构是指数据表的框架，主要包括字段名称、数据类型、字段属性等。

1. 字段名称

每个字段应具有唯一的名字，称为字段名称。在 Access 2003 中，字段名称的命名规则如下：

（1）长度为 1～64 个字符；

（2）可以包含字母、汉字、数字、空格和其他字符，但不能以空格开头；

（3）不能包含句号“.”、叹号“!”、方括号“[ ]”和重音符号“`”；

（4）不能使用 ASCII 为 0～32 的 ASCII 字符。

2. 数据类型

在关系数据库理论中，一个表中的同一列数据必须具有相同的数据特征，称为字段的数据类型。在设计表时，必须定义表中每个字段应该使用的数据类型。Access 常用的数据类型有文本、备注、数字、日期/时间、货币、自动编号、是/否、OLE 对象、超链接、查阅向导等。

（1）文本。文本类型所使用的对象为文本或文本与数字的组合，如姓名、地址等；也可以是不需要计算的数字，如电话号码、身份证号码等。Access 默认文本型字段大小是 50 个字符，设置字段大小属性可控制能输入的最大字符长度。文本型字段的取值最多可以达到 255 个字符，如果取值的字符个数超过了 255 个，可以使用备注类型。

（2）备注。备注类型可保存较长的文本和数字，如简短的备忘录或说明。与文本类型一样，备注类型也是字符或字符和数字的组合，它允许存储长达 64K 个字符的内容。在备注型字段中可以搜索文本，但搜索速度比在有索引的文本字段中慢。不能对备注型字段进行排序或索引。

（3）数字。数字类型可以用来存储进行算术运算的数字数据。

（4）日期/时间。日期/时间类型是用来存储时期、时间或日期时间组合。每个日期/时间字段大小为 8 个字节。

（5）货币。货币类型是数字类型的特殊类型，等价于具有双精度属性的数字类型。向货币字段输入数据时，不必键入美元符号和千位分隔符，Access 会自动显示这些符号，并添加两位小数到货币字段中。货币字段大小为 8 字节。

（6）自动编号。自动编号类型较为特殊，每次向表中添加新记录时，Access 会自动插入唯一顺序号，即在自动编号字段中指定某一数值。自动编号类型一旦被指定，就会永久地与记录连接。如果删除了表中含有自动编号字段的一个记录，Access 并不会对表中自动编号型字段重新编号。当添加某一记录时，Access 不再使用已被删除的自动编号型字段的数值，而按递增的规律重新赋值。自动编号型字段大小为 4 字节。

注意：不能对自动编号型字段人为地指定数值或修改其数值，每个表中只能包含一个自动编号型字段。

（7）是/否。是/否类型是针对只有两种不同取值的字段而设置的，例如，Yes/No、Ture/False、On/Off 等数据，又被称为布尔型数据。这种字段的字段大小为 1 字节。

（8）OLE 对象。OLE 对象类型是指字段允许单独地“链接”或“嵌入”OLE 对象，其对象是指在其他使用 OLE 协议程序创建的对象，如 Word 文档、Excel 电子表格、图像、声音或其他二进制数据。在窗体或报表中可以使用“绑定对象框”来显示 OLE 对象。OLE 对象字段最大可为 1GB。

（9）超级链接。超级链接的字段是用来保存超级链接的。超级链接类型的字段包含作为超级链接地址的文本或以文本形式存储的字符与数字的组合。超级链接地址是通往对象、文档、Web 页或其他目标的路径。一个超级链接地址可以是一个 URL 或一个 UNC 网络路径。超级链接地址也可能包含其他特定的地址信息，例如，数据库对象、书签或该地址所指向的 Excel 单元的范围。当单击一个超级链接时，Web 浏览器或 Access 将根据超级链接地址到达指定的目标。超级链接字段允许存储最长为 65536 个字符内容。

（10）查阅向导。查阅向导提供了建立一个字段内容的列表，可以在列表中选择所列内容作为添入字段的内容。使用查阅向导可以显示下面所列的两种列表中的字段。

① 从已有的表或查询中查阅数据列表，表或查询的所有更新都将反映在列表中。

② 存储了一组不可更改的固定值的列表。

在列表中选择一个数值以存储到字段中，通常为 4 个字节。

3. 字段属性

在设计表结构时，除要定义每个字段的字段名称和数据类型外，如果需要，还要定义每个字段的相关属性，包括字段大小、格式、输入掩码、有效性规则等。定义字段属性可实现输入数据的限制和验证，或控制数据在数据表视图中的显示格式等。

8.1.2 建立表结构

建立表结构有 3 种方法，一是使用“设计视图”，这是一种最常用的方法；二是通过“表向导”创建表结构，其创建方法与使用数据库向导创建数据库的方法类似；三是在“数据表视图”中直接在字段名处输入字段名，这种方法比较简单，但无法对每一字段的数据类型、属性进行设置，一般还需要在“设计视图”中进行修改。下面分别介绍这 3 种方法。

1. 使用“设计视图”

【例 8-1】在“食品商贸公司管理系统”数据库中建立“雇员”表，其结构如第 6 章的表 6-7 所示。

（1）在“数据库”窗口的“表”对象下，单击“新建”按钮，打开“新建表”对话框，如图 8-1 所示。

（2）在弹出的“新建表”对话框中，选择“设计视图”选项，然后单击“确定”按钮，屏幕上显示表的设计视图，如图 8-2 所示。

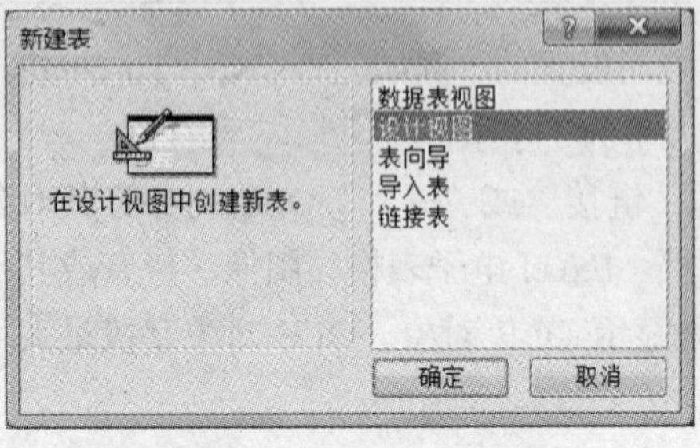

图 8-1 “新建表”对话框

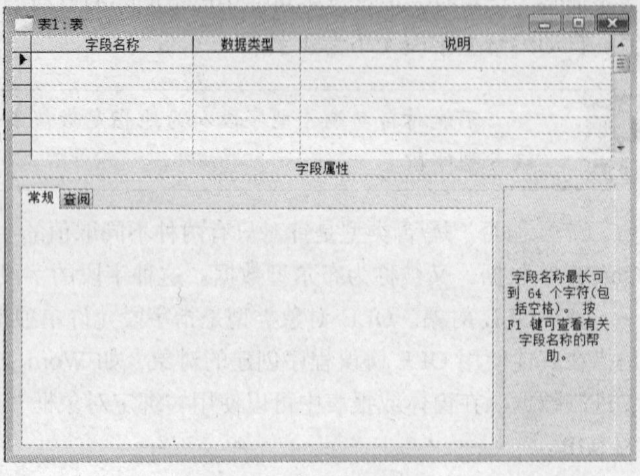

图 8-2 表的设计视图

也可以在“数据库”窗口的“表”对象下，直接双击“使用设计器创建表”选项，打开表的设计视图。

表的设计视图分为上下两部分。上半部分是字段输入区，从左至右分别为“字段选定器”、“字段名称”列、“数据类型”列和“说明”列。字段选定器用来选择某一字段，字段名称列用来说明字段的名称，数据类型列用来定义该字段的数据类型，如果需要可以在说明列中对字段进行必要的说明。下半部分是字段属性区，用来设置字段的属性值。

（3）单击设计视图的第一行“字段名称”列，并在其中输入“雇员 ID”；单击“数据类型”列，并单击其右侧的向下箭头按钮，在下拉列表中选择“自动编号”数据类型；在“说明”列中输入说明信息。说明信息不是必需的，但它能够增加数据的可读性。

（4）单击设计视图的第二行“字段名称”列，并在其中输入“姓氏”；单击“数据类型”列，并单击右侧的向下箭头按钮，在下拉列表中选择“文本”数据类型。

（5）重复上一步，按表 6-7 所列字段名称和数据类型，分别定义表中其他字段。

（6）定义完全部字段后，单击第一个字段“雇员 ID”的字段选定器，然后单击工具栏上的“主键”按钮，为所建表定义一个主键，设计结果如图 8-3 所示。

（7）单击工具栏上的“保存”按钮，弹出“另存为”对话框。

（8）在“另存为”对话框中的“表名称”文本框内输入表名“雇员”。

（9）单击“确定”按钮。

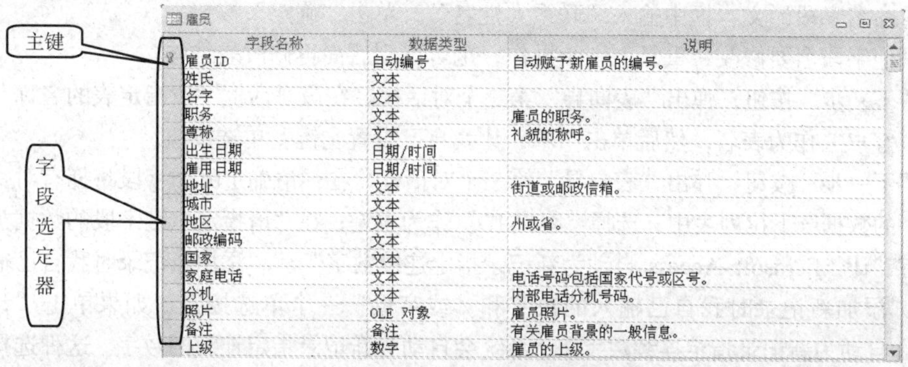

图 8-3　雇员表设计结果

2. 使用“表向导”

使用表向导创建表是在表向导引导下，选择一个表作为基础来创建所需表。

【例 8-2】使用表向导创建“客户”表，表结构如第 6 章的表 6-6 所示。

（1）在“数据库”窗口的“表”对象下，单击“新建”按钮。

（2）在弹出的“新建表”对话框中，选择“表向导”选项，然后单击“确定”按钮，这时屏幕上显示“表向导”第一个对话框，如图 8-4 所示。

在 Access 中，也可以在“数据库”窗口中的“表”对象下，双击“使用向导创建表”选项打开“表向导”第一个对话框。

（3）在 Access 中，已预置很多的模板，分为“商务”和“个人”两类。若单击“商务”单选按扭，“示例表”列表框中列出与商务有关的表，在这里我们选择“客户”表，这时“示例字段”列表框中显示“客户”表包含的字段，如图 8-4 所示。

（4）单击“>>”按钮将“示例字段”列表框中的所有字段移到“新表中的字段”列表框中，在选择字段时，也可以单击“>”按钮选择一个字段或双击要选字段到“新表中的字段”列表框中。若对已选字段不满意，可以单击“<”按钮或“<<”按钮，取消选择的字段。这里参照表 6-6，选择“客户 ID”、“公司名称”、“联系人名字”等字段。

（5）对照表 6-6 可以发现，所选字段的字段名称与表中所列字段名称不符，需要修改。

在“新表中的字段”列表框中选中“联系人名字”字段，然后单击“重命名字段”按钮，如

图 8-4 所示，打开“重命名字段”对话框，如图 8-5 所示。

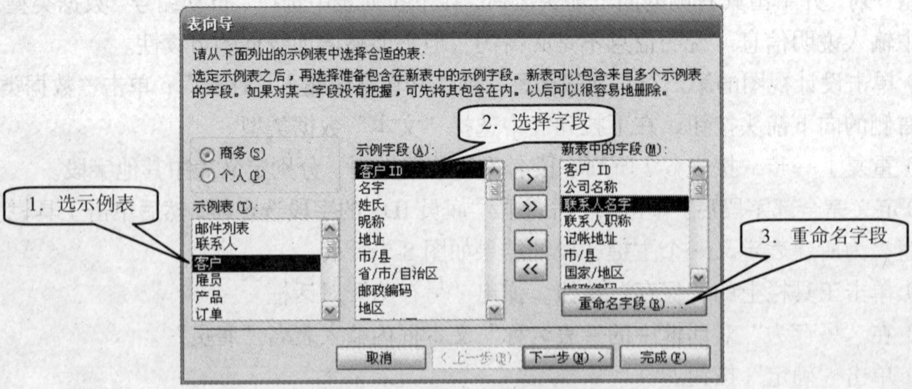

图 8-4 “表向导”对话框

（6）在“重命名字段”文本框中输入“联系人姓名”，单击“确定”按钮。

如果还有其他字段名要修改，重复上一步操作，也可以到后面再修改表结构。

（7）单击“下一步”按钮，弹出“表向导”第二个对话框。在该对话框“请指定表的名称”文本框中输入“客户”作为表名，然后单击“不，让我自己设置主键”单选按钮。

（8）单击“下一步”按钮，弹出“表向导”第三个对话框，在“请确定哪个字段将拥有对每个记录都是唯一的数据”下拉列表中，选择“客户 ID”作为主键；在“请指定主键字段的数据类型”选项组中有“让 Microsoft Access 自动为新记录指定连续数字”、“添加新记录时我自己输入的数字”和“添加新记录时我自己输入的数字和 / 或字母”三个单选按钮，如果单击“让 Microsoft Access 自动为新记录指定连续数字”，系统会自动为新记录指定连续的数字。这种选择可以方便输入，使主键值号码不会中断或出现空白。这里单击“添加新记录时我自己输入的数字和/或字母”单选按钮，如图 8-6 所示。

图 8-5 “重命名字段”对话框

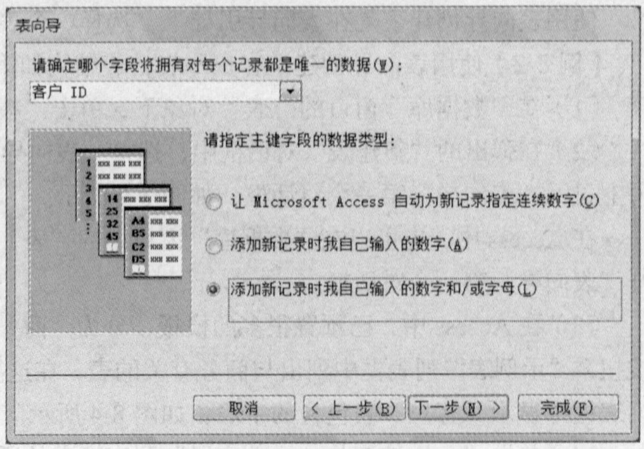

图 8-6 “表向导”第三个对话框

（9）单击“下一步”按钮，弹出“表向导”第四个对话框，在该对话框中与其他表建立关系。通常情况下，新建的表至少要与当前数据库中的另一个表相关。

（10）单击“下一步”按钮，弹出“表向导”最后一个对话框，如图 8-7 所示。

（11）在该对话框中选择创建表后的动作。单击“修改表的设计”单选按钮，可以修改表的设计；单击“直接向表中输入数据”单选按钮，可以向表中输入数据；单击“利用向导创建的窗体向表中输入数据”单选按钮，让向导创建一个输入数据的窗体。这里单击“修改表的设计”单选按钮。

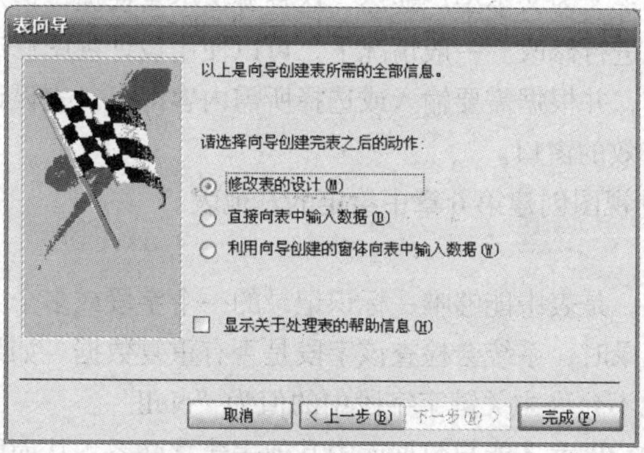

图 8-7 “表向导”最后一个对话框

（12）单击“完成”按钮。

使用“表向导”创建的表结构，有时也与实际要求有所不同，需要通过设计视图对其进行修改。因此掌握设计视图的使用方法对于正确建立表结构非常重要。

3. 使用“数据表视图”

数据表视图是按行和列显示表中数据的视图。在数据表视图中，可以进行字段的编辑添加、删除和数据的查找等各种操作。在数据表视图中建立表结构比较简单。

在“数据库”窗口中，单击“表”对象，然后单击“新建”按钮，弹出“新建表”对话框，选择“数据表视图”选项，然后单击“确定”按钮。屏幕上显示一个空数据表，表中字段名称依次为“字段 1”、“字段 2”等；

（1）在 Access 中，也可以在“数据库”窗口的“表”对象下，双击“通过输入数据创建表”选项打开数据表视图。

（2）在空数据表中，双击“字段 1”、“字段 2”等，输入各字段名称。

（3）在输入完所有字段名后，选择“文件”菜单中的“保存”命令，或单击工具栏上的“保存”按钮，弹出“另存为”对话框，在该对话框的“表名称”文本框内输入表名，然后单击“确定”按钮。

（4）由于在前面的操作中没有指定主键，因此屏幕上显示“Microsoft Office Access”创建主键提示框，如图 8-8 所示。

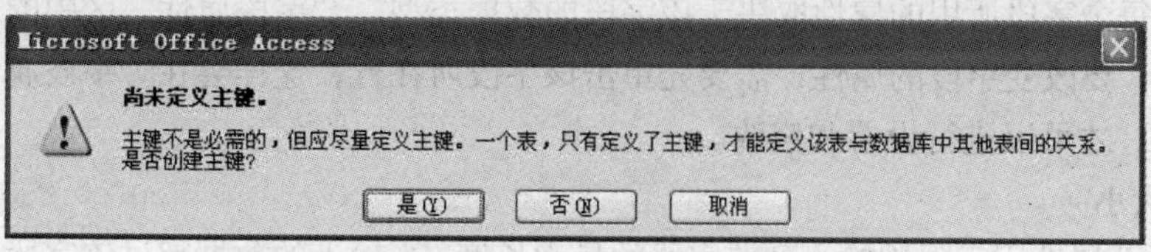

图 8-8 “Microsoft Office Access”创建主键提示框

单击“是”按钮，Access 为新建表创建一个数据类型为“自动编号”型主键，这种主键的值自动从 1 开始；单击“否”按钮，不建立“自动编号”型主键；单击“取消”按钮，放弃保存表操作。

通过上述步骤可以发现，使用数据表视图建立表结构，只定义了表中字段名称，没有定义每个字段的数据类型和属性。此时，如果输入数据，那么 Access 将根据所输入的数据进行判断，输入的是字符，则定义为文本类型；输入的是数值，则定义为数字类型。如果不输入数据，那么 Access 将每个字段的数据类型都定义为文本型。显然，这种方法尽管便捷，但对于比较复杂的表结构来说，还需要在创建完毕后进行修改。一般情况下，可以使用设计视图修改表结构。修改时只要单击要修改字段的相关内容，并根据需要输入或选择所需内容即可。表设计视图是创建表结构以及修改表结构最方便、最有效的窗口。

【例 8-3】使用表设计视图创建第 6 章中给定的其他表。

4. 主键的定义

主键也称为主关键字，是表中能够唯一标识记录的一个字段或多个字段的组合。指定了表的主键后，在表中输入新纪录时，系统会检查该字段是否有重复数据。如果有，则禁止重复数据输入到表中。同时，系统也不允许主关键字字段中的值为“Null”。

只有为表定义了主键，该表才能与数据库中其他表建立联系，从而能够利用查询、窗体和报表迅速、准确地查找和组合不同表中的信息，这也正是数据库的主要作用之一。

·般在创建表的结构时，就需要定义主键，否则在保存操作时，系统会询问是否要创建主键。如果选择“是”，系统将自动创建一个“自动编号（ID）”字段作为主键。该字段在输入记录时会自动输入一个具有唯一顺序的数字。

若自行建立表的主键，须在表的设计视图中完成，操作步骤如下。

（1）在数据库窗口中，单击“表”对象。

（2）选择需设置主键的表，然后单击“设计”按钮，屏幕显示该表的设计视图。

（3）选择将要定义为主键的字段，若要选择一个字段，单击所需字段的字段选定器；若要选择多个字段，按住 Ctrl 键，然后对每个所需字段单击其字段选定器。

（4）单击工具栏上的“主键”按钮，或单击鼠标右键，选择快捷菜单中的“主键”命令。

说明：

（1）OLE 对象型字段不能作为主键；

（2）建立了主键的字段系统自动为其建立无重复索引。

8.1.3 设置字段属性

字段属性表示字段所具有的特性，它定义了字段数据的保存、处理或显示。例如，通过设置文本字段的字段大小属性来控制允许输入的最多字符数；通过定义字段的有效性规则属性来限制在该字段中输入数据的规则，如果输入的数据违反了规则，Access 将显示提示信息，告知合法的数据是什么。每个字段所用的属性取决于该字段的数据类型。“字段属性”区中的属性是针对具体字段而言的，要改变字段的属性，需要先单击该字段所在行，这样会在“字段属性”区中显示此字段的属性，才可以进行设置和修改。

1. 字段大小

“字段大小”属性用于限制输入到该字段的最大长度，当输入的数据超过该字段设置的字段大小时，系统将拒绝接收。“字段大小”属性只适用于文本、数字或自动编号类型的字段。

文本型字段的字段大小属性取值范围是 0～255，默认值为 50；

数字型字段的字段大小属性可以设置的种类最多，选择时单击字段大小属性框，然后单击右侧向下箭头按钮，并从弹出的下拉列表中选择一种类型，可以定义的数字类型及取值范围，如表

8-1 所示。

自动编号型字段的字段大小属性可设置为“长整型”和“同步复制 ID”两种。

表 8-1　　数字类型的种类及取值范围

数字类型	值的范围	小数位数	字段长度
字节	0～255	无	1 字节
整型	–32768～32767	无	2 字节
长整型	–2147483648～2147483647	无	4 字节
单精度型	-3.4×10^{38}～3.4×10^{38}	7	4 字节
双精度型	-1.79734×10^{308}～1.79734×10^{308}	15	8 字节

【例 8-4】将“客户”表中“客户 ID”字段的字段大小属性设置为 5。

操作步骤如下。

（1）在“数据库”窗口的“表”对象下，单击“客户”表，然后单击“设计”按钮，屏幕显示设计视图。

（2）在设计视图中，单击“客户 ID”字段行任一列，此时在“字段属性”区中显示了该字段的所有属性。

（3）在“字段属性”区中的“字段大小”文本框中输入 5，如图 8-9 所示。

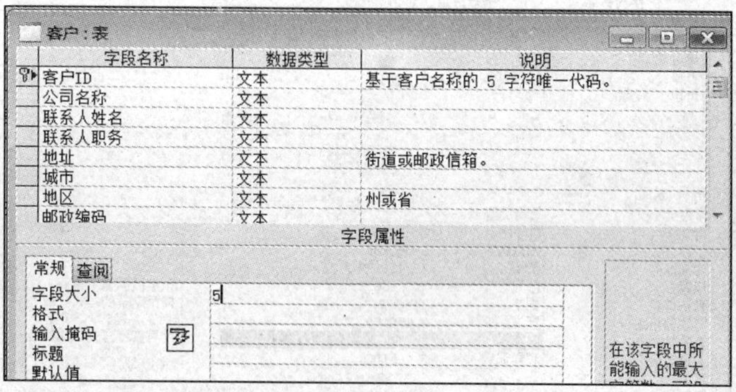

图 8-9　设置“字段大小”属性

注意　如果文本字段中已经有数据，那么减小字段大小会造成数据丢失，Access 将截去超出所限制的字符。如果在数字字段中包含小数，那么将字段大小属性设置为整数时，Access 自动将小数取整。因此在改变字段大小属性时要非常小心。

2. 格式

格式属性只影响数据的显示格式。例如，可将“出生日期”字段的显示格式改为“1988 年 5 月 11 日”。不同数据类型的字段，选择的格式有所不同，如表 8-2 所示。

【例 8-5】将“订单明细”表中“折扣”字段的“格式”设置为“百分比”。

（1）在“数据库”窗口的“表”对象中，单击“订单明细”表，然后单击“设计”按钮。

（2）在设计视图中，单击“折扣”字段行。

（3）单击“格式”属性框，然后单击右侧向下箭头按钮，如图 8-10 所示。

（4）从下拉列表中选择“百分比”格式。

表 8-2　　　　　　　　各种数据类型可选择的格式

日期／时间型		数字／货币型		文本／备注型		是／否型	
设置	说明	设置	说明	设置	说明	设置	说明
一般日期	如果数值只是一个日期，则不显示时间；如果数值只是一个时间，则不显示日期	一般数字	以输入的方式显示数字	@	要求文本字符(字符或空格)	真／假	–1 为 True，0 为 False
长日期	格式：2008 年 8 月 8 日	货币	使用千位分隔符,负数用圆括号括起来	&	不要求文本字符	是／否	–1 为是，0 为否
中日期	格式：08-08-08	整型	显示至少一位数字	<	使所有字符变为小写	开／关	–1 为开，0 为关
短日期	格式：08.08.08	标准型	使用千位分隔符	>	使所有字符变为大写		
		百分比	将数值乘以 100 并附加一个百分号(%)	!	使所有字符由左向右填充		
		科学计数	使用标准的科学计数法				

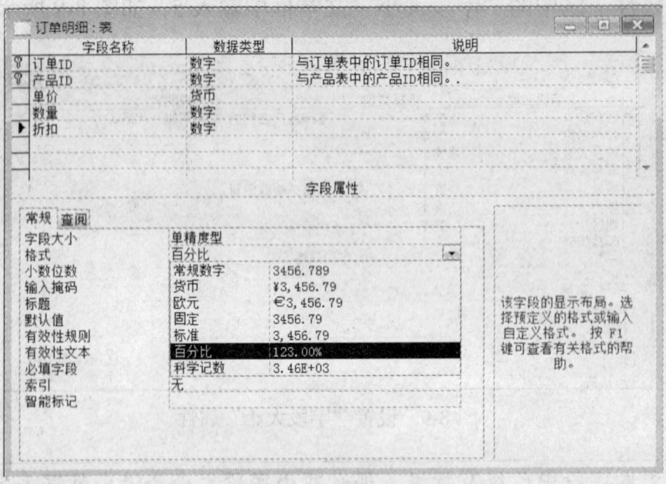

图 8-10　字段格式属性

3. 输入掩码

利用格式属性可以使数据的显示统一美观。但应注意，格式属性只影响数据的显示格式，并不影响其在表中存储的内容，而且显示格式只有在输入的数据被保存之后才能应用。如果需要控制数据的输入格式并按输入时的格式显示，则应设置“输入掩码”属性。

在输入数据时，经常会遇到有些数据有相对固定的书写格式。例如，电话号码书写为“(020)22245913”。如果使用手动方式重复输入这种固定格式的数据，显然非常麻烦。此时，可以定义一个输入掩码，将格式中相对固定的符号固定成格式的一部分，这样在输入数据时，只须输入变化的值就行了。

对于文本、数字、日期／时间、货币等数据类型的字段，都可以定义“输入掩码”属性。

（1）输入掩码的格式。输入掩码属性最多可包含三个用分号 (;) 分隔的节：第一节指定输入掩码的本身；第二节指定在输入数据时，Access 是否在表中保存字面显示字符。如果在该节使用 0，所有字面显示字符（例如，电话号码输入掩码中的括号）都与数值一同保存；如果输入了 1 或未在该节中输入任何数据，则只有键入到控件中的字符才能保存。第三节指定 Access 为一个空格所显示的字符，而这个空格应该是输入时键入字符的地方。对于该节，可以使用任何字符，如果要显示空字符串，则需要将空格用双引号 (" ") 引起来。默认掩码字符为“-”。

（2）输入掩码的设置。

① 设置输入掩码可以使用输入掩码向导，操作方法见下例。

【例 8-6】将“订单”表中“订购日期”的输入掩码属性设置为“长日期”。

① 在“数据库”窗口的“表”对象下，单击“订单”表，然后单击“设计”按钮。

② 在设计视图中，单击“订购日期”字段行。

③ 在“输入掩码”属性框中单击鼠标左键，这时该框右侧出现一个“生成器”按钮，单击该按钮，打开“输入掩码向导”第一个对话框，如图 8-11 所示。

④ 在该对话框的“输入掩码”列表框中选择“长日期”选项，然后单击“下一步”按钮，弹出“输入掩码向导”第二个对话框，如图 8-12 所示。

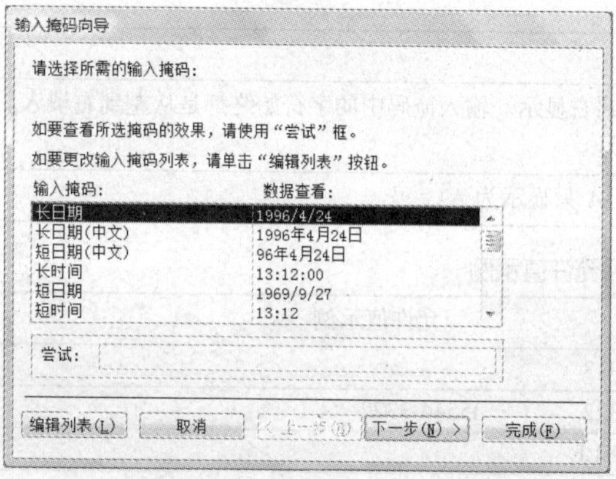

图 8-11 “输入掩码向导”第一个对话框

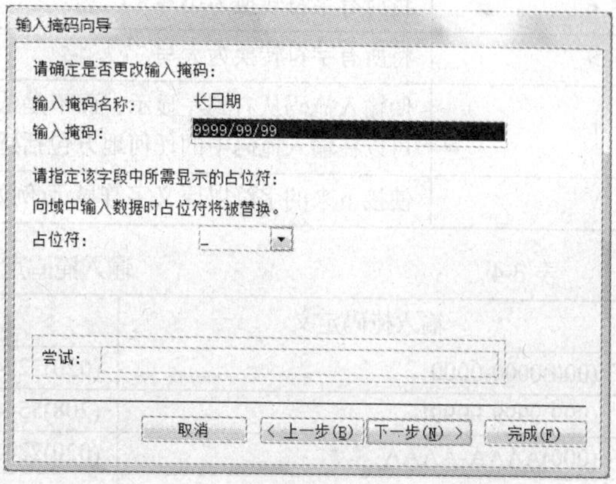

图 8-12 “输入掩码向导”第二个对话框

⑤ 在该对话框中，确定输入的掩码方式和分隔符。

⑥ 单击“下一步”按钮，在弹出的“输入掩码向导”最后一个对话框中单击“完成”按钮。设置后将会在“订单”表设计视图中“订购日期”字段属性的“输入掩码”栏内显示“9999/99/99;0;_”。

如果为某字段定义了输入掩码，同时又设置了它的格式属性，格式属性将在数据显示时优先于输入掩码的设置。这意味着即使已经保存了输入掩码，在显示数据时，也会忽略输入掩码。

将输入掩码属性设为“密码”，可创建密码输入控件。在该控件中键入的任何字符都将以原字符保存，但显示为星号（*）。使用“密码”输入掩码可以避免在屏幕上显示键入的字符。

② 输入掩码只为文本型和日期/时间型字段提供向导，其他数据类型没有向导帮助。因此对于数字或货币类型的字段来说，只能使用字符直接定义输入掩码属性。输入掩码属性所用字符及含义如表 8-3 所示。

输入掩码属性由字面字符(如空格、点、括号等)和决定输入数值的类型的特殊字符组成。定义输入掩码属性时，应在输入掩码属性文本框中输入相应的输入掩码串。表 8-4 给出了部分输入掩码定义以及可以向其中输入值的示例。

表 8-3　　　　　　　　　　　　输入掩码属性所用字符及含义

字　符	含　义
0	必须添入数字(0～9)
9	可以选择添入数据或空格
#	可以选择添入数据或空格(在“编辑”模式下空格以空白显示，但是在保存数据时将空白删除，允许添入加号和减号)
L	必须添入字母(A～Z 不区分大小写)
?	可以选择添入字母(A～Z 不区分大小写)
A	必须添入字母或数字
a	可以选择添入字母或数字
&	必须添入任何的字符或一个空格
C	可以选择添入任何的字符或一个空格
. : ; /	小数点、占位符及千位、日期与时间的分隔符(实际的字符将根据“Windows 控制面板”中“区域设置属性”中的设置而定)
<	将所有字符转换为小写
>	将所有字符转换为大写
!	使输入掩码从右到左显示，而不是从左到右显示。输入掩码中的字符始终都是从左到右填入。可以在输入掩码中的任何地方包括感叹号
\	使接下来的字符以原义字符显示(例如，\A 只显示为 A)

表 8-4　　　　　　　　　　　　输入掩码定义及允许值示例

输入掩码定义	允许值示例
(000)0000-0000	(020)2224-5913
(999)9999-9999!	(208)5544-3322　　(　　)5544-3322
(000)AAAA-AAAA	(020)2245-TELE
#999	–20　　3000
>L????L?000L0	GREENGR339M3
>L0L0L0	T2T9Y8
0000-9999	9811-　　　9811-2008
>L<??????????	Maira
ISBN 0-&&&&&&&&&-0	ISBN 1-55688-208-7
>LL00000-0000	DB55368-8899

【例 8-7】将“客户”表中“客户 ID”的输入掩码属性设置为“>LLLLL”，控制“客户 ID”字段的值只能由 5 位大写字母组成。

（1）在“数据库”窗口的“表”对象下，单击“客户”表，然后单击“设计”按钮。

（2）在设计视图中，单击“客户 ID”字段行。

（3）在输入掩码属性框中单击鼠标左键，输入“>LLLLL”。

4. 有效性规则和有效性文本

有效性规则允许定义一条规则，限制可以接受的内容。无论是通过表、数据表视图、与表绑定的窗体、追加查询，还是从其他表导入的数据，只要是添加或编辑数据，都将强行实施字段有效性规则。有效性规则的形式及设置目的随字段的数据类型不同而不同。对文本类型字段，可以设置输入的字符个数不能超过某一个值。对数字类型字段，可以让 Access 只接受一定范围内的数据。对日期 / 时间类型字段，可以将数值限制在一定的月份或年份以内。

【例 8-8】将“订单明细”表中“折扣”字段的取值范围设为 0~1。

（1）在“数据库”窗口的“表”对象下，单击“订单明细”表，然后单击“设计”按钮。

（2）在设计视图中，单击“折扣”字段行。

（3）在“字段属性”区中的“有效性规则”属性框中输入表达式：>=0 And<=1（或 Between 0 and 1)。

（4）在“字段属性”区中的“有效性文本”属性框中输入“您必须输入一个带百分号的值。”。

完成上述操作之后，再往“订单明细”表中的“折扣”字段输入数据时，如果不是在 0 到 1 之间，则会弹出一个显示“您必须输入一个带百分号的值。”输入有误的对话框，同时，所输入的数据不能保存在表中，必须重新输入。这样设置能够有效防止输入错误。

5. 默认值

默认值属性是一个十分有用的属性。在一个数据库表中，往往会有一些字段的数据内容相同或者包含相同部分。为减少数据输入量，可以将出现较多的值作为该字段的默认值。

【例 8-9】将“供应商”表中“国家”字段的“默认值”属性设置为“中国”。

（1）在“数据库”窗口的“表”对象下，单击“供应商”表，然后单击“设计”按钮。

（2）在设计视图中，单击“国家”字段行，在“字段属性”区中“默认值”属性框内键入“中国”。

在输入文本值时，可以不加引号，系统会自动加上引号。设置默认值后，Access 在生成新记录时，将这个默认值插入到相应的字段中。还可以使用 Access 的表达式来定义默认值。例如，若希望在输入某日期 / 时间型字段值时插入当前系统日期，可以在该字段的默认值属性框中输入表达式：Date()。

注意　设置默认值属性时，必须与字段中所设的数据类型相匹配，否则会出现错误。

6. 索引

索引是非常重要的属性。索引能根据键值加快在表中查找和排序的速度，并且能对表中的记录实施唯一性。在 Access 中，可以创建基于单个字段的索引，也可以创建基于多个字段的索引。

【例 8-10】为“产品”表设置索引，索引字段为“产品名称”。

（1）用表设计视图打开“产品”表，并单击“产品名称”字段行。

（2）单击“索引”属性框，然后单击右侧向下箭头按钮，从弹出的下拉列表框中选择“有（有重复）”选项，如图 8-13 所示。可以选择的索引属性选项有 3 个，具体说明如表 8-5 所示。

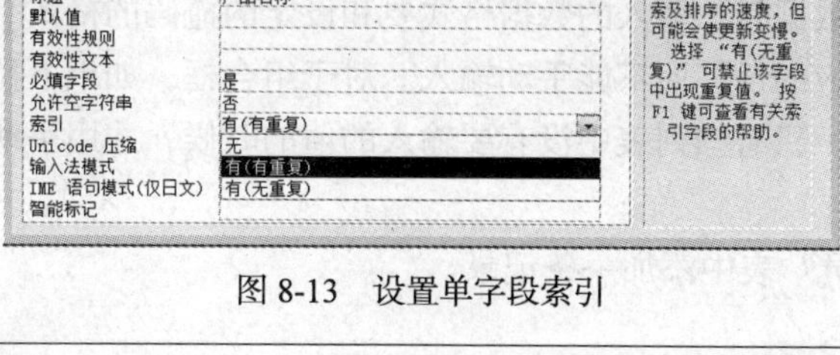

图 8-13　设置单字段索引

表 8-5　　　　索引属性选项说明

索引属性值	说　明
无	该字段不建立索引
有（有重复）	以该字段建立索引，且字段中的内容可以重复
有（无重复）	以该字段建立索引，且字段中的内容不能重复，这种字段适合做主键

如果经常需要同时搜索或排序两个或更多的字段，可以创建多字段索引。使用多个字段索引进行排序时，Access 将首先用定义在索引中的第一个字段进行排序，如果第一个字段有重复值，再用索引中的第二个字段排序，依次类推。

【例 8-11】为“供应商”表中设置多字段索引，索引字段包括“公司名称”、“邮政编码”和“供应商 ID”。

操作步骤如下。

（1）用表设计视图打开“供应商”表，然后单击工具栏上的“索引”按钮。

（2）在弹出的“索引”对话框中，单击“字段名称”列的第一个空白行，然后单击右侧向下箭头按钮，从弹出的下拉列表框中选择“公司名称”字段，将光标移到下一行，用同样方法将“邮政编码”和“供应商 ID”字段加入到“字段名称”列。“排序次序”列都沿用默认的“升序”排列方式。如图 8-14 所示。

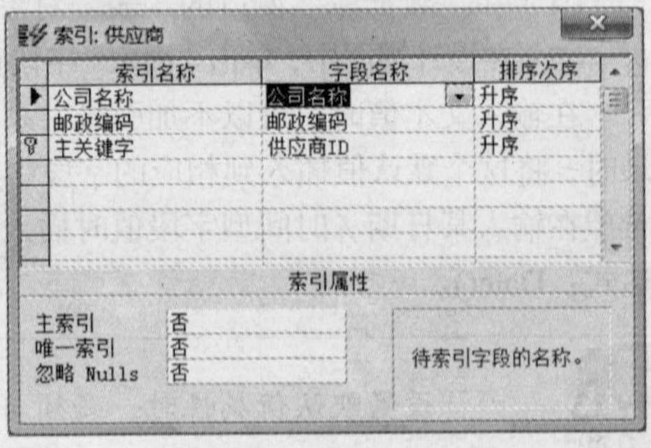

图 8-14　设置多字段索引

除上面介绍的字段属性外，Access 还提供了很多其他字段属性。例如，小数位数、标题、必填字段等，可以根据需要进行选择和设置。这些属性的设置思路和设置方法与上面相同，这里不再介绍。

8.1.4　输入表的内容

使用设计器或向导创建完表之后，得到的只是一张定义了结构的空表，接下来还需要向表中添加数据记录，有时还需要对已有的数据记录进行修改。

1. 直接输入数据

向表中添加数据记录一般在表的数据表视图下进行，也可以通过 SQL 语句或者在窗体视图中添加，有关内容在后叙章节中会详细介绍。

在 Access 的数据表视图中，如果表是空的，就直接从第一条记录的第一个字段开始输入数据，每输入一个字段值，按 Enter 键或 Tab 键，也可以按向右的方向键，跳转到下一个字段继续输入。如果表中已经有数据了，则只能在表的最后一行的空记录中输入数据，不能在两条记录之间插入记录，记录在表中的存放顺序是按照向表中添加记录的先后顺序存放的，但在显示时，是按照索引排列的顺序显示的。

在向表中添加记录时，一定要保证输入的数据类型要和设定的各字段的类型保持一致，在对设置了掩码的字段输入数据时，输入的数据格式要和设定的掩码的格式一致。在列表框字段中只能从下拉列表中选择相应的值，而不能手动输入。对于组合框，如果下拉列表中的候选值不多，应尽可能从列表中选择，只有当列表中没有要输入的值的时候，才用手动输入，这样可以提高数据输入的速度。

【例 8-12】为“雇员”表中添加一条记录。

（1）打开“食品商贸公司管理系统”数据库，并切换到“表”对象面板。

（2）双击“雇员”表，进入“雇员”表的数据表视图，如图 8-15。

（3）将光标移动到表的首行，这时，在每一个字段单元格中存在在设计表结构时设置的空白或默认值。

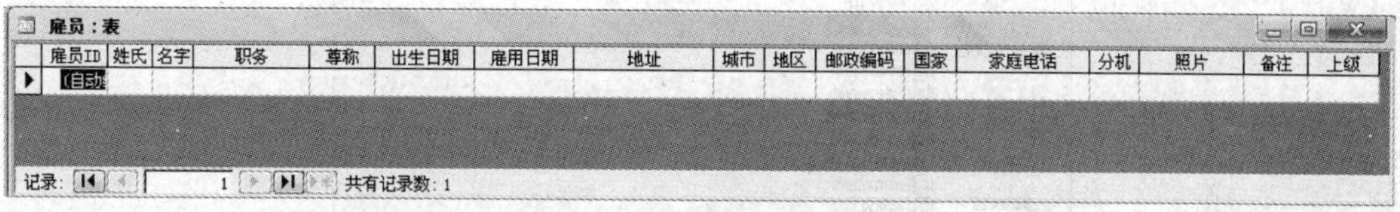

图 8-15　“雇员”表的数据表视图

（4）在对应的各字段输入相应信息，或使用列表框选择相应信息。每输入一个字段值按Enter或Tab键转至下一个字段。

（5）输入“照片”时，将鼠标指针指向该记录的“照片”字段列，单击鼠标右键，弹出快捷菜单，如图 8-16 所示。

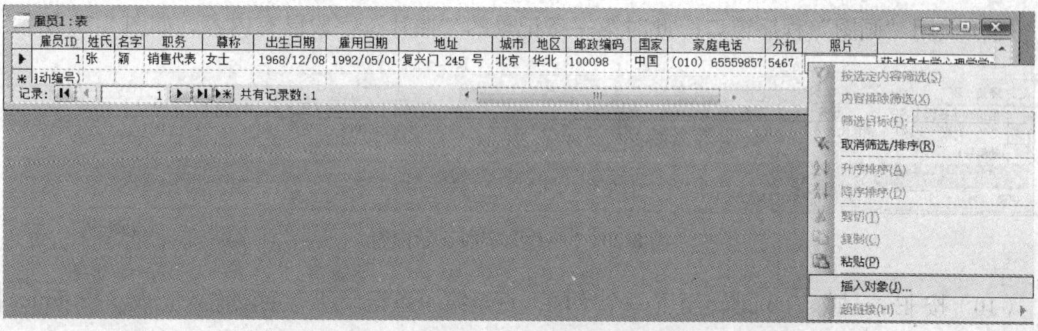

图 8-16　快捷菜单

（6）选择“插入对象(J)...”命令，打开“插入对象”对话框，如图 8-17 所示。

（7）首先选择“新建”选项，然后“对象类型”列表框中选择“画笔图片”，单击“确定”按钮，屏幕显示“画笔”程序窗口，如图 8-18 所示。

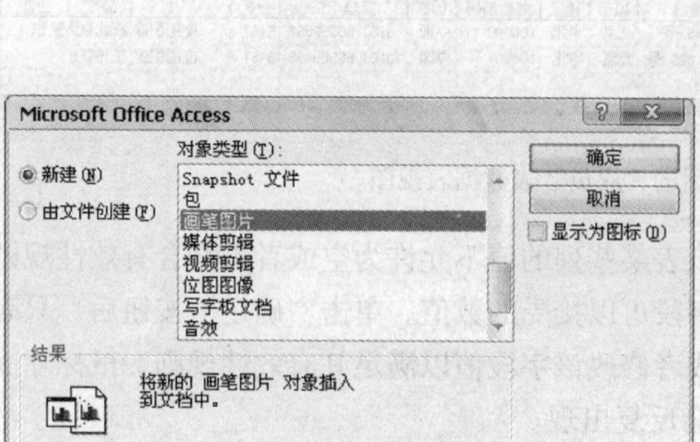

图 8-17“插入对象”对话框

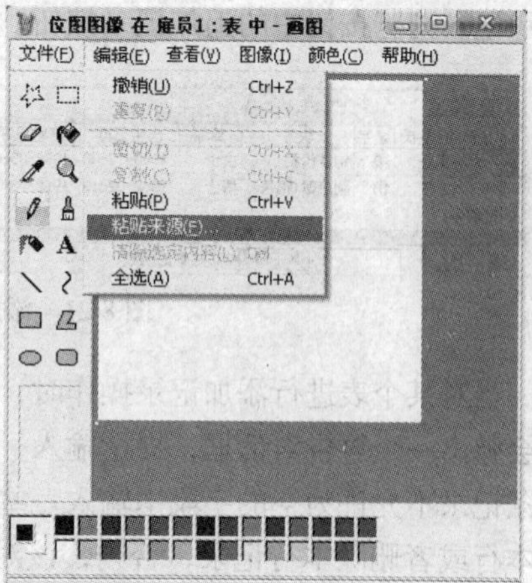

图 8-18　“画笔”程序窗口

（8）在图 8-18 中，选择“编辑|粘贴来源”菜单命令，打开如图 8-19 所示“粘贴来源”对话框，在“查找范围”中找到存放图片的文件夹，并打开所需的图片。

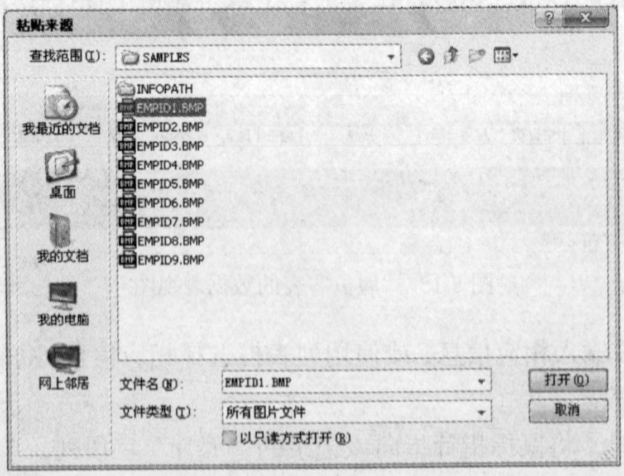

图 8-19 “粘贴来源”对话框

（9）关闭“画图”程序窗口。此时第一条记录的“照片”字段已有内容，如图 8-20 所示。

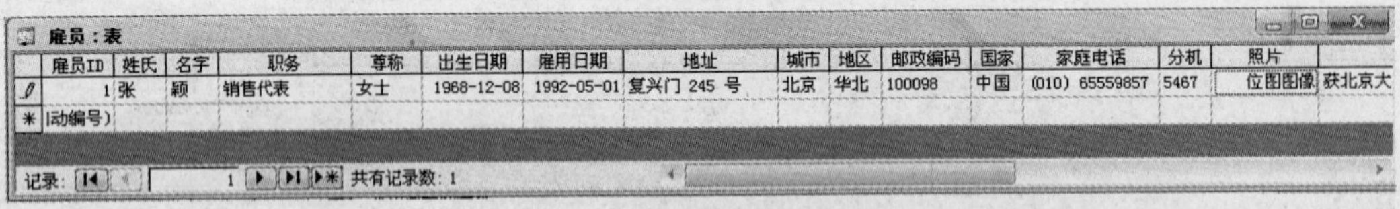

图 8-20 “照片”字段显示内容

（10）按 Enter 或 Tab 键转至下一个字段，直至第一条记录所有字段输入完成。按 Enter 或 Tab 键转至第二条记录，依此类推。

（11）输入全部记录后，单击工具栏上的“保存”按钮或直接单击“雇员”表右上角的“关闭”按钮，即可保存表中的数据记录。

保存并关闭“雇员”表后再重新打开，如图 8-21 所示，将会发现刚才所添加的记录已经显示到“雇员”表中了。其中第一行、第二行数据是已经添加的记录，第三行数据前面有个“*”标志，表示记录浏览按钮中的追加记录按钮。

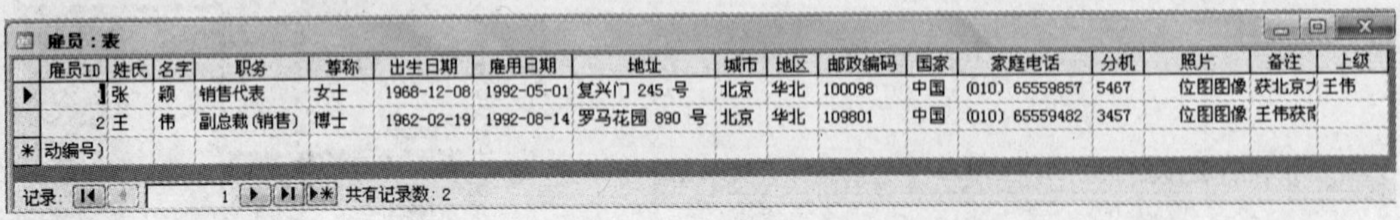

图 8-21 添加数据后的“雇员”表数据表视图

当对某个表进行添加记录操作时，如果该表某些列的值不允许为空或者不符合有效性规则，将会弹出一个警告对话框，提示输入一个该字段可以接受的数值。单击“确定”按钮后，只有向该条记录不允许为空的字段中输入一些数值或者修改该字段值以满足其有效性规则，鼠标才能离开本行或者删除本行记录，否则，该对话框会反复出现。

按照这种方式，为数据表“雇员”继续添加数据记录，直至数据添加完毕。

打开该表的数据表视图，视图将显示该表的全部数据记录，如果表中的记录在窗口中无法全部显示，可以拖动窗口的水平或垂直滚动条来查看未显示在数据表视图窗口中的内容，也可以通过如图 8-22 所示的数据表视图的记录浏览按钮来快速移动到前一条、后一条、第一条或最后一条记录，也可以移动到指定的某条记录，如在记录浏览按钮中间显示当前记录号的文本框中输入值“4”，然后按 Enter 键，可以移动到第 4 条记录。

图 8-22　记录浏览按钮

2. 获取外部数据

除了在表中逐条添加数据以外，也可以通过外部数据文件导入方式获取批量数据。在向表中导入数据时，一定要保证所导入的文件数据的字段个数和表中的字段个数相同，且输入的数据类型要和设定的各字段的类型保持一致。下面通过实例介绍具体用法。

【例 8-13】为“各类别商品详情”表添加批量数据。

（1）打开“食品商贸公司管理系统”数据库，并切换到“表”对象面板。

（2）在“表”对象面板空白处，单击右键，在弹出菜单中选择“导入（I）...”，或者使用菜单命令“文件|获取外部数据|导入”，可以打开如图 8-23 所示的对话框。从对话框中的“文件类型”下拉列表选择所要导入的文件类型，如 Microsoft Excel （*.xls），在文件列表中选择文件“各类别商品详情.xls”。

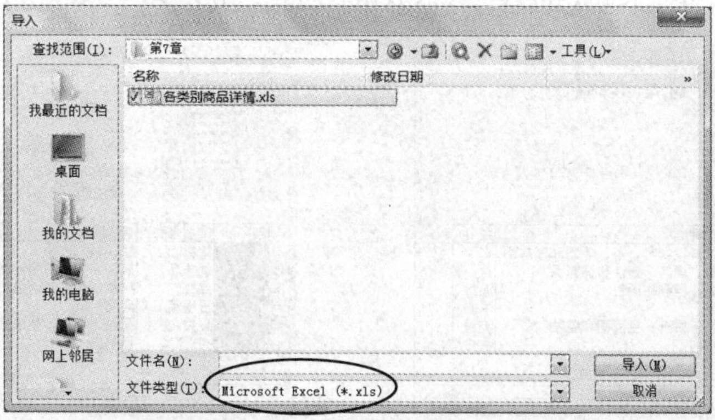

图 8-23　数据导入对话框

（3）单击右下角的“导入”按钮，弹出“导入数据表向导”对话框的第一步，如图 8-24 所示。选择“显示工作表”，在列表框中选择“Sheet1”。

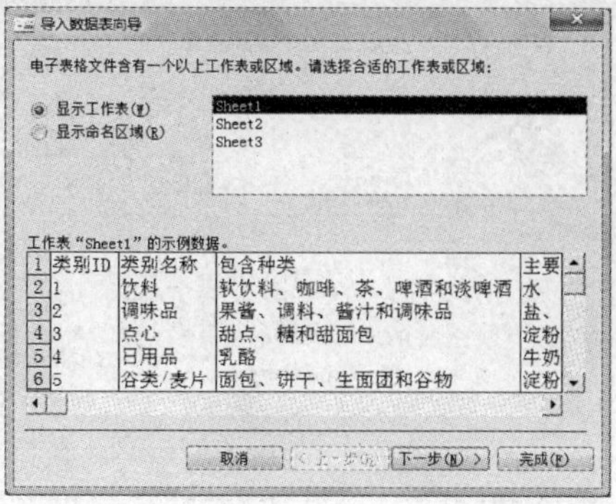

图 8-24　数据表导入工作表选择

（4）单击“下一步”按钮，进入“导入数据表向导”第二步，显示数据表导入工作表列标题选择，如图 8-25 所示，

（5）单击“下一步”按钮，进入“导入数据表向导”第三步，显示数据导入工作表数据的保存位置，这里选择“新表中”，如图 8-26 所示。

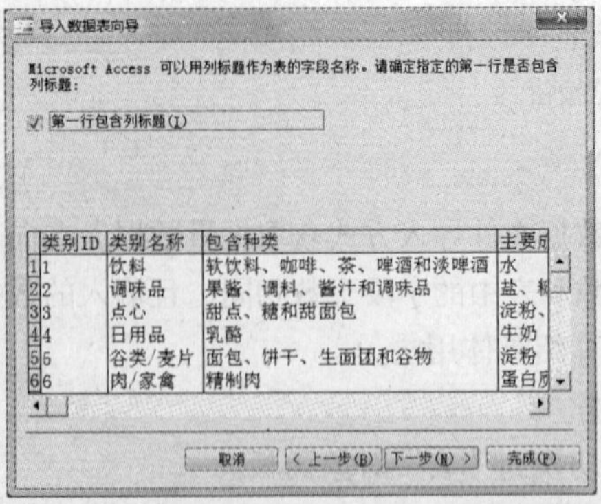

图 8-25　数据表导入工作表列标题选择

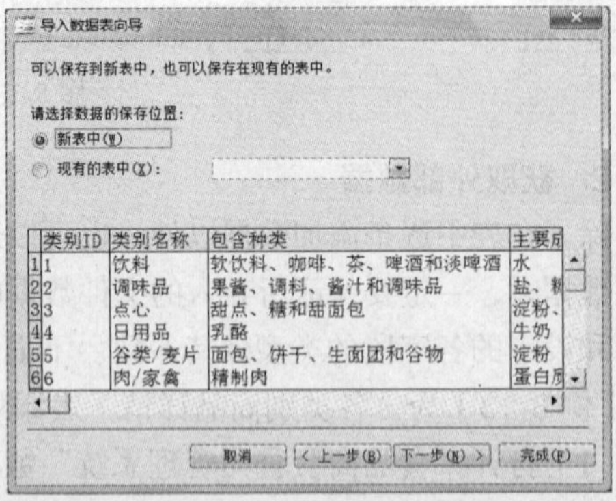

图 8-26　数据表导入工作表数据保存位置

（6）单击“下一步”按钮，进入“导入数据表向导”第四步，指定要导入的表的每一字段的信息，也可以通过选择“不导入字段”复选框，跳过不需要的字段，如图 8-27 所示。

（7）单击“下一步”按钮，进入“导入数据表向导”第五步，为表指定主键为“类别 ID”

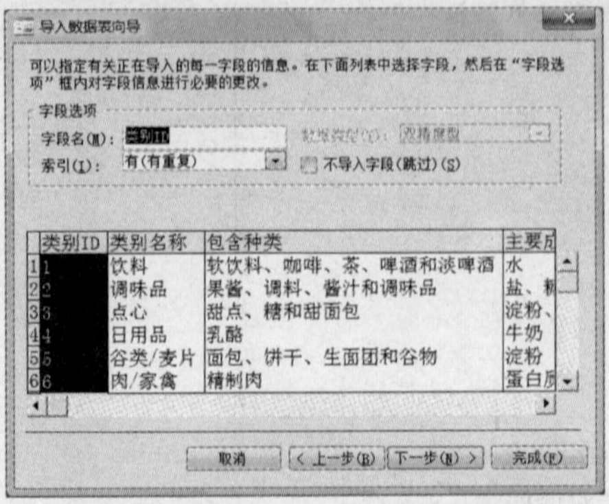

图 8-27　数据表导入工作表指定字段信息

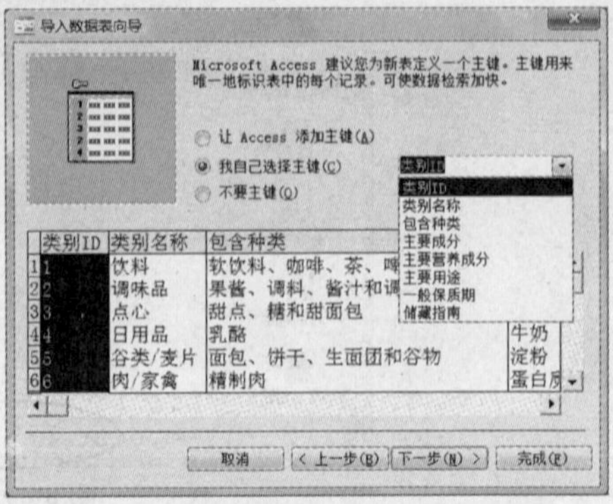

图 8-28　数据表导入工作表指定主键

（8）单击“下一步”按钮，进入“导入”向导第六步，输入表名。

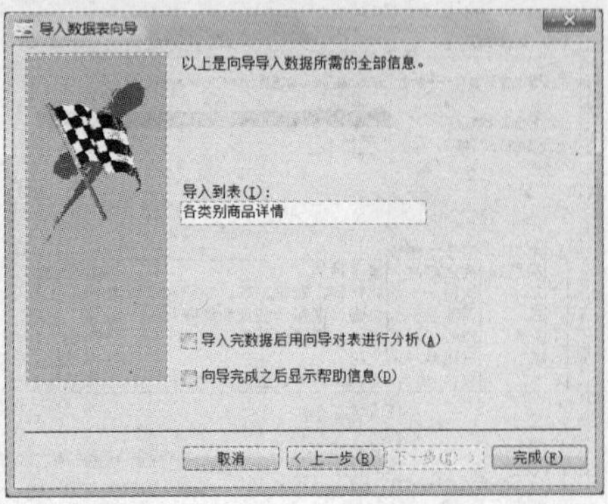

图 8-29　数据表导入工作表指定表名

（9）单击“完成”按钮，Excel 中选定的数据就批量导入到“各类别商品详情”表中了。

8.2 表间关系的建立与修改

一个数据库中常常包含若干个数据表，这些表之间并不是彼此完全孤立，而是相互有联系的。建立数据之间的关系，不仅可以真实地反映客观世界的联系，还可以减少数据的冗余，提高数据的存储效率，也使得信息的查询更加有效可行。

数据表关联是指两个数据表中，定义在相同域上的字段之间建立的一对一、一对多或多对多的联系。

8.2.1 表间关系的概念

通常情况下，相互关联的字段是一个数据表的主键，它能够对每个记录提供唯一的标识，在另一个相关联的数据表中称为外键。外键对应的字段的数据应该与关联表中的主键对应的字段的数据匹配，并且在建立表之间的关系之前，每个表必须都设置一个主键，同时要关闭所有打开的表。

数据表之间的关系类型有 3 种。

（1）一对一的关系：指第一个表中的每条记录，在第二个表中有且只有一条相关的记录。

（2）一对多的关系：指第一个表中的每条记录，在第二个表中有多条相关的记录。

（3）多对多的关系：指第一个表中的多条记录与第二个表中多条记录相关，反之亦然。

8.2.2 建立表间关系

1. 建立一对一的关系

由于每个类别都有一条唯一的详情说明资料，这样就可以通过“类别 ID”在“类别”表和“各类别商品详情”表之间建立一对一的关系。

【例 8-14】创建“类别”表和“各类别商品详情”表之间的关系。

（1）打开“食品商贸公司管理系统”数据库，单击 Access 常用工具栏中的关系按钮，或者选择 Access 菜单栏上的“工具|关系”菜单命令，打开如图 8-30 所示的“关系”设计视图窗口。

（2）若已定义了一些关系，该窗口内会显示这些关系；若尚未定义任何关系，该窗口内没有任何内容。若需要定义新的关系，可在该窗口内单击鼠标右键，在随即弹出的快捷菜单中单击“显示表”选项，也可在“关系”设计视图的菜单栏上单击“关系|显示表”命令，打开“显示表”对话框，如图 8-31 所示。

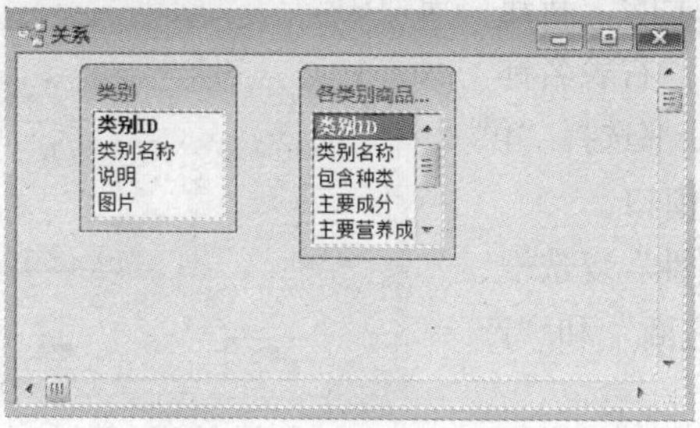

图 8-30　“关系”设计视图

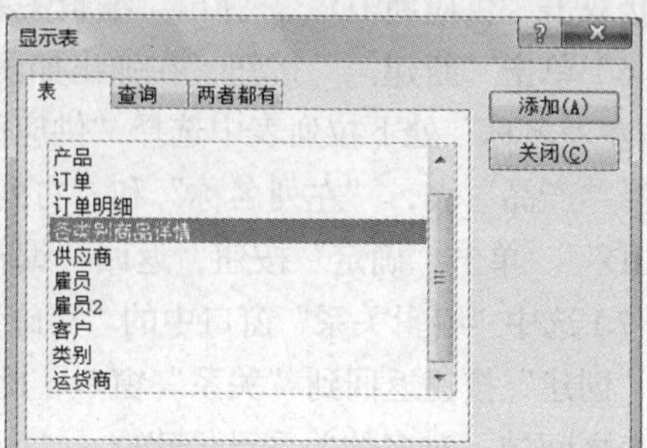

图 8-31　“显示表”对话框

选择要建立关系的表，并单击“添加”按钮，将“类别”表和“各类别商品详情”表添加到“关系”设计视图窗口中。

（3）在“关系”设计视图窗口中，用鼠标指向主表“类别”表中的关联字段“类别 ID”，然后按住鼠标左键将其拖曳到“各类别商品详情”表的关联字段“类别 ID”上后松开，就会弹出图 8-32 所示的“编辑关系”对话框。

（4）在“编辑关系”对话框中选中“实施参照完整性”复选框，单击“创建”按钮返回到“关系”窗口，如图 8-33 所示。

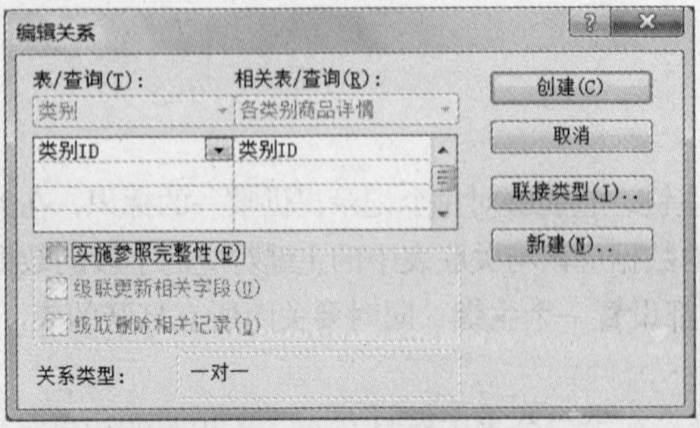

图 8-32 “编辑关系”对话框

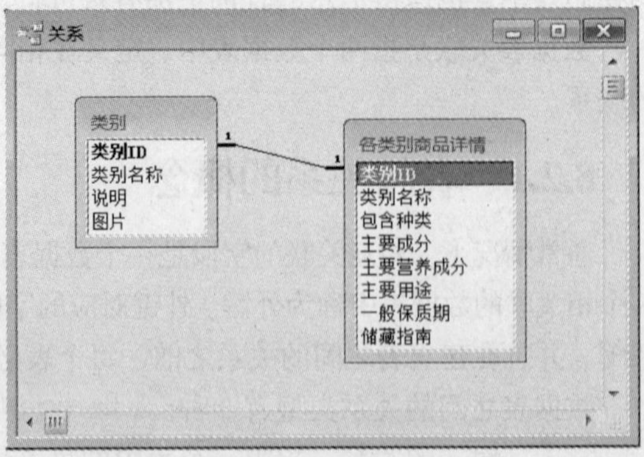

图 8-33 创建的关系

2. 建立一对多的关系和多对多的关系

Access 数据库中不支持多对多的关系，需要将多对多关系处理转换为一对多的关系，故在此将一对多和多对多的关系放在一起讨论。

【例 8-15】建立“供应商”和“产品”表之间的关系。

建立二者之间的关系的步骤如下。

（1）在表的设计视图下分别为“供应商”和“产品”表设置好主键，然后将各表关闭。

（2）按 F11 键切换到“数据库”窗口，单击工具栏上的关系按钮，或者选择“工具|关系”菜单命令，打开“关系”窗口。

（3）如果“关系”窗口中“显示表”对话框没有显示，则右键单击鼠标，从弹出的快捷菜单中选择“显示表...”菜单命令，打开如图 8-31 所示的“显示表”窗口。

（4）分别双击“供应商”和“产品”表，将两个表添加到“关系”窗口中，然后关闭“显示表”窗口，返回到“关系”窗口。

（5）选中“供应商”表中的“供应商 ID”字段名，选择“关系|编辑关系...”菜单命令，或者直接双击“供应商 ID”，弹出“编辑关系”窗口。

（6）单击“新建...”按钮，在弹出如图 8-34 所示的“新建”窗口中。

“左表名称”处下拉列表中选择“供应商”表，“右表名称”处选择“产品”表，“左列名称”和“右列名称”处都选择“供应商 ID”。单击“确定”按钮，返回“编辑关系”窗口。

（7）选中“编辑关系”窗口中的“实施参照完整性”复选框，单击“创建”按钮返回到“关系”窗口，此时“供应商”和“产品”表之间的一对多的关系已经建立。

（8）重复第（5）～（7）步，建立其他表之间的一对多的关系。

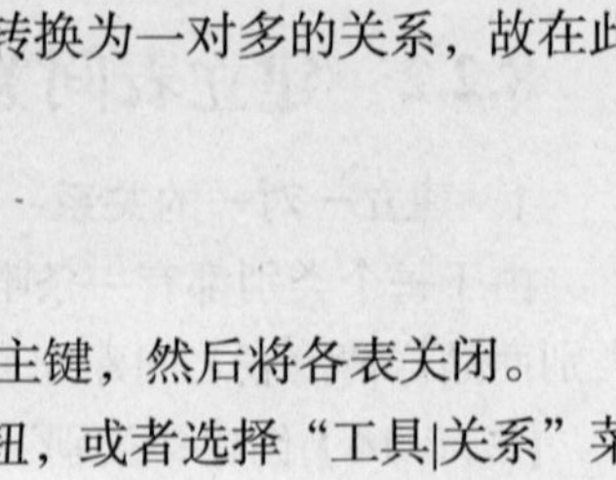

图 8-34 “新建”窗口

至此，各表之间的关系已经创建完成，如图 8-35 所示。单击工具栏上的保存按钮，保存创建的关系，然后关闭“关系”窗口。

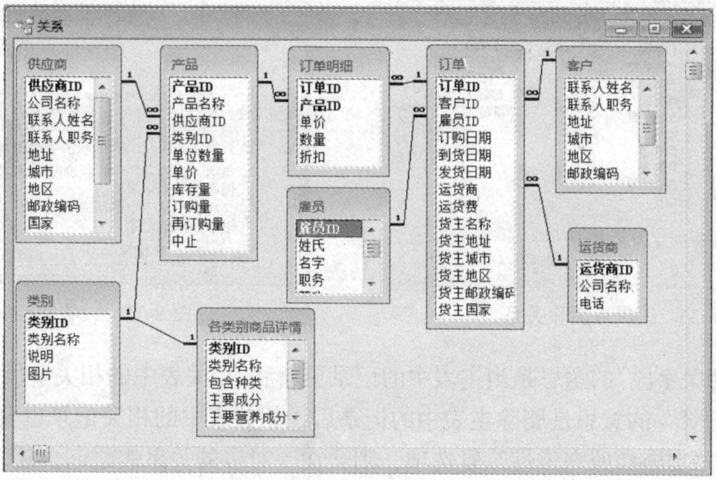

图 8-35 “食品商贸公司管理系统”数据库中的关系

上述的第（5）～（6）步也可以通过鼠标拖曳快速完成，方法是“关系”窗口中选中“供应商”表中“供应商 ID”字段，按住鼠标左键拖动鼠标到“产品”表中的“供应商 ID”字段上，然后松开鼠标，此时会弹出“编辑关系”窗口，直接进入第（7）步操作。

3. 查看、编辑和删除关系

在“数据库”窗口中，单击工具栏上的关系按钮，或者选择“工具|关系…”菜单命令，打开“关系”窗口。如果“关系”窗口中为空白，则单击工具栏上的显示所有关系按钮，或者右键单击鼠标，从快捷菜单中选择“全部显示”菜单命令，所有创建的关系将全部显示出来，此时可以对这些关系进行重新编辑或删除。

首先选中要编辑或删除的关系之间的连线。通常，关系之间的连线两端粗，中间细，将光标移动到细线上后单击鼠标，此时选中的连线中间会变得和两端一样粗，如图 8-36 所示。

在其上右键单击鼠标，从快捷菜单中选择“编辑关系…”命令进入“编辑关系”窗口，可重新编辑选定的关系，选择“删除”命令，将弹出永久删除关系的警告对话框，单击“确定”按钮就可以将该关系删除，关系之间的连线也会消失。

8.2.3 设置参照完整性

为了确保数据库中的相关表中记录之间关系的有效性，控制关联表之间数据的一致性，防止用户意外删除或更改数据，需要为相互关联的各个表建立参照完整性规则。

在创建关系的过程中，在图 8-32 所示的“编辑关系”窗口中，如果“表|查询”和“相关表|查询”列表中已经添加了内容，则此时“联接类型”按钮将变得可用。单击此按钮，将弹出“联接属性”对话框，如图 8-37 所示，此对话框有 3 个选项。

（1）只包含来自两个表的联接字段相等处的行，就是所谓的“内联接”，是默认选项。

（2）包括左表中的所有记录和右表中联接字段相等的那些记录，称之为“左外联接”。

（3）包括右表中的所有记录和左表中联接字段相等的那些记录，称之为“右外联接”。

选中某个选项后，单击“确定”按钮返回到“编辑关系”对话框。如果选择了“实施参照完整性”复选项，“级联更新相关字段”和“级联删除相关记录”复选项将变为可选状态。

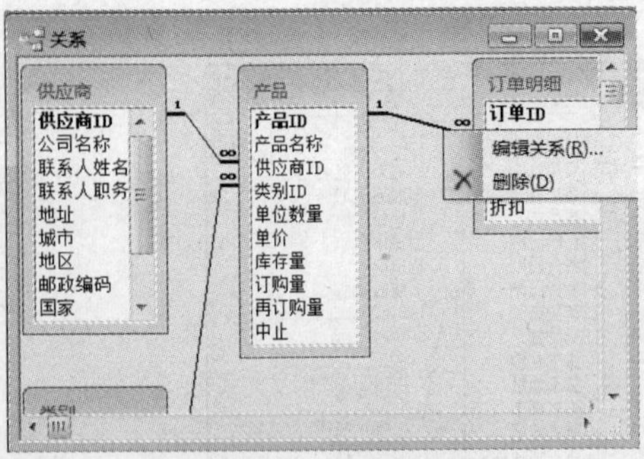

图 8-36　编辑或删除关系

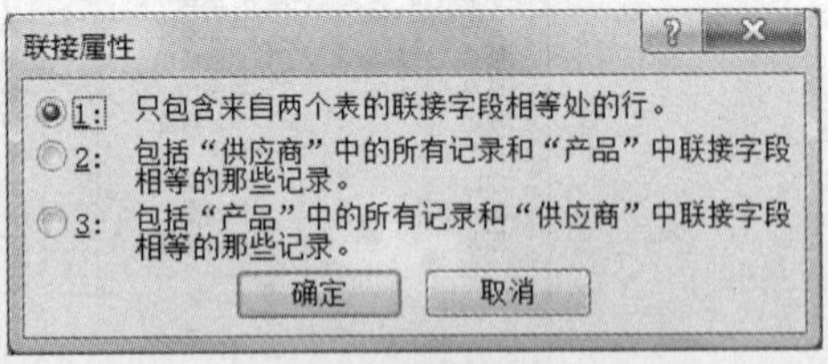

图 8-37　设置联接属性

“级联更新相关字段”的意思是当主表中的记录更新后，相关表中的相关字段内容会自动更新；“级联删除相关记录”的意思是删除主表中的记录后，相关表中的相关记录也会自动删除。

如果选择了“实施参照完整性”复选项，则会在一对多的关系表之间出现“1-∞”样的符号连线，“∞”代表“多”的一方。参照完整性要求两个表之间的联系通过外键来实现，系统会严格检查“多”方关系中每个键值在“1”方中必须存在。如“供应商”和“产品”表之间一对多的联系，是通过外键“类别 ID”来实现的。

如果没有选择“实施参照完整性”，则在“关系”窗口中两个相关表之间只有连线，而没有“1-∞”样的符号，此时也不严格检查“多”关系中每个键值在“1”方中必须存在的规则。

创建完一对多的关系后，打开“1”方的数据表视图，会发现在表的左边增加一列“+”，如图 8-38 所示，单击“+”展开，可以看到“多”方的数据，并且可以直接进行编辑。“1”方的数据表称为“主数据表”，“多”的数据表称为“子数据表”。

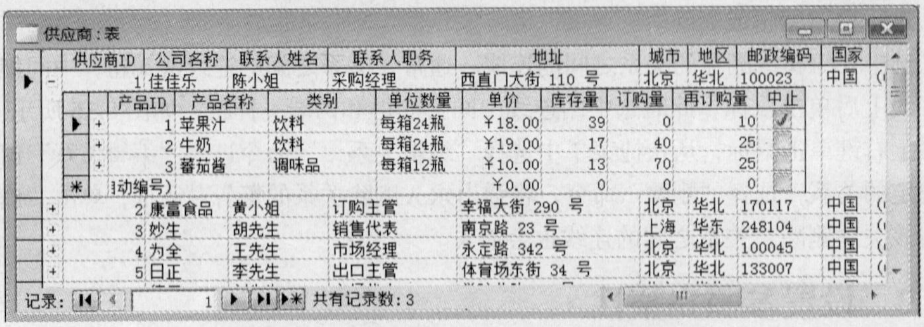

图 8-38　创建了关系后的“多”方数据表视图

8.2.4　查阅功能及查阅向导

一般情况下，表中大多数字段的数据都来自用户输入的数据，或从其他数据源导入的数据。但在有些情况下，表中某个字段的数据也可以取自于其他表中的某个字段的数据，或者取自于固定的数据，这就是字段的查阅功能。设置字段查阅功能有两种方法，一种使用表设计视图中字段属性的“查阅”标签进行设置，这种方法稍微复杂一些，另一种方法是利用字段数据类型列表中的“查阅向导”进行设置。

【例 8-16】为“雇员”表“尊称”字段设置下拉列表，如图 8-39 所示。

设置“尊称”字段查阅功能有两种方法。

方法一：使用表设计视图中字段属性“查阅”标签设置，如图 8-40 所示。

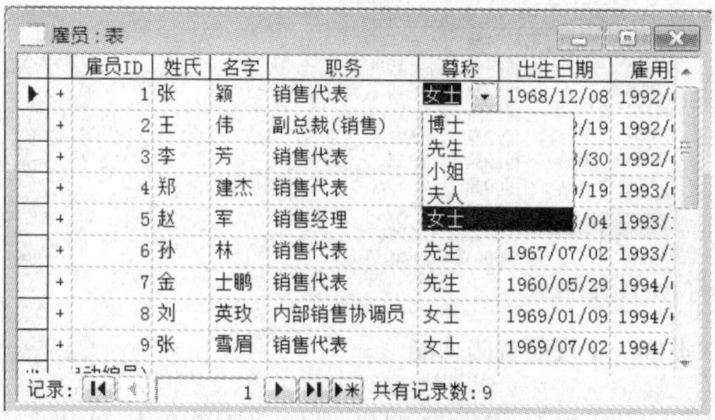

图 8-39　设置字段查阅功能

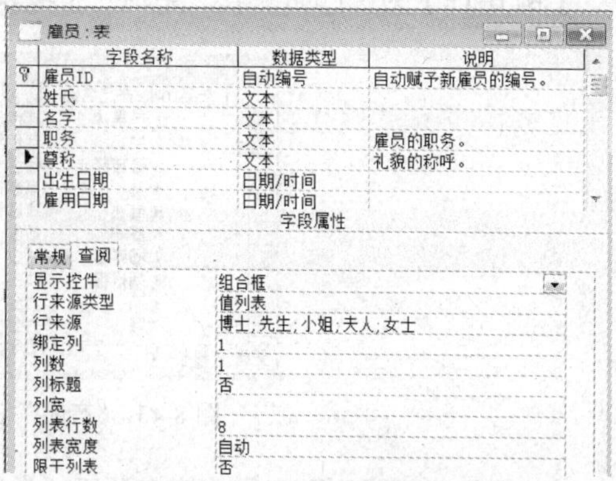

图 8-40　“查阅”属性设置

操作步骤如下。

（1）打开“雇员”表设计视图，选择“尊称”行。

（2）选择“字段属性”中“查阅”选项卡。

（3）在“显示控件”处选择“组合框”，在“行来源类型”中选择“值列表”，在“行来源”中输入“博士;先生;小姐;夫人;女士”，各个选项之间用英文分号隔开。

设置完成后切换表的数据表视图，即可看到“尊称”字段产生如图 8-39 所示的下拉列表。

方法二：使用表设计视图中字段数据类型中“查阅向导”建立查阅。

（1）首先将“尊称”字段的数据类型设置为“文本”，然后再次打开数据类型下拉列表，选择其中的“查阅向导...”，如图 8-41 所示。

（2）在打开的“查阅向导”对话框中选择“自行键入所需的值”。

（3）单击“下一步”按钮，打开“查阅向导”第二个对话框，在所需的“列数”处输入“1”，在“第 1 列”的各单元格中分别输入“博士”、“先生”、“小姐”、“夫人”、“女士”，如图 8-42 所示。

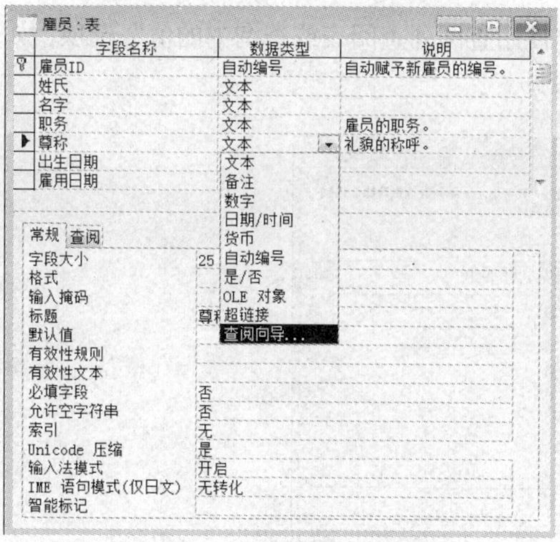

图 8-41　选择“查阅向导”

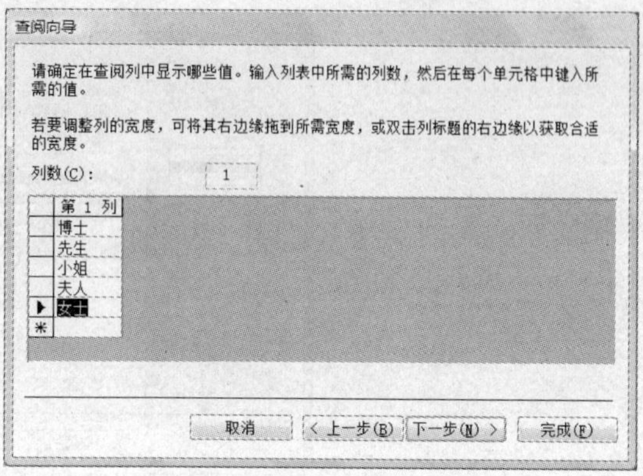

图 8-42　查阅向导输入各列表值

（4）单击“下一步”按钮，为查阅列指定标签为“尊称”，然后单击“完成”按钮，则查阅设置完成。

【例 8-17】为“产品”表“类别”字段设置产生下拉列表的查阅功能，如图 8-43 所示。

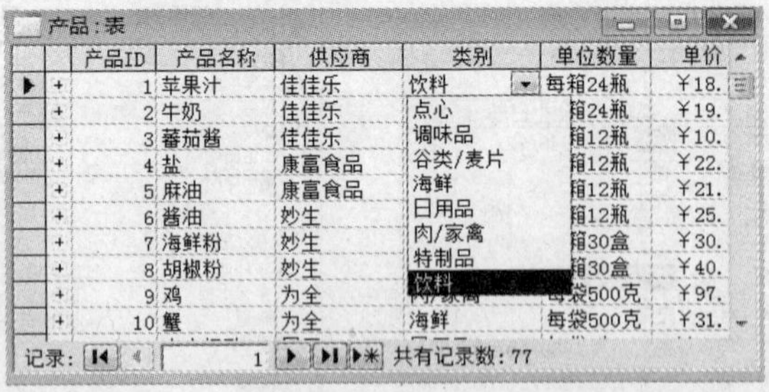

图 8-43 “产品”表“类别”字段的查阅功能

“产品”表“类别”字段的值来源于“类别”表，如果使用字段属性中的“查阅”标签进行设置，设置方法比较复杂，所以通常使用“查阅向导”来完成查阅功能的设置，具体操作步骤如下。

（1）打开“产品”表的设计视图，将“类别 ID”字段的数据类型设置为“数字”，然后再次打开数据类型下拉列表，选择其中的“查阅向导…”，如图 8-44 所示。

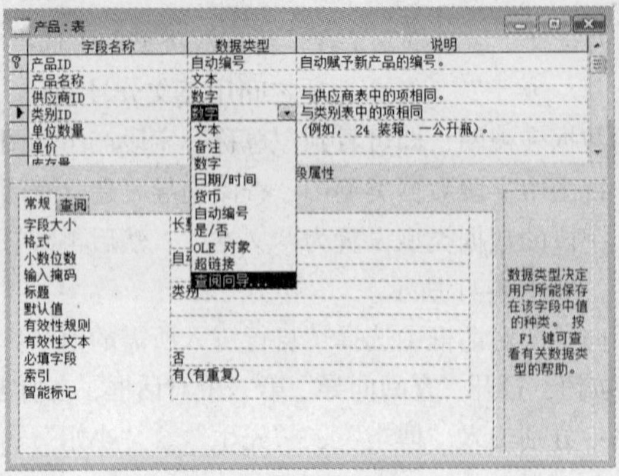

图 8-44 选择“查阅向导”

（2）在打开的“查阅向导”对话框中，选择“使用查阅列查阅表或查询中的值”选项，如图 8-45 所示。

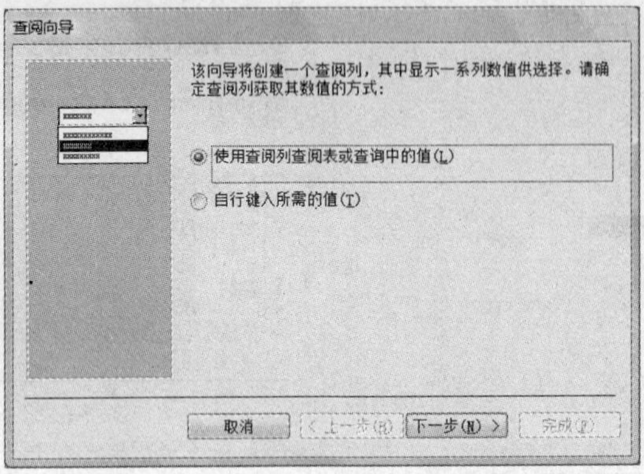

图 8-45 “查阅向导”选择获取数据方式

（3）单击“下一步”按钮，打开“查阅向导”第二个对话框，在表或查询选择框中选择“类别”表，如图 8-46 所示。

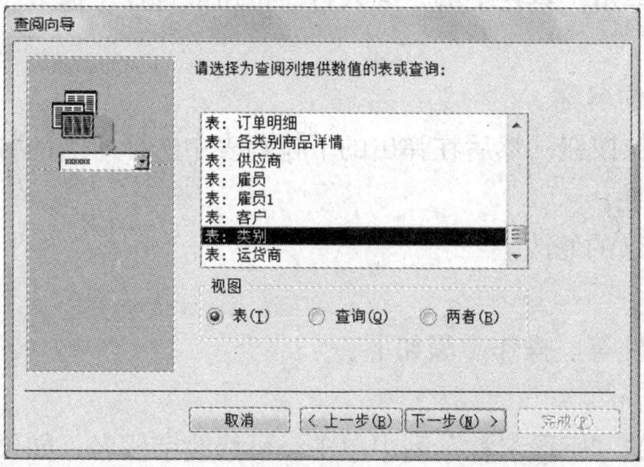

图 8-46　“查阅向导”输入各列表值

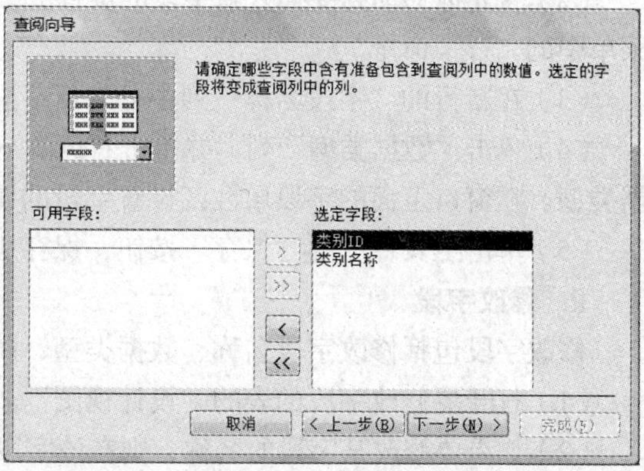

图 8-47　“查阅向导”选择查阅中的字段

（4）单击“下一步”按钮，选择查阅中的字段，如图 8-47 所示。

（5）单击“下一步”按钮，选择列表的排序方式。

（6）再单击“下一步”按钮，设置列表的宽度，并设置隐藏键列，如图 8-48 所示。

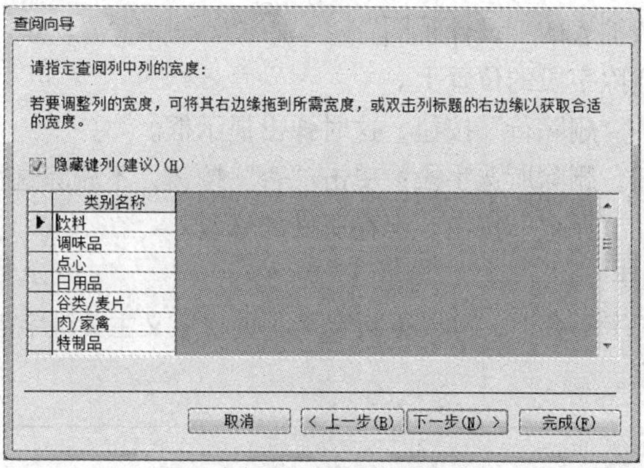

图 8-48　指定查阅列的列宽

（7）单击“下一步”按钮，为查阅列指定标签为“类别”，最后单击“完成”按钮，则查阅功能设置完成。

8.3　表的维护

在表创建后，可以对表结构进行维护，同时还可以向表中添加数据记录、对已有的数据记录进行修改。

8.3.1　修改表结构

1. 添加字段

在表中添加一个新字段不会影响其他字段和现有数据。但利用该表建立的查询、窗体或报表，新字段是不会加入的，需要手工添加。添加新字段的操作步骤如下。

（1）打开要添加字段的表的“设计视图”。

（2）将光标移动到要插入新字段的位置上，单击工具栏上的“插入行”按钮或选择“插入”菜单中的“行”命令。

（3）在新行的“字段名称”列中输入新字段的名称。

（4）单击“数据类型”列，并单击右侧的下拉按钮，然后在弹出的下拉列表中选择所需的数据类型。在窗口下面的字段属性区设置字段的属性。

（5）单击工具栏上的“保存”按钮，保存所做的修改。

2. 修改字段

修改字段包括修改字段名称、数据类型、属性等。操作步骤如下。

（1）打开要修改字段的表的“设计视图”。

（2）如果要修改某字段的名称，则在该字段的“字段名称”列中单击，可修改字段名；如果要修改某字段的数据类型，单击该字段“数据类型”列右侧的下拉按钮，然后从弹出的下拉列表中选择需要的数据类型。

（3）单击工具栏上的“保存”按钮，保存所做的修改。

3. 删除字段

删除表中某一字段的操作步骤如下。

（1）打开要删除字段的表的“设计视图”。

（2）将光标移到要删除字段的位置上。

（3）单击工具栏上的“删除行”按钮，这时弹出提示框。

（4）单击“是”按钮，删除所选字段；单击“否”按钮，不删除这个字段。

（5）单击工具栏上的“保存”按钮，保存所做的修改。

4. 重新设置主关键字

如果原定义的主关键字不合适，可以重新定义。重新定义主关键字需要先删除原主关键字，然后再定义新的主关键字。

注意

如果表中已有数据或字段被其他查询或窗体所引用，修改表结构应谨慎。

5. 设置表属性

使用“视图|属性”命令，或用鼠标右键单击表的设计视图，打开快捷菜单，选择“属性”命令，均可打开“表属性”视图，如图 8-49 所示，在此视图中可完成对表属性的设置。

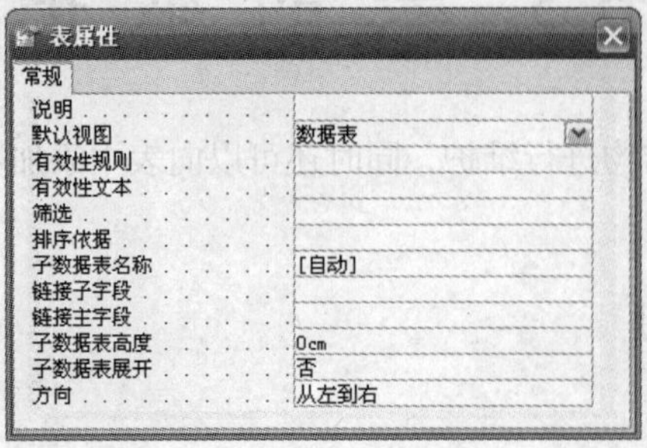

图 8-49　表属性视图

8.3.2 编辑表内容

1. 修改数据记录

将光标定位到要修改的记录的相应字段上，直接修改其中的内容，如果该字段定义了有效性规则，修改后的内容要符合该规则的约束。

2. 删除数据记录

将光标定位到要删除的记录行的任意位置，然后执行“编辑|删除记录”菜单命令可删除该记录；也可以用鼠标单击该记录的记录选定器（记录行最左边的小方格），选中整行记录，此时该记录行变为黑色，然后按 Del 键将该条记录删除。

3. 复制数据记录

将光标定位到复制的记录（即选中该行数据），然后执行“编辑|复制”菜单命令，在所需要的位置粘贴记录即可。

8.4 表的其他操作

在表的使用过程中，除了可以对表中的记录进行添加、修改、删除外，有时候为了查看或使用方便，还需要查找及替换数据，并且根据需要可对记录进行排序和筛选。

8.4.1 表的复制、删除和重命名

表创建完成后，还可以对表进行复制、删除和重命名等操作，一般在如图 7-1 所示的数据库的“表”对象窗口中进行。

1. 复制表

如图 7-1 所示，在数据库的“表”窗口中，选中需要复制的表，单击 Access 工具栏上的复制按钮，或者按 Ctrl + C 组合键，然后单击工具栏上的粘贴按钮，或按 Ctrl + V 组合键，系统将弹出如图 8-50 所示的“粘贴表方式”对话框。

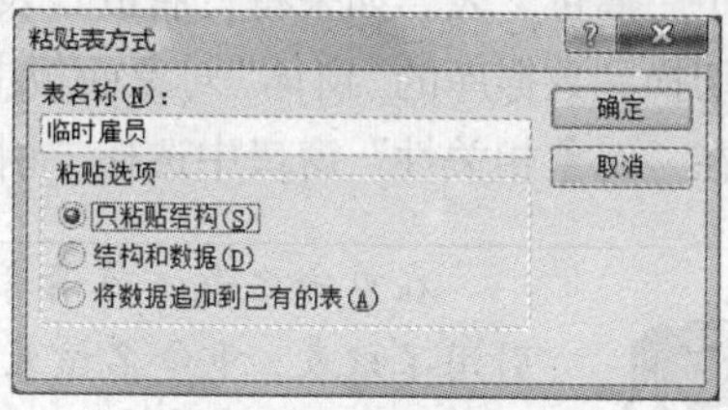

图 8-50 表的粘贴方式

在“表名称”文本框中输入要创建的新表（或欲追加数据的表）的名称。在“粘贴选项”中有 3 种粘贴方式。

（1）只粘贴表结构：创建一张与所选表结构完全相同的空白新表。

（2）结构和数据：创建一张与所选表结构和内容完全相同新表。

（3）将数据追加到已有的表：将选中的表的全部数据追加到“表名称”对话框中指定的表中。

该选项要求指定的表在数据库中确实存在，并且该表的结构与被复制的表的结构相匹配。例如，将“雇员”表中的数据追加到“客户”表中就会出现字段不匹配的现象。

【例 8-18】创建一个与“雇员”表结构相同的“临时雇员”空表。

（1）打开“食品商贸公司管理系统”数据库，并切换到“表”对象面板。

（2）在数据库的“表”对象窗口右键单击“雇员”表，在弹出的右键快捷菜单中选择“复制”。

（3）在“表”对象窗口空白处右键单击，在弹出的右键快捷菜单中选择“粘贴”。

（4）在弹出的“粘贴表方式”对话框“粘贴选项”中选择“只粘贴结构”，“表名称”中输入“临时雇员”，单击“确定”按钮即可完成，如图 8-50 所示。

打开“临时雇员”表，切换到表设计视图，将会发现其所有字段的名称和属性的设置与“雇员”表结构完全相同。

2. 删除表

当不再需要某个表了，可以将其删除。在数据库中的表对象窗口中选择所要删除的表，然后选择“编辑|删除”菜单命令或者单击删除快捷按钮，也可以直接按 Del 键，将弹出如图 8-51 所示的删除确认对话框，单击“是”按钮即可将指定的表删除。

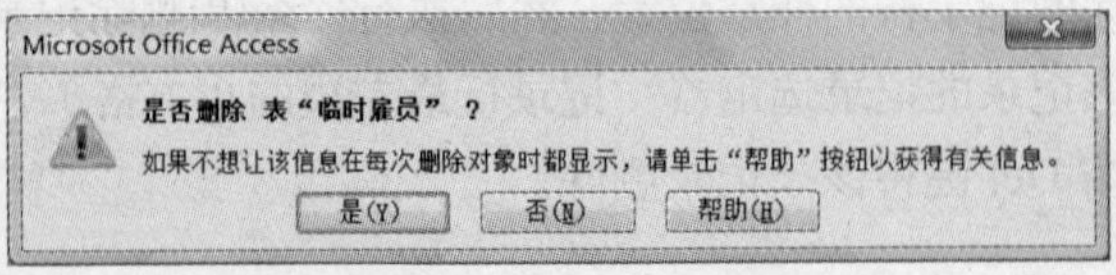

图 8-51　删除确认对话框

3. 重命名表

表创建好之后，可以将表进行重命名。在“数据库”的“表”对象窗口选中要重命名的表，选择“编辑|重命令”命令，当表的名称变成编辑状态时，键入新的表名，然后在其他地方单击鼠标即可；也可以右键单击该表，从弹出的快捷菜单中选择“重命名”命令，或者在选中的表名上单击一下，当表名变为编辑状态时键入新的表名后按 Enter 键完成。

当对 Access 2003 的表对象更名时，Access 会自动纠正该表对象在其他对象中的引用名。为了实现此操作，Access 2003 将唯一的标识符与创建的每个对象和名称映射信息存储在一起。当 Access 2003 检测到有对象名称被更改时，它将对该对象的所有引用名执行全面更名。这种机制不但对表的更名有效，而且对数据库中的任何对象的更名都是有效的，包括数据表中字段的更名。例如，在“食品商贸公司管理系统”数据库中创建了一个“雇员”窗体对象，其数据来源都来自于“雇员”表，如果将“雇员”表名称改为“正式雇员”，不会影响“雇员”窗体的正常使用。切换到数据库的“窗体”对象面板中，右键单击“雇员”窗体，从快捷菜单中选择“对象相关性…”，在“对象相关性”窗口中选择“引用对象”，会发现引用的表已经自动更改为“正式雇员”了。

注意

在重命名表之前请考虑仔细，如果现有的查询、视图、用户定义函数、关系或程序引用了该表，重命名该表后将使这些对象无效。例如，如果已经创建了“供应商”和“产品”表之间的关系，“供应商”表改名后，“供应商”和“产品”表之间的关系也变得无效了，但该关系并没有被删除，如果再将表名改回原名，关系又变得有效了。

8.4.2 查找和替换数据

如果表中存在大量数据，特别是对于一些无规律数据，要很快找到某个数据是很困难的，这时就可以使用查找功能来快速查找。

查找数据的步骤如下。

（1）在数据表视图中打开要查找数据的数据表。

（2）单击工具栏上的“查找”按钮，或选择“编辑|查找…”菜单命令，将弹出“查找和替换”对话框，如图 8-52 所示。

（3）在“查找内容”文本框中输入要查找的内容；“查找范围”中可以选择是在当前字段列还是在整个表中查找；在“匹配”下拉列表中可以选择匹配方式是“字段的任何部分”、“整个字段”或“字段的开头”；在“搜索”的下拉列表中可以选择搜索方式为“全部”、“向上”或

"向下"；还可以指定搜索时是否分大小写、是否按格式搜索字段。

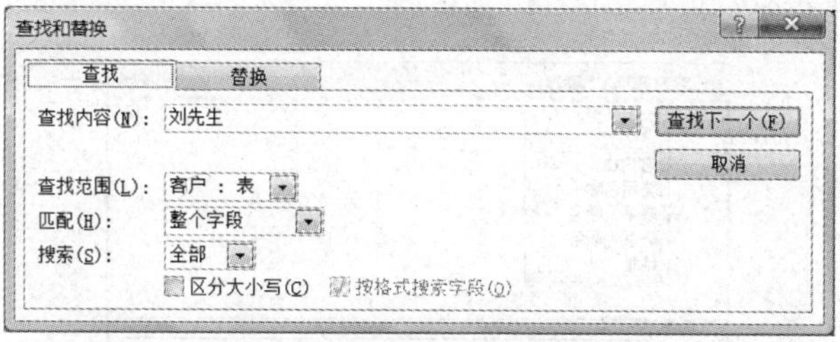

图 8-52　"查找和替换"对话框

（4）单击"查找下一个"按钮开始查找。如果找到，光标会定位到该单元格上，要查找的内容处于黑色选中状态；如果没有找到，则会弹出没找到搜索项提示信息。

有时，需要将表中某个数据替换为新的数据，而且需要替换的地方有很多处，这时，使用替换功能就比较方便。只需要将图 8-52 的"查找和替换"对话框中单击"替换"选项卡就可以切换到"替换"对话框。

在"替换"对话框中的"查找内容"中输入待替换的内容，"替换为"对话框中输入要替换的新值，其他选项与查找对话框相同。若单击"替换"按钮，系统会将找到的第一个值替换为新值，若单击"全部替换"按钮，系统会把"查找范围"指定的范围中所有待替换的内容全部替换为新值。

8.4.3　排序记录

1. 简单排序

简单排序只能对表中的某一列数据按升序或降序排序。对于数值型、货币型数据是按数据的大小顺序排序的，日期/时间型数据是按时间的先后顺序排序的，而文本型数据是按照首字母或汉字拼音的首字母的顺序来排序的，例如，若按升序，"李明"的排序在"胡琳"的后面。简单排序不能对同一张表中多个数据同时排序。

【例 8-19】对"食品商贸公司管理系统"中的"客户"表按"公司名称"的先后顺序排序。

（1）打开"客户"表的数据表视图。

（2）将光标定位到"公司名称"列中的任一地方，右键单击鼠标，从弹出的快捷菜单中选择"升序排序"；也可以选择"记录|排序|升序排序"菜单命令即可按该列指定方式排序。

如果要撤消排序，使数据表恢复到排序前的状态，只需要在上述操作的第（2）步选择"取消筛选/排序"即可。

2. 高级排序

按照一列数据进行排序，有时会遇到该列某些数据完全相同的情况，这时，就需要使用高级排序功能来对该列数据进行排序。对多个字段同时设置排序规则时，系统首先按第一个排序字段设置的规则进行排序，如果有多条记录在该字段处的值相同，系统将按第二个排序字段设置的规则对这些记录进行排序，依此类推。

【例 8-20】对"客户"表先按"地区"升序排列，然后再按"公司名称"降序排列。

（1）打开"客户"表的数据表视图。

（2）选择"记录|筛选|高级筛选/排序…"菜单命令，弹出如图 8-53 所示的"筛选"编辑器窗口。

（3）在筛选编辑器下部的第一列中，从"字段"下拉表中选择"地区"字段，从"排序"下拉列表中选择“升序”；在第二列中，从“字段”下拉列表中选择“公司名称”字段，从“排序”下拉列表中选择“降序”。

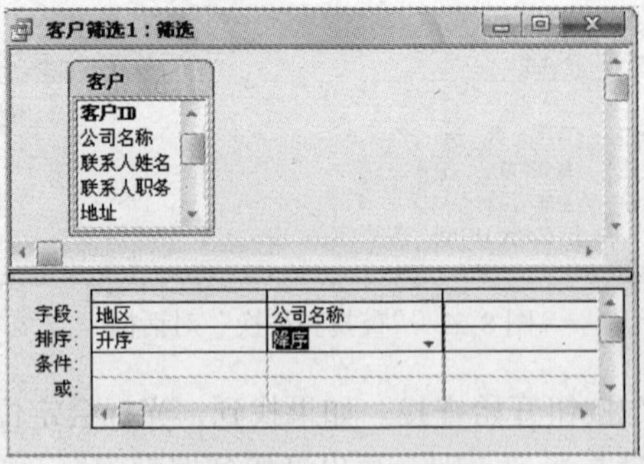

图 8-53 “筛选”编辑器窗口

（4）在“筛选”编辑器的空白处右键单击鼠标，从弹出的快捷菜单中选择“应用筛选/排序”，或者选择“筛选|应用筛选/排序”菜单命令，返回到数据表视图，此时数据表已经按照所设置的排序规则显示数据了。

8.4.4 筛选记录

当数据表中的记录很多时，想直接查看其中部分记录信息是比较费力的。如果能将其中某些暂时不用的信息隐藏起来，查看起来就容易多了，Access 提供了数据筛选功能能够帮助用户实现这一要求。

筛选功能能够在数据表视图中筛选出满足条件的数据，不满足条件的数据将暂时被隐藏起来，一旦筛选条件被撤消，这些数据又会重新显示出来。Access 中提供了以下 4 种数据的筛选方式

1. 按窗体筛选

打开一张表的数据表视图，单击工具栏上的“按窗体筛选”选项按钮，或者选择“记录|筛选|按窗体筛选”菜单命令，此时表中的数据都被隐藏起来，只剩下一行空白行。将光标定位到该空白行要筛选的字段处，单击旁边的下拉按钮，从弹出的下拉列表中选择所要筛选的值，然后单击工具栏上的“应用筛选”按钮，或者选择“记录|应用筛选/排序”菜单命令，数据表中将立即显示出满足筛选条件的数据。

2. 按选定内容筛选

该筛选法需要先选中数据表中某个数据单元格或单元格中部分内容，然后单击工具栏上“按选定内容筛选”按钮，或者选择“记录|筛选|按选定内容筛选”菜单命令，即可显示出那些在该字段中包含选定内容的记录。

3. 内容排除筛选

内容排除筛选与按选定内容筛选刚好相反，即最后显示出的是在该字段不包含有选定内容的那些记录。首先在数据表中选中要排除的某个单元格或其中要排除的部分内容，然后再选择“记录|筛选|内容排除筛选”菜单命令，或者在选定的内容上右键单击鼠标，从弹出的快捷菜单中选择“内容排除筛选”菜单命令，即可显示出那些在该字段中不包含选定内容的记录。

4. 高级筛选

高级筛选首先要按高级排序的方法打开图 8-53 所示的“筛选”编辑器窗口，然后从“字段”行的下拉列表中选择所要筛选的字段名称，并在该列“条件”行中输入筛选条件后，单击“应用

筛选”按钮即可。高级筛选可以给多个字段设置不同的筛选条件，最后显示的是满足这些条件的记录。筛选条件的详细设置在后述查询章节中介绍。

习 题

一、简答题

1. 简述创建表的 3 种方法，比较 3 种方法的优缺点。
2. 数据表的两种视图是什么？各有什么作用？
3. Access 支持的导入数据的文件类型有哪些？
4. 表中字段的数据类型共有几种？
5. OLE 对象型字段能输入什么样的数据？如何输入？
6. 举例说明 Access 数据库管理系统中如何建立表间关系。
7. 记录的筛选与排序有何区别？Access 提供了几种筛选方式？它们有何区别？
8. 如何显示子数据表中的数据？
9. 如何冻结和解冻列、隐藏和显示列？
10. 什么样的字段可以作主键？一个表中可以有几个主键？主键只能由一个字段组成吗？
11. “字段的有效性规则”和“记录的有效性规则”在作用上有什么不同？
12. 在关系数据库中，对用来在两个表之间建立关系的字段有什么要求？

二、选择题

1. 如果要求用户输入年龄必须大于 20 小于 30，则以下有关其属性描述正确的是（ ）。

A. 在输入掩码处输入“>20AND<30” B. 在默认值处输入“>20AND<30”
C. 在有效性规则处输入“>20AND<30” D. 在有效性文本处输入“>20AND<30”

2. 下列字段的数据类型中，不能作为主键的数据类型是（ ）。

A. 文本 B. 货币 C. 日期/时间 D. OLE 对象

3. 下列字段的数据类型中，不能作为主键的数据类型是（ ）。

A. 文本 B. 自动编号 C. 数字 D. 是/否

4. 身份证号码字段最好采用（ ）数据类型。

A. 文本 B. 长整型 C. 备注 D. 自动编号

5. 表是数据库的核心与基础，它存放着数据库的（ ）。

A. 部分数据 B. 全部数据
C. 全部对象 D. 全部数据结构

6. 在表设计器中定义字段的操作包括（ ）。

A. 确定字段的名称、数据类型、字段大小以及显示的格式
B. 确定字段的名称、数据类型、字段宽度以及小数点的位数
C. 确定字段的名称、数据类型、字段属性
D. 确定字段的名称、数据类型、字段属性、编制相关的说明以及设定关键字

7. 下列有关使用向导创建表的说法错误的是（ ）。

A. 只能从一个示例表中选择不同的字段
B. 不能更改字段的属性

C. 可以从不同示例表中选择不同的字段

D. 可以更改字段名称

8. 下列操作中，不会造成表中数据丢失的操作是（　　）。

A. 更改字段名称或说明　　B. 更改字段的数据类型

C. 更改字段的属性　　D. 删除某个字段

9. 下列关于通过输入数据创建表的说法错误的是（　　）。

A. 系统自动提供 21 行 10 列的空表供用户输入数据

B. 在同一列中可以输入不同类型的数据

C. 用户可以更改字段的名称

D. 在同列中，既输入的有数字，又输入的有字符，该列字段类型将为文本型

10. 可以改变“字段大小”属性的字段类型是（　　）。

A. 文本　　B. 日期/时间　　C. 数字　　D. 备注

11. （　　）类型的字段不能设置“输入掩码”属性。

A. 文本和日期　　B. 文本和数字

C. 日期和数字　　D. 备注和 OLE 对象

12. 关于主关键字正确的是（　　）。

A. 主关键字的内容具有唯一性，而且不能为空值

B. 同一个数据表中可以设置一个主关键字，也可以设置多个主关键字

C. 排序只能依据主关键字字段

D. 设置多个主关键字时，每个主关键字的内容可以重复，但全部主关键字的内容组合起来必须具有唯一性

13. 以下字段名正确的是（　　）。

A. COM!NAME　　B. COM-NAME

C. COM.NAME　　D. COM[NAME]

14. 设有日期/时间型字段“入校日期”，则筛选出 2004 年入学的学生，以下写法正确的是（　　）。

A. [入校日期]=#2004#　　B. [入校日期]=#2004-1-1#

C. YEAR([入校日期])=#2004#　　D. YEAR([入校日期])=2004

15. 以下关于货币数据类型的叙述，错误的是（　　）。

A. 向货币字段输入数据时，系统自动将其设置为 4 位小数

B. 可以和数值型数据混合计算，结果为货币型

C. 字段长度为 8 个字节

D. 向货币字段输入数据时，不必键入美元符号和千位分隔符

16. Access 表中字段的数据类型不包括（　　）。

A. 文本　　B. 备注　　C. 通用　　D. 日期/时间

17. 必须输入任一字符或空格的输入掩码是（　　）。

A. 0　　B. &　　C. A　　D. C

18. 下面（　　）不属于字段基本属性。

A. 字段名称　　B. 数据类型

C. 字段大小　　D. 字段值

19．下列有关数据库表字段类型中，字段大小可设置说法正确的是（　　）。

A．文本或数字字段可设置　　B．日期字段可设置

C．货币字段可设置　　D．都不对

20．在数据库中建立一个表包括（　　）。

A．建立表的结构　　B．向表中输入内容

C．建立表的结构并向表中输入内容　　D．B 是对的

21．如果表中有“联系电话”字段，若要确保输入的联系电话只能为 8 位数字，应将该字段的输入掩码设置为（　　）。

A．00000000　　B．99999999　　C．########　　D．????????

22．若输入文本时达到密码显示“*”号的效果，则应设置该字段的属性是（　　）。

A．默认值　　B．标题　　C．密码　　D．输入掩码

23．下列选项叙述不正确的是（　　）。

A．如果文本字段已经有数据，那么减少字段大小不会丢失数据

B．如果数字字段中包含小数，则将字段大小设置为整数时，Access 自动将小数取整

C．为字段设置默认属性时，必须与字段所设的数据类型相匹配

D．可以使用 Access 的表达式来定义默认值

24．要在输入某“日期/时间”型字段值时自动插入当前系统日期，应在该字段的默认值属性框中输入（　　）表达式。

A．Date()　　B．Date[]　　C．Time()　　D．Time[]

25．默认值设置是通过（　　）操作来简化数据输入。

A．清除用户输入数据的所有字段　　B．用指定的值填充字段

C．消除了重复输入数据的必要　　D．用与前一字段相同的值填充字段

26．在 Access 中，利用“查找和替换”对话框可以查找到满足条件的记录，要查找当前字段中所有第一个字符为“y”、最后一个字符为“w”的数据，下列选项中正确使用通配符的是（　　）。

A．y[abc]w　　B．y*w　　C．y?w　　D．y#w

27．下面关于 Access 表的叙述中，错误的是（　　）。

A．在 Access 表中，可以对 OLE 对象型字段进行“格式”属性设置

B．若删除表中含有自动编号型字段的一条记录后，Access 不会对表中自动编号型字段重新编号

C．创建表之间关系时，应关闭所有打开的表

D．可在 Access 表的设计视图“说明”列中，对字段进行具体说明

28．Access 中表和数据库的关系是（　　）。

A．一个数据库可以包含多个表　　B．一个表只能包含两个数据库

C．一个表可以包含多个数据库　　D．一个数据库只能包含一个表

29．在已建立的数据表中，若在显示表中内容时使某些字段不能移动显示位置，可以使用的方法是（　　）。

A．排序　　B．筛选　　C．隐藏　　D．冻结

30．下列关于文本数据类型的叙述错误的是（　　）。

A．文本型数据类型最多可保存 255 个字符

B．文本型数据所使用的对象为文本或文本与数字的结合

C．文本数据类型在 Access 中默认字段大小为 50 个字符

D．当将一个表中文本数据类型字段修改为备注类型字段时，该字段原来存在的内容都完全丢失

31．不能索引的数据类型是（　　）。

A．文本　　B．数值　　C．日期　　D．备注

32．定义字段的属性不包括的内容是（　　）。

A．字段名　　B．默认值　　C．输入掩码　　D．有效性规则

33．输入数据时，若希望输入的格式标准保持一致，或希望检查输入时的错误可以（　　）。

A．设置输入掩码　　B．设置默认值

C．定义有效性规则　　D．控制字段大小

34．以下不正确的字段类型是（　　）。

A．文本　　B．双精度　　C．长整型　　D．主键

三、填空题

1．表是数据库中最基本操作________之一，也是数据库其他对象的________和操作基础。

2．在对表进行操作时是把表________与表的内容分开进行操作的。

3．修改表结构只能在________视图中完成。

4．如果某一字段没有设置显示标题，则系统将________设置为字段的显示标题。

5．字段的有效性规则是在给字段输入数据时所设置的________。

6．在同一个数据库中的多张，若想建立表间的关联关系，就必须给表中的某字段建立________。

7．备注类型字段可以存放________字符。

8．给表添加数据的操作是在“表”的________视图中完成的。

9．在“插入对象”窗口中，选择“图形”文件方可添加________数据。

10．一般情况下，一个表可以建立________主键。

11．修改字段包括修改字段的名称、________、说明等。

12．“是/否”型字段实际保存的数据是________或________，________表示“是”，________表示“否”。

13．在数据表视图中，________某字段列或几个字段列后，无论用户怎样水平滚动窗口，这些字段总是可见的，并且总是显示在窗口的最左边。

14．在 Access 数据表中，必须为每个字段指定一种数据类型。字段的数据类型有________、________、________、________、________、________、________、________、________、________。其中________数据类型可以用于为每个新纪录字段生成数字。

15．输入数据时，若希望输入的格式标准保持一致，或希望检查输入时的错误可以通过设置字段的________属性来实现。

第 9 章 查询

【本章要点】

查询有着重要的应用，通过查询可以按照不同的方式查看、更改和分析数据，并可以使用查询作为窗体、报表和数据访问页的数据源。在 Access 中可以创建 5 类查询：选择查询、参数查询、交叉表查询、操作查询和 SQL 查询。在查询中，重要的是设置查询条件，以便获取所需要的数据。要求学生掌握创建各类查询的操作和对查询结果的使用。

9.1 查询的概述

在 Access 2003 数据库系统中，“查询”是一个比较特殊的数据库对象。查询就是依据一定的查询条件，对数据库中的数据信息进行查找。它与表一样，都是数据库的对象。它允许用户依据准则或查询条件抽取表中的记录与字段。

9.1.1 查询的功能与类型

查询是数据处理和数据分析的工具，是在指定的（一个或多个）表中根据给定的条件从中筛选所需要的信息，供用户查看、更改和分析。利用查询可实现多种功能。

选择字段。在查询中，可以只选择表中的部分字段。如建立只显示“客户”表中每个客户的联系人姓名、地址、电话和传真。

选择记录。根据指定的条件查找所需记录并显示。比如建立一个查询，只显示“产品”表中的“饮料”。

编辑记录。其包括添加记录、修改记录和删除记录。

实现计算。在建立查询的过程中进行各种统计计算。比如根据“订单明细”表汇总每张订单的销售总额。

建立新表。利用查询的结果建立一个新的表对象。

查询分为 5 类：选择查询、参数查询、交叉表查询、操作查询、SQL 查询，5 类针对的目标不同，对数据的操作方式和结果也不同。

1．选择查询

选择查询是最常用的、也是最基本的查询类型，它从一个或多个表中检索数据。也可以使用选择查询来对记录进行分组，并且对记录做总计、计数、平均值以及其他类型的总和计算。

2. 参数查询

参数查询在执行时显示自己的对话框以提示用户输入查询参数或准则。与其他查询不同，参数查询的查询准则是可以因用户的要求而改变的，而其他查询的准则是事先定义好的。

3. 交叉表查询

使用交叉表查询可以计算并重新组织数据的结构，这样可以更加方便地分析数据。交叉表查询计算数据的总计、平均值、计数或其他类型的总和，这种数据可分为两组信息：一类在数据表左侧排列，另一类在数据表顶端排列。

4. 操作查询

使用这种查询只须进行一次操作就可对许多记录进行更改和移动。有 4 种操作查询方式。

（1）生成表查询：生成表查询利用一个或多个表的全部或部分数据创建新表。

（2）删除查询：删除查询可以从一个或多个表中删除记录。

（3）更新查询：更新查询可对一个或多个表中的一组记录进行全部更改。

（4）追加查询：追加查询可将一个或多个表中的一组记录追加到一个或多个表的末尾。

5. SQL 查询

所谓的 SQL 实际上是结构化查询语言（Structured Query Language）的缩写。它是现代数据库中用来描述查询的语言，SQL 查询是用户使用 SQL 语句创建的查询。实际上在 Access 2003 数据库系统中，所有的查询最终都是由 SQL 查询实现的。

9.1.2 查询条件设置

查询常常需要指定一定的条件。例如，查询关于“饮料”的订单。这种带条件的查询需要通过设置查询条件来实现。

查询条件可以是运算符、常量、字段值、函数以及字段名和属性等任意组合，能够计算出一个结果。查询条件在创建带条件的查询时经常用到，因此，条件的组成显得非常重要。

1. 运算符

运算符是构成查询条件的基本元素。Access 提供了关系运算符、逻辑运算符和特殊运算符。3 种运算符及含义如表 9-1、表 9-2、表 9-3 所示。

表 9-1　关系运算符及含义

关系运算符	说　明	关系运算符	说　明
=	等于	<>	不等于
<	小于	<=	小于等于
>	大于	>=	大于等于

表 9-2　逻辑运算符及含义

逻辑运算符	说　明
Not	当 Not 连接的表达式为真时，整个表达式为假
And	当 And 连接的表达式均为真时，整个表达式为真，否则为假
Or	当 Or 连接的表达式均为假时，整个表达式为假，否则为真

表 9-3 特殊运算符及含义

特殊运算符	说 明
In	用于指定一个字段值的列表，列表中的任意一值都可与查询的字段相匹配
Between	用于指定一个字段值的范围。指定范围之间用 And 连接
Like	用于指定查找文本字段的字符模式。在所定义的字符模式中，用“？”表示该位置可匹配任何一个字符；用“*”表示该位置可匹配任何多个字符；用“#”表示该位置可匹配任何一个数字；用方括号“[]”描述一个范围，用于匹配字符范围
Is Null	用于指定一个字段为空
Is Not Null	用于指定一个字段为非空

2. 函数

Access 提供了大量的内置函数，也称为标准函数或函数，包括算术函数、字符函数、日期/时间函数和统计函数等。这些函数为更好地构造查询条件提供了极大的便利，也为更准确地进行统计计算、实现数据处理提供了有效的方法。表 9-4 是一些常用函数。

表 9-4 常用函数

函 数	代表功能
Count（字符表达式）	返回字符表达式中值的个数（即数据计数），通常以星号（*）作为 Count()的参数，字符表达式可以是一个字段名，也可以是含有字段名的表达式，但所含的字段必须是文本数据类型的字段
Min（字符表达式）	返回字符表达式值中的最小值
Max（字符表达式）	返回字符表达式值中的最大值
Avg（数值表达式）	返回表达式中值的平均值
Sum（数值表达式）	返回表达式中值的总和
Day（日期）	返回值介于 1～31，代表所指定日期中的日子
Month（日期）	返回值介于 1～12，代表所指定日期中的月份
Year（日期）	返回值介于 100～9999，代表所指定日期中的年份
Weekday（日期）	返回值介于 1～7（1 代表星期天，7 代表星期六），代表所指定日期是星期几
Hour（日期/时间）	返回值介于 0～23，代表所指定日期时间中的小时部分
Date（ ）	返回当前的系统日期
Time（ ）	返回当前的系统时间
Now（ ）	返回当前的系统日期和时间
Dateadd（ ）	以某一日期为准，向前或向后加减
Datediff（ ）	计算两日期相差的天数
Len（ ）	返回字符表达式的字符个数
IIf（判断式，为真的值，为假的值）	以判断式为准，在其结果为真或假时，返回不同的值

3. 查询条件应用

（1）使用文本值作为查询条件。使用文本值作为查询条件，可以方便地限定查询的文本范围。以文本值作为查询条件的示例和功能如表 9-5 所示。

表 9-5　　　　使用文本值作为查询条件示例

字段名	条件	功能
产品名称	"薯条"	查询产品名称为薯条的订单明细
	"薯条" Or "饼干"	查询产品名称为薯条或饼干的订单明细
	Right（[产品名称]，2）="奶酪"	查询产品名称为各种奶酪
联系人姓名	In（"李四"，"张三"）	查询姓名为“李四”或“张三”的记录
	"李四" Or "张三"	
	Not "李四"	查询姓名不为“李四”的记录
	Left（[姓名]，1）="李" Like "李*"	查询姓“李”的记录
	Len（[姓名]）<=2	查询姓名为 2 个字的记录
订单 ID	Right([订单 ID], 2) = 99	查询“订单 ID”值以 99 结尾的订单
	Mid（[订单 ID], 5，2）=“03”	查询“订单 ID”值第 5 和第 6 个字符为 03 的记录
	InStr（[订单 ID],"03"）=5	

查询产品名称为花生的产品，查询条件可以表示为：="花生"，但为了输入方便，Access 允许在条件中省去“=”，所以可以直接表示为："花生"。输入时如果没有加双引号，Access 会自动加上双引号。

（2）使用处理日期结果作为查询条件。使用处理日期的结果作为条件可以方便地限定查询的时间范围。示例如表 9-6 所示。

表 9-6　　　　使用处理日期结果作为查询条件示例

字段名	条件	功能
订购日期	Year（[订购日期]）=1997	查询 1997 年的订单
	Between #1997-01-01# And #1997-12-31	
	<Date ( )-15	查询 15 天前的订单
	Between Date( ) And Date ( )-40	查询 40 天之内订单
	Year（[订购日期]）=1997 And Month（[订购日期]）=7	查询 1997 年 7 月的订单
雇佣日期	Year（[雇佣日期]）=1993	查询 1993 年雇佣的雇员

书写这类条件时应注意，日期常量要用英文的“#”号括起来。

（3）使用空值或空字符串作为查询条件。空值是使用 Null 或空白来表示字段的值；空字符串是用双引号括起来的字符串，且双引号中间没有空格。使用空值或空字符串作为查询条件的示例如表 9-7 所示。

表 9-7　　　　使用空值或空字符串作为查询条件的示例

字段名	条件	功能
传真	Is Null	查询没有传真（传真为 Null（空值））的供应商记录
	Is Not Null	查询有传真（不为空值）的供应商记录
联系电话	""	查询没有联系电话的记录

最后还须注意，在条件中字段名必须用方括号括起来，而且数据类型应与对应字段定义的类

型相符合，否则会出现数据类型不匹配的错误。

9.2 选择查询

从一个或多个数据源中获得数据的查询称为选择查询，创建选择查询有两种方法，使用查询向导和在设计视图中创建查询。使用查询向导是一种最简单的创建查询的方法。

9.2.1 使用“查询向导”

使用“查询向导”创建查询比较简单，用户可以在向导指示下选择表和表中字段，但不能设置查询条件。在数据库窗口中使用简单查询向导不仅可以对单个表进行创建查询的操作，也可以对多个表进行创建查询的操作。

1. 从单个表中查询所需的数据

【例 9-1】从“客户”表中查找“公司名称”、“联系人姓名”、“地址”、“电话”字段，操作步骤如下。

（1）在“数据库”窗口中，单击“查询”对象，如图 9-1 所示。

（2）在对象列表栏中，单击“使用向导创建查询”，打开“简单查询向导”对话框。

（3）在“表/查询”下拉列表中选择“表：客户”，在“可用字段”中选中“公司名称”，单击“>”按钮，或者双击“公司名称”字段进行添加；然后用同样的方法，依次添加“联系人姓名”、“地址”、“电话”字段，单击“下一步”按钮，如图 9-2 所示。

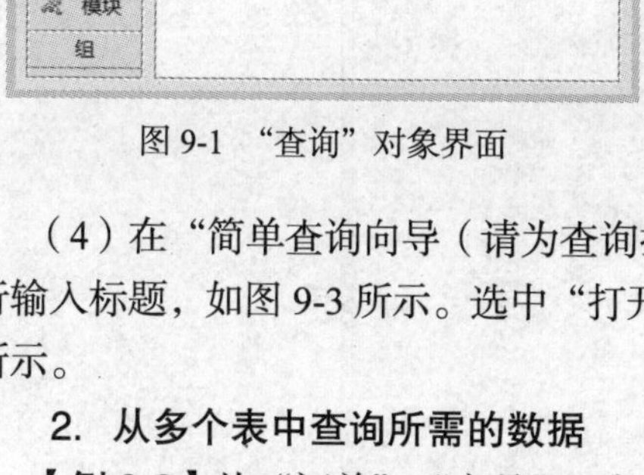

图 9-1 “查询”对象界面

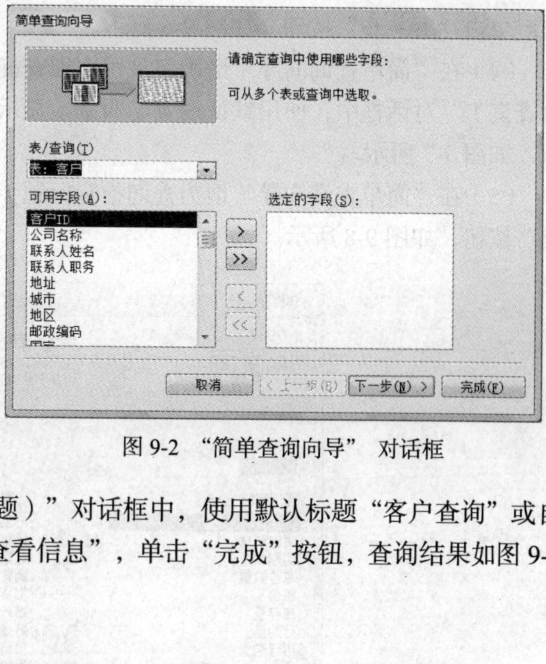

图 9-2 “简单查询向导”对话框

（4）在“简单查询向导（请为查询指定标题）”对话框中，使用默认标题“客户查询”或自行输入标题，如图 9-3 所示。选中“打开查询查看信息”，单击“完成”按钮，查询结果如图 9-4 所示。

2. 从多个表中查询所需的数据

【例 9-2】从“订单”、“产品”、“订单明细”、“客户”、“运货商”表中，查询发货信息。

（1）在“数据库”窗口中，单击“查询”对象。

（2）在“数据库”窗口的工具栏上，单击“新建”按钮，打开“新建查询”对话框，选择“简单查询向导”，然后单击“确定”按钮，如图 9-5 所示。

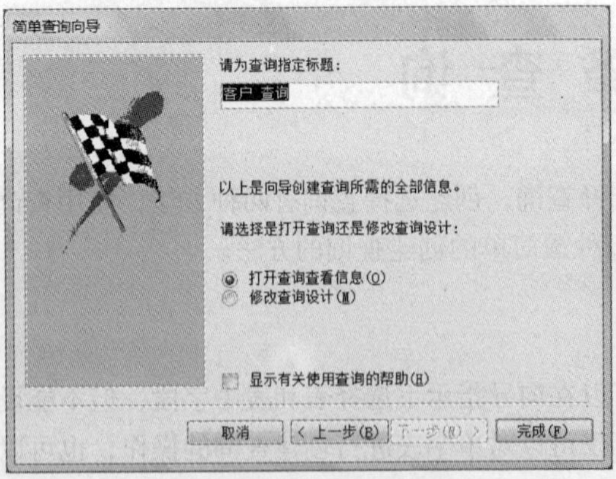

图 9-3　为查询指定标题

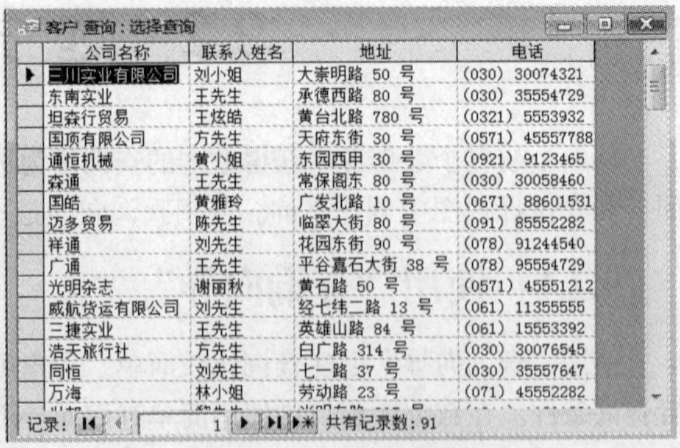

图 9-4　单表查询结果

（3）在“简单查询向导（请确定查询中使用哪些字段）”对话框的“表/查询”列表框中，首先选择“表：产品”，在“可用字段”窗口中双击“产品名称”字段，该字段被发送到“选定的字段”窗口中。用同样的方法，把“订单”表中的“订单 ID”、“订购日期”、“到货日期”、“发货日期”，“订单明细”表中的“数量”、“单价”字段，“运货商”表中“公司名称”、“电话”字段，“客户”表中“公司名称”、“地址”发送到“选定的字段”窗口中，然后单击“下一步”按钮，如图 9-6 所示。

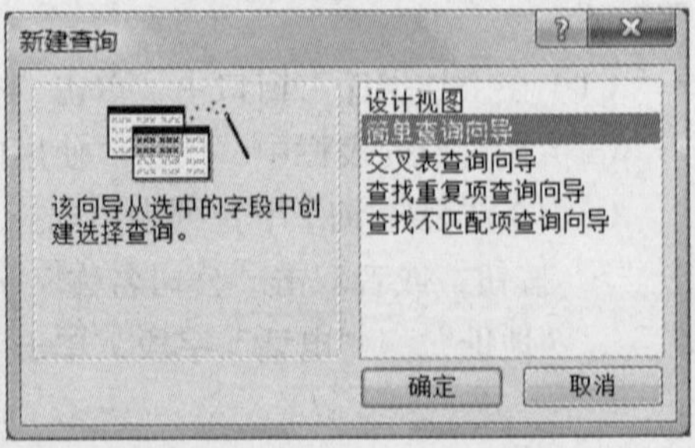

图 9-5　“新建查询”对话框

（4）在“简单查询向导（请确定采用明细查询汇总查询）”对话框中，使用默认设置（明细（显示每个记录的每个字段）），单击“下一步”按钮，如图 9-7 所示。

（5）在“简单查询向导（请为查询指定标题）”对话框中，输入标题“发货单”，单击“完成”按钮，如图 9-8 所示。

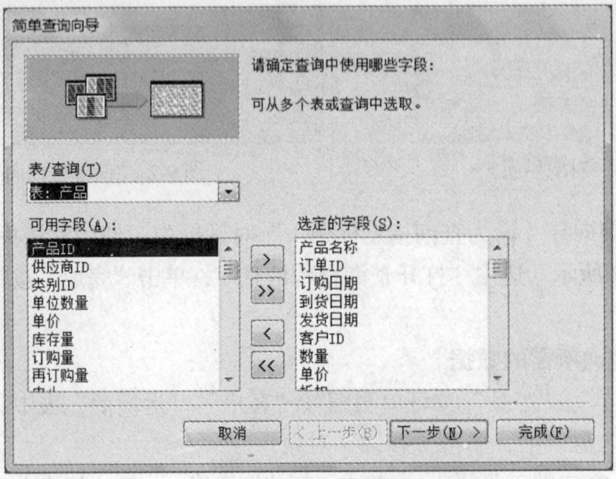

图 9-6　简单查询向导(选定字段)

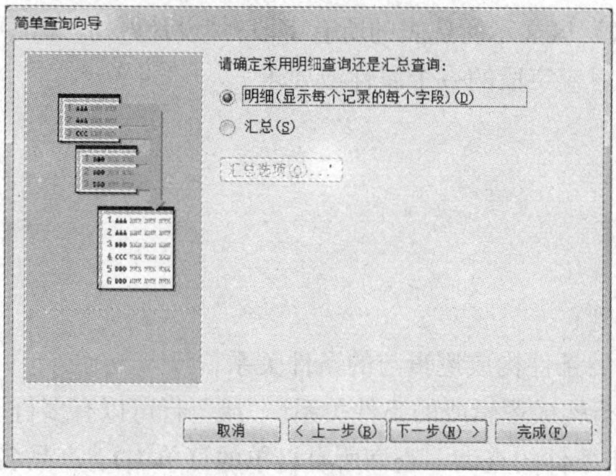

图 9-7　简单查询向导

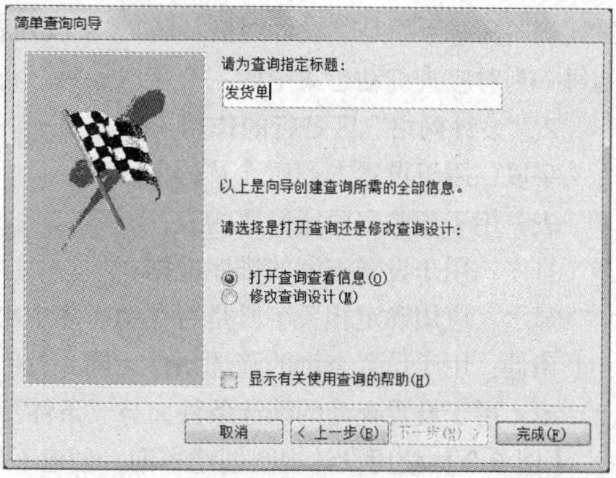

图 9-8　为查询指定标题

Access 开始建立查询，并将结果显示出来，如图 9-9 所示。

产品名称	订单ID	订购日期	到货日期	发货日期	客户	数量	单价	折扣	公司名称	供应商_电话	公司名称	地址	客户_电话
猪肉	10248	1996-07-04	1996-08-01	1996-07-16	山泰企	12	￥14.00	0%	正一	(021) 444-234	山泰企业	舜井街 561	(030) 264
糙米	10248	1996-07-04	1996-08-01	1996-07-16	山泰企	10	￥9.80	0%	康美	(010) 6555878	山泰企业	舜井街 561	(030) 264
酸奶酪	10248	1996-07-04	1996-08-01	1996-07-16	山泰企	5	￥34.80	0%	福满多	(0544) 560323	山泰企业	舜井街 561	(030) 264
沙茶	10249	1996-07-05	1996-08-16	1996-07-10	东帝望	9	￥18.60	0%	德昌	(010) 431-787	东帝望	起义路甲 92	(0251) 10
猪肉干	10249	1996-07-05	1996-08-16	1996-07-10	东帝望	40	￥42.40	0%	涵合	(010) 6555591	东帝望	起义路甲 92	(0251) 10
虾子	10250	1996-07-08	1996-08-05	1996-07-12	实翼	10	￥7.70	0%	普三	(010) 6555326	实翼	永惠西街 39	(0211) 55
猪肉干	10250	1996-07-08	1996-08-05	1996-07-12	实翼	35	￥42.40	15%	涵合	(010) 6555591	实翼	永惠西街 39	(0211) 55
海苔酱	10250	1996-07-08	1996-08-05	1996-07-12	实翼	15	￥16.80	15%	康富食品	(010) 6555482	实翼	永惠西街 39	(0211) 55
糯米	10251	1996-07-08	1996-08-05	1996-07-15	千固	6	￥16.80	5%	菊花	(031) 9876543	千固	明成西街 47	(071) 832
小米	10251	1996-07-08	1996-08-05	1996-07-15	千固	15	￥15.60	5%	宏仁	(010) 6547665	千固	明成西街 47	(071) 832
海苔酱	10251	1996-07-08	1996-08-05	1996-07-15	千固	20	￥16.80	0%	康富食品	(010) 6555482	千固	明成西街 47	(071) 832
桂花糕	10252	1996-07-09	1996-08-06	1996-07-11	福星制	40	￥64.80	5%	康堡	(010) 555-444	福星制衣厂股	机场东路 95	(030) 236
浪花奶酪	10252	1996-07-09	1996-08-06	1996-07-11	福星制	25	￥2.00	5%	德级	(010) 8295301	福星制衣厂股	机场东路 95	(030) 236
花奶酪	10252	1996-07-09	1996-08-06	1996-07-11	福星制	40	￥27.20	0%	玉成	(010) 1876980	福星制衣厂股	机场东路 95	(030) 236
温馨奶酪	10253	1996-07-10	1996-07-24	1996-07-16	实翼	20	￥10.00	0%	福满多	(0544) 560323	实翼	永惠西街 39	(0211) 55
运动饮料	10253	1996-07-10	1996-07-24	1996-07-16	实翼	42	￥14.40	0%	成记	(010) 6383006	实翼	永惠西街 39	(0211) 55

图 9-9　“发货单”查询结果

9.2.2　使用“设计视图”

在实际应用中，需要创建的选择查询多种多样，有些带条件，有些不带任何条件。使用“查询向导”虽然可以快速、方便地创建查询，但它只能创建不带条件的查询，而对于有条件的查询则需要通过使用查询“设计视图”完成。

1．查询的“设计视图”

在 Access 中查询有 5 种视图：设计视图、数据表视图、SQL 视图、数据透视表视图和数据透视图视图。在“设计视图”中，既可以创建不带条件的查询，也可以创建带条件的查询，还可以对已建查询进行修改。

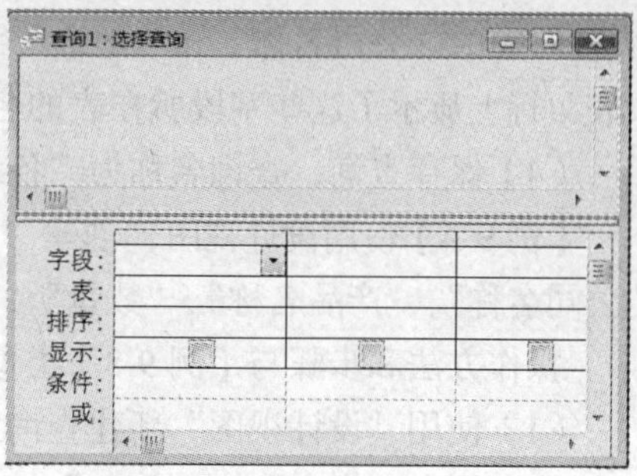

图 9-10　查询“设计”视图

在“数据库”窗口的“查询”对象中，双击“在设计视图中创建查询”选项，打开查询“设计视图”窗口；或单击“新建”按钮，从打开的“新建查询”对话框中双击“设计视图”，打开查询“设计视图”窗口。窗口组成如图 9-10 所示。

查询“设计视图”窗口分为上下两部分：上面是“字

段列表”区，下面是“设计网格”区。“字段列表”区显示所选表的所有字段；“设计网格”区中的每一列对应查询动态集中的一个字段，每一行对应字段的一个属性或要求。

2.“设计网格”区各行的作用

字段：用于设置查询所涉及的字段；

表：用于指明字段所归属的表；

排序：用于设置查询的排序准则；

显示：应用确定相关字段是否在动态集中出现；

条件：用于设置查询的筛选条件，同一行中的条件构成逻辑与的条件关系；

或：用于设置查询的筛选条件，与“条件”行构成逻辑或的条件关系。“或”行可以有多行。

【例 9-3】使用设计视图创建查询，创建不带条件的查询，查询所有订单的订单 ID、产品名称、订货的数量以及供货商的公司名称和地址。

（1）在“数据库”窗口的查询对象下，双击“在设计视图中创建查询”选项，打开查询“设计视图”，并显示一个“显示表”对话框，如图 9-11 所示。

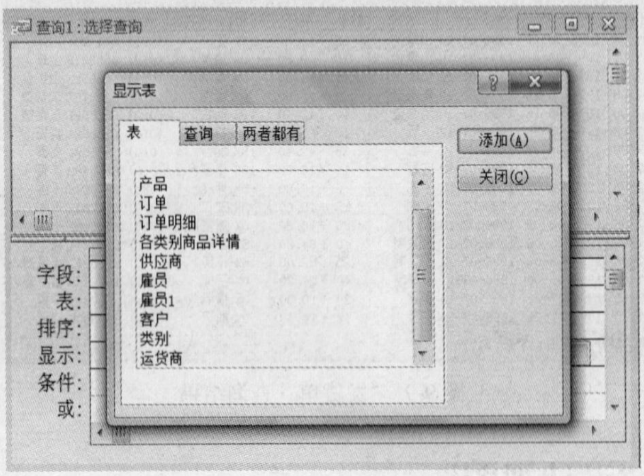

图 9-11 “显示表”对话框

（2）双击“订单”表，将“订单”表的字段列表添加到查询“设计视图”上半部分的字段列表区中，同样分别双击“订单明细”、“产品”、“供应商”3 个表，也将它们的字段列表添加到查询“设计视图”的字段列表区中。单击“关闭”按钮关闭“显示表”对话框。

（3）在表的字段列表中选择字段并拖动或双击放在设计网格的字段行上，在这里双击“订单”表中“订单 ID”字段，“产品”表中“产品名称”字段，“订单明细”表中“数量”字段，“供应商”表中“公司名称”和“地址”字段，将它们添加到“字段”行的第一列到第五列上，这时“表”行上显示了这些字段所在表的名称，结果如图 9-12 所示。最终查询结果如图 9-13 所示。

（4）保存查询，查询名称为“各订单供应商信息查询”。

【例 9-4】使用设计视图，创建“1997 年绿茶的订购信息”查询，查询结果包括“订单 ID”、“公司名称”、“产品名称”、“数量”、“订购日期”字段。

操作方法和步骤与【例 9-3】类似。

（1）使用“设计视图”新建查询；

（2）添加“客户”、“订单”、“订单明细”、“产品”四个表作为查询的数据源；

（3）分别添加各表中的“订单 ID”、“产品名称”、“数量”、“订购日期”、“公司名称”

字段；

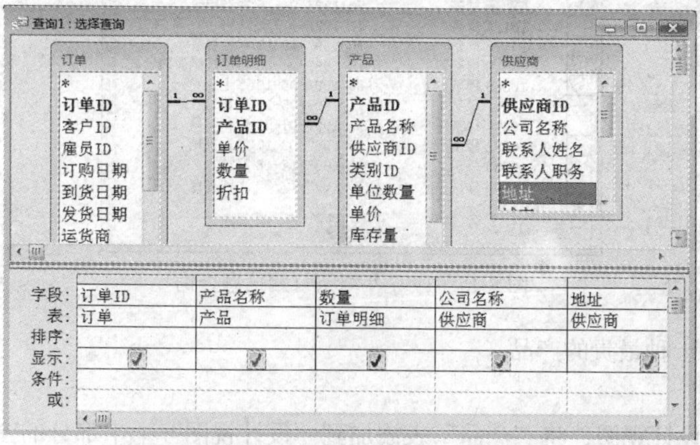

图 9-12　确定查询所需字段

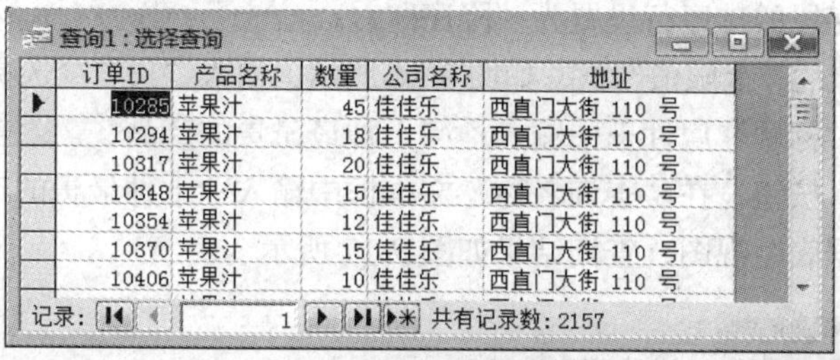

图 9-13　供应商信息查询结果

（4）在“条件”行输入查询条件，“产品名称”列中输入“绿茶”，“订购日期”列输入“>=#1997/1/1#And <=#1997/12/31#”，或者“Between #1997/1/1# And #1997/12/31#”，或者“Year([订购日期])=1997”，如图 9-14 所示；

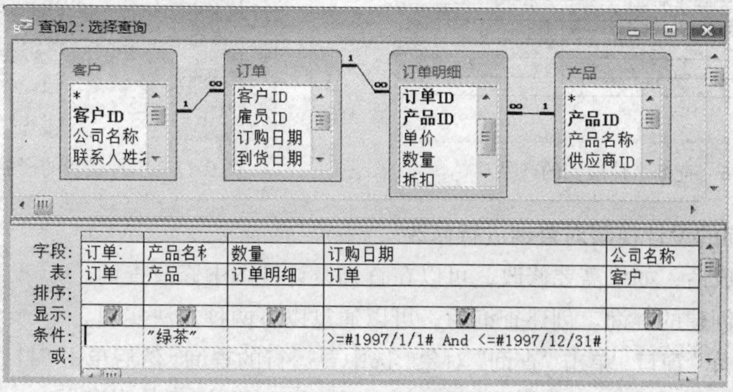

图 9-14　使用“条件”行设置查询条件

（5）查看查询结果，结果如图 9-15 所示。

Access 可以在查询数据表中，显示包含上限或下限值字段的记录，或显示包含最大或最小百分比值字段的记录。例如，可能需要显示本月销售额最高的 10 个销售人员，或按平均成绩显示班级中成绩最低的 20%的学生。

查询2：选择查询

订单ID	产品名称	数量	订购日期	公司名称
10417	绿茶	50	1997-01-16	百达电子
10424	绿茶	49	1997-01-23	华科
10479	绿茶	30	1997-03-19	学仁贸易
10518	绿茶	15	1997-04-25	协昌妮绒有限公司
10540	绿茶	30	1997-05-19	高上补习班
10541	绿茶	4	1997-05-19	实翼
10616	绿茶	15	1997-07-31	仪和贸易
10672	绿茶	15	1997-09-17	通恒机械．
10783	绿茶	5	1997-12-18	实翼
10805	绿茶	10	1997-12-30	上河工业
(自动编号)				

记录：1 共有记录数：10

图 9-15 1997 年绿茶订购信息查询

【例 9-5】查询十种最贵的产品

操作步骤如下。

（1）打开查询设计视图，将“产品”表添加到“设计视图”上半部分的窗口中。

（2）双击“产品”表字段列表中的“产品名称”、“单价”字段，添加到字段行。

（3）将“单价”字段的排序行设置为“降序”。

（4）单击工具栏上的“上限值”框，如图 9-16 所示，输入“10”。选择产品名称字段，打开字段属性对话框，在“标题”属性框中输入：“十种最昂贵的产品”。

（5）单击“保存”按钮，在“查询名称”文本框中输入“十种最贵的产品”。

（6）切换到“数据表”视图，查询结果如图 9-17 所示 。

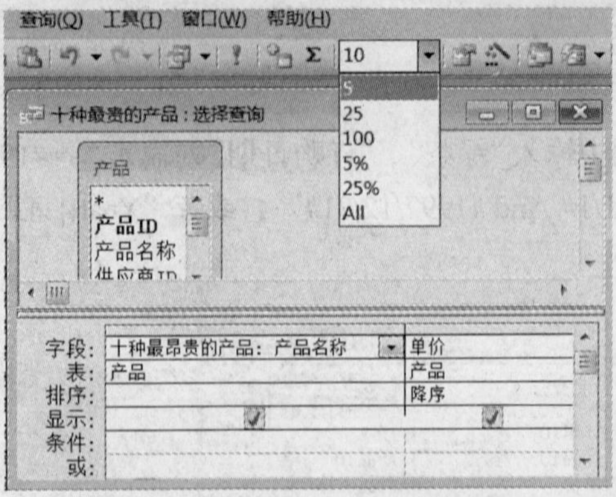

图 9-16 查询十种最贵的产品

十种最贵的产品：选择查询

十种最贵的产品	单价
绿茶	￥263.50
鸭肉	￥123.79
鸡	￥97.00
桂花糕	￥81.00
墨鱼	￥62.50
光明奶酪	￥55.00
猪肉干	￥53.00
山渣片	￥49.30
柳橙汁	￥46.00
烤肉酱	￥45.60
	￥0.00

记录：1 共有记录数：10

图 9-17 十种最贵的产品查询结果

3. 利用查询的设计视图对查询进行修改

查询创建完成后，如果需要修改，可以在查询设计视图中修改查询。

（1）打开已创建的查询。创建查询后，可以通过以下两种方法实现。

① 在“数据库”窗口，单击“查询”对象，选中要运行的查询，然后单击“打开”按钮 打开(O)。

② 在“数据库”窗口，单击“查询”对象，然后双击要运行的查询。

（2）运行已创建的查询。在创建查询时，我们可以通过工具栏上的“运行”按钮 ! 和“数据表视图”按钮 来查看结果。

（3）编辑字段。编辑字段包括添加、删除、移动或更改字段名。

① 添加字段。把表中的字段添加到设计网格中，除了使用双击表中字段的方法外，还可以使用拖曳的方法，即选中表中的字段后，按住鼠标左键不松手，拖曳字段到设计网格的列中。选取

多个字段的方法：按住 Ctrl 键不放开，同时单击所要选择的各个字段，则可以选中多个不连续的字段。若要选取连续的多个字段，先单击第一个字段，按住 Shift 键不放开，然后再单击最后一个字段。

技巧　如果把一个表的多个字段添加到设计网格中，首先选中所需要的多个字段，然后采用拖曳方法，一次可以把多个字段添加到设计网格中。如果把一个表的所有字段添加到设计网格中，双击表中的“*”号即可。

② 删除字段。若想把添加到设计网格中的字段删除，操作步骤如下。

在查询设计网格中，单击想要删除的字段所在列，按 Delete 键，删除字段；或单击菜单命令“编辑|删除”，然后单击工具栏上的“保存”按钮，保存所做的修改。

③ 移动字段。如果需要调整某字段列的位置，只要选中了该字段列，然后把它拖曳到相应位置处，放开鼠标即可。

④ 插入字段。如果需要在某个字段列（如第 2 列）前插入字段，首先选中要插入的字段，然后把该字段拖曳到要插入的（第 2 个）字段列处，即插入的字段列放置在第 2 列的位置处，原来位置处的字段则依次向后移动一列。

（4）编辑查询中的数据源。在已建查询的“设计”窗口上半部分，每个表或查询的“字段列表”中，列出了可以添加到设计网格的所有字段。如果需要添加所需字段或删除字段可以按下列步骤操作。

① 添加表或查询。操作步骤如下。

使用查询设计视图打开要修改的查询。

单击显示表按钮，如果要添加表，则单击“表”选项卡，然后双击要添加的表。如果要添加查询，则单击“查询”选项卡，然后双击要添加的查询。

单击关闭按钮，关闭“显示表”对话框。

② 删除表或查询。删除表或查询跟添加的操作相似，使用查询设计视图打开要修改的查询，单击要删除的表或查询，单击菜单命令“编辑|删除”或按 Delete 键。删除作为数据源的表或查询，设计网格中相关字段也会在查询设计视图中删除。

（5）排序查询的结果。在建立查询时，还可以根据需要，设置按某个字段排序显示。操作方法是单击需要排序字段设计网格中的下拉列表框，从中选择“升序”或“降序”。

【例 9-6】查询还在订货的当前产品，不包括已中止产品，按产品名称升序排列。

（1）使用“设计视图”新建查询；

（2）添加“产品”表作为查询数据源；

（3）修改“产品”表的别名为“产品列表”：在“产品”表标题栏单击鼠标右键，快捷菜单中选择“属性”，打开的“字段列表属性”对话框中，输入别名为“产品列表”，按回车键，如图 9-18 所示；

（4）添加“产品 ID”、“产品名称”、“中止”字段到“设计网格”；

（5）设置“产品名称”字段排序方式为“升序”；设置“中止”字段条件为“No”；将“显示”行复选框选项对勾去掉，如图 9-19 所示；

（6）保存并运行查询，查询名称为“当前产品列表”，查询结果如图 9-20 所示。

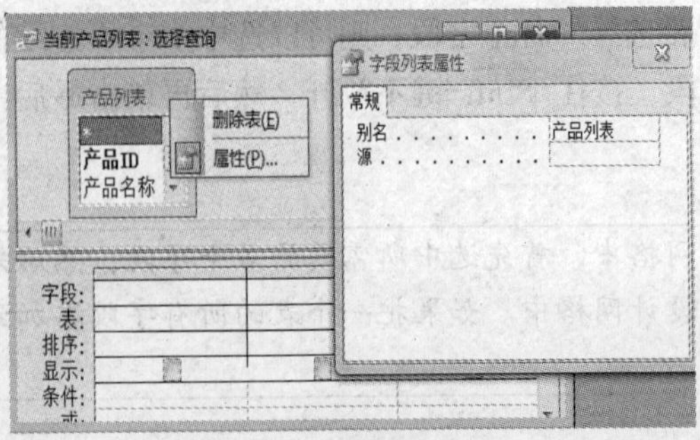

图 9-18　设置表的别名

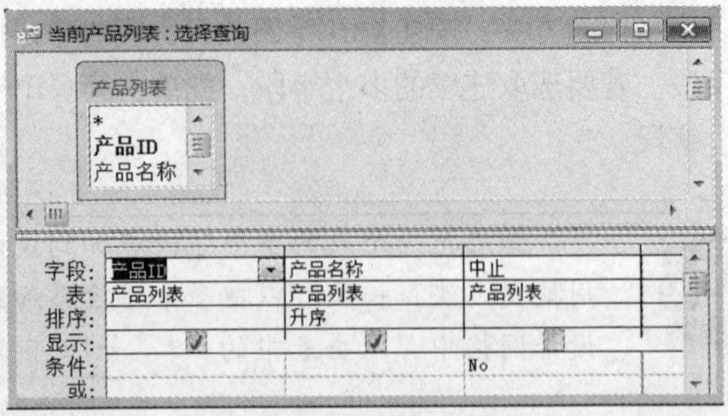

图 9-19　设置排序及条件

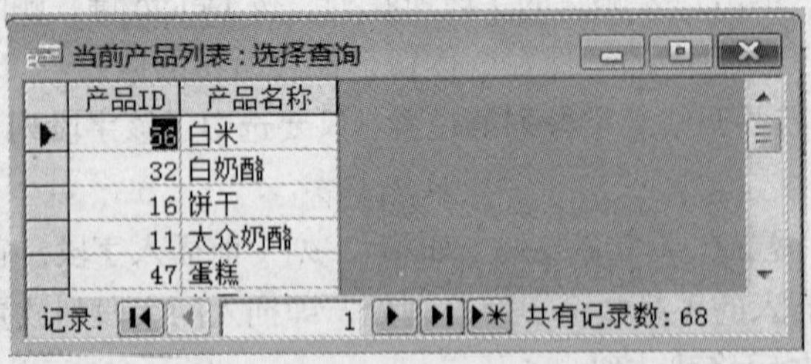

图 9-20　当前产品列表查询结果

9.2.3　用查询执行计算

在实际应用中，常需要对查询的结果进行统计和计算，例如，求和、计数、求最大值、求最小值、求平均值，还能进行其他更复杂的计算。

在查询中可执行的计算，基本上可分为两种类型：预定义计算和自定义计算。

1．预定义计算

预定义计算又称为“总计”计算，是系统预先提供的、用于对查询中的记录组或全部记录进行计算，包括总和、平均值、计数、最小值、最大值、标准偏差或方差等。

为了进行总计计算，需要在工具栏上单击“总计”按钮，则在查询设计网格中增加“总计”行，这时单元格中显示“分组”。然后可以对每个字段，在“总计”行的单元格中选择一种计算类型进行计算。“总计”行中共有 12 种计算类型，其类型和功能如表 9-8 所示。

表 9-8　　12 种计算类型和功能

<table>
<tr><th>类　型</th><th>功　能</th><th>类　型</th><th>功　能</th></tr>
<tr><td>总计</td><td>求字段值的总和</td><td rowspan="2">第一条记录</td><td rowspan="2">求在表和查询中第一个记录的字段值</td></tr>
<tr><td>平均值</td><td>求字段的平均值</td></tr>
<tr><td>最小值</td><td>求字段的最小值</td><td rowspan="2">最后一条记录</td><td rowspan="2">求在表和查询中最后一条记录的字段值</td></tr>
<tr><td>最大值</td><td>求字段的最大值</td></tr>
<tr><td>计数</td><td>求字段中的非空数值</td><td rowspan="2">表达式</td><td rowspan="2">创建在其表达式中包含统计函数的计算字段</td></tr>
<tr><td>标准偏差</td><td>求字段的标准偏差值</td></tr>
<tr><td>方差</td><td>求字段的方差值</td><td rowspan="2">条件</td><td rowspan="2">指定不用于定义分组的字段条件，如果选中这个字段选项，Access 将清除“显示”复选框，隐藏查询结果中的这个字段</td></tr>
<tr><td>分组</td><td>定义要执行计算的组</td></tr>
</table>

【例 9-7】统计青岛市的客户数目

操作步骤如下。

（1）打开查询设计视图，将“客户”表添加到“设计视图”上半部分的窗口中。

（2）双击“客户”表字段列表中的“城市”、“客户 ID”字段，添加到字段行。

（3）单击菜单“视图|总计”命令，或单击工具栏上总计按钮Σ，在设计网格中插入一个“总计”行。

（4）单击“客户 ID”字段的“总计”行，并单击其右侧的向下箭头按钮，从打开的下拉列表中选择“计数”。单击“城市”字段的“总计”行，并单击其右侧的向下箭头按钮，从打开的下拉列表中选择“条件”，如图 9-21 所示。

（5）在“城市”列的“条件”行输入“青岛”，同时取消“城市”字段的显示。

（6）单击“保存”按钮，在“查询名称”文本框中输入“青岛市客户数量查询”。

（7）切换到“数据表”视图，查询结果如图 9-22 所示 。

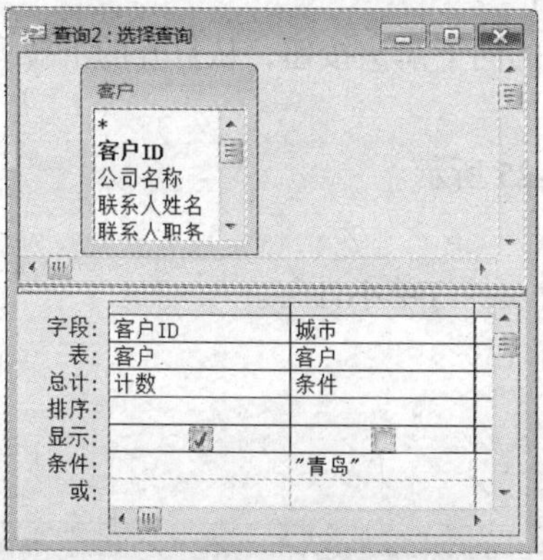

图 9-21　统计青岛市的客户数目

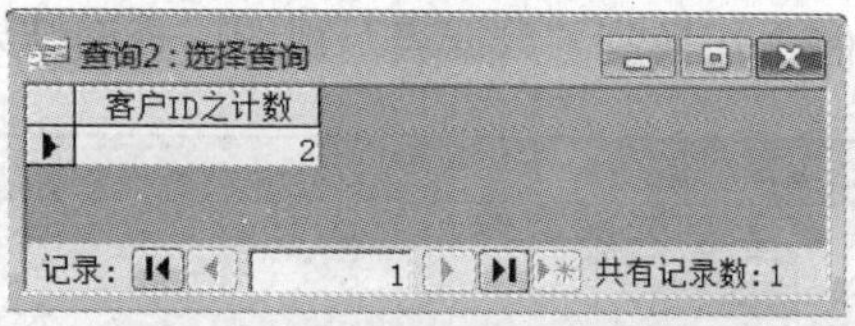

图 9-22　青岛市客户数目查询结果

【例 9-8】分组统计：统计各城市的客户数目。

条件设置如图 9-23 所示：将“城市”字段的“总计”行设置为“分组”，“客户 ID”字段的“总计”行设置为“计数”，查询结果如图 9-24 所示。

说明：查询结果中“客户 ID”列的列标题默认为“客户 ID 之计数”，若希望查询结果列标题为“客户数目”，则须在设计视图“客户 ID”列中“客户 ID”前输入“客户数目:”，注意，冒号应为英文半角形式。

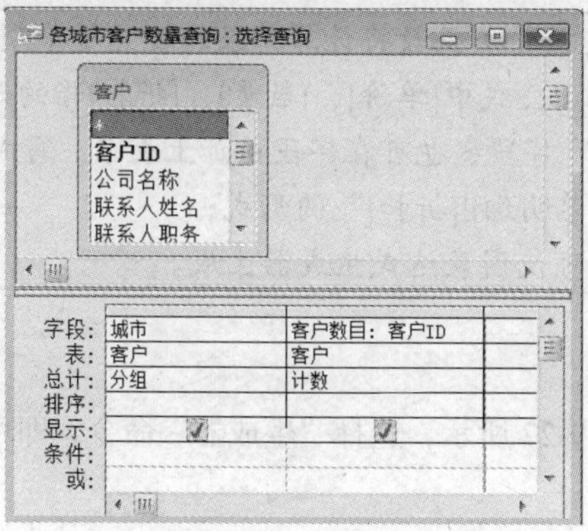

图 9-23　统计各城市的客户数目

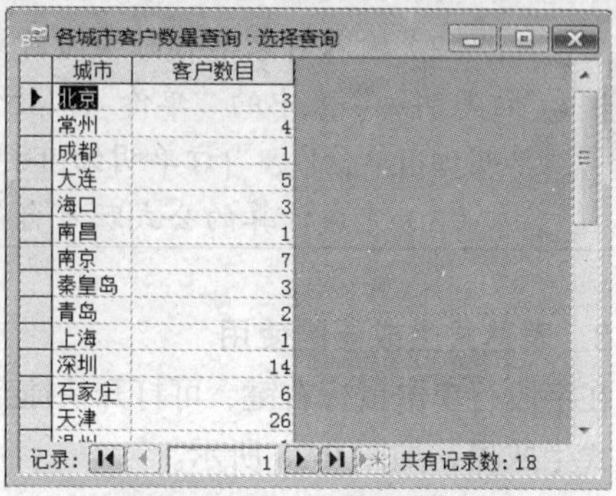

图 9-24　各城市客户数目查询结果

2. 自定义计算

自定义计算可以使用一个或多个字段中的数据，在每个记录上执行数值、日期和文本计算。自定义计算的主要特点是需要在查询设计网格中创建用于计算的字段列。

> **说明** 在查询中进行计算，只在字段中显示计算结果，结果实际并不存储在表中。如果要把计算结果保存在表中，需要使用生成表查询生成保存计算结果的新表。

【例 9-9】查询各订单的金额总计。

操作步骤如下。

（1）打开查询设计视图，将“订单明细”表添加到“设计视图”上半部分的窗口中。

（2）双击“订单明细”表字段列表中的“订单 ID”字段，添加到字段行。

（3）单击菜单“视图|总计”命令，或单击工具栏上总计按钮Σ，在设计网格中插入一个“总计”行，“订单 ID”字段的“总计”行自动设置为“分组”。

（4）在设计网格第 2 列单击“总计”行，单击其右侧的向下箭头按钮，从打开的下拉列表中选择“表达式”。

（5）在设计网格第 2 列字段行输入以下文字，如图 9-25 所示。

小计：Sum(CCur([单价]*[数量]*(1-[折扣])/100)*100)

（6）单击“保存”按钮，在“查询名称”文本框中输入“订单小计”。

（7）切换到“数据表”视图，查询结果如图 9-26 所示。

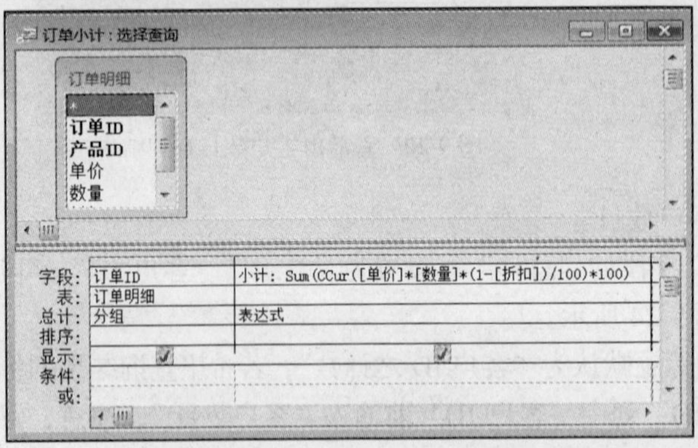

图 9-25　订单小计查询设计视图

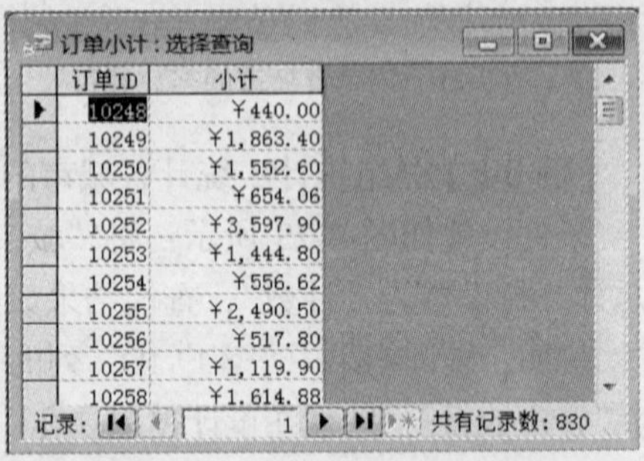

图 9-26　订单小计查询结果

> **说明**
> （1）公式中 Sum（ ）函数完成求和，CCur（ ）函数将计算结果转换为货币型；
> （2）输入对象名称时须为对象名称加[ ]。公式中[单价]、[数量]、[折扣]指的是当前“订单明细”表中的“单价”、“数量”、“折扣”字段，也可在字段前加上表名，写成“[订单明细]![单价]”、“[订单明细]![数量]”、“[订单明细]![折扣]”的形式；
> （3）完成计算的公式既可自行输入，也可使用表达式生成器生成。

3. 表达式生成器的使用

在字段行单击鼠标右键，可打开快捷菜单，如图 9-27 所示，选择“生成器”命令，即可打开表达式生成器，如图 9-28 所示。

“表达式生成器”由 3 部分组成，从上至下如下。

（1）表达式框

生成器的上方是一个表达式框，可在其中创建表达式。使用生成器的下方区域可以创建表达式的元素，然后将这些元素粘贴到表达式框中以形成表达式。也可以直接在表达式框中键入表达式的组分部分。

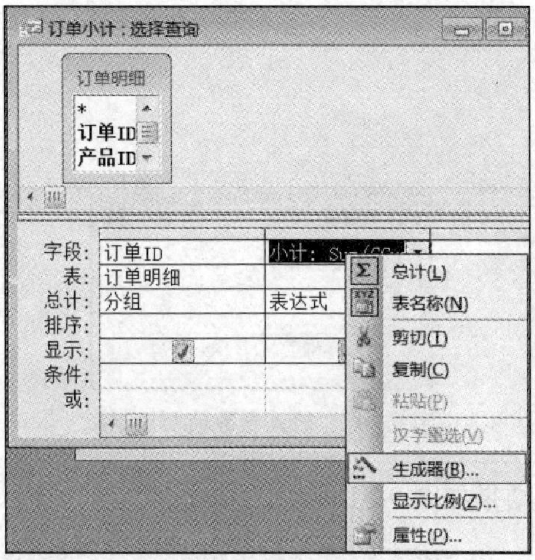

图 9-27 查询设计快捷菜单

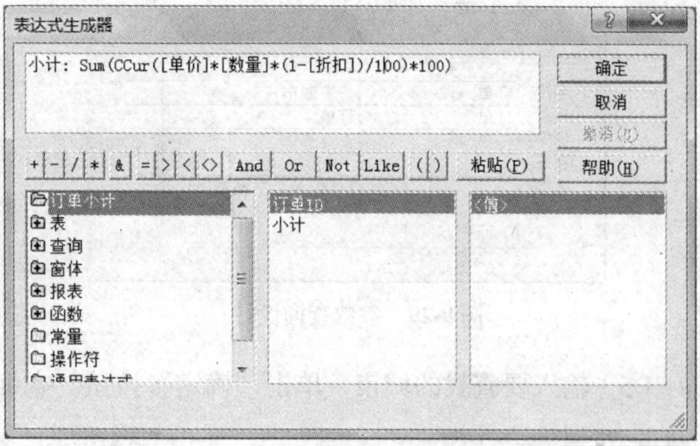

图 9-28 表达式生成器

（2）运算符按钮

常用运算符的按钮位于生成器的中部。如果单击某个运算符按钮，“表达式生成器”将在表达式框中的插入点位置插入相应的运算符。单击左下角框中的“运算符”文件夹和中部框中相应的运算符类别，可以得到表达式中所能使用的运算符的完整列表。右侧的框列出的是所选类别中的所有运算符。

（3）表达式元素

生成器下方含有 3 个框，左侧的框包含文件夹，该文件夹列出了“表”、“查询”、“窗体”及“报表”等数据库对象，以及内置和用户定义的函数、常量、运算符和常用表达式。

中间的框列出左侧框中选定文件夹内特定的元素或特定的元素类别。例如，如果在左边的框中单击“内置函数”，中间的框便列出 Microsoft Access 函数的类别。

右侧的框列出了在左侧和中间框中选定元素的值。例如，如果在左侧的框中单击“内置函数”，并在中间框中选定了一种函数类别，则右侧的框将列出选定类别中所有的内置函数。

9.3 参数查询

参数查询就是在查询中指定参数，执行查询时需要输入参数值，即根据输入的参数不同而得到不同的查询结果。

【例 9-10】创建“按货主城市查询订单信息”查询，操作步骤如下。

（1）在“数据库”窗口的“查询”对象中，打开查询设计视图，选择“订单”表，并将“*”拖到设计网格中，如图 9-29 所示。

（2）把“货主城市”字段拖到第 2 列，取消“显示”单元格复选框。

（3）在“货主城市”的“条件”行中输入“[请输入货主城市：]”。

（4）在工具栏上，单击“运行”按钮，弹出“输入参数值”对话框，如图 9-30 所示。

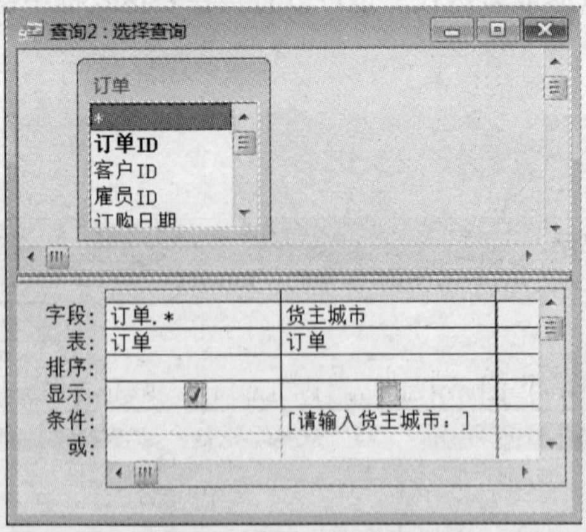

图 9-29　参数查询设计

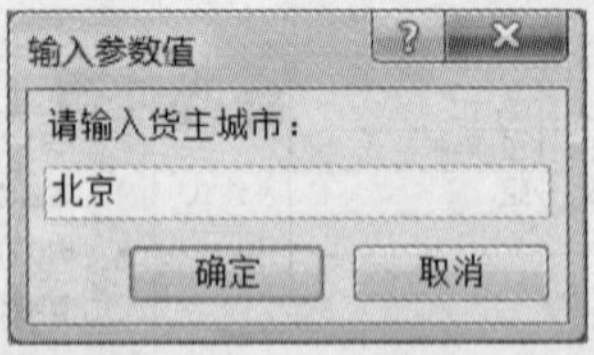

图 9-30　“输入参数值”对话框

（5）输入要查找的城市，单击“确定”按钮。查询结果如图 9-31 所示。

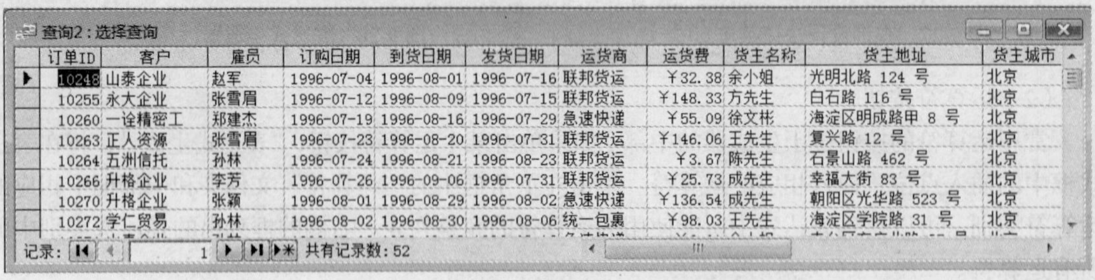

图 9-31　参数查询结果

说明

中括号在查询中的意义：在以前的例子中使用过中括号，表示中括号里的字符为字段名，而本例中的中括号里的字符代表的是参数。Access 在查询中遇到中括号时，首先在各数据表中寻找中括号中的内容是否为字段名称。若不是，则认为是参数，显示对话框，要求输入参数。所以，中括号是参数表示法。如果中括号中的内容是字段名，Access 会自动使用字段数据进行查询；若不是字段名，则要求输入参数。

9.4　交叉表查询

“交叉表查询”主要用来显示来源于表中某个字段的统计值，如合计、计数以及平均等，并将它们分组，一组列在数据表的左侧，一组列在数据表的上部。通过交叉表查询，我们可以像在 Excel 中一样对表或查询中的数据进行分析和处理。

9.4.1　使用交叉表查询向导

交叉表查询的数据源可以是表，也可以是查询。但是，交叉表查询如果要包含多个表中的字段，须创建一个包含全部所需字段的查询，然后用这个查询创建交叉表查询。

【例 9-11】创建一个交叉表查询，统计各产品每年的订货数量。

（1）在"食品商贸公司管理系统"数据库窗口的查询对象下，利用简单查询向导或设计视图，创建如图 9-32 所示的查询，保存查询名称为"产品查询"。

（2）在"食品商贸公司管理系统"数据库窗口的查询对象下，单击"新建"按钮，打开"新建查询"对话框。在该对话框中，双击"交叉表查询向导"，打开"交叉表查询向导"第 1 个对话框。

（3）单击"视图"选项组中的"查询"单选按钮。选择"查询：产品查询"，如图 9-33 所示。

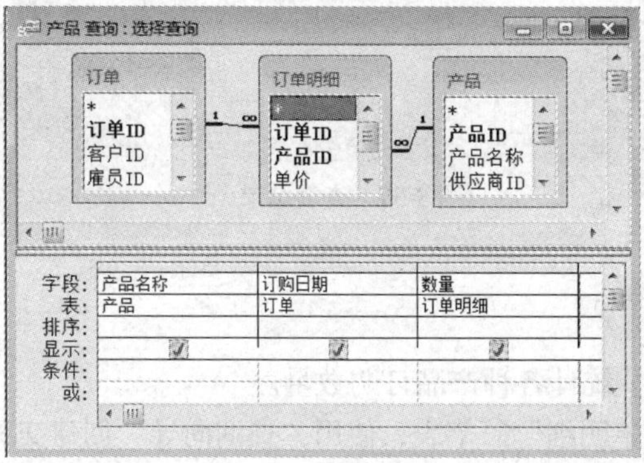

图 9-32　建立查询"产品查询"

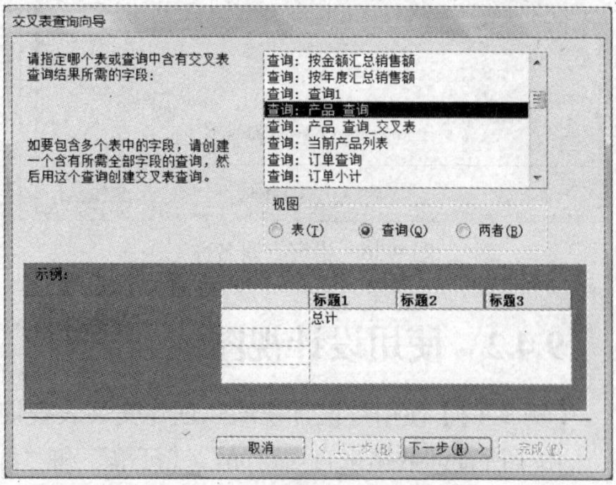

图 9-33　指定查询的数据源

（4）单击"下一步"按钮，打开"交叉表查询向导"第 2 个对话框。在该对话框中，确定交叉表的行标题。这里双击"可用字段"框中"产品名称"字段。

（5）单击"下一步"按钮，打开"交叉表查询向导"第 3 个对话框。在该对话框中，确定交叉表的列标题。这里双击"订购日期"字段，并确定时间间隔为"年"，如图 9-34 所示。

（6）单击"下一步"按钮，打开"交叉表查询向导"第 4 个对话框。在该对话框中，确定计算字段。这里选中"字段"框中"数量"字段，然后在"函数"框中选中"求和"。若不在交叉表的每行前面显示总计数，应取消"是，包括各行小计"复选框，如图 9-35 所示。

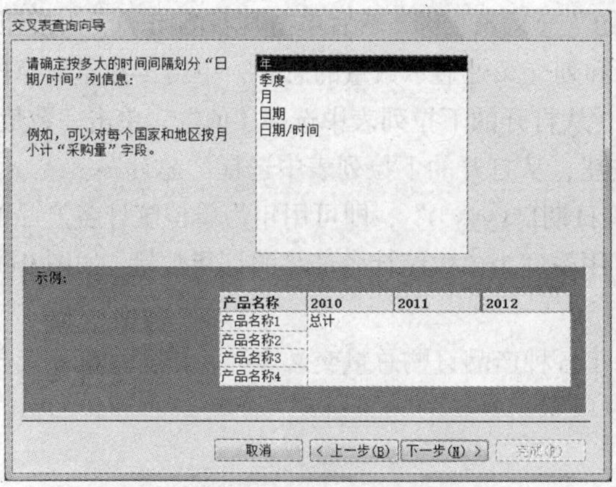

图 9-34　设置交叉表的列标题时间间隔

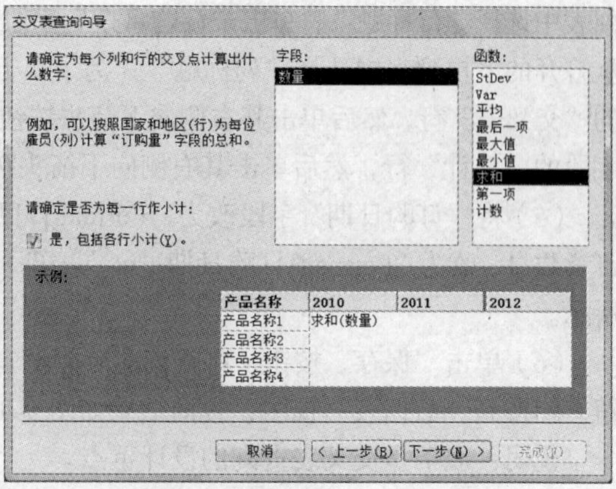

图 9-35　选择交叉表的计算字段

（7）单击"下一步"按钮，打开"交叉表查询向导"最后一个对话框。在该对话框中给出一个默认的查询名称，我们修改为“各产品每年的订货数量”，然后单击“查看查询”单选按钮，最后单击“完成”按钮，如图 9-36 所示。最后结果如图 9-37 所示。

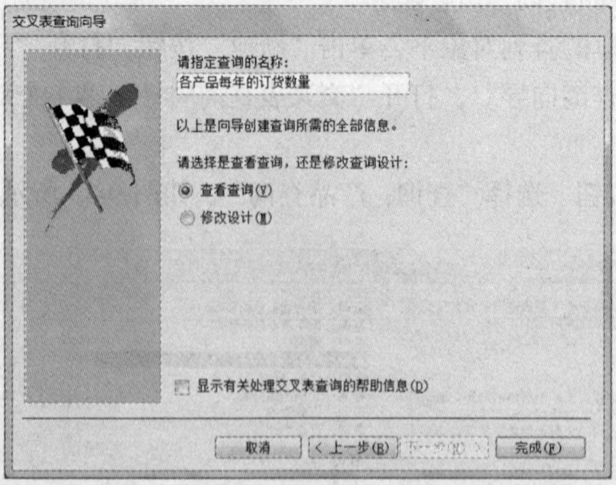

图 9-36　指定查询名称

图 9-37　查询结果

9.4.2　使用设计视图

【例 9-12】使用“设计视图”创建交叉表查询，统计各种产品订购数量。

由于所查询数据来自“产品”、“订单”和“订单明细”3 个表，使用“查询向导”创建交叉查询表需要先放在一个表或查询里，然后才能创建此查询，这样做显然比较麻烦。事实上，可以使用查询“设计视图”来创建交叉表查询。操作步骤如下。

（1）打开查询“设计视图”，并将“产品”、“订单”和“订单明细”3 个表添加到“设计视图”的上半部分的窗口中。

（2）双击“产品”表的“产品名称”字段放在“字段”行第 1 列，双击“订单”表的“订购日期”字段放在“字段”行第 2 列，双击“订单明细”表的“数量”字段放在“字段”行第 3 列。

（3）单击工具栏上的查询类型 右侧的向下箭头按钮，然后从下拉列表中选择“交叉表查询”选项，或单击菜单命令“查询|交叉表查询”。

（4）单击“产品名称”字段的“交叉表”行，然后单击其右侧向下箭头按钮，从打开的下拉列表中选择“行标题”；单击“订购日期”字段的“交叉表”行，然后单击其右侧向下箭头按钮，从打开的下拉列表中选择“列标题”；为了在行和列交叉处显示数量的总和，单击“数量”字段的“交叉表”行，然后单击其右侧向下箭头按钮，从打开的下拉列表中选择“值”；单击“数量”字段的“总计”行，然后单击其右侧向下箭头按钮，从打开的下拉列表中选择“总计”。

（5）将“订购日期”字段改为“Format([订购日期],"yyyy")”，即可用年为单位统计各产品的订货数量，改为“Format([订购日期],"q")”，即可用季度为单位统计各产品的订货数量，如图 9-38 所示。

（6）单击“保存”按钮，将查询命名为“每年各种产品订购总量交叉表”，单击“确定”按钮，切换到“数据表”视图，查询结果如图 9-39 所示。

说明：以下是交叉表查询的设计重点。

（1）用向导创建交叉表查询只可使用一个表或一个查询。如须使用的字段在多个表中，需要先将所需字段组合在一个查询内，再以此查询为数据源建立交叉表查询。

（2）一个列标题：只能是一个字段作为列标题。

（3）多个行标题：可以指定多个字段作为行标题，但最多为 3 个行标题。

（4）一个值：设置为“值”的字段是交叉表中行、列标题相交单元格内显示的内容，“值”的字段也只能有一个，且其类型通常为“数字”。

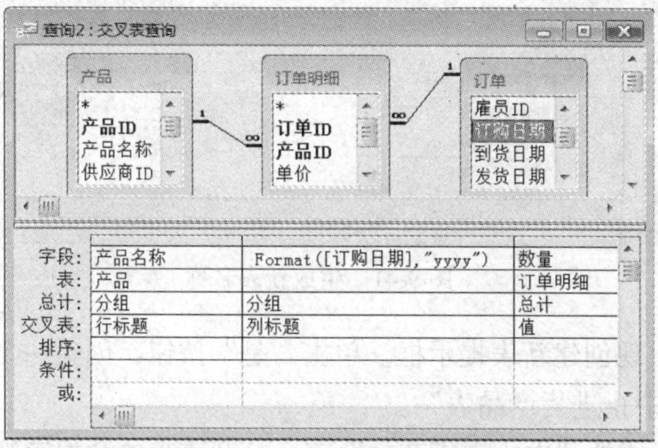

图 9-38　交叉表字段设计

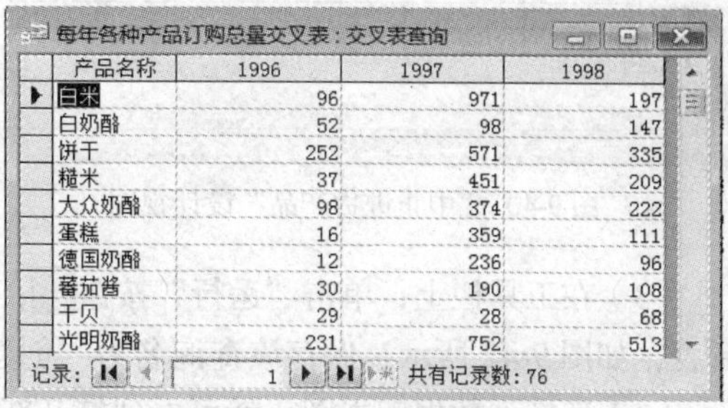

图 9-39　查询结果

9.5 操 作 查 询

操作查询是一种查询，使用这种查询只需要进行一次操作就可以对许多记录进行更改和移动，包括生成表查询、删除查询、更新查询和追加查询 4 种。

生成表查询：这种查询可以根据一个或多个表中的全部或部分数据新建表。在 Access 中，从表中查询比从查询中访问数据快得多。因此如果经常要从几个表中提取数据，最好的方法是使用生成表查询，将从多个表中提取数据组合生成一个新表。

更新查询：这种查询可以对一个或多个表中的一组记录做全局更改。例如，可以将所有商品的价格提高 10 个百分点，使用更新查询，可以更改已有表中的数据。

追加查询：追加查询将一个或多个表中的一组记录添加到一个或多个表的末尾。例如，假设用户获得了一些新的客户以及包含这些客户信息的数据库，若要避免在自己的数据库中键入所有这些信息，最好将其追加到“客户”表中。

删除查询：这种查询可以从一个或多个表中删除一组记录。例如，可以使用删除查询来删除某些空白记录。使用删除查询通常会删除整个记录，而不只是记录中的部分字段。

9.5.1 生成表查询

【例 9-13】利用生成表查询创建一个“中止进货产品”表，操作步骤如下。

分析：利用“产品”表，创建一个新表，此新表为不再进货的产品。

（1）新建查询，把“产品”表添加到查询“设计视图”中，设置各行选项和参数，如图 9-40 所示。

（2）单击“查询”菜单中的“生成表查询”命令，出现如图 9-41 所示的对话框，输入新表的名称“中止进货产品”，新生成的表可以保存在当前数据库中，也可以保存到另一个数据库中。在本例中选择保存到当前数据库中。单击“确定”按钮，以保存设置。

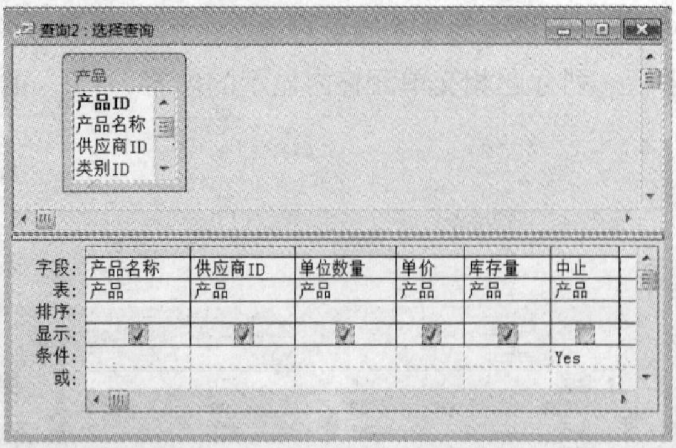

图 9-40 “中止进货产品”设计视图

图 9-41 生成新表名称

（3）在工具栏上，单击“运行”按钮，出现创建新表提示框。单击“是”按钮，创建一个新表，如图 9-42 所示。保存该查询名为“创建中止进货产品表”。

（4）切换到数据库视图，就可看到打开新生成的“中止进货产品”表，打开该表的数据表视图可查看到刚生成的表记录，如图 9-43 所示。

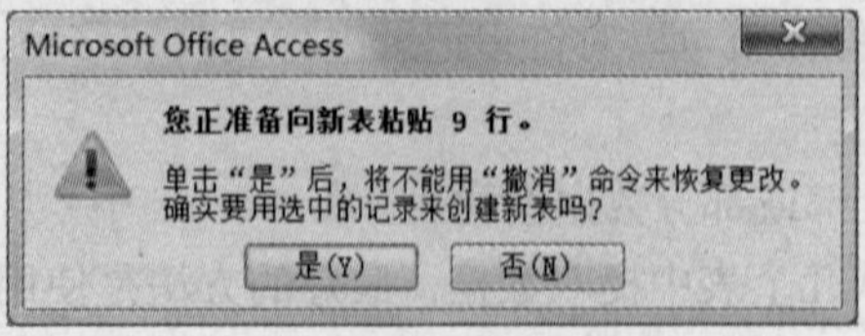

图 9-42 创建新表提示框

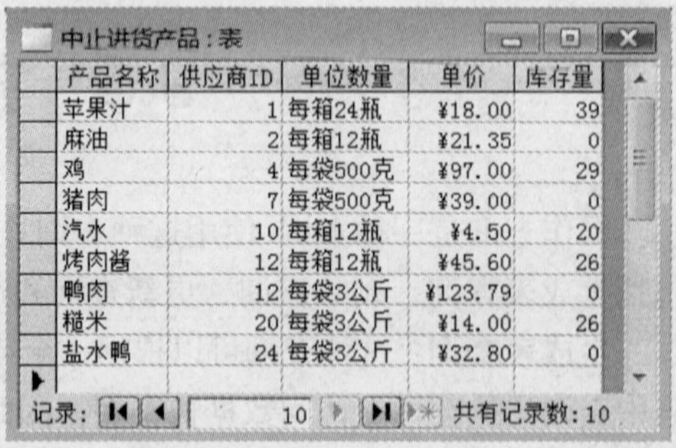
中止进货产品：表

产品名称	供应商ID	单位数量	单价	库存量
苹果汁	1	每箱24瓶	¥18.00	39
麻油	2	每箱12瓶	¥21.35	0
鸡	4	每袋500克	¥97.00	29
猪肉	7	每袋500克	¥39.00	0
汽水	10	每箱12瓶	¥4.50	20
烤肉酱	12	每箱12瓶	¥45.60	26
鸭肉	12	每袋3公斤	¥123.79	0
糙米	20	每袋3公斤	¥14.00	26
盐水鸭	24	每袋3公斤	¥32.80	0

记录：10 共有记录数：10

图 9-43 生成结果

9.5.2 删除查询

删除查询可以从一个或多个表中删除一组记录，若启用级联删除，可以从单个表、一对一关系的表中或一对多关系的多个表中删除记录。

如果删除的记录来自多个表，必须满足以下几点。

（1）在“关系”窗口中已定义了相关表之间的关系。

（2）在“关系”对话框中选中“实施参照完整性”复选框。

（3）在“关系”对话框中选中实施“级联删除相关记录”复选框。

【例 9-14】将“产品”表中已中止进货的记录删除。操作步骤如下。

（1）打开查询“设计视图”，添加“产品”表到“设计视图”的上半部分。

（2）单击工具栏上的“查询类型”按钮，从下拉列表中选择“删除查询”项，或单击菜单命令“查询|删除查询”，此时查询设计网格中显示“删除”行。

（3）拖动“产品”字段列表中的“*”到设计网格“字段”行的第 1 列上，这时第 1 列上显示“产品.*”，表示已将该表中的所有字段放在设计网格中。同时在“删除”行显示“From”，表示从何处删除记录。

（4）拖动“产品”字段列表中的“中止”字段放到设计网格“字段”行的第 2 列上，同时在

“删除”行显示“Where”，表示要删除哪些记录。

（5）在“中止”字段的“条件”行中键入条件“Yes”，设置结果如图 9-44 所示。

（6）单击工具栏上的“视图”按钮，能够预览到“删除查询”检索到的记录，如图 9-45 所示。如果预览的记录不是要删除的，可以再次单击工具栏上的“视图”按钮，返回“设计视图”进行更改。

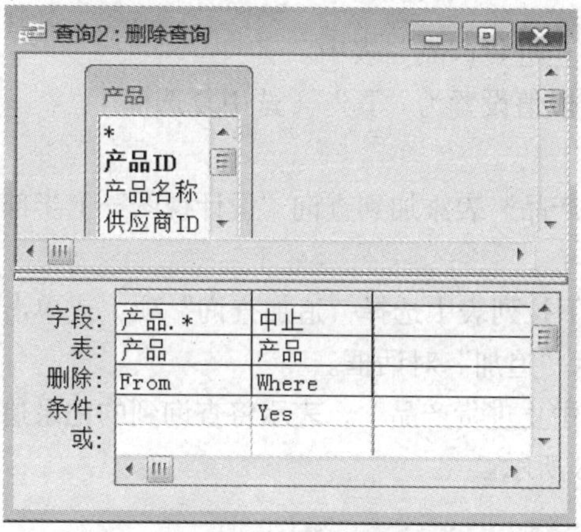

图 9-44　条件设置

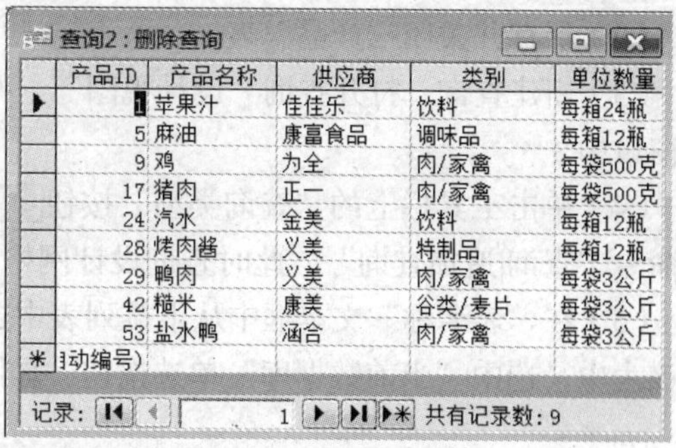

图 9-45　预览删除记录

（7）在设计视图中，单击工具栏的“运行”按钮，这时屏幕上显示一个提示框，单击“是”按钮，则执行删除，单击“否”，则不删除。这里我们单击“是”按钮。保存该查询为“删除中止进货产品记录”。此时再打开“产品”表就可以看到中止进货的产品记录已被删除。

注意

（1）删除查询将永久删除指定表中的记录，并且无法恢复，所以应十分慎重，最好对删除记录所在的表进行备份，以防由于错误操作而导致数据丢失；

（2）删除主表中记录时，若建立表的关系时添加了参照完整性规则，则会因为子表中包含相关记录而无法删除。

9.5.3　更新查询

【例 9-15】创建一个更新查询，将所有类别为“饮料”的产品加价 10%。

（1）新建查询，把“产品”表添加到查询“设计视图”中。

（2）将表中的“类别 ID”和“单价”拖到查询“设计视图”的字段行中，单击“查询”菜单中的“更新查询”命令。

（3）在查询“设计视图”网格的“单价”字段“更新到”行中输入“[单价]*1.1”，在“类别 ID”字段“条件”行中输入饮料的类别 ID 值“1”，如图 9-46 所示。

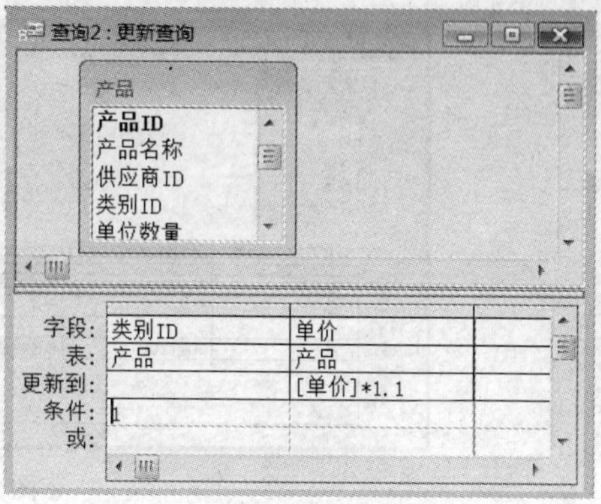

图 9-46　更新条件设置

（4）保存查询为“更新饮料价格”，单击工具栏上的“运行”按钮，系统弹出提示对话框，单击“是”

按钮即可，如图 9-47 所示。

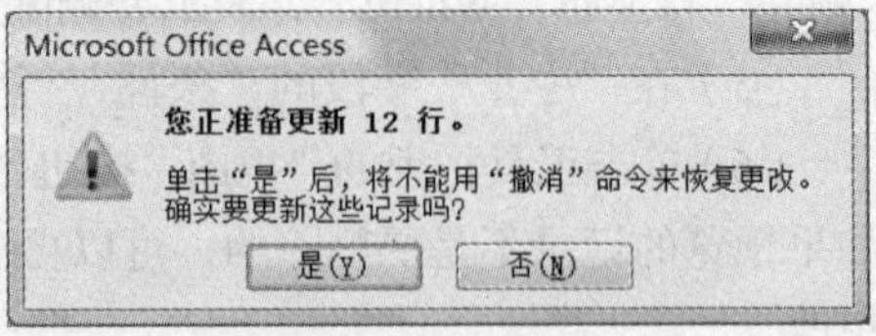

图 9-47　创建更新查询提示框

9.5.4　追加查询

维护数据库时，如果将某个表中符合一定条件的记录添加到另一个表上，可以使用追加查询。

【例 9-16】建立一个追加查询，将“订购量”和“再订购量”值为“0”的产品添加到已经建立的“中止进货产品”表中。

（1）打开“产品”表，将部分产品的“中止”字段值设置为“真”（选中复选框）。

（2）保存并关闭“产品”表。

（3）新建查询，打开查询“设计视图”，并将“产品”表添加到查询“设计视图”上半部分的窗口中。

（4）单击工具栏上的“查询类型”按钮，从下拉列表中选择“追加查询”项，或单击菜单命令“查询|追加查询”，此时查询设计网格中显示“追加”对话框。

（5）在“表名称”文本框中从下拉列表中选择“中止进货产品”，表示将查询到的记录追加到该表中，选中“当前数据库”单选按钮，如图 9-48 所示。

图 9-48　“追加”对话框

（6）单击“确定”按钮。这时查询设计网格中显示一个“追加到”行，双击“产品”表中的“产品名称”、“供应商 ID”、“单位数量”、“单价”、“库存量”、“订购量”、“再订购量”字段，将它们添加到设计网格中字段行的第 1 列到第 7 列，并且“追加行”会自动填上添加的所有字段。

（7）在“字段”行的“订购量”、“再订购量”的“条件”行中均输入条件“0”，结果如图 9-49 所示。

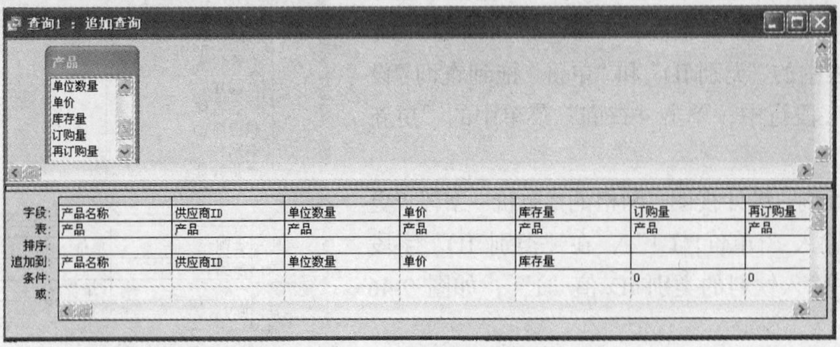

图 9-49　追加条件设置

（8）单击工具栏上的“视图”按钮，能够预览到“追加查询”检索到的记录。

（9）在设计视图中，单击工具栏的“运行”按钮，这时屏幕上显示一个提示框，结果如图 9-50 所示，单击“是”按钮，则执行追加，单击“否”，则不追加。这里我们单击“是”按钮。保存查询为“追加中止进货产品记录”。此时再返回就可以看到新追加的记录。

图 9-50　追加确认对话框

注意　无论是哪种操作查询，都有可能更改很多记录，因此在执行前，最好单击工具栏上的“视图”按钮，预览即将更改的记录，如果确定预览到的记录就是要操作的记录，再执行，这样可防误操作。另外使用操作查询前，应先备份数据。

9.6　SQL 查询

SQL 是英文（Structured Query Language）的缩写，意思为结构化查询语言。打开查询的“SQL 视图”，即可在 Access 中使用 SQL 语言完成对数据库的各种操作。

1．打开查询的“SQL 视图”

打开“SQL 视图”的方法是：先打开查询的“设计视图”，然后选择“视图”菜单中“SQL 视图”命令，或单击工具栏中的“视图”按钮，从下拉列表中选择“SQL 视图”，即可打开查询的“SQL 视图”。

2．利用“SQL 视图”完成查询

（1）检索表中所有记录的所有字段。

【例 9-17】查找并显示“雇员”表中的所有字段，保存查询为“查找雇员”。

① 打开查询的“SQL 视图”，输入以下 SQL 语言命令：

```
SELECT * FROM 雇员;
```

② 运行查询，即可浏览到查询结果。

（2）检索表中所有记录指定的字段。

【例 9-18】查找并显示“客户”表中“公司名称”、“联系人姓名”、“地址”、“城市”、“电话” 5 个字段。保存查询为“查找雇员信息”。SQL 语言命令如下：

```
SELECT 公司名称,联系人姓名,地址,城市,电话  FROM 客户;
```

（3）检索满足条件的记录和指定的字段。

【例 9-19】查找北京的供应商，并显示“公司名称”、“联系人姓名”、“地址”、“电话”，保存查询为“北京供应商”。SQL 语言命令如下：

```
SELECT 公司名称,联系人姓名,地址,电话
FROM 供应商
WHERE 城市="北京";
```

（4）进行分组统计，并增加新字段。

【例 9-20】计算各种类别的产品数量，并将计算字段命名为“各类产品数量”，保存查询为“按类别统计数量”。SQL 语言命令如下：

```
SELECT 类别 ID,COUNT (产品 ID) AS 各类产品数量 FROM 产品
GROUP BY 类别 ID;
```

其中“各类产品数量”是新字段的名称。

（5）对检索结果进行排序。

【例 9-21】计算每种产品的总销售额，并按总销售额降序显示。保存查询为“排序产品销售额”。SQL 语言命令如下：

```
SELECT Sum([单价]*[数量]*(1-[折扣])) AS 销售额,产品 ID
FROM 订单明细
GROUP BY 订单明细.产品 ID
ORDER BY Sum([单价]*[数量]*(1-[折扣])) DESC;
```

（6）多表联接查询。

【例 9-22】按订购日期统计每个客户的订购总额。保存查询为“按日期统计客户订购额”。SQL 语言命令如下：

```
SELECT 订单.订购日期, 客户.公司名称 AS 客户名称, Sum([订单明细.单价]*[订单明细.数量]*(1-[订单明细.折扣])) AS 订购总额
FROM 客户,订单,订单明细
WHERE 订单.订单 ID = 订单明细.订单 ID  AND  客户.客户 ID = 订单.客户 ID
GROUP BY 订单.订购日期, 客户.公司名称;
```

或：

```
SELECT 订单.订购日期, 客户.公司名称 AS 客户名称, Sum([订单明细.单价]*[订单明细.数量]*(1-[订单明细.折扣])) AS 订购总额
FROM 客户 INNER JOIN (订单 INNER JOIN 订单明细 ON 订单.订单 ID = 订单明细.订单 ID)ON 客户.客户 ID = 订单.客户 ID
GROUP BY 订单.订购日期, 客户.公司名称;
```

习　题

一、简答题

1．查询的作用是什么？
2．查询与数据表的关系是什么？
3．查询有几种类型？
4．试举例说明查询的 Where 条件中，Between…And 与 In 的区别是什么？
5．简述选择查询与操作查询的区别是什么？
6．查询中汇总的意义是什么？

二、选择题

1．下面（　　）不是 Access 中的准则运算符。

A．关系运算符　　B．逻辑运算符
C．算术运算符　　D．特殊运算符

2．Access数据库中的SQL查询中的GROUP BY语句用于（ ）。

A．分组　　B．对查询进行排序

C．列表　　D．选择行条件

3．将Access某数据库中“C语言”课程不及格的学生从“学生”表中删除，要用（ ）查询。

A．追加查询　B．生成表查询　C．更新查询　D．删除查询

4．已知一个Access数据库，其中含有系别、性别等字段，若要统计每个系男女教师的人数，则应使用（ ）查询。

A．选择查询　B．操作查询　C．参数查询　D．交叉表查询

5．在Access 2003中，在“查询”特殊运算符Like中，其中可以用来通配任何单个字符的通配符是（ ）。

A．*　B．!　C．&　D．?

6．删除表中的记录，用的SQL命令为（ ）。

A．UPDATE　B．SELECT　C．DELETE　D．INSERT

7．有关Access中查询对象的功能描述正确的是（ ）。

A．能够实现选择字段、选择记录，但不能建立基于查询的报表和窗体

B．能够实现计算、建立基于查询的报表和窗体，但不能建立新表

C．能够实现计算、选择记录，但不能建立基于查询的报表和窗体

D．能够实现计算、编辑记录、建立新表、建立基于查询的报表和窗体

8．下面描述正确的是（ ）。

A．生成表查询、删除查询、更新查询、追加查询都属于操作查询

B．更新查询一次只能更新一列的数据

C．追加查询只能从一个表中将一组记录添加到一个表的尾部

D．删除查询可以删除指定列的数据，剩余列保持不变

9．教师表中有“参加工作时间”字段，要计算教师的工龄，下面写法正确的是（ ）。

A．YEAR(DATE()–[参加工作时间])

B．YEAR(DATE())–YEAR([参加工作时间])

C．YEAR(DATE)–YEAR([参加工作时间])

D．DATE(DATE()–[参加工作时间])

10．选择姓张的学生，下面条件写法不正确的是（ ）。

A．LEFT([姓名],1)=″张″　B．LIKE″张″

C．LIKE ″张*″　D．mid([姓名],1,1)=″张″

11．选择一班、二班，并且年龄大于20的学生，下面写法正确的是（ ）。

A．[班级]=″一班″OR[班级]=″二班″AND [年龄]>20

B．[班级]=″一班″(OR[班级]=″二班″)AND [年龄]>20

C．([班级]=″一班″OR[班级]=″二班″)AND [年龄]>20

D．([班级]=″一班″AND[班级]=″二班″)AND [年龄]>20

12．选择“教授”、“副教授”的教师，下面写法正确的是（ ）。

A．[职称]=″教授″AND[职称]=″副教授″

B．[职称]=″教授″AND″副教授″

C．[职称]=″教授″ OR″副教授″

D．[职称]IN(″教授″,″副教授″)

13．选出 2004 年入学的学生，以下写法正确的是（　　）。

A．[入校日期]=#2004#　　B．[入校日期]=#2004-1-1#

C．YEAR([入校日期])=#2004#　　D．YEAR([入校日期])=2004

14．成绩表结构（学号 课程编号 政治 英语 数学），计算学生的总成绩，以下写法正确的是（　　）。

A．SUM([政治],[英语],[数学]) AS 总成绩

B．([政治]+[英语]+[数学]) AS 总成绩

C．SUM (政治+英语+数学) AS 总成绩

D．COUNT(政治 英语 数学) AS 总成绩

15．查询 1992 年参加工作的职工，下面写法错误的是（　　）。

A．BETWEEN #1992-01-01#AND #1992-12-31#

B．[工作日期]>#1992-01-01#AND[工作日期]<#1992-12-31#

C．YEAR([工作日期])=1992

D．[工作日期]IN(#1992-01-01#, #1992-12-31#)

16．以下（　　）不是运算符。

A．LIKE　　B．BETWEEN…AND

C．LEFT　　D．NOT

17．以下描述错误的是（　　）。

A．SQL 是数据库系统中应用广泛的程序设计语言

B．SQL 是数据库系统中应用广泛的数据库查询语言

C．SQL 是 Structure Query Language 的缩写

D．SQL 的主要功能就是同各类数据库建立联系，进行沟通

18．Access 支持的查询类型有（　　）。

A．选择查询、交叉表查询、参数查询、SQL 查询和操作查询

B．基本查询、选择查询、参数查询、SQL 查询和操作查询

C．多表查询、单表查询、交叉表查询、参数查询和操作查询

D．选择查询、统计查询、参数查询、SQL 查询和操作查询

19．以下不属于操作查询的是（　　）。

A．交叉表查询　　B．更新查询

C．删除查询　　D．生成表查询

20．以下关于查询的叙述正确的是（　　）。

A．只能根据数据库表创建查询

B．只能根据已建查询创建查询

C．可以根据数据库表和已建查询创建查询

D．不能根据已建查询创建查询

21．假设某数据库表有一个姓名字段，查找姓李的记录的准则是（　　）。

A．Not″李″　　B．Like″李″

C．Left([姓名]，1)=″李″　　D．″李″

22. 在 ACCESS 中，建立查询的操作实质是（　　）。

A. 生成 SQL 语句的过程　　B. 通过一系列操作实现查询结果
C. 可通过查询向导实现　　D. 可通过查询设计视图实现

23. SQL 是那几个英文单词的缩写（　　）。

A. Standard Query Language　　B. Structured Query Language
C. Select Query Language　　D. 以上都不是

24. 有如下 SQL SELECT 语句“SELECT*FROMstockWHERE 单价 BETWEEN12.76AND15.20”与该语句等价的是（　　）。

A. SELECT * FROM stock WHERE 单价<=15.20 AND 单价>=12.76
B. SELECT * FROM stock WHERE 单价<15.20 AND 单价>12.76
C. SELECT * FROM stock WHERE 单价>=15.20AND 单价<= 12.76
D. SELECT * FROM stock WHERE 单价>15.20 AND 单价<12.76

25. Access 查询的数据源可以来自（　　）。

A. 表　　B. 查询　　C. 窗体　　D. 表和查询

26. Access 查询有很多种，其中最常用的查询是（　　）。

A. 选择查询　　B. 交叉表查询　　C. 参数查询　　D. SQL 查询

27. 查询“学生”表中“生日”在 6 月份的学生记录的条件是（　　）。

A. Date([生日])=6　　B. Month([生日])=6
C. Mon([生日])=6　　D. Month([生日])=06

28. 查询“学生”表中“姓名”不为空值的记录条件是（　　）。

A. *　　B. Is Not Null　　C. ?　　D. ″″

29. 在查询的设计视图中，通过设置（　　）行，可以让某个字段只用于设定条件，而不必出现在查询结果中。

A. 字段　　B. 条件　　C. 排序　　D. 显示

30. 下面关于使用“交叉表查询向导”创建交叉表的数据源的描述中，正确的是（　　）。

A. 创建交叉表的数据源可以来自于多个表或查询
B. 创建交叉表的数据源只能来自于一个表或查询
C. 创建交叉表的数据源可以来自于多个查询
D. 创建交叉表的数据源可以来自于多个表

31. 对于参数查询，输入参数可以设置在设计视图的“设计网格”的（　　）。

A.“字段”行　　B.“显示”行
C.“条件”行　　D.“字段”行或“条件”行

32. 若用户希望根据某个或某些可以临时变化的值来查找记录，则最好使用的查询是（　　）。

A. 选择查询　　B. 交叉表查询　　C. 参数查询　　D. 操作查询

33. 如果从“成绩”表中删除“考分”低于 60 分的记录，应使用的查询是（　　）。

A. 选择查询　　B. 交叉表查询
C. 参数查询　　D. 操作查询

34. 操作查询可以用于（　　）。

A. 改变已有表中数据或产生新表　　B. 对一组记录进行计算并显示结果
C. 从一个以上的表中查找记录　　D. 以类似于电子表格的格式汇总数据

35．下列关于查询叙述正确的是（　　）。

A．只能根据表创建查询　　B．只能根据已建查询创建查询

C．可以根据表或已建查询创建查询　　D．不能根据已建查询创建查询

36．在查询设计视图中（　　）。

A．只能添加表　　B．可以添加表，也可以添加查询

C．只能添加查询　　D．以上说法都不对

37．在课程表中要查找课程名称中包含“计算机”的课程，对应“课程名称”字段的正确条件表达式是（　　）。

A．"计算机"　　B．″*计算机*″　　C．Like″*计算机*″　　D．Like″计算机″

38．查询 2003 年参加工作的职工，限定查询时间范围的条件是（　　）。

A．BETWEEN #2003-01-01# AND #2003-12-31#

B．>#2003-01-01#

C．BETWEEN 2003-01-01 AND 2003-12-31

D．<#2003-12-31#

39．将表 A 的记录复制到表 B 中，且不删除表 B 中的记录，可以使用的查询是（　　）。

A．追加查询　　B．更新查询

C．删除查询　　D．生成表查询

40．创建交叉表查询，在“交叉表”上有且只能有一个的是（　　）。

A．行标题和列标题　　B．行标题和值

C．行标题和列标题和值　　D．列标题和值

41．创建追加查询的数据来源是（　　）。

A．一个表　　B．多个表

C．没有限制　　D．两个表

42．创建查询在以下哪个设计器中进行（　　）。

A．表设计器　　B．查询设计器

C．窗体设计器　　D．报表设计器

三、填空题

1．选择查询的最终结果是创建一个新的________，而这一结果又可作为其他数据库对象的________。

2．查询结果的记录集事先并不存在，每次使用查询时，都是从创建查询时所提供的________或________中创建记录集。

3．Access 中 5 种查询分别是________、________、________、________和________。

4．查询“教师”表中“职称”为教授或副教授的记录的条件填写为________。

5．使用查询设计视图中的________行，可以对查询中全部记录或记录组计算一个或多个字段的统计值。

6．在查询中，写在“条件”栏同一行的条件是________的逻辑关系，写在“条件”栏不同行的条件是________的逻辑关系。

7．________语言是关系型数据库的标准语言。

8．操作查询包括________、________、________、________。

第 10 章 窗体

【本章要点】

窗体是一种重要的 Access 数据库对象，也是最具变化的一个对象，是 Access 数据库的交互界面。窗体是在屏幕上开辟的一块矩形区域，用来显示、输入或编辑数据，使用户能在窗体中直观地编辑或维护数据，用户的数据处理工作大多是通过窗体来完成的。要求学生掌握创建各类窗体的方法，通过设置窗体的属性，在窗体中使用控件来改善窗体界面，以利人机交互。

10.1 窗体的基本类型

窗体多种多样，使用窗体向导时，有纵栏式、表格式、数据表、数据透视表和数据透视图几种主要的类型，它们呈现数据的方式不同。

1. 纵栏式窗体

纵栏式窗体是最为常见的窗体类型，图 10-1 就是“产品”表的纵栏式窗体。其最主要的特点是一次仅显示一条记录，也称单一窗体。浏览记录时可以通过窗体底部的记录导航按钮，对其他记录进行翻阅。

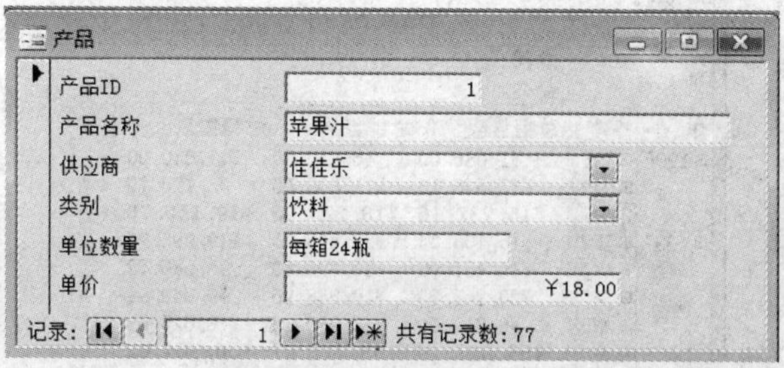

图 10-1　纵栏式窗体

2. 表格式窗体

表格式窗体是一种连续窗体，即一次显示多条记录信息。图 10-2 就是“产品”表的表格式窗体。显示数据时，通常一条记录占一行，从左到右横向排列，因此创建此种窗体的数据源不宜记录过长，否则操作数据时，常需要左右移动，不太方便。

3. 数据表窗体

执行此种类型的窗体后，就如同打开数据表，无法显示窗体页眉及窗体页脚，此类窗体通常作为子窗体使用，如图 10-3 所示。

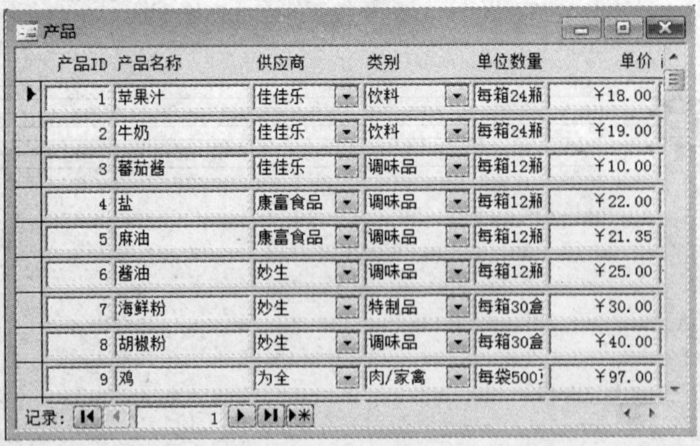

图 10-2　表格式窗体

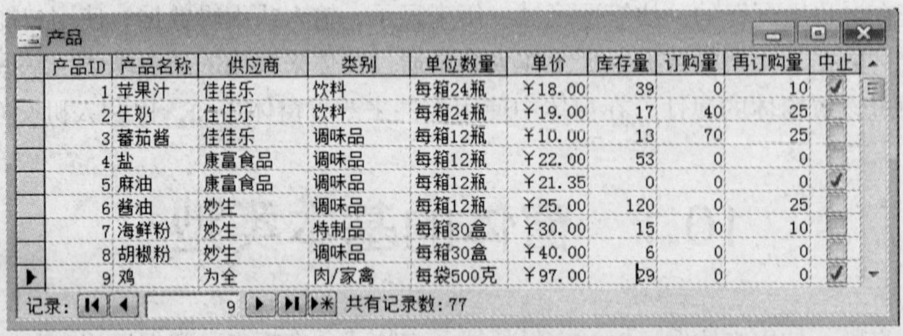

图 10-3　数据表窗体

4. **数据透视表**

数据透视表，类似 Excel 的数据透视表，它主要用于进行数据分析。“分析”即对多条记录进行各种角度的“数据透视”，将分析结果显示为易读、易懂的表，一目了然，如图 10-4 所示。

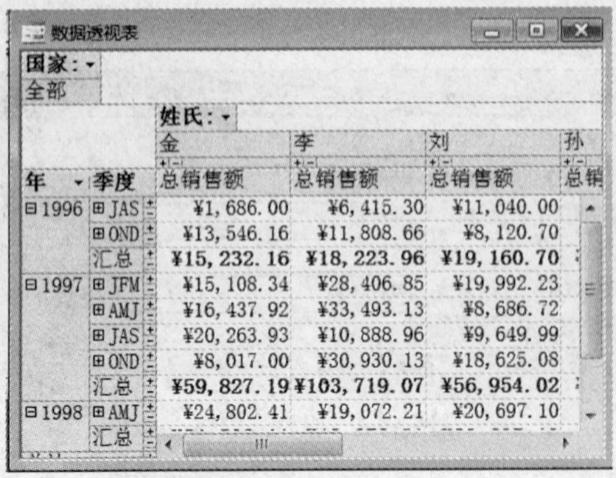

图 10-4　数据透视表

5. **数据透视图**

数据透视图，其实就是图表，是可以显示多种不同编号的图表，其目的就是对图表进行分析，如图 10-5 所示。

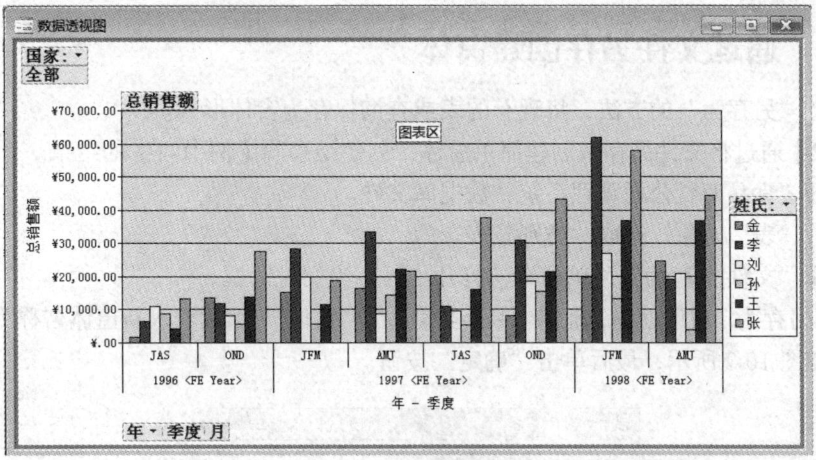

图 10-5　数据透视图

10.2　快速创建窗体

窗体是最常见的操作界面，本节介绍如何在 Access 数据库中，以向导及其他方式创建窗体。

10.2.1　自动创建窗体

【例 10-1】使用“自动创建窗体”创建如图 10-6 所示的“类别”（自动创建）窗体。

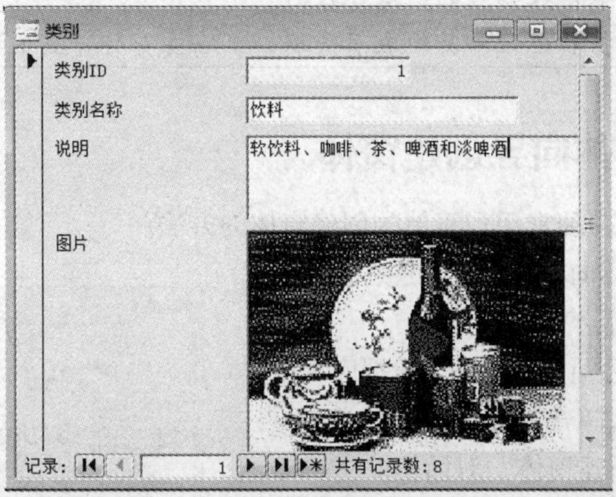

图 10-6　“类别”（自动创建）窗体

（1）打开“食品商贸公司管理系统”数据库文件。

（2）单击“表”对象，选取“类别”表。

（3）选择“插入|自动窗体”菜单命令，产生如图 10-6 所示的窗体。

（4）单击工具栏上的“保存”按钮，这时出现“另存为”对话框。

（5）在“另存为”对话框中直接单击“确定”按钮，将窗体保存。产生的新窗体名称与数据表名称相同。

10.2.2 通过文件另存创建窗体

可以通过“另存为”的方法，将现有的表或查询保存为窗体形式。

【例 10-2】通过将文件另存来创建简单窗体，创建结果同【例 10-1】的结果。

（1）打开“食品商贸公司管理系统”数据库文件。

（2）单击“表”对象，选取“类别”表。

（3）选择“文件|另存为”菜单命令，打开“另存为”对话框。

（4）在“另存为”对话框中，确定“保存类型”为“窗体”，然后输入新窗体名称为“类型（另存为）”，如图 10-7 所示，最后单击“确定”按钮。

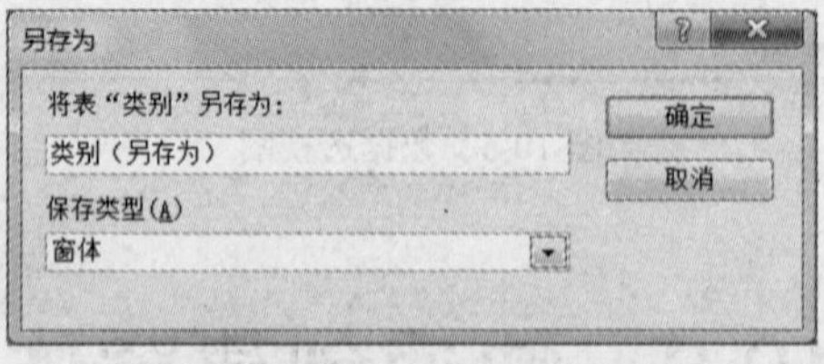

图 10-7 “另存为”对话框

说明

图 10–7 表示将指定的数据表或查询“另存为”其他对象。此例题创建的窗体与前例相同，但需要指定保存类型和名称。这是最常使用的建立窗体的快捷方式，其特点如下。

（1）此窗体忠实地继承了来自数据表的属性，如输入掩码，格式等，但也可以重新设置属性。

（2）此窗体显示数据表的所有字段。

（3）如果数据表已经和其他表有关联，则在主窗体中会有子窗体显示。

10.2.3 使用窗体向导创建窗体

使用“窗体向导”是一种常用和简单的创建窗体的方法。

【例 10-3】使用“窗体向导”创建如图 10-1 所示的“产品”（纵栏式）窗体。

（1）打开“食品商贸公司管理系统”数据库文件。

（2）单击“窗体”对象，单击“新建”按钮 新建(N)，打开如图 10-8 所示的“新建窗体”对话框。

（3）单击“窗体向导”，从“请选择该对象数据的来源表或查询”列表框中选取“产品”，然后单击“确定”按钮。

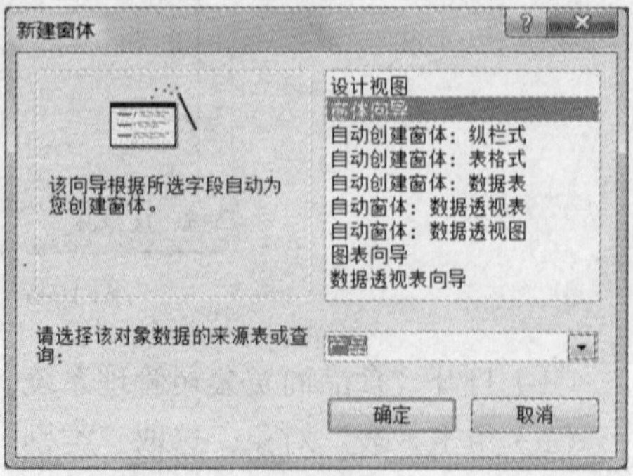

图 10-8 “新建窗体”对话框

（4）在图 10-9 的“可用字段”列表中选取欲使用的字段，或单击 >> 按钮选取全部字段，至少须选取一个字段，然后单击“下一步”按钮，出现图 10-10 所示的对话框。

（5）在图 10-10 确定所需窗体布局，如“纵栏表”，然后单击“下一步”按钮，出现窗体样式对话框。

（6）确定所需的窗体样式，如“标准”，单击“下一步”按钮。

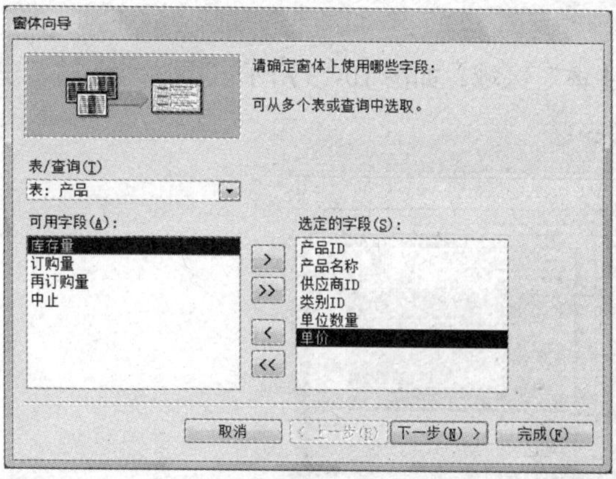

图 10-9 选取显示在窗体中的字段

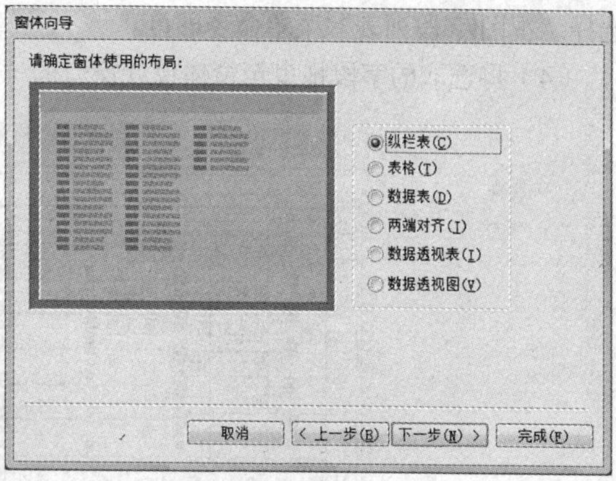

图 10-10 确定窗体布局

(7)输入新窗体标题“产品”，然后单击“完成”按钮。

以上是窗体向导的操作，完成后的新窗体会立即显示，此时可输入或编辑记录，如图 10-1 所示。

若要关闭，可单击右上角的“关闭”按钮。

说明：图 10-8 所示有多种窗体向导，此图与新建数据表和新建查询有所不同，其需要知道数据来源，来源可以是数据表或查询。指定来源后，才可以在图 10-9 中显示可用的字段。

可用字段就是数据来源内的字段，但我们在图 10-9 中并未使用所有字段，所以就像以数据表建立查询一样，数据表的字段不一定要全部放在窗体上。

10.2.4 快速自定义窗体

【例 10-4】使用“设计视图”创建“客户”窗体，如图 10-11 所示。

(1)打开“新建窗体”对话框，如图 10-8 所示。

(2)在“新建窗体”对话框中单击“设计视图”，并在“请选择该对象数据的来源表或查询”列表中，选定“客户”，然后单击“确定”按钮，打开空白窗体设计窗口，如图 10-12 所示。

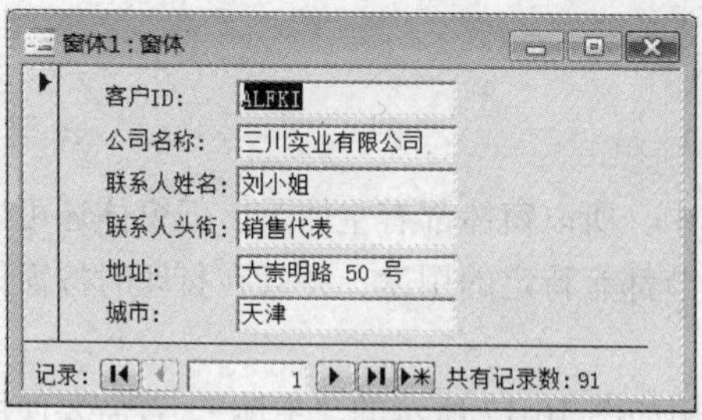

图 10-11 “客户”窗体图

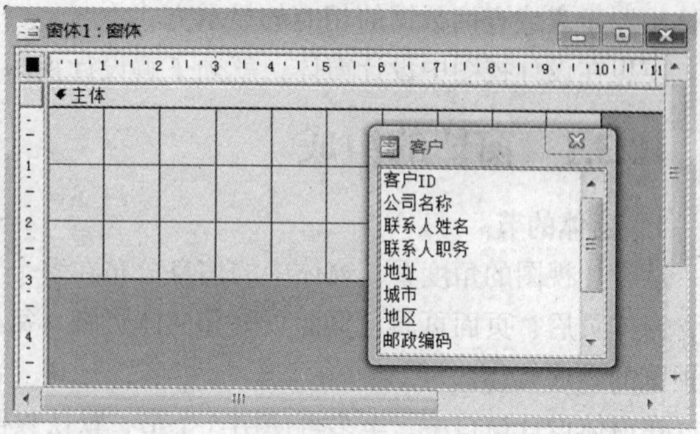

图 10-12 空白窗体设计窗口

(3)在字段列表中先选取“客户 ID”到“城市”之间的字段。如果没有看到字段列表，可以

选择“视图|字段列表”菜单命令即可。

（4）将选取的字段拖曳至窗体设计窗口的“主体”区域，如图 10-13 所示。

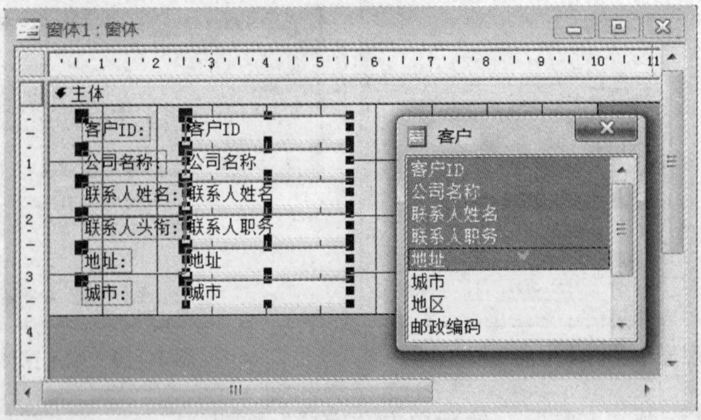

图 10-13　字段拖曳至主体后

（5）单击工具栏上的“保存”按钮，在“另存为”对话框中输入窗体名称“客户”，单击“确定”按钮。

（6）单击工具栏上“窗体视图”按钮，“客户”窗体如图 10-11 所示。

说明　以上是自定义新窗体的基本操作，其操作有两个关键步骤，一是步骤（3）确定数据来源，二是步骤（4）将选取的字段拖曳到“主体”上。

图 10-12 的窗口功能相当多，只有将字段置于窗体内才能进一步设计。因为使用窗体的目的是输入及编辑记录，故须将字段由“字段列表”内取出放入窗体。

10.3　使用设计视图创建窗体

窗体的视图分为设计视图、窗体视图、数据表视图、数据透视表视图和数据透视图视图。在设计视图中可创建和修改一个窗体，在窗体视图下可运行窗体并显示结果。另外 3 种视图是针对窗体中源于表或查询数据的相应的显示方式。

要想在设计视图中设计窗体，就须了解设计视图中窗体的结构组成。

10.3.1　窗体的组成

1. 窗体的节

从设计视图的角度看，窗体中的信息分布在多个节中。所以窗体都有主体节，但窗体还可以包含窗体页眉、页面页眉、页面页脚和窗体页脚。每个节都有特定的用途，并且在打印时按窗体中预览的顺序打印。

在窗体设计窗口中，至多可使用 5 个节，默认只使用如图 10-12 所示的“主体”。若需要使用其他节，选择“视图|页面页眉/页脚”及“窗体页眉/页脚”菜单命令，如图 10-14 所示。

（1）窗体页眉。在设计窗口的最上方，常用来显示窗体名称、提示信息或放置按钮、下拉列表等控件。在窗体视图中，窗体页眉始终显示相同的内容，不随记录的变化而变化，打印时只在第一页出现一次。

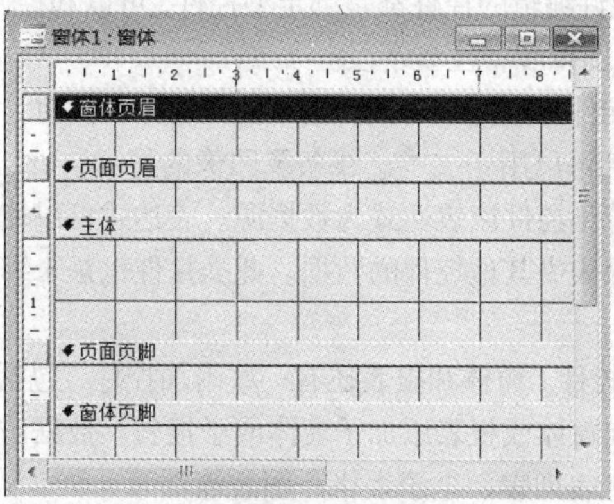

图 10-14　窗体的各节

（2）页面页眉。在设计窗口中，页面页眉显示在窗体页眉的下方，打印时出现在每页的顶部。它只出现在设计窗口及打印后，不会显示在窗体视图中，即窗体执行时不显示。

（3）主体。显示记录的区域，是每个窗体必备的节，所有相关记录显示的设置都在这一节中。通常，主体中包括与数据源结合的各种控件。

（4）页面页脚。只有在设计窗口及打印后才会出现，并打印在每页的底部。通常，页面页脚用来显示日期及页码。

（5）窗体页脚。位置在窗体设计视图的最下方，与窗体页眉功能类似，也可放置汇总主体内各控件数值数据。

每节都可以放置控件，但在窗体中，页面页眉和页面页脚使用较少，它们常被使用在报表中。

2. 窗体的控件

控件是窗体、报表和数据访问页设计的重要组件，凡是可在窗体、报表上选取的对象都是控件。它用于数据显示、操作执行和对象的装饰方面，如图 10-15 所示。控件种类不同，其功能也就不同。可使用的控件都在工具箱中，如图 10-18 所示。一个窗体可以没有数据来源，但一定要有若干数量的控件，这样才能执行窗体的功能。

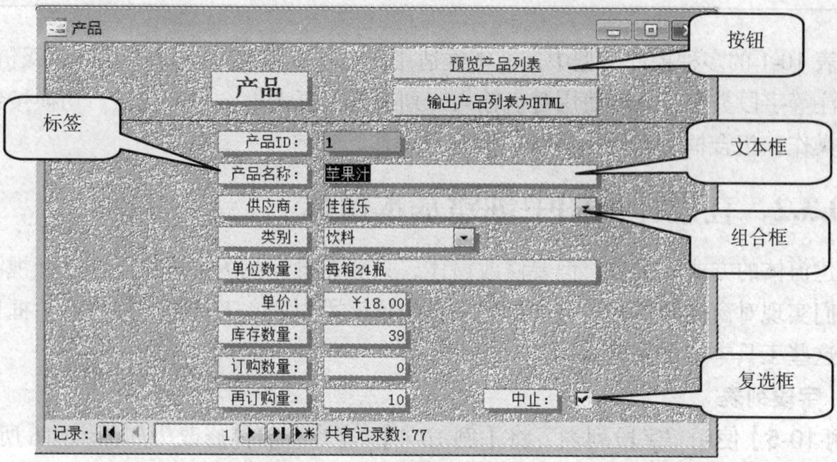

图 10-15　窗体中的各种控件

控件有以下 3 种基本类型。

（1）绑定型控件。控件与字段列表中的字段结合在一起，对控件中数据的更新会自动保存到相应的数据表中。大多数允许编辑的控件都是绑定型控件，可以和控件绑定的字段类型包括文本、数字、日期/时间、是/否、图像和备注型字段。

（2）未绑定型控件。控件与数据源无关。当给控件输入数据时，窗体可以保留数据，但不会更新数据源。未绑定型控件可以用于文本、线条及图像的显示。

（3）计算型控件。计算型控件以表达式为数据源。表达式可以使用窗体和报表中数据源的字段值，也可以使用窗体和报表中其他控件的数据。此类控件也是未绑定型控件，不会更新数据表的字段值。

表 10-1 列出了常用的控件。窗体和报表还有一些附加控件，包括绑定对象框、未绑定对象框和分页符。另外，还可以向窗体或报表添加子窗体或子报表。数据访问页还包括下拉列表框、超链接、滚动文字、数据透视表列表、电子表格、图表组件等。

表 10-1　窗体中的控件

控件名称	描　述
标签	显示说明性文本。可以单独存在，也可以附加到另一个控件上
文本框	显示或处理表/查询上的数据。使用键盘键入数据，是适用范围最大的控件
列表框	由多个数据行组成。使用鼠标选取数据，以文本和日期/时间型数据较为常用
组合框	是文本框和列表框的组合。可以有一个或多个数据列，鼠标选取、键盘输入均可
命令按钮	用来启动一项操作或一组操作，控制程序流程
复选框	可以对多组“是/否”数据进行共存选择
单选按钮	排他性的选择按钮，用于选择“是/否”
切换按钮	用于数据切换，适用于是/否型数据值
选项组	用来显示一组限制性的选项值，适用于“数字”或“是/否”型数据
选项卡	可以使用选项卡控件来展示单个集合中的多页信息

说明　文本框是使用频率最高的控件，当从字段列表中拖出字段后，若该字段在数据表中未使用查阅向导，就会默认显示为文本框的形式。

在表 10-1 的多种控件类型中，文本框适用于文本、数字、时间/日期、超级链接、自动编号、货币备注等字段类型，只可使用键盘输入。列表框、复选框、单选按钮、切换按钮等皆只可使用鼠标来操作，组合框可以使用键盘或鼠标来操作。

10.3.2　在设计视图中创建基本窗体

创建窗体的方式有很多，但要修改窗体，只能在设计视图中进行。在设计视图中，有多个工具帮我们实现对窗体的各种设计，这些工具包括字段列表、工具箱、属性对话框等。下面介绍怎样利用这些工具丰富和完善窗体。

1．字段列表

【例 10-5】使用“字段列表”将【例 10-4】“客户”窗体修改为如图 10-16 所示的效果。

（1）打开“食品商贸公司管理系统”数据库文件。

（2）单击“窗体”对象，在窗体列表中选取“客户”窗体，单击窗口的“设计”按钮，打开窗体的设计视图。

（3）单击“联系人头衔”标签控件，再按住 Shift 键的同时单击“联系人职务”文本框控件，即同时选取两个控件，如图 10-17 所示，然后按 Delete 键，将选取的控件删除。

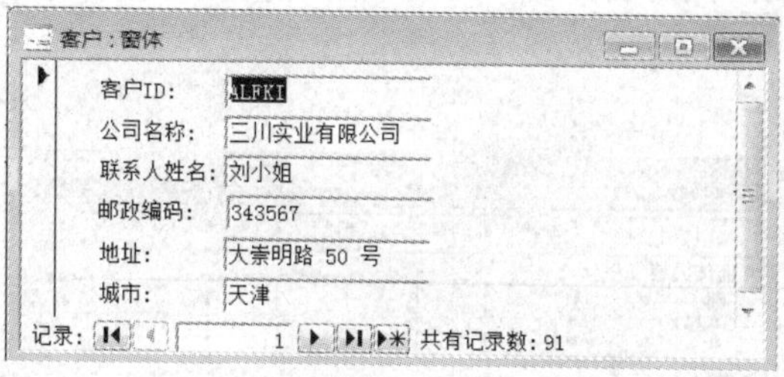

图 10-16　修改后的“客户”窗体

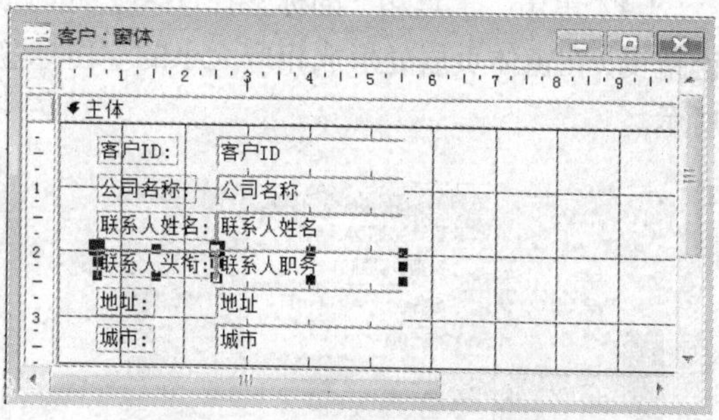

图 10-17　“客户”窗体设计视图

（4）在字段列表中选取“邮政编码”字段，再将此字段拖曳至设计窗口原来“联系人职务”文本框所在的位置。

（5）单击工具栏上的“保存”按钮，将修改的设计进行保存。

（6）单击工具栏上的“窗体视图”按钮，“客户”窗体如图 10-16 所示。

说明　我们可以从字段列表直接将选取的字段用鼠标拖曳至主体，为窗体添加新控件。可以逐一添加，也可以同时选取多个字段一次性添加，若该字段在数据表中未使用查阅向导，就会默认显示为文本框的形式；若已经使用查阅向导，则自动添加组合框控件。

若要删除控件，只须在选取控件后，按 Delete 键即可。

2. 工具箱

工具箱（如图 10-18 所示）中包括了所有常用控件的类型，只要单击某一控件就可以在窗体的各节绘制添加不同功能的新控件。

【例 10-6】使用“工具箱”，为【例 10-5】“客户”窗体添加标题，如图 10-19 所示效果。

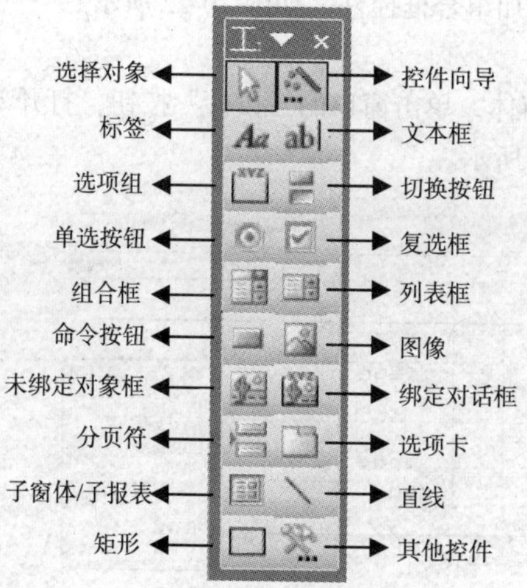

图 10-18　工具箱

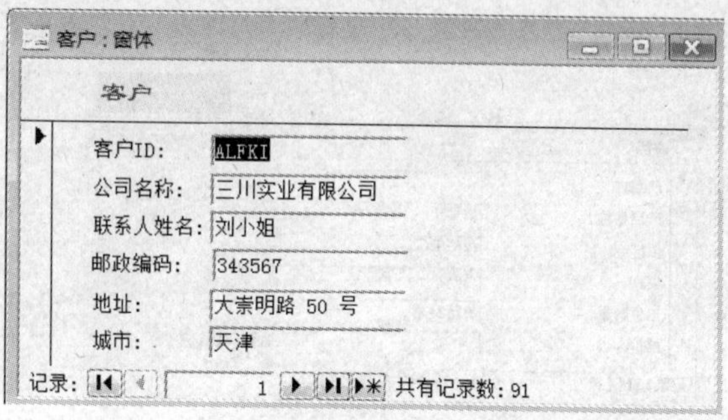

图 10-19　在窗体的页眉添加标题的窗体

（1）打开“食品商贸公司管理系统”数据库文件。

（2）单击“窗体”对象，在窗体列表中选取“客户”窗体，单击窗口的“设计”按钮 设计(D)，打开窗体设计窗口。

（3）选择“视图|窗体页眉/页脚”菜单命令，设计窗口如图 10-20 所示。

（4）单击“工具箱”的标签控件，此时鼠标指针变为+A。将鼠标移至窗体页眉内，按下左键拖曳，在窗体页眉处形成相应大小的空白标签控件，在光标处输入“客户”，设计效果如图 10-21 所示。

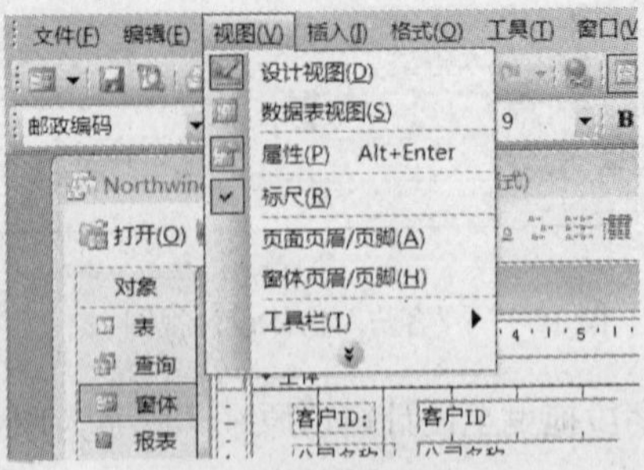

图 10-20　添加窗体页眉

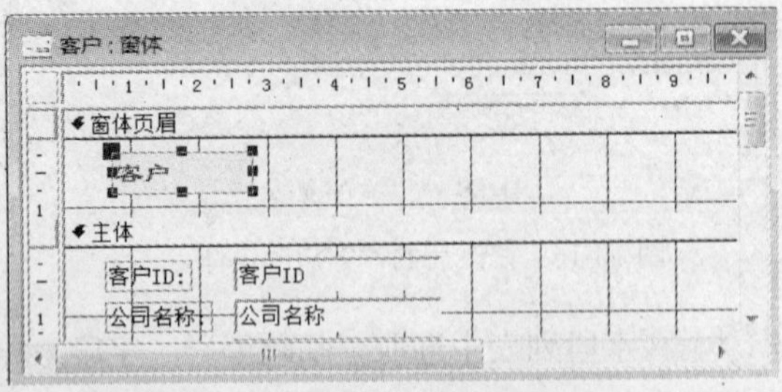

图 10-21　在窗体页眉添加标签控件

（5）单击窗体页眉新添加的标签控件，使用工具栏中的各种格式按钮，分别设置字体为隶书，字号为 12，字体颜色为深红，背景颜色为浅蓝等。

（6）单击工具栏上的“保存”按钮，将修改的设计保存。

（7）单击工具栏上的“窗体视图”按钮，“客户”窗体如图 10-19 所示。

说明　使用标签的目的是显示文本，执行窗体时，标签内容不允许编辑。

在上述操作中，如果没有显示工具箱，可以单击“视图|工具箱”选项。

在设计窗口中显示窗体页眉后，需要用鼠标向上拖曳窗体页眉与主体的交界线，以缩小窗体页眉的空间，否则执行窗体时，窗体页眉会有大量空白区域。

【例 10-7】利用“工具箱”控件向导为“产品”窗体添加组合框控件，如图 10-22 所示。

（1）打开“食品商贸公司管理系统”数据库文件。

（2）单击“窗体”对象，在窗体列表中选取“产品”窗体，单击窗口的“设计”按钮，打开窗体设计窗口，删除“供应商”和“类别”控件如图 10-23 所示。

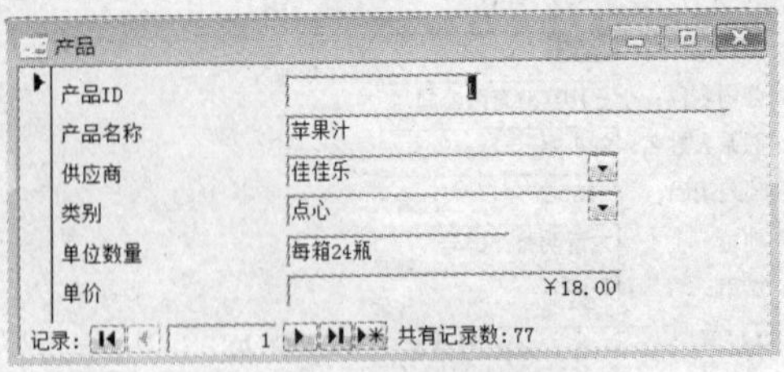

图 10-22　带组合框的窗体

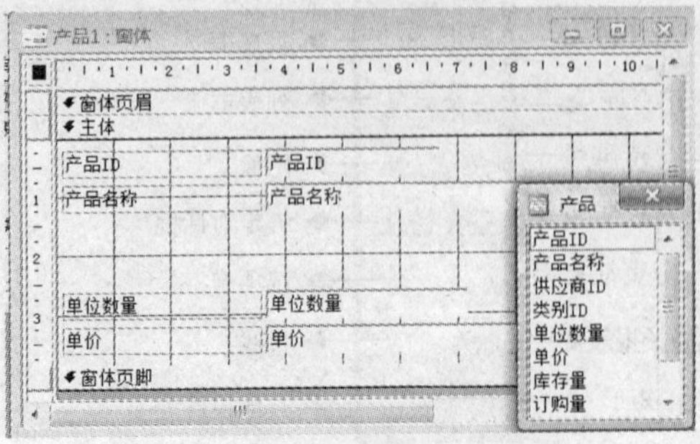

图 10-23　来源是“产品”数据表

（3）单击工具箱的控件向导按钮。

（4）单击工具箱中组合框控件按钮，然后在窗体的“产品名称”文本框控件下方单击左键，添加新组合框，如图 10-24 所示。

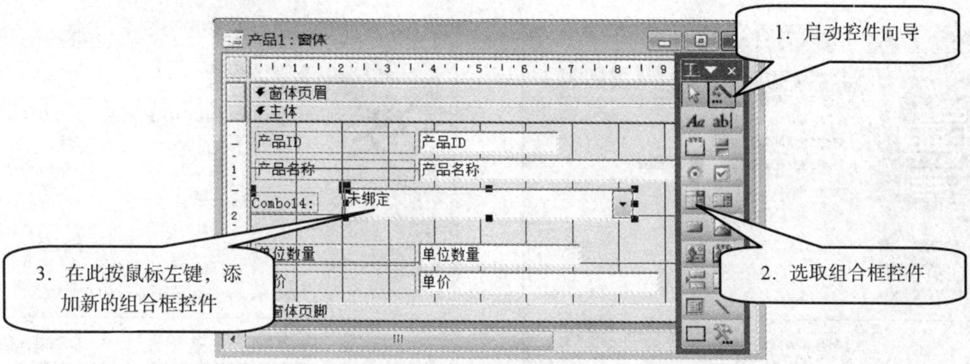

图 10-24 添加组合框控件

（5）在出现的控件向导对话框中，首先选取“使用组合框查阅表或查询中的值”，如图 10-25 所示，然后单击“下一步”按钮。

（6）在图 10-26 中选取“表：类别”，再单击“下一步”按钮。

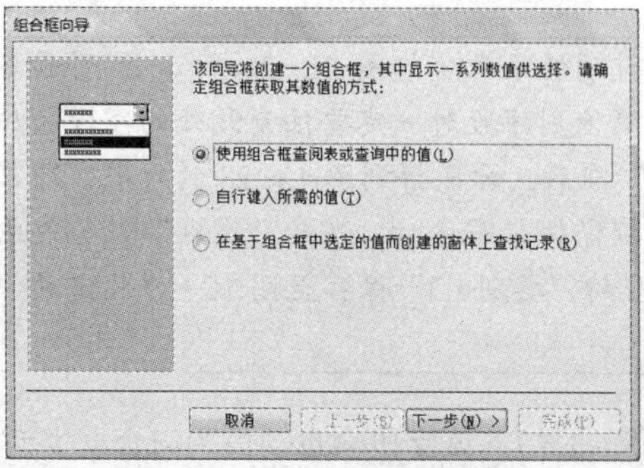

图 10-25 确定数据来源类型

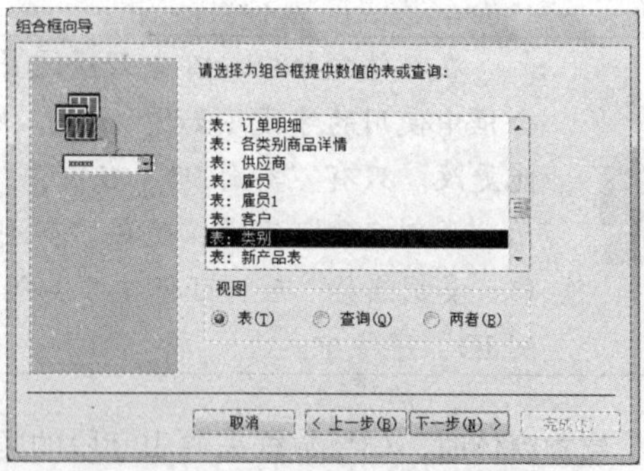

图 10-26 确定数据来源

（7）在图 10-27 中分别双击“类别 ID”和“类别名称”字段，然后单击“下一步”按钮。指定按“类别名称”字段升序排序后，进入下一步。

（8）在图 10-28 中不做更改，单击“下一步”按钮。

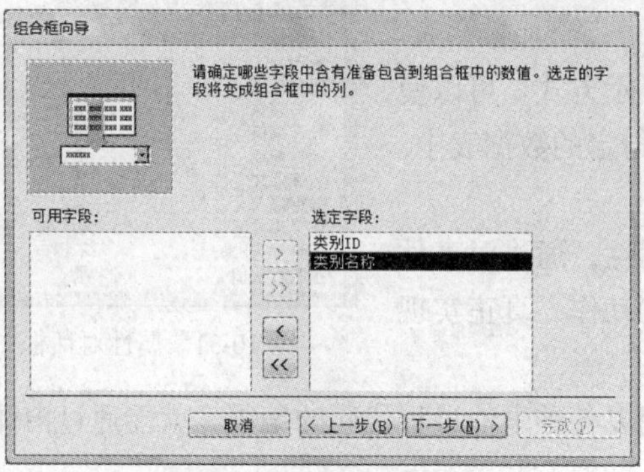

图 10-27 确定使用字段

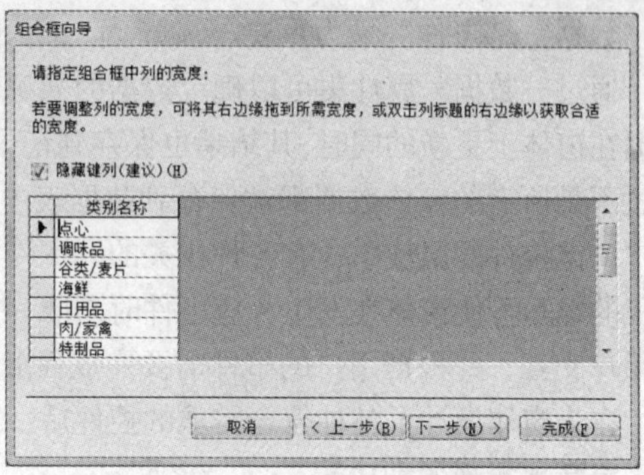

图 10-28 隐藏主索引字段

（9）在图 10-29 中选取“将该数值保存在这个字段中”，再打开字段列表，选取“类别 ID”，完成后单击“下一步”按钮。

（10）在图 10-30 中，将标签指定为“类别名称”，最后单击“完成”按钮。

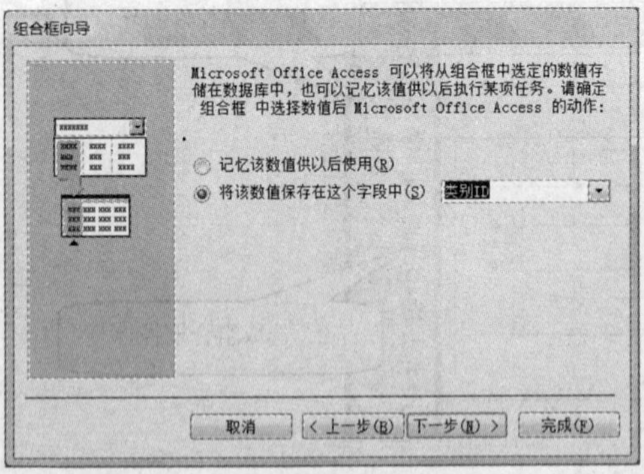

图 10-29　确定保存字段

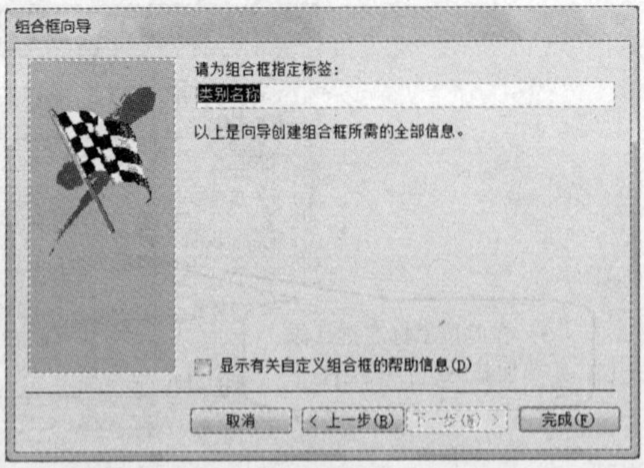

图 10-30　确定组合框标签

完成后的组合框会显示“类别”数据表的“类别名称”字段，同时会将选取的结果保存至窗体数据来源的“类别 ID”字段。

重复步骤（3）～（10），添加组合框“供应商”，标签指定为“供应商”。

说明　在控件向导中，首先必须设置组合框内选项的来源（如图 10-26 所示），再设置组合框中使用的字段（如图 10-27 所示）。设置使用字段时一定要注意此处的字段顺序不能更改。只有“类别 ID”在前，“类别名称”在后，才能得到图 10-28 的效果，即只显示“类别名称”字段，隐藏“类别 ID”，以确保执行窗体时，在此“类别”组合框中选取“类别名称”后，可将该“类别名称”对应的“类别 ID”保存至图 10-29 指定的“类别 ID”字段中。

建立窗体时，如果数据来源中字段的类型是“查阅向导”，该字段会自动成为组合框类型。

3. 属性对话框

窗体以及窗体中的控件都具有“格式”、“数据”、“事件”、“其他”等相关属性集，可以通过对属性的设置和修改达到对窗体进行设计的目的。单击“视图|属性”选项，可打开如图 10-31 所示的属性对话框。

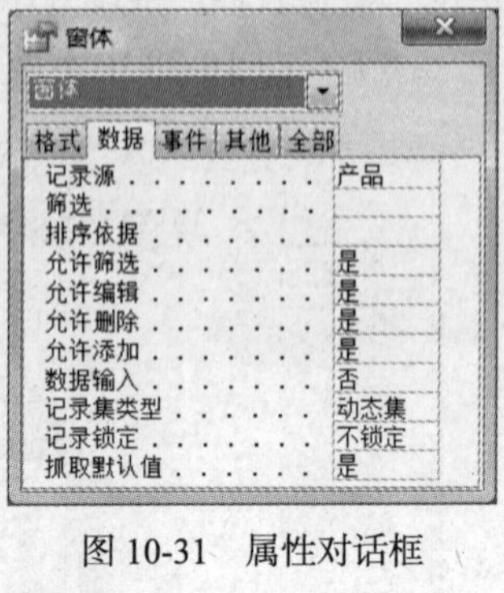

图 10-31　属性对话框

无论窗体、窗体的各节、不同的控件都有其专有的属性集，其中“数据”、“事件”最为重要。

通过“数据”属性集可以确定数据的来源和显示方式。可以使数据在窗体上更新的同时，其结果也保存到记录源指定的数据表中。不过不是所有的窗体数据都被保存到数据表中。

窗体控件的属性中含有各种相关的“事件”属性，通过对事件过程的编写可使窗体在发生相应事件时采取一定的动作，真正实现与用户交互，并根据用户的事件需要完成任务。

在为窗体设计了各种符合需求的控件后，再辅以各种事件过程代码的编制，就能通过窗体准确、灵活地实现各种功能。

4. 常用属性介绍

（1）窗体的常用属性

① 窗体的格式属性

窗体的“格式”选项卡中的属性项都与窗体的外观有关，如图 10-32 所示。窗体的主要格式属性如下。

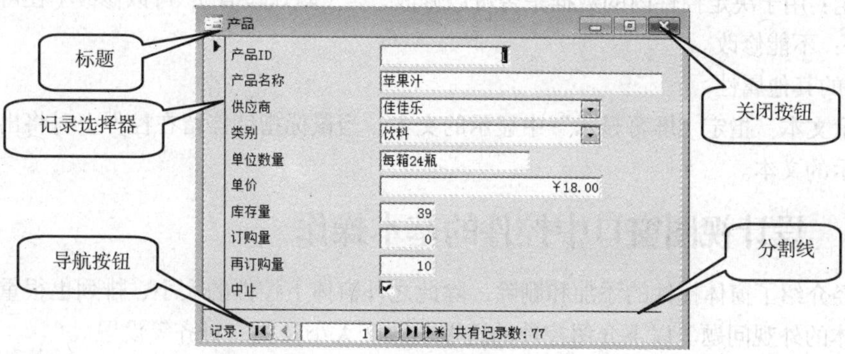

图 10-32 窗体外观

标题：用来设定窗体的标题。

滚动条：用来确定在“窗体”视图中是否显示水平滚动条和垂直滚动条。

记录选定器：用来确定在“窗体”视图中是否显示“记录选定器”。

导航按钮：用来确定在“窗体”视图中是否显示“导航按钮”。

分隔线：用来确定在“窗体”视图中是否显示“分隔线”。“分隔线”用于分割不同的节，不是添加的直线。

关闭按钮：用来确定在“窗体”视图中是否可用“关闭”按钮。

② 窗体的数据属性

窗体的“数据”属性组用来控制窗体的数据来源，限定用户可以对窗体中的数据进行的操作以及在多用户环境中窗体内数据的锁定。窗体的主要数据属性如下。

记录源：用来指定窗体的数据源。

过滤器：用来确定窗体中数据的筛选条件。

排序依据：用来确定在“窗体”视图中记录的排序依据。

允许筛选、允许编辑、允许删除和允许添加：用来确定是否允许在“窗体”视图中筛选、编辑、删除和添加记录。

数据输入：用来确定打开的“窗体”视图是否直接进入添加状态（不显示已有记录）。

（2）控件常用属性

① 控件的格式属性

标题：来设定显示在控件上的文本。

格式：用于决定控件的数据在控件内的显示方式。

小数位数：用于指定控件上需要显示的小数位数。这个属性项与格式属性项一起使用。

背景样式：用于设定控件是否透明。

特殊效果：用于设定该控件的显示效果。

前景色：用于设定控件上文本的颜色。

背景色：用于设定控件的背景颜色。

② 控件的数据属性

控件来源：用于设置控件绑定到记录源中的字段。

可用：用于决定一个控件是否可以获得焦点（即是否可以进入）。是（默认设置）：可以进入，对控件中的文本进行编辑；否：控件将以灰色显示，不能进入对其操作。

是否锁定：用于决定控件内的数据是否可以修改。否（默认设置）：可以修改（在可以进入的前提下）；是：不能修改。

③ 控件的其他属性

控件提示文本：指定“屏幕显示”中显示的文本。当鼠标指针停留在控件上时将出现“屏幕显示”中显示的文本。

10.3.3　设计视图窗口中控件的基本操作

前面已经介绍了窗体控件的添加和删除，除此之外窗体上控件的大小、排列也很重要，它解决了一个窗体的外观问题。以下介绍控件的选取、改变大小及左右对齐等设置。

1. 选取控件

对于任何对象的处理，都要先确认处理对象，即选取。在窗体设计窗口中选取控件，只须在控件上单击左键，控件四周就显示 8 个控点，就表示该控件已被选取。

在选取文本框时，文本框左边对应的标签控件左上角也有一个控点，这是因为文本框和标签捆绑在了一起。

Access 提供了以下选取多个控件的多种方式。

（1）选择“编辑|全选”菜单命令或按 Ctrl+A 组合键，将选取包括窗体页眉、窗体页脚在内的窗体上所有控件。

（2）使用鼠标在设计窗口内拖曳出一个矩形，可选取矩形内所有控件。

（3）使用鼠标在标尺上拖动，形成黑色区域，此区域延伸到设计窗口对边，其中经过的所有控件会被选取。

（4）先按住 Shift 键，再分别用鼠标在多个控件上单击，也可选取多个控件。

2. 移动控件

移动控件位置可以参照标尺和网格。

（1）使用鼠标直接拖动已经选取的控件至目标位置即可。

（2）选取控件后，按 4 个方向键，即可移动控件；先按住 Ctrl 键再按方向键可以微调控件位置。

说明　若选取的控件为多个，则一定要注意鼠标指针形状。当指针形状为五指张开的手掌，此时拖动可同时移动捆绑的所有控件；若只需要移动捆绑控件中的一个，须将鼠标移至该控件的左上角，此时鼠标指针为食指朝上的手掌，就可移动该控件。

3. 调整多个控件的大小

选取多个控件后，选择“格式|大小”菜单命令，再单击“正好容纳”命令，可将窗体中标签根据内容调整至正好容纳，若选取“至最宽”选项，则将选取的所有控件统一放大至最宽。

4. 对齐多个控件的边界

选取多个控件后，选择“格式|对齐”菜单命令，再单击“靠左”、“靠右”、“靠上”、“靠下”、

“对齐网格”命令，可以完成控件的对齐。

5. 调整多个控件的间距

选取多个控件后，选择“格式|水平间距”或“格式|垂直间距”菜单命令，可以完成控件的间距调整。

说明　以上介绍的窗体中控件大小的调整、水平和垂直布局还可以通过相应对象“格式”属性中的若干属性进行设置，如高度、宽度、上下左右边距等。

10.3.4　窗体自动套用格式

使用设计视图创建窗体，首先应明确数据来源，再确定控件功能，然后是格式化窗体。

针对窗体的格式处理，我们可逐一针对窗体、窗体各节，再到各个控件，通过“格式”属性集进行设置，也可以使用格式工具栏的不同按钮进行设置。这样可以定义千变万化的特色外观。如果要简单处理，可以使用系统提供的统一格式，即“自动套用格式”。操作方法如下。

（1）选取指定窗体，打开窗体设计视图。

（2）选择“格式|自动套用格式”菜单命令。

（3）在列表框选择合适的套用格式。

（4）也可以在打开的对话框中单击“选项”按钮，对话框底部显示“应用属性”的 3 个选项，可以选取或取消其中的选项来选用格式。

10.4　实用窗体设计

10.4.1　输入式窗体

输入记录是窗体的主要任务，用来输入记录的窗体必须进行相当精密而细微的设计。因为绝大部分窗体设计都需要使用宏或 VBA，本节仅介绍较简易的输入式窗体的基本设计。

1. 设置光标的切换次序

光标所处的位置是输入数据的位置。在数据表中，输入数据的位置是字段，在窗体中，输入数据的位置是文本框或其他控件。输入数据时，可按Tab键在多个文本框或其他控件之间切换光标位置。

设置窗体中光标切换次序的方法如下。

（1）打开窗体设计视图。

（2）选择“视图|Tab 键次序”菜单命令，可打开“Tab 键次序”对话框，如图 10-33 所示，对话框中列出了使用Tab键切换光标的默认次序。

（3）用鼠标在“自定义顺序”列表中字段左边的选取区单击，可选择一个字段，用鼠标拖曳可选择多个字段。

（4）用鼠标拖曳选取的字段，可改变字段的上下位置，即可改变Tab键切换光标次序；也可以单击“自动排序”按钮，让 Access 字段设置次序，次序是先自左而右，再自上而下。

设置结果会影响“Tab 键索引”属性，如图 10-34 所示。

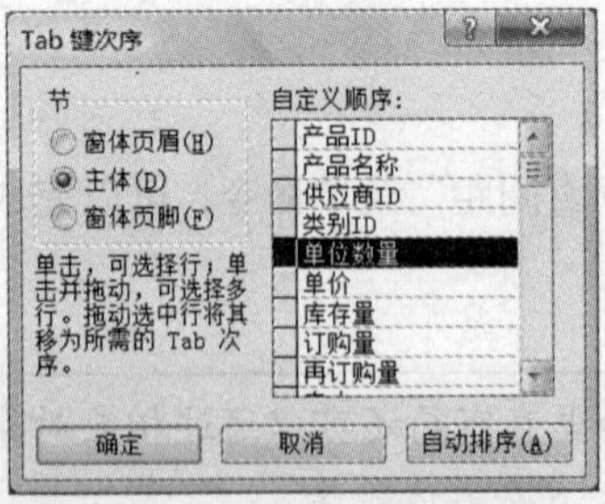

图 10-33 “Tab 键次序”对话框

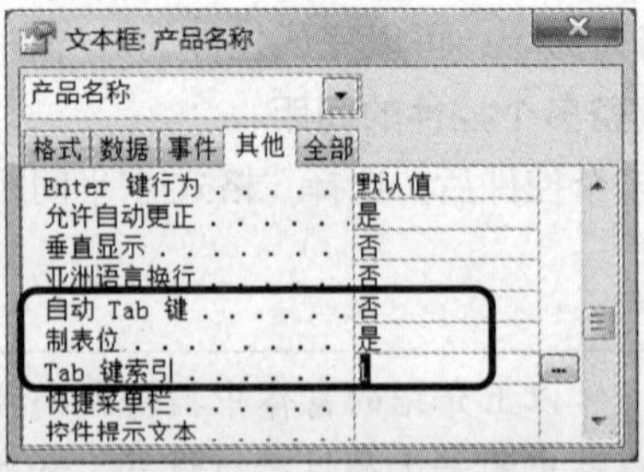

图 10-34 “Tab 键索引”属性

“Tab 键索引”属性可以是由“0”开始的数字，这些数字的大小表示各控件在窗体内使用 Enter 键或 Tab 键获得插入点或焦点的顺序。“制表位”属性的值若为“否”，表示不能使用 Tab 键或 Enter 键将插入点或焦点移入该控件，须使用鼠标操作。

说明 在 Access 中，Tab 键用于移动插入点或焦点，Enter 键表示执行操作。焦点在某一按钮上时，按 Enter 键，表示执行此按钮功能；按 Tab 键，则将焦点移动到下一个控件。在文本框中，二者都是将插入点移至下一个控件。

每个可移入光标的控件都有“自动 Tab 键”属性，此属性功能是设置 Access 可否在该控件自动移出光标，默认值为“否”。若将该属性设置为“是”，须配合“输入掩码”属性，因为“输入掩码”属性可以定义用户最多可在该控件内输入多少字符。当文本框输入满时，光标会自动移动至下一个控件。

“自动 Tab 键”属性常使用在身份证号、邮政编码、日期等固定长度的字段，此设置可加快用户处理窗体的速度。

在单一窗体或连续窗体中，我们在最后一个控件按下 Tab 键或 Enter 键后，会切换到下一条记录，这是输入式窗体的默认值。也可以更改窗体的“循环”属性，如图 10-35 所示。“循环”属性共有 3 个选项，“所有记录”为默认值，“当前记录”表示会在目前记录的各控件间切换光标或焦点。“当前页”表示在现有页面的各记录间切换。

2. 数据锁定及编辑

在窗体中，可以根据使用权限或需要来锁定记录，可以设置是否允许编辑、删除、添加记录等，也可以只锁定部分控件。

要锁定窗体，可以在窗体属性对话框中进行设置，“允许编辑”、“允许删除”、“允许添加”属性默认值为“是”，如图 10-36 所示，若将这些属性设置为“否”，则执行窗体时，就不允许对记录进行编辑、删除和添加。

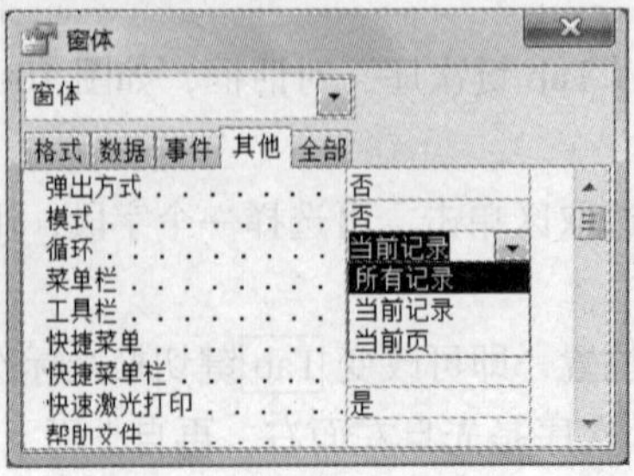

图 10-35 “循环”属性

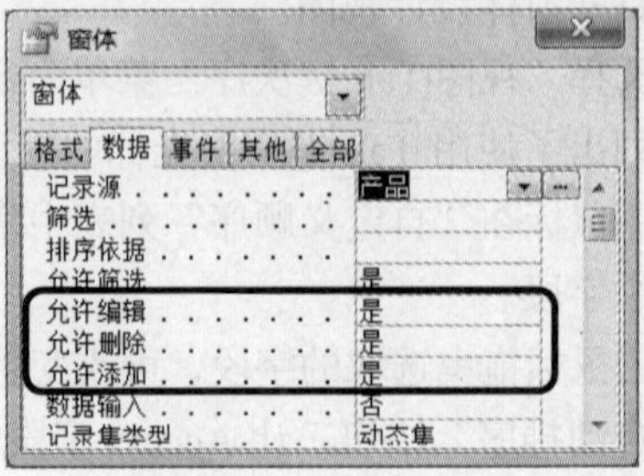

图 10-36 “允许”属性

若想在可以编辑记录的情况下锁定部分控件，须在窗体设计视图中，先选择控件，打开属性对话框，将数据属性的“可用”设置为“否”，再把“是否锁定”设置为“是”，则此控件即被锁定（显示状态正常）。例如，将“自动编号”类型的字段进行锁定，则无须输入，另外，不让光标移入此文本框，这样可以节约输入数据的时间，提高效率。

说明　“可用”属性为“否”，表示不允许移入光标，默认值为“是”。“是否锁定”为“是”，表示不允许更改数据，默认值为“否”。

3. OLE 对象

OLE 对象是一类特殊的字段类型，可在窗体或数据表中增加数据或编辑数据，但在窗体中操作比在数据表中操作容易，这也是窗体作为交互界面的优势。

OLE 对象字段在窗体中会显示为“绑定对象框”控件，此类字段通常用于放置图形，也就是非文字数据。此种类型没有特别设计，只要在“数据类型”中指定“OLE 对象”即可。

在窗体中操作 OLE 对象类型的字段的方法如下。

（1）双击窗体对象，打开需要编辑的窗体的“窗体视图”。

（2）在 OLE 对象控件上单击鼠标右键，在快捷菜单中单击“插入对象”命令。打开文件选择对话框，如图 10-37 所示。

（3）在打开的对话框中选取“由文件创建”，并单击“浏览”按钮，指定图形文件，最后单击“确定”按钮。

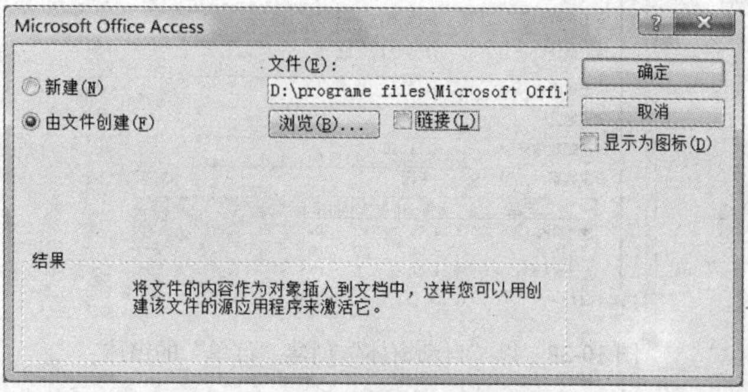

图 10-37　由文件创建

OLE 对象控件输入图形文件后，图形文件的全部内容将存放在 OLE 对象字段内，并且保存在数据库内，所以，通常使用 OLE 对象字段的数据库体积较大。

若要保持与外部文件的链接，可在图 10-37 所示对话框中选取“链接”，表示更改外部文件后，也可在 Access 数据库显示更改后的结果。在关闭软件后，新制作的图片将置于 OLE 对象字段内。

编辑 OLE 对象字段时，须在含有内容的控件上双击左键，系统会自动启动相应的处理软件。此时，图形处理软件与 Access 并存。只要在图片以外处单击左键，就可结束图形编辑并返回到 Access。

说明　OLE 可将非 Access 的文件内容置于 OLE 对象字段内，但必须是计算机内已安装的软件，若没有安装相应编辑软件，则 OLE 对象字段只显示文件名。

10.4.2 带子窗体的窗体

带子窗体的窗体的作用是以主窗体的一个字段（通常是主索引）为依据，在子窗体中显示与此字段相关的详细记录，而且当主窗体切换记录时，子窗体也会随着切换显示相应的内容，如图 10-38 所示。带子窗体的窗体本质就是关联，其数据来源是有着一对多的关联关系的数据表。

1．快速创建带子窗体的窗体

【例 10-8】创建“订单”窗体，如图 10-38 所示效果。

（1）打开“食品商贸公司管理系统”数据库文件。

（2）单击“表”对象，在列表中选取“订单”数据表。

（3）选择“插入|自动窗体”菜单命令，自动完成带子窗体“订单明细”的“订单”窗体，如图 10-38 所示。

（4）保存窗体，窗体名为“订单”。

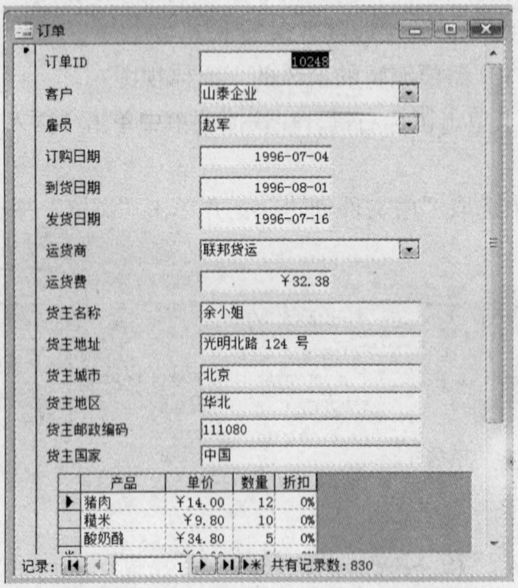

图 10-38 以“自动窗体”创建“订单”的窗体

说明

以上操作的前提是“订单”数据表本身有子数据表，也就是数据表“订单”和“订单明细”之间已经建立了一对多的关联。如果数据表“订单”还没有子数据表，可以先为其插入子数据表。打开“订单”数据表，单击菜单命令“插入|子数据表”，在打开的对话框中选择“订单明细”即可。

这种方法是创建带子窗体的窗体的最快、最简单的方法，但创建的窗体并不实用。下面介绍创建更加实用的带子窗体的窗体。

2．使用已存在的窗体作为子窗体

【例 10-9】使用已经存在的窗体，创建“订单”窗体。

（1）打开“食品商贸公司管理系统”数据库文件。

（2）单击“表”对象，在列表中选取“订单明细”数据表。

（3）选择“插入|自动窗体”命令。

（4）单击工具栏的视图按钮，进入设计视图。

（5）将鼠标指向窗体标题栏，单击鼠标右键，在快捷菜单中单击“属性”，打开属性对话框，在其中将窗体格式的“默认视图”设置为“数据表”。

（6）以名字“订单明细子窗体”保存并关闭窗体。

（7）打开【例 10-8】中所建的窗体“订单”，进入设计视图。

（8）选择子窗体控件，并打开其属性对话框，在属性对话框中将数据属性的“源对象”改为（1）～（6）中所建的“订单明细子窗体”。

（9）保存窗体“订单”，如果需要的话，可对子窗体进行进一步修改。

注意　以窗体作为子窗体源对象时，该窗体的“默认视图”要设置为“数据表”；如果不设置，默认子窗体将以纵栏式显示。

3. 在主窗体引用子窗体计算型控件

【例 10-10】在“订单”窗体的主窗体引用子窗体的计算型控件，如图 10-39 所示。

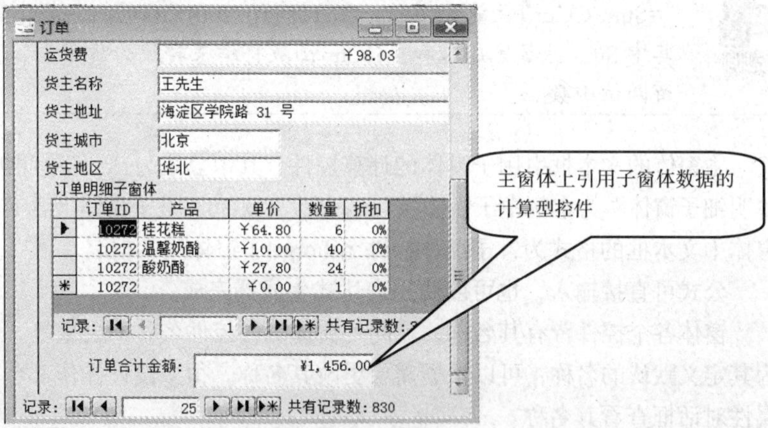

图 10-39　带有“订单合计金额”的窗体

（1）打开“订单”窗体设计视图。

（2）在子窗体上单击鼠标右键，选取“窗体页眉/页脚”。

（3）将子窗体的窗体页眉缩至最小，再将垂直滚动条向下至子窗体的窗体页脚。

（4）在子窗体的窗体页脚添加新文本框控件，默认名称为“Text30”。

（5）在新文本框上单击右键，选取“属性”，打开“属性对话框”。

（6）在“数据”属性的“控件来源”中输入公式“=Sum(CCur([数量]*[单价]*(1-[折扣])/100)*100)”，并保存，然后关闭对话框，如图 10-40 所示。

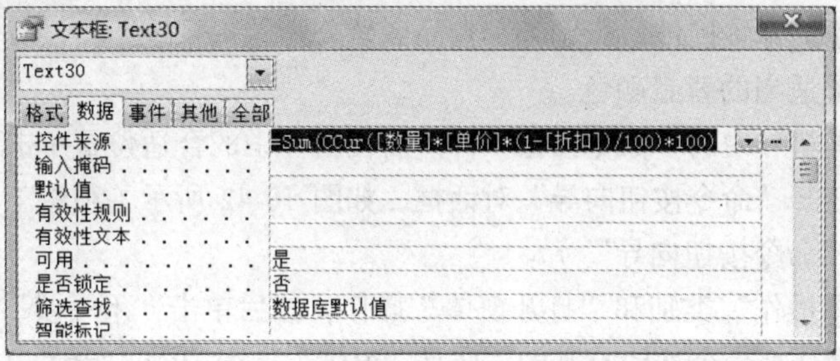

图 10-40　子窗体新加文本框的公式

（7）返回主窗体，再在主窗体主体节的子窗体控件下方，添加新文本框，默认名称为“Text34”。

（8）在新文本框的“控件来源”属性中输入“=[订单明细子窗体].Form !Text30”，如图 10-41 所示，并将其左边的附加标签所含的文字改为“订单合计金额：”。

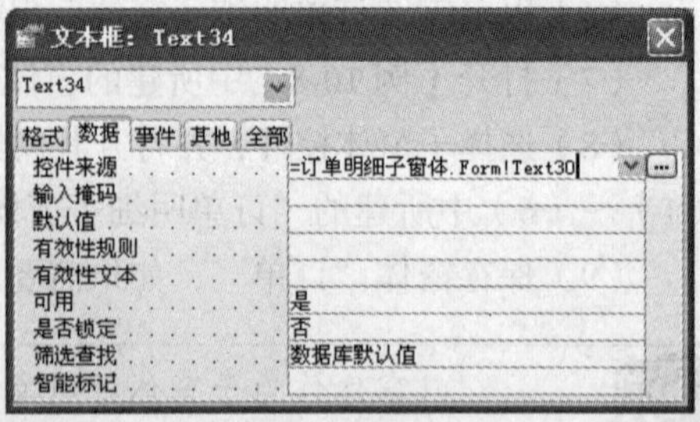

图 10-41　主窗体引用子窗体的计算数据

（9）保存以上修改，并执行“订单”窗体，如图 10-39 所示。

本例中在子窗体中使用公式，将结果显示在主窗体内，如图 10-39 所示，主窗体中的“订单合计金额”就是在窗体的订单中各产品金额的总和。我们可以将此文本框“是否锁定”属性设置为“是”，将其锁定，因为其中的值是计算而来的，不允许修改。然后将“格式”属性设置为“货币”。

说明　本例在主窗体和子窗体各使用一个新文本框，且在其中使用公式。子窗体中公式为：“=Sum(CCur([数量]*[单价]*(1-[折扣])/100)*100)”，公式计算订单中各产品的金额合计，其中 Sum 函数完成求和，CCur 函数将结果转换为货币型，“/100”和“*100”作用是保留两位小数。

主窗体的文本框引用子窗体的计算控件，其中公式为“=订单明细子窗体.Form!Text30”。“订单明细子窗体”为本例中子窗体控件名称，“Text30”是子窗体上含有公式的文本框名称，引用子窗体中文本框的格式为：子窗体控件名.Form!子窗体文本框名。

公式可直接输入，也可以使用表达式生成器完成。

窗体各个控件皆有其名称，且同一窗体的各控件名称不会重复，添加新控件后，Access 就会为其定义默认的名称，可以根据需要更改其名称。很多设计操作都会引用名称，可以在各对象的属性对话框查看其名称。

10.4.3　切换面板

打开数据库时，可设置自动打开系统主界面，从主界面中可切换到其他窗体。下面设计一个“食品商贸公司管理系统”系统的主界面。

【例 10-11】创建“食品商贸公司管理系统”系统主界面窗体。

（1）打开数据库。

（2）单击“窗体”对象，双击“在设计视图中创建窗体”，系统将打开一个空白窗体的设计视图窗口。

（3）选择“格式|自动套用格式”菜单命令，应用“宣纸”样式。

（4）在窗体上添加标签控件，标题为“食品商贸公司管理系统”，设置其字体为“隶书”、字号“18”，并设置适当的背景颜色。

（5）单击“工具箱”中的“命令按钮”，然后在窗体中的合适位置单击，系统即在窗体上放置一个按钮，同时打开“命令按钮向导”对话框，如图 10-42 所示（须将工具箱中“控件向导”按钮按下才能打开“命令按钮向导”）。

（6）选择“窗体操作”类别和“打开窗体”操作，然后单击“下一步”按钮。

（7）在对话框中选择命令按钮打开的“产品”窗体，如图 10-43 所示，单击“下一步”按钮。

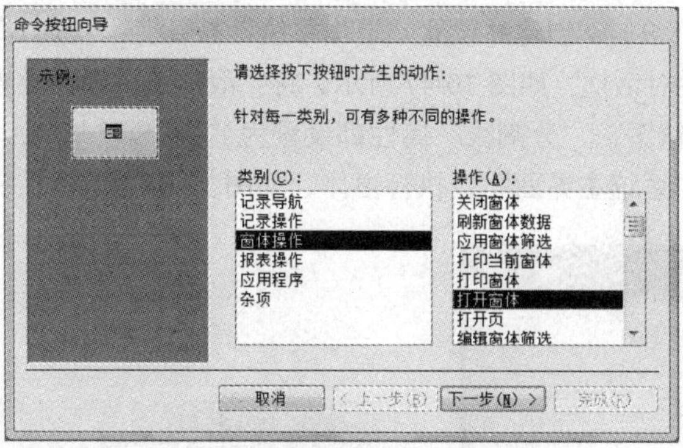

图 10-42　确定命令按钮操作类型

（8）在对话框中选定“打开窗体并显示所有记录”，如图 10-44 所示，再单击“下一步”按钮，打开如图 10-45 所示的对话框。

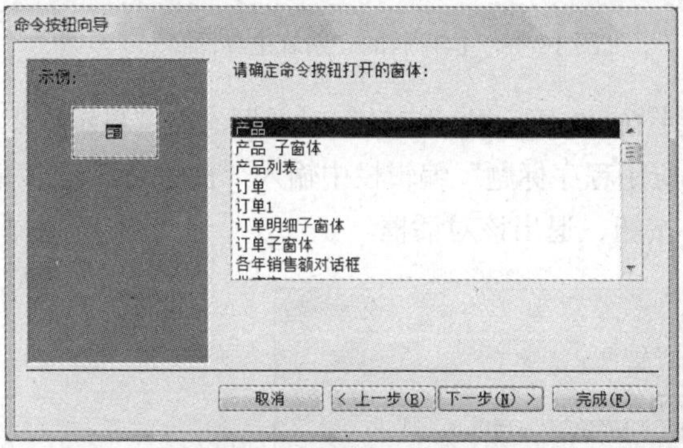

图 10-43　确定打开的窗体

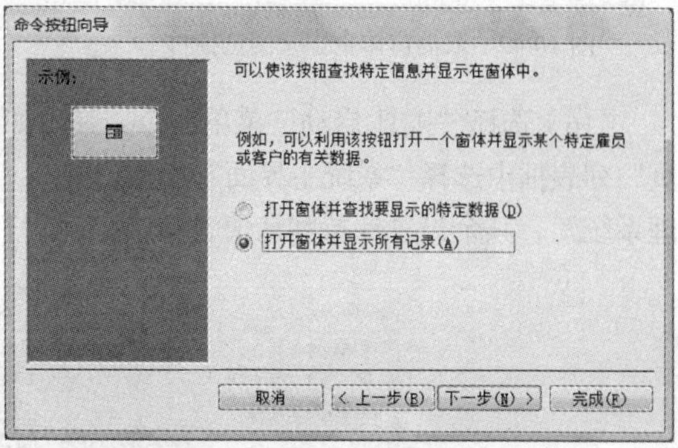

图 10-44　确定打开窗体的方式

（9）在对话框中选定“文本”，并在相应的编辑框中输入“浏览编辑产品”，再单击“下一步”按钮，如图 10-45 所示。

（10）在对话框中，设置按钮的名称为“产品”，并单击“完成”按钮，该按钮设计完毕，如图 10-46 所示。

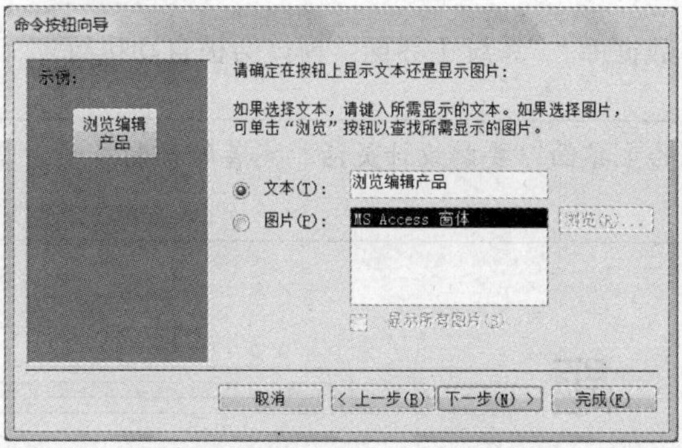

图 10-45　确定按钮上显示的文本

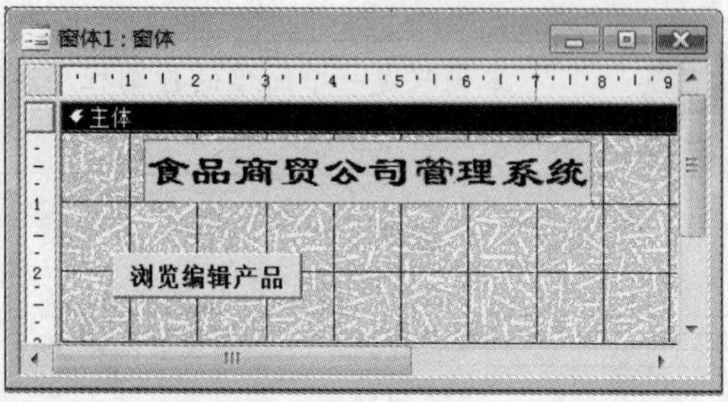

图 10-46　设计完毕的按钮

（11）重复（5）～（9），创建并设置“浏览订单”按钮为“打开‘订单’窗体”。

（12）重复（5）～（9），创建并设置“浏览客户”按钮为“打开‘客户’窗体”。

（13）重复（5）～（9），创建并设置“退出系统”按钮为“关闭窗体”。

（14）打开窗体属性对话框，如图 10-47 所示，将“滚动条”属性设置为“两者均无”，“记录选择器”、“导航按钮”、“分割线”属性都设置为“否”。

（15）保存窗体为“系统主界面”，执行窗体，如图 10-48 所示。

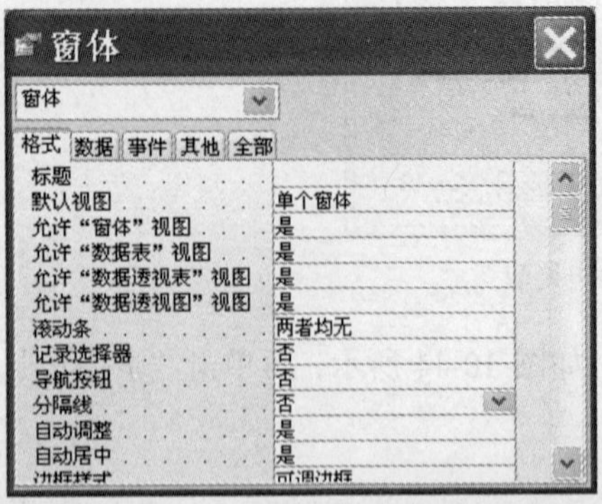

图 10-47　取消窗体中记录浏览控件

图 10-48　执行后的“系统主界面”

（16）选择“工具|启动”菜单命令，弹出如图 10-49 所示的“启动”对话框。在“显示窗体/页”列表框中选择“系统主界面”窗体，并在“应用程序标题”编辑栏中输入“食品商贸公司管理系统”，其余设置保持默认值，单击“确定”按钮，退出该对话框。

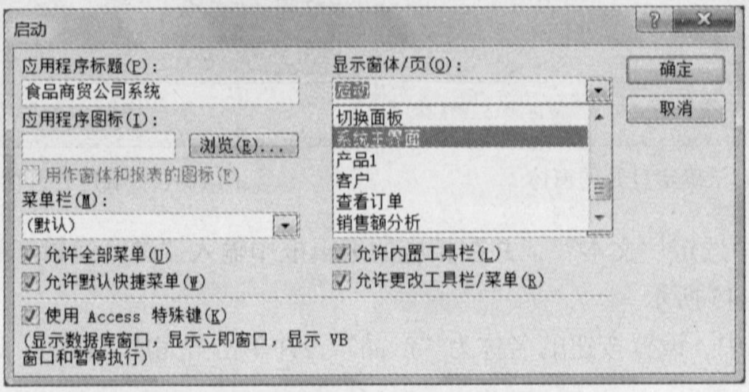

图 10-49　“系统主界面”设置为启动界面

关闭并重新启动“食品商贸公司管理系统”数据库，“系统主界面”窗体会被自动执行。

说明　本例只是一个简单的控制程序流程的主界面，要想设计灵活、完善的控制界面，需要使用宏和 VBA 模块。

习　题

一、简答题

1. 窗体主要有哪些功能？
2. 创建窗体有哪几种方法？简述其优缺点。

3．什么是窗体的节？各节主要放置什么数据？

4．如何在窗体创建和使用控件？

5．如何正确创建带子窗体的窗体？主窗体和子窗体的数据来源有何关系？

二、选择题

1．下列可以作为窗体记录源的是（　　）。

A．表　　B．SELECT 语句

C．表、查询或 SELECT 语句　　D．查询

2．窗体结构包括（　　）。

A．主体、设计网络、对话框、页面页眉、页面页脚

B．主体、窗体页眉、窗体页脚、下拉菜单、选择按钮

C．菜单栏、窗体页眉、窗体页脚、页面页眉、页面页脚

D．主体、窗体页眉、窗体页脚、页面页眉、页面页脚

3．以下不属于窗体组成区域的是（　　）。

A．窗体页眉　　B．主体　　C．页面页眉　　D．文本框

4．使用“窗体向导”创建窗体，下列说法错误的是（　　）。

A．用户可以对创建的窗体任意起名

B．当主窗体移动一个记录时，对应的子窗体记录不变

C．可创建基于多表的窗体

D．可创建基于单表或查询的窗体

5．以下（　　）不是 Access 中的窗体。

A．隐藏式窗体　　B．表格式窗体

C．数据表窗体　　D．纵栏式窗体

6．下列各说法中错误的是（　　）。

A．在同一个数据库中窗体和表可以同名

B．在同一个数据库中窗体和查询可以同名

C．在同一个数据库中窗体和表不可以同名

D．在同一个数据库中窗体和窗体不可以同名

7．下列各说法中错误的是（　　）。

A．可以自动创建的窗体有纵栏式、表格式、交叉表等

B．利用向导可以创建纵栏表、表格、数据表等窗体

C．可以使用向导同时建立主窗体和子窗体

D．可以先建立主窗体，然后使用“设计视图”添加子窗体

8．下列各说法中正确的是（　　）。

A．只有表才能作为窗体的数据源　　B．表或查询都可以作为窗体的数据源

C．窗体可以作为另一个的窗体数据源　　D．只有查询才能作为窗体数据源

9．下列各说法中正确的是（　　）。

A．窗体的控件包括菜单栏、标签、文本框、命令按钮等

B．窗体的控件包括标签、图像、文本框、命令按钮等

C．窗体的控件包括菜单栏、标签、文本框、子窗体等

D．窗体的控件包括选项按钮、列表框、文本框、下拉按钮等

10．下列各说法中错误的是（　　）。

A．标签总是非绑定型　　B．文本框总是绑定型

C．组合框中可以输入数据　　D．添加新记录是命令按钮的动作之一

11．组合框的组成是（　　）。

A．列表框、文本框　　B．复选框、文本框

C．选项组、文本框　　D．列表框、选项组

12．可以在窗体中进行的操作是（　　）。

A．修改、添加数据　　B．修改、删除数据

C．查找、修改数据　　D．以上均正确

13．窗体中的信息不包括（　　）。

A．设计者在设计窗口时附加的一些提示信息

B．设计者在设计窗口输入的一些重要信息

C．所处理表的记录

D．所处理查询的记录

14．窗体有 3 种视图，那么于创建窗体或修改窗体的窗口、显示记录数据的窗口，以及以行列格式显示表、查询或窗体数据的窗口分别是（　　）。

A．“设计视图”、“窗体视图”、“数据表视图”

B．“窗体视图”、“设计视图”、“数据表视图”

C．“数据表视图”、“窗体视图”、“设计视图”

D．“透视表视图”、“窗体视图”、“设计视图”

15．以下不是控件类型的是（　　）。

A．绑定型　　B．非绑定型　　C．计算型　　D．非计算型

16．下列不属于控件格式属性的是（　　）。

A．标题　　B．正文　　C．字体大小　　D．字体粗细

17．主/子窗体平常用来显示查询和多个表中的数据，而这些数据具有（　　）。

A．一对多关系　　B．多对一关系

C．一对一关系　　D．多对多关系

18．下面关于窗体的作用叙述错误的是（　　）。

A．可以接受用户输入的数据或命令　　B．可以编辑、显示数据库中的数据

C．可以构建美观的输入/输出界面　　D．可以直接存储数据

19．在计算控件中，每个表达式前都要加上（　　）。

A．“=”　　B．“!”　　C．“.”　　D．“Like”

20．不是窗体控件的是（　　）。

A．表　　B．标签　　C．文本框　　D．组合框

21．下面关于列表框和组合框的叙述正确的是（　　）。

A．列表框和组合框可以包含一列或几列数据

B．可以在列表框中输入新值，而组合框不能

C．可以在组合框中输入新值，而列表框不能

D．在列表框和组合框均可以输入新值

22．下述有关选项组叙述正确的是（　　）。

A．如果选项组结合到某个字段，实际上是组框架内的复选框、选项按钮或切换按钮结合到字段上的

B．选项组中的复选框可选可不选

C．使用选项组，只有单击选项组中所需的值，才可以为字段选定数据值

D．以上说法都不对

23．为窗体上的控件设置 Tab 键的顺序，应选择属性表中的（　　）。

A．格式选项卡　B．数据选项卡　C．事件选项卡　D．其他选项卡

24．只可显示数据，无法编辑数据的控件是（　　）。

A．文本框　B．组合框　C．标签　D．选项组

25．若字段类型为是/否，通常会在窗体中使用的控件是（　　）。

A．文本框　B．组合框　C．标签　D．选项组

26．通过修改（　　），可以改变窗体或控件的外观。

A．属性　B．设计　C．窗体　D．控件

27．（　　）节在窗体每页的顶部显示信息。

A．主体　B．页面页眉　C．窗体页眉　D．控件页眉

28．工具箱中的按钮，用于创建（　　）控件。

A．文本框　B．组合框　C．标签　D．复选框

29．为窗体指定来源后，在窗体设计窗口中，可由（　　）查看现有控件的字段来源。

A．工具箱　B．字段列表　C．自动格式　D．属性表

30．要在窗体的首页显示标题，应在窗体页眉添加（　　）控件。

A．文本框　B．图片　C．标签　D．选项组

31．如果要在文本框内输入身份证号码后，光标可立即移到下一指定文本框，应设置（　　）属性。

A．自动 Tab 键　B．制表位　C．Tab 键索引　D．可以扩大

32．新建窗体的记录来源是（　　）。

A．数据表　B．数据表和查询　C．查询　D．数据表和窗体

33．关于绑定控件与未绑定控件的区别，错误的说法是（　　）。

A．未绑定控件没有行来源

B．未绑定控件没有控件来源

C．未绑定控件的数据变化不能改变数据源

D．未绑定控件的数据变化必然改变数据源

34．子窗体向导创建的默认窗体布局是（　　）。

A．纵栏式　B．数据表式　C．表格式　D．图表式

35．要改变某控件的名称，应该选取其属性选项卡的（　　）。

A．格式　B．数据　C．事件　D．其他

36．要设置主子窗体的自动链接，应该选取子窗体属性选项卡的（　　）。

A．格式　B．数据　C．事件　D．其他

37．不能够输出图片的窗体控件是（　　）。

A．图像　B．文本框　C．绑定对象框　D．未绑定对象框

38．能够接收数据的窗体控件是（　　）。

A．图形　　B．文本框　　C．命令按钮　　D．标签

39．既可以输入文字，又可以从列表中选择输入项的控件是（　　）。

A．选项组　　B．文本框　　C．组合框　　D．列表框

40．“用表达式作为数据源，表达式可以利用窗体或报表所引用的表或查询字段中的数据”是对下列哪一类控件的描述（　　）。

A．绑定型控件　　B．非绑定型控件　　C．计算型控件　　D．非计算型控件

41．假设已在 Access 中建立了包含“书名”、“单价”和“数量”等 3 个字段的“tofg”表，以该表为数据源创建的窗体中，有一计算订购总金额的文本框，其控件来源为（　　）。

A．[单价]*[数量]

B．[图书订单表]![单价]* [图书订单表]! [数量]

C．=[单价]*[数量]

D．=[图书订单表]![单价]* [图书订单表]! [数量]

42．窗体由多个部分组成，每个部分成为一个（　　）。

A．节　　B．段　　C．记录　　D．表格

43．选项组控件不包含（　　）。

A．组合框　　B．切换按钮　　C．复选框　　D．选项按钮

44．下列选项不属于图像控件缩放模式属性的是（　　）。

A．剪裁　　B．拉伸　　C．缩放　　D．全屏

45．下列选项中关于控件的描述，错误的是（　　）。

A．控件是窗体上用于显示数据、执行操作、装饰窗体的对象

B．在窗体上添加的每一个对象都是控件

C．控件的类型分为：结合型、非结合型、计算型和非计算型

D．非结合型的控件没有数据来源，可以用来显示信息、线条、矩形或图像

46．下列有关窗体的描述，错误的是（　　）。

A．数据源可以是表或查询

B．可以链接数据库中的表，作为输入记录的理想界面

C．能够从表中查询提取所需的数据，并将其显示出来

D．可以将数据库中需要的数据提取出来进行汇总，并将数据以格式化的方式发送到打印机

47．下列有关窗体的描述，错误的是（　　）。

A．可以存储数据，并以行和列的形式显示数据

B．可以用于显示表和查询中的数据，输入数据、编辑数据和修改数据

C．由多个部分组成，每个部分成为一个“节”

D．常用 3 种视图：“设计视图”、“窗体视图”和“数据表视图”

三、填空题

1．窗体是用户对数据库中数据进行操作的理想的________。

2．窗体属性决定了窗体的________、________以及窗体的数据来源。

3．主窗体只能显示为________，子窗体可以显示为________，可以显示为________。

4．窗体控件的属性决定了窗体及控件自身的结构、外观和行为，以及它所涉及的________的

特性。

5. 用鼠标将“工具箱”中的任意一个________拖曳到窗体中，将在窗体中添加一个新的控件，用户只有对新控件的________加以设置，窗体的控件才能发挥应有的作用。

6. 窗体的控件依据与数据的关系可以分为 3 个类型，分别是________、________、________。

7. 组合框和列表框都可以从列表中选择值，相比较而言，________占用窗体空间多；________不仅可以选择，还可以输入新的文本。

8. 向窗体添加控件的方法是，选定窗体控件工具箱中某一控件按钮，然后在窗体相应位置________，便可添加一个选定的控件。

9. 使用“自动创建窗体”，可以创建________、________、________的窗体，但如果想要创建基于多表的窗体，则应该使用________或先建立基于多表的查询作为数据源。

10. 窗体中所有可被选取者，皆为________，但不一定就是字段。这些可被选取的项目，皆有其________，可在此设置其工作状态。

11. 窗体属性对话框中有________、________、________、________、________选项卡。

第11章 报表

【本章要点】

数据库中的表、查询和窗体都有打印的功能，通过它们可以打印比较简单的信息，要打印大量的数据或者对打印的格式要求比较高，则必须使用报表的形式。报表是 Access 中专门用来统计、汇总并且整理打印数据的一种工具。可通过控制报表的外观和尺寸，按照一定的格式显示和打印数据。报表的数据来源与窗体相同，可以是已有的数据表、查询或者是新建的 SQL 语句，但报表只能查看数据，不能通过报表修改或输入数据。Access 2003 报表的功能非常强大，也极易掌握并制作出精致、美观的专业性报表。本章主要掌握创建报表和子报表、修改报表、在报表中对记录进行排序、分组和计算等操作，按指定格式显示来自于数据源的记录。

11.1 报表的基本概念

报表的功能包括：呈现格式化的数据；分组组织数据，进行数据汇总；报表之中包含子报表及图表数据；打印输出标签、发票、订单和信封等多种样式；可以进行计数、求平均、求和等统计计算；在报表中嵌入图像或图片来丰富数据显示的内容。

11.1.1 报表的分类

1. 报表的常见类型

（1）纵栏式：纵栏式是数据表中的字段名纵向排列的一种数据显示方式。这种报表可以安排显示一条记录的区域，也可同时显示一对多关系中“多方”的多条记录区域，甚至包括合计。在设计纵栏式报表时，字段标题信息与字段记录数据要安排在每页的主体节内。图 11-1 所示是一个“订单明细”的纵栏式报表实例。

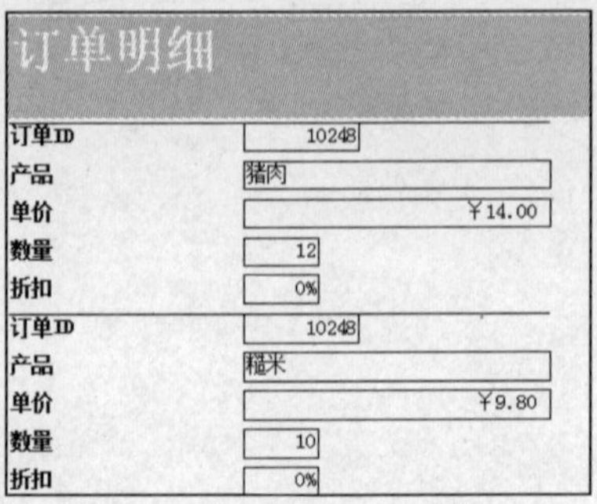

图 11-1 订单明细（纵栏式）报表

（2）表格式：表格式是字段名横向排列的数据显示方式。通常一行显示一条记录，一页显示多行记录。表格式报表与纵栏式报表不同，字段标题信息不能安排在每页的主体节，而是要安排在页面页眉区。可以在表格式报表中设置分组字段、显示分组统计数据。图 11-2 所示是典型的表格式报表。

（3）标签式：标签式是将每条记录中的数据按照标签的形式输出，是一种特殊类型的报表。在实际应用中，经常会用到标签，例如物品标签、客户标签等。图 11-3 所示是标签报表示例。

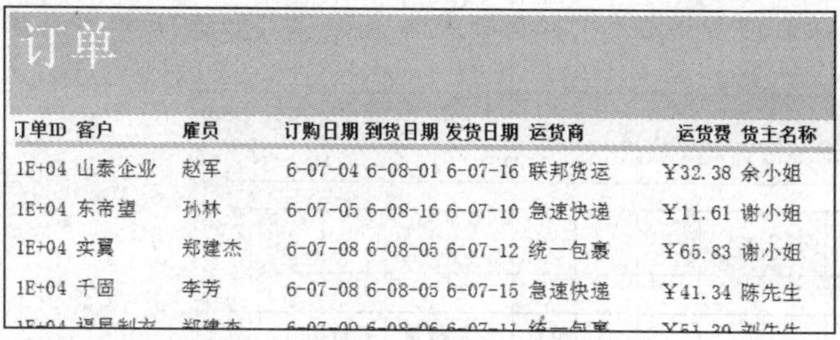

图 11-2　订单（表格式）报表

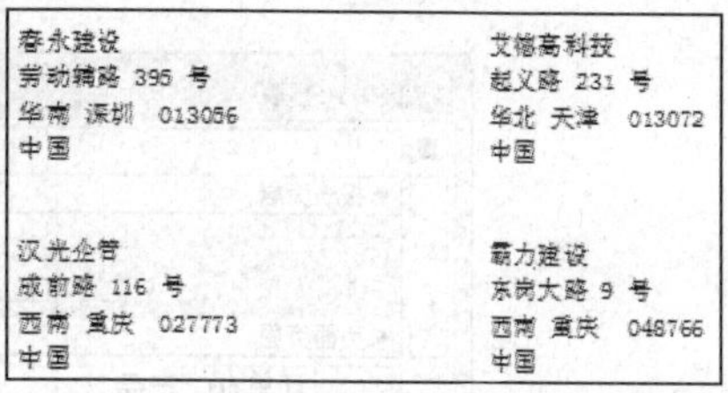

图 11-3　客户信息（标签式）报表

（4）图表式：图表式是用图形来显示数据表中的数据或统计结果。在报表中使用图表可以更直观地表示出数据之间的关系。图 11-4 所示是图表报表示例。

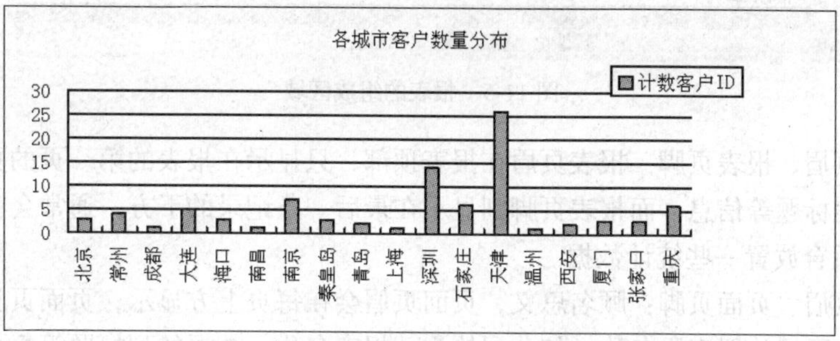

图 11-4　客户在各城市的分布（图表式）报表

上述各种类型报表设计过程中，根据需要可以在报表页中显示页码、报表输出日期，设置直线或方框等来分隔数据。与设计窗体一样可以设置颜色和阴影等外观属性。

2. 报表中的控件

（1）绑定控件：与表或查询中字段相连，主要用于显示数据库中的数据，如文本框等。

（2）未绑定控件：没有数据源，主要用来显示说明性信息，是装饰元素，如分隔线等。

（3）计算控件：以表达式作为数据源，表达式中可以使用报表数据源中的字段，也可以使用其他控件中的数据，甚至是模块代码生成的数据。

11.1.2　报表的视图

Access 为报表操作提供了 3 种视图：“设计”视图、“打印预览”视图和“版面预览”视图。其中“设计”视图用于创建和编辑报表的结构；“打印预览”视图用于查看报表的页面数据输出形态；“版面预览”视图用于查看报表的版面设置。这 3 个视图是可以互相转换的，单击“报表设计”工具栏中“视图”工具按钮位置下的 3 个选项：“设计”视图、“打印预览”视图和“版面预览”视图即可对视图进行转换。

图 11-5 是一个打开的报表“设计”视图，可以看出报表由以下几部分区域组成：报表页眉、页面页眉、主体、页面页脚、报表页脚。各个区域具有不同的功用，可以根据需要进行灵活设计。

11.1.3　报表设计区

设计报表时，可以将各种类型的文本和字段控件放在报表“设计”窗体中的各个区域内。在报表设计的时候可以根据数据进行分组，形成一些更小的区段，区段表示为带状形式，也被称为“节”。在报表中，可以根据信息的不同，将其放置在不同的节中，每个节在页面上和报表中具有特定的目的并按照预期顺序输出打印。

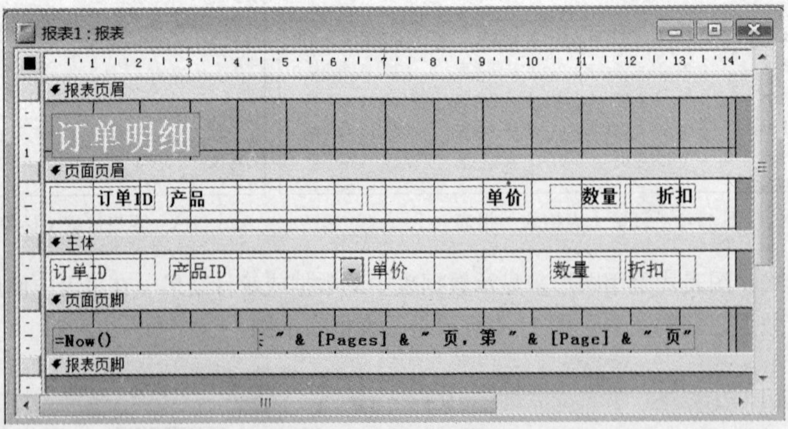

图 11-5 报表的组成区域

（1）报表页眉、报表页脚：报表页眉在报表顶部，只显示在报表的第一页的页面页眉上方，适合放置如报表标题等信息；而报表页脚则显示在最后一条记录的下方，通常会在最后一页的页面页脚下方，适合放置一些统计数据。

（2）页面页眉、页面页脚：顾名思义，页面页眉会在每页上方显示，页面页脚则在每页下方显示。通常页面页眉放置字段名称，如公司抬头、报表名称、数据的列标题等每页重复打印的数据，页面页脚通常显示页码，如图 11-6 所示。

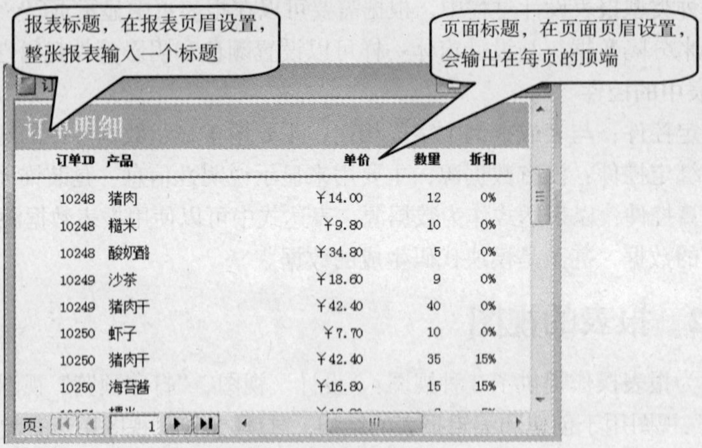

图 11-6 报表打印预览视图

（3）组页眉、组页脚：组页眉是输出分组的有关信息，一般常用来设计分组的标题或提示信息。组页脚也是输出分组的有关信息，一般常用来放置分组的小计、平均值等。图 11-7 所示的“每日订单明细”设计视图是以“订购日期”进行分组统计的。

（4）主体：主体节是输出数据的主要区域，一般常用来设计每行输出数据表字段的内容，所以此节在设计窗口中的高度等于打印后的一条记录高度。高度越高，表示打印后各条记录之间的距离越大，反之则越小。

因为主体节内字段数据的显示位置不同，所以报表分成了 4 种类型：纵栏式报表、表格式报表、图表式报表和标签式报表。

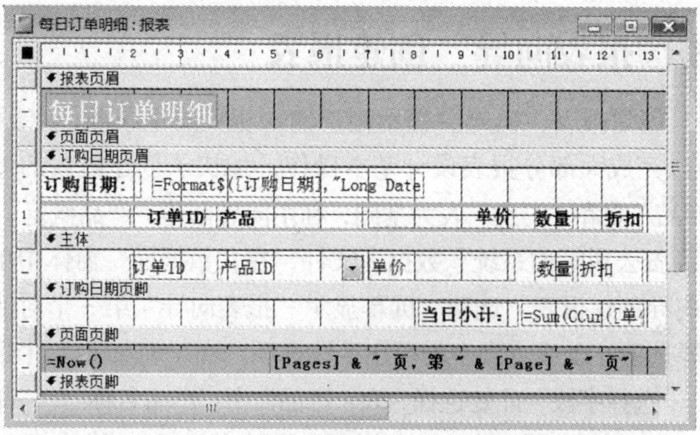

图 11-7 每日订单明细（分组显示）

11.1.4 报表和窗体的区别

报表和窗体是 Access 数据库的两个不同的对象，是 Access 数据库的主要操作界面，两者显示数据的形式很类似，但其输出目的不同。

窗体是交互式界面，可用于屏幕显示。用户通过窗体可以对数据进行筛选、分析，也可以对数据进行输入和编辑；而报表是数据的打印结果，不具有交互性。

窗体可以用于控制程序流程操作，其中包含一部分功能控件，如命令按钮、单选按钮、复选框等，这些是报表所不具备的。报表中包含较多控件的是文本框和标签，以实现报表的分类、汇总等功能。

11.2 使用向导创建报表

11.2.1 使用“自动报表”创建报表

“自动报表”是一种快速创建报表的方法。设计时先选择表或查询作为报表的记录源，然后选择报表类型：纵栏式或表格式，最后会自动生成报表输出记录源所有字段的全部记录。

【例 11-1】使用“自动报表”创建“订单明细”纵栏式报表。步骤如下。

（1）打开“食品商贸公司管理系统”数据库文件，在“数据库”窗体中单击“报表”对象，单击“数据库”窗体工具栏中的“新建”按钮，打开“新建报表”对话框，如图 11-8 所示。

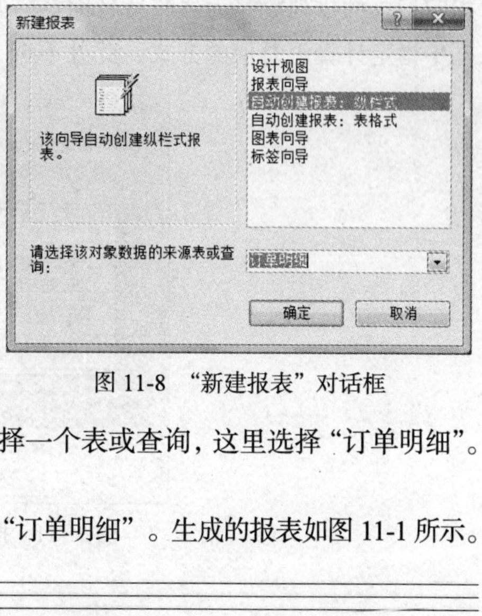

图 11-8 “新建报表”对话框

（2）在对话框中选择一种创建报表的方式。这里选择“自动创建报表：纵栏式”。

（3）在“请选择该对象数据的来源表或查询”框内选择一个表或查询，这里选择“订单明细”。

（4）单击“确定”按钮，即自动生成一个报表。

（5）选择“文件|保存”菜单命令，命名并存储报表为“订单明细”。生成的报表如图 11-1 所示。

11.2.2 使用“报表向导”创建报表

使用“报表向导”创建报表，向导会提示用户输入相关的记录源、字段和报表版面格式等信息，根据向导提示可以完成大部分报表设计基本操作，加快了创建报表的过程。

【例 11-2】以“产品”表和“类别”表为基础，利用向导创建“产品概览”报表。操作步骤如下。

（1）打开“食品商贸公司管理系统”数据库文件，在“数据库”窗体中单击“报表”对象，选择窗口右侧的“使用向导创建报表”选项。屏幕显示“报表向导”第一个对话框，在对话框中包含有要创建报表的数据源选项、表或查询中的可用字段选项。在“表/查询”中选择要创建报表的表或查询，在“可用字段”中选择字段，此处选择“表：产品”中“产品名称”、“单位数量”、“单价”、“库存量”，“表：类别”中“类别名称”、“说明”，单击“下一步”按钮，如图 11-9 所示。

（2）屏幕显示“报表向导”第二个对话框，确定了数据的查看方式为“通过类别”，如图 11-10 所示，单击“下一步”按钮。

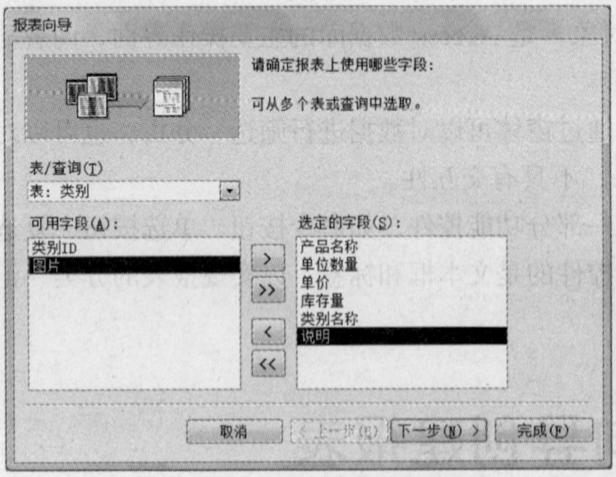

图 11-9 报表向导：选取报表字段

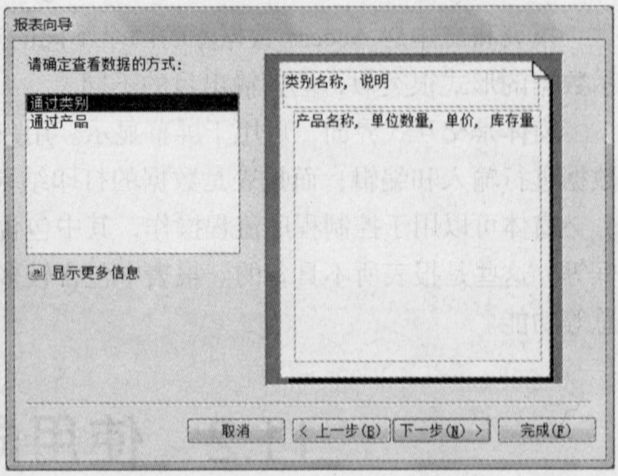

图 11-10 “通过类别”查看数据

（3）屏幕显示“报表向导”第三个对话框：确定是否添加分组级别，此处不再添加分组，直接单击“下一步”按钮。

（4）屏幕显示“报表向导”第四个对话框：确定明细信息使用的排列次序和汇总信息，这里指定记录的排列次序为“产品名称”，如图 11-11 所示；单击“汇总选项”按钮，在打开的对话框中指定计算汇总值的方式，此处不选（见图 11-12），然后单击“确定”按钮。

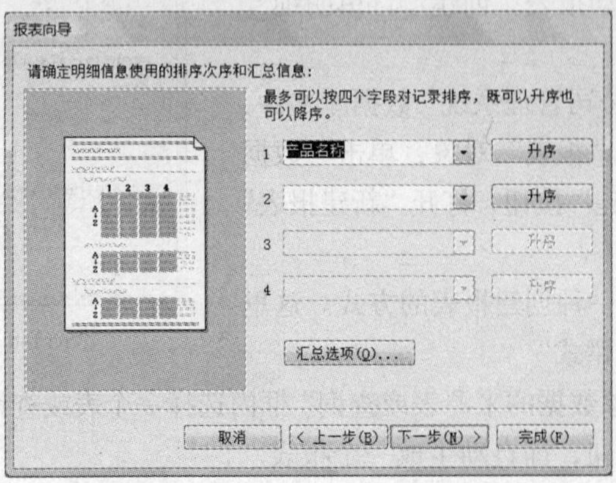

图 11-11 报表向导：指定记录的排列次序

（5）单击“下一步”按钮，屏幕显示“报表向导”第五个对话框，用户可以选择报表的布局样式，如图 11-13 所示。

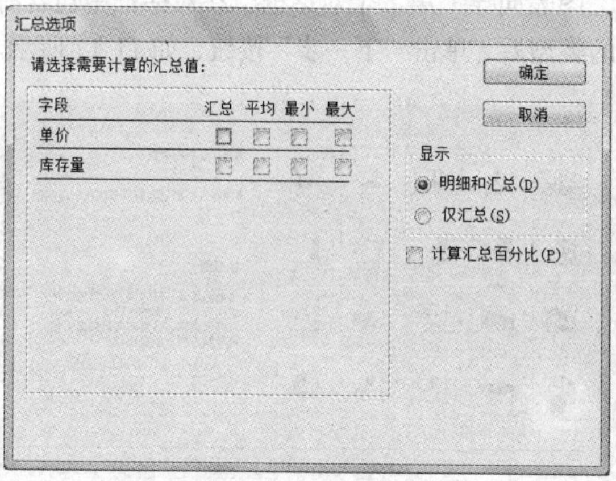

图 11-12　报表向导：汇总选项

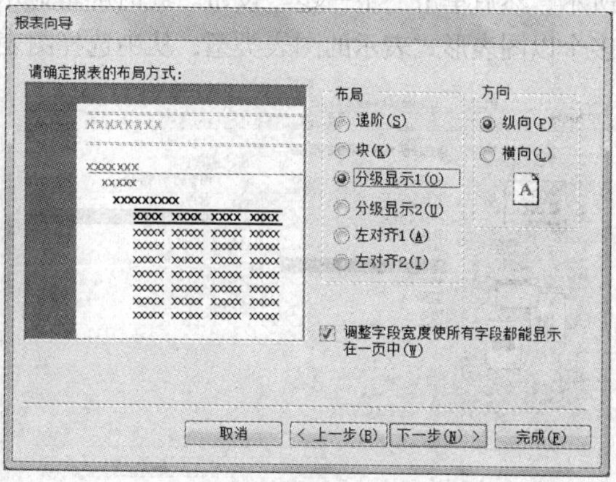

图 11-13　报表向导：报表布局

（6）单击“下一步”按钮，显示“报表向导”第六个对话框，用户可以选择报表标题的文字样式，如图 11-14 所示。

（7）单击“下一步”按钮，显示“报表向导”最后一个对话框，按要求给出报表标题名称，此处指定标题为“产品概览”。单击“完成”按钮，可得到向导设计的初步报表，用户可以使用垂直和水平滚动条来调整预览窗体。另外，在报表向导设计出的报表基础上，用户还可以做一些修改，以得到更美化的效果，结果如图 11-15 所示。

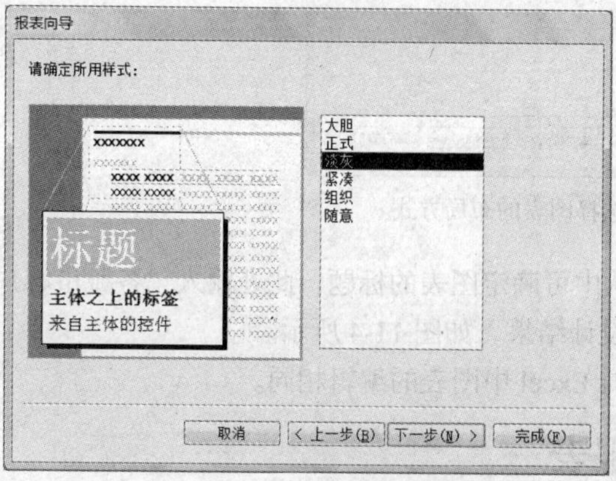

图 11-14　报表向导：标题文字的样式

图 11-15　报表向导建立的报表

11.2.3　使用“图表向导”创建报表

利用“图表向导”将数据以图表形式显示出来。

【例 11-3】使用“图表向导”创建图 11-4 所示的“客户在各城市的分布报表”。步骤如下。

（1）在“数据库”窗口的“报表”对象下，单击“新建”按钮，在“新建报表”的窗体中选择“图表向导”，指定具体的数据源，即表或查询，此处指定“客户”表，单击“确定”按钮。

（2）这时屏幕出现“图表向导”第一个对话框，选择需要由图表表示的字段数据，如图 11-16 所示，然后单击“下一步”按钮。此时屏幕显示“图表向导”第二个对话框，在对话框中包含有多个以图表形式表示的图表类型，从中选择图表的类型后，单击“下一步”按钮，如 11-17 所示。

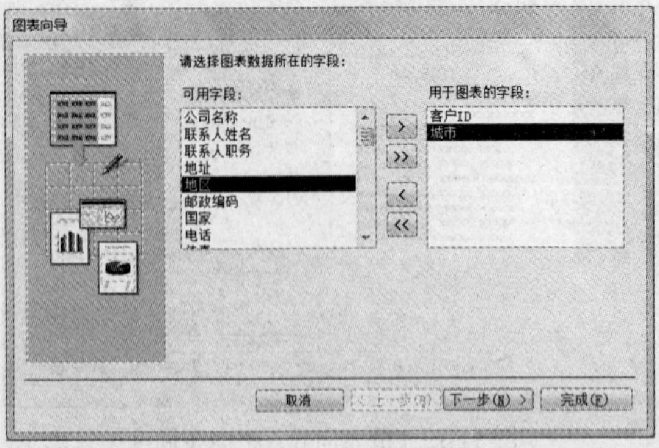

图 11-16　图表向导：为图表选择字段

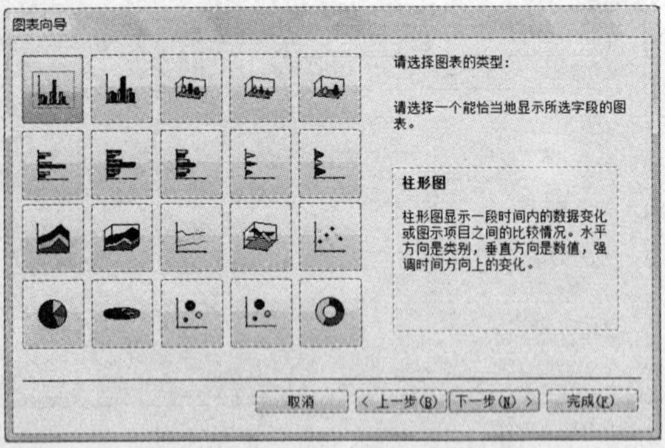

图 11-17　图表向导：选择图表的类型

（3）显示“图表向导”第三个对话框，在此对话框中需要确定布局图表数据的方式，即以一个字段为横坐标，另外一个字段为纵坐标，这里把右侧的“客户 ID”按钮拖到纵坐标“数据”框中，把“城市”按钮拖到“轴”上，如图 11-18 所示，单击“下一步”按钮。

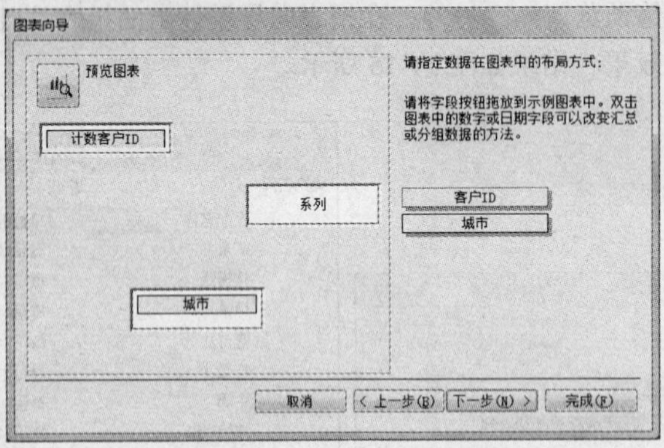

图 11-18　图表向导：选择图表的布局方式

（4）屏幕显示“图表向导”第四个对话框，从中可确定图表的标题，此处输入“各城市客户数量分布”，单击“完成”按钮，便得到图表的设计结果，如图 11-4 所示。

（5）双击图表，可调整图表格式，调整方法与 Excel 中图表的编辑相同。

11.2.4　使用“标签向导”创建报表

在 Access 中使用“标签向导”快速制作标签报表。

【例 11-4】制作一个如图 11-3 所示的“客户信息报表”。操作步骤如下。

（1）打开“食品商贸公司管理系统”数据库文件，在“数据库”窗口中，单击“报表”对象，单击“新建”按钮，打开“新建报表”对话框，从中选择“标签向导”按钮，选择“客户”表作为报表的数据记录源。

（2）单击“确定”按钮，显示“标签向导”第一个对话框，在该对话框中可以选择标准型号的标签，如图 11-19 所示，也可以自定义标签的大小，然后单击“下一步”按钮。

（3）显示“标签向导”第二个对话框，在此对话框中用户可以设置字体及字体的大小、粗细和颜色，如图 11-20 所示，单击“下一步”按钮。

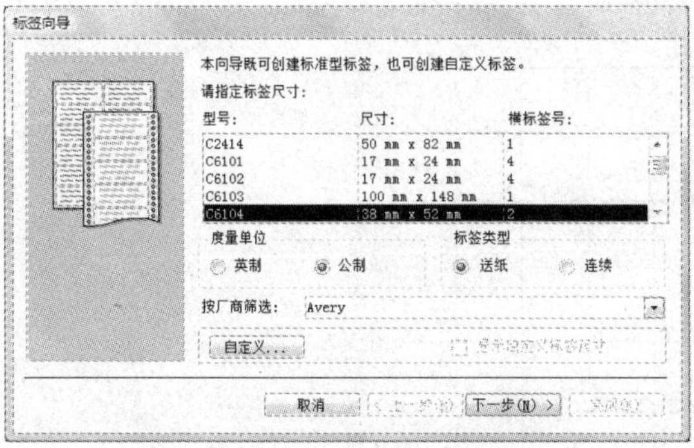

图 11-19 标签向导：选择标签型号

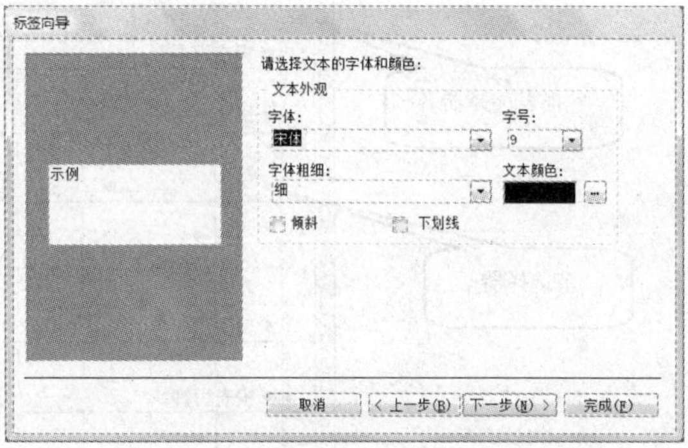

图 11-20 标签向导：选择文本字体和颜色

（4）显示“标签向导”第三个对话框，从中可以选择创建标签要使用的字段，这里选择“公司名称”、“地址”、“地区”、“城市”、“邮政编码”、“国家”字段，如图 11-21 所示，单击“下一步”按钮。

（5）在“标签向导”第四个对话框中，可选择“按哪个字段进行排序”，此处选择“公司名称”，如图 11-22 所示。单击“下一步”按钮，在“标签向导”的最后一个对话框中为新建的标签式报表命名为“客户信息（标签式）报表”，单击“完成”按钮。这时，即创建了一个标签式报表。

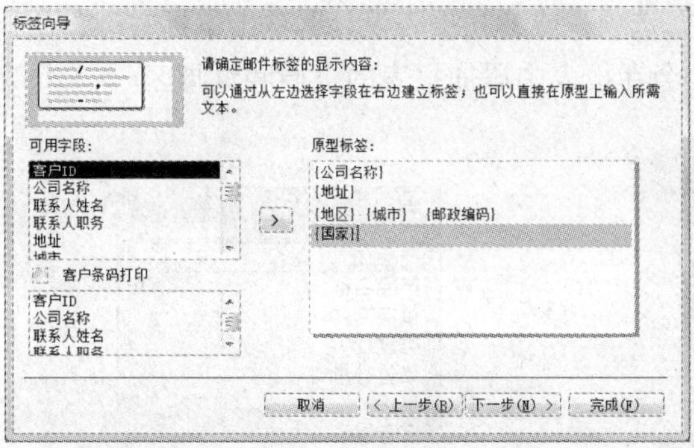

图 11-21 标签向导：选择标签使用的字段

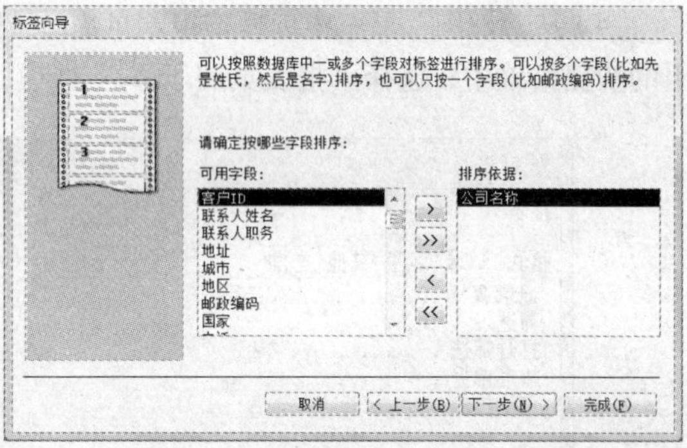

图 11-22 标签向导：选择排序字段

如果最终的标签式报表没有达到预期的效果，可以删除该报表然后重新运行“标签向导”。

11.2.5 使用“设计视图”创建报表

创建报表时，经常几种方式配合使用，即先通过自动创建报表或报表向导生成简单样式的报表，然后通过设计视图进行编辑、装饰等，直到创建出符合用户需求的报表。当然，也可利用“设计视图”创建一个全新的报表。

【例 11-5】使用“设计视图”创建“产品概览”报表。具体操作步骤如下。

（1）打开数据库，在“数据库”窗体中，选择“报表”对象，单击工具栏上的“新建”按钮，选择“设计视图”，单击“确定”，会打开一个空白报表与报表设计相关的“工具栏”，如图 11-23 和图 11-24 所示。

（2）单击鼠标右键，在弹出的快捷键中选择“属性”选项打开报表的“属性”对话框，如图 11-25 所示。

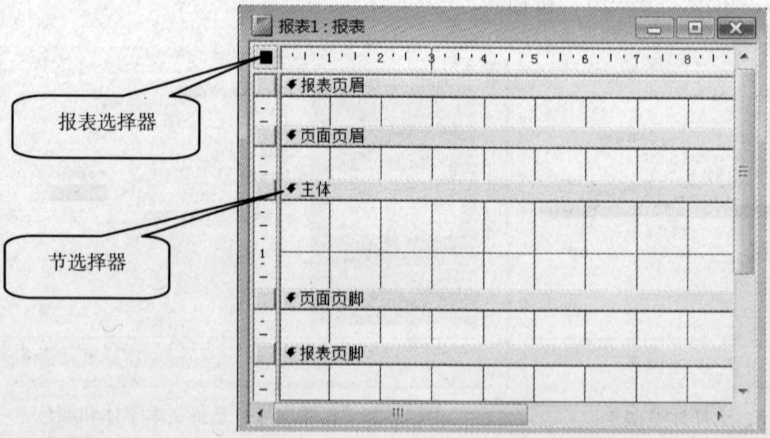

图 11-23　报表的“设计视图”

图 11-24　报表“设计视图”的工具栏

（3）在报表属性对话框中选择“数据”选项卡，设置“记录源”属性为“产品”，关闭报表属性对话框，在设计视图中会弹出“产品”表相关字段列表窗口，如图 11-26 所示。

（4）从“视图”菜单中选择“报表页眉/页脚”选项，或者在报表设计区单击鼠标右键，在弹出的快捷菜单中，选择“报表页眉/页脚”选项，会在报表中添加报表的页眉和页脚区。

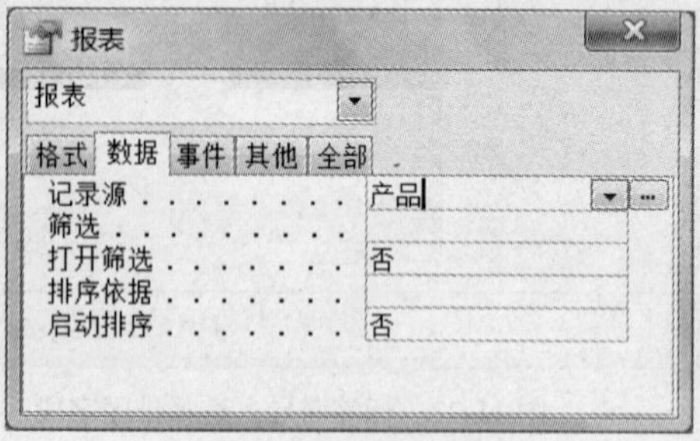

图 11-25　报表的属性

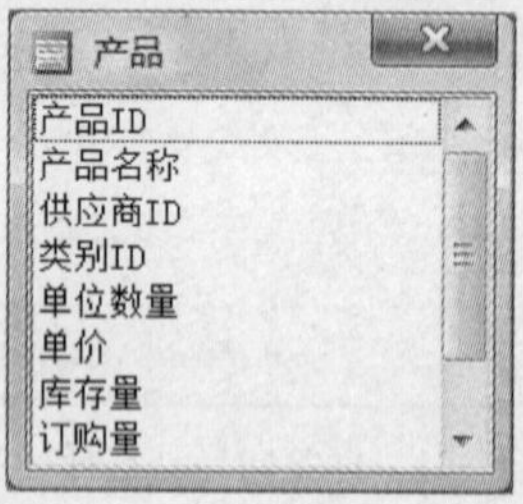

图 11-26　“产品”字段列表窗口

（5）打开“工具箱”，在报表设计中使用的工具箱与窗体设计中是相同的。在报表页眉节中加一个标签控件，输入标题“食品商贸公司产品概览”，设置标签格式：字号 22 磅，黑体，居中，紫红色。

（6）从工具箱向主体节中添加 5 个文本框控件（自动产生 5 个附加标签），分别设置文本框的控件源属性为“产品 ID”、“产品名称”、“单位数量”、“单价”和“库存量”，或者在字段列表中选择相应的字段拖到报表主体节里。两种方法均可创建绑定显示字段数据的文本框控件。

（7）将主体节区的 5 个标签控件位置移到页面页眉节区，然后调整各个控件的布局和大小、位置及对齐方式等；修正报表页面页眉节和主体节的高度，以合适的尺寸容纳其中包含的控件，如图 11-27 所示。

（8）利用“打印预览”工具查看报表，如图 11-28 所示。保存报表名为“公司产品概览”。

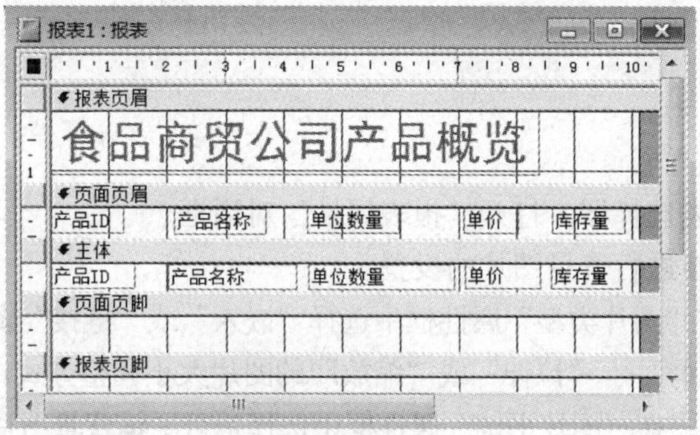

图 11-27 设计报表布局图

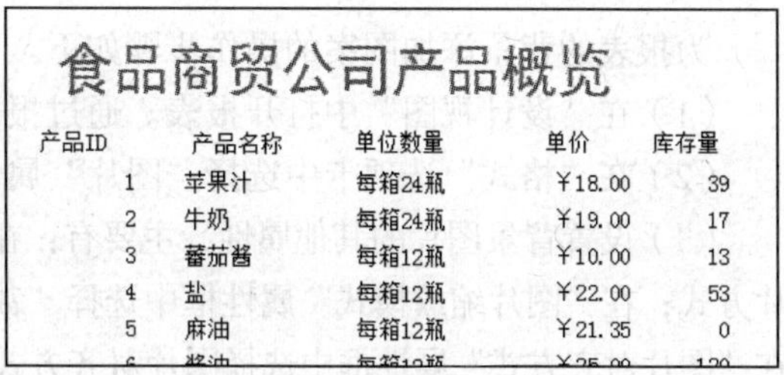

图 11-28 报表预览显示

11.3 使用设计器编辑报表

在报表的“设计视图”中可以对已经创建的报表进行编辑和修改，主要操作项目有：设置报表格式、添加背景图案、添加日期和时间、添加分页符和页码、使用节以及绘制线条和矩形等。

11.3.1 设置报表格式

Access 中提供的预定义报表格式有 6 种，包括：“大胆”、“正式”、“浅灰”、“紧凑”、“组织”和“随意”。利用这些自动套用格式，可以一次性更改报表中所有文本的字体，字号等外观属性。设置报表格式操作步骤如下。

（1）在“设计视图”中打开报表。

（2）选择更改格式的对象。若设置整个报表格式，单击报表选定器；若设置某个节区格式，单击相应节区；若设置报表中一个或多个控件格式，按下 Shift 键单击这些控件。

（3）单击工具栏上的“自动套用格式”按钮或单击“格式”菜单选择“自动套用格式”选项。在打开的“自动套用格式”对话框中选择一种格式。在此对话框中可以单击“选项”按钮展开该对话框，从中选取需要更改的属性，如图 11-29 所示。

（4）单击“自定义”按钮，打开“自定义自动套用格式”对话框，第一项表示基于当前打开的报表的格式来新建一个自动套用格式；第二项表示使用当前打开的报表的格式来更新所选定的自动套用格式；第三项表示删除所选定的自动套用格式，如图 11-30 所示。

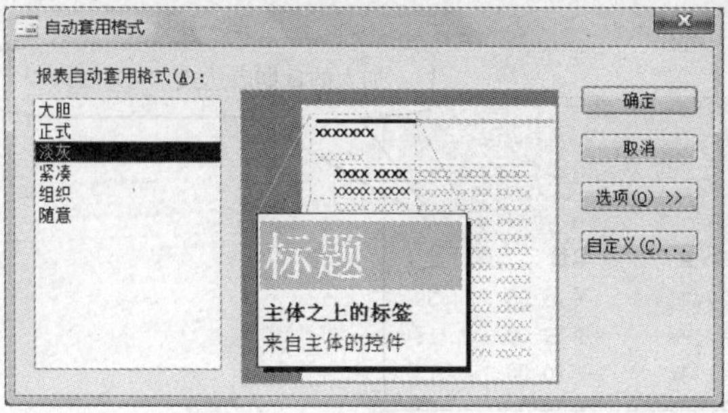

图 11-29 “自动套用格式”对话框

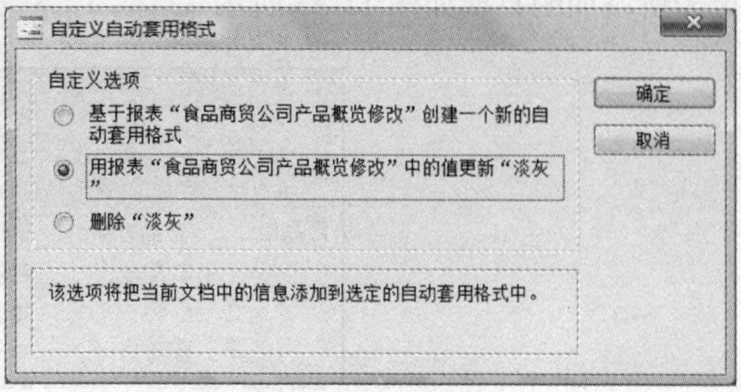

图 11-30 “自定义自动套用格式”对话框

（5）单击“确定”按钮，关闭“自定义自动套用格式”对话框，再次单击“确定”按钮，关闭“自动套用格式”对话框。

11.3.2 添加背景图像

为报表的背景添加图案的操作步骤如下。

（1）在“设计视图”中打开报表。通过报表选择器，打开“报表属性”对话框。

（2）在“格式”选项卡中选择“图片”属性进行背景图片的设置。

（3）设置背景图片的其他属性，主要有：在“图片类型”属性框中选择“嵌入”或“链接”图片方式；在“图片缩放模式”属性框中选择“裁剪”、“拉伸”或“缩放”的图片大小调整方式；在“图片对齐方式”属性框中选择图片对齐方式；在“图片平铺”属性框中选择是否平铺背景图片等，如图 11-31 所示。为【例 11-5】创建的“公司产品概览”报表添加的背景如图 11-32 所示。

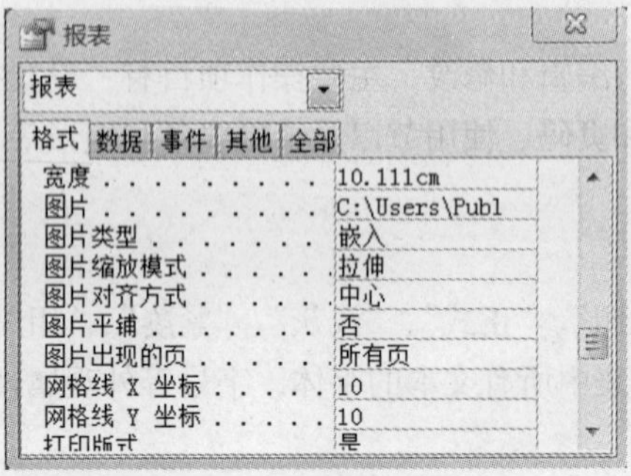

图 11-31 报表的背景图片设置

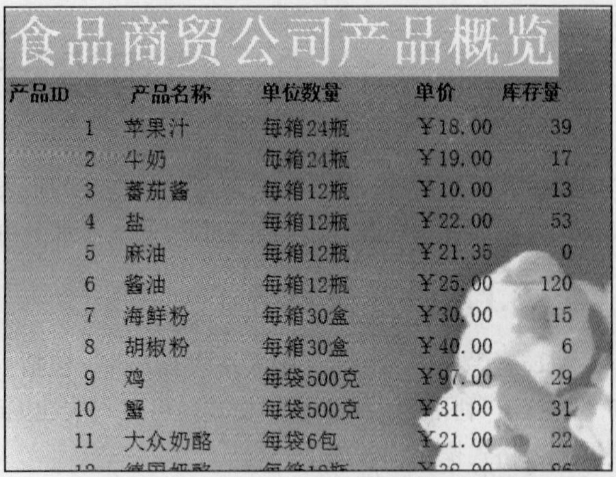

图 11-32 “公司产品概览”报表的背景

11.3.3 添加日期和时间

为报表添加日期和时间的步骤如下。

（1）在“设计视图”中打开报表。

（2）单击“插入”菜单中的“日期和时间”命令。

（3）在打开的“日期和时间”对话框中，选择显示日期还是时间及显示格式，单击“确定”按钮即可；也可以在报表上添加一个文本框，通过设置控件“属性”为日期或时间的计算表达式，例如，“=date()”，该控件可安排在报表的任何节区中。为【例 11-5】创建的“公司产品概览”报表所添加的日期如图 11-33 所示。

图 11-33 添加日期表达式生成的日期

11.3.4　添加分页符和页码

（1）若报表需要打印在多页时，用户可以根据情况在某一节中使用分页控制符来标志要另起一页的位置，操作步骤如下。

① 在“设计视图”中打开报表。

② 单击工具箱中的“分页符”按钮。

③ 选择报表中需要设置分页符的位置然后单击，分页符会以短虚线标志在报表的左边界上。

> **注意**　分页符应设置在某个控件之上或之下，以免拆分了控件中的数据。

（2）添加页码的操作如下。

① 打开报表。选择“插入”菜单中的“页码”命令。

② 在“页码”对话框中，根据需要选择相应的页码格式、位置和对齐方式。对齐方式有下列选项。

左：在左页边距添加文本框；中：在左右页边距的正中添加文本框；右：在右页边距添加文本框；内：在左、右页边距之间添加文本框，奇数页打印在左侧，而偶数页打印在右侧；外：在左、右页边距之间添加文本框，偶数页打印在左侧，而奇数页打印在右侧。

③ 如果要在第一页显示页码，选中“在第一页显示页码”复选框。Access 使用表达式来创建页码。

page 和 pages 是内置变量，[page]代表当前页号，[pages]代表总页数。

表 11-1　　页码常用格式

代　　码	显示文本
="第"&[page]&"页"	第 *N*（当前页）页
=[page] & "/" & [pages]	*N*/*M*（当前页/总页数）
= "第"&[page]&"页，共"&[pages]& "页"	第 *N* 页，共 *M* 页

11.3.5　使用节

报表中的内容是以节划分的。每一个节都有其特定的目的，而且按照一定的顺序输出在页面及报表上。在“设计视图”中，节代表各个不同的带区，每一节只能被指定一次。在打印报表中，某些节可以被指定很多次。

1．添加或删除报表页眉、页脚和页面页眉、页脚

在 Access 中，页眉页脚只能作为一对同时添加或删除，它通过选择“视图”菜单上的“报表页眉/页脚”命令或“页面页眉/页脚”命令来实现。若要删除页眉或页脚，可以将不要的节的“可见性”属性设置为“否”，或者删除该节的所有控件，然后将其大小设置为“0”或将其“高度”属性设置为“0”。

2．改变报表的页眉、页脚或其他节的大小

报表中的每个节的大小是可以改变的，但整个报表的宽度是不可以改变的，因此，若改变一个节的宽度将改变整个报表的宽度。改变节的大小时，可以将鼠标放在节的底边或右边上，上下拖动鼠标改变节的高度，或左右拖动鼠标改变节的宽度；也可以将鼠标放在节的右下角上，然后沿对角线的方向拖动鼠标，同时改变高度和宽度。

3. 为报表中的节或控件创建自定义颜色

在为报表中的节或控件创建颜色时，用户可以利用节或控件的属性表中的“前景颜色”（控件中的文本）、“背景颜色”或“边框颜色”等属性并配合使用“颜色”对话框来进行相应属性的颜色设置。

11.3.6 绘制线条和矩形

在报表的设计过程中，为使版面达到一个很好的显示效果，有时需要添加一些线条或矩形。

（1）在报表上绘制线条的操作步骤如下。

① 打开报表的设计视图。单击工具箱中的“线条”工具。

② 单击报表的任意处可以创建默认大小的线条，或通过单击并拖动的方式可以创建自定义大小的线条。

③ 如果要细微调整线条的长度和角度，可以单击线条，然后同时按下Shift键和方向键中的任意一个，如果要细微调整线条的位置，则同时按下Ctrl键和方向键中的一个。

利用“格式”工具栏中的“线条/边框宽度”按钮和“属性”按钮，可以分别更改线条样式和边框样式。

（2）在报表上绘制矩形的步骤与绘制线条类似，可参照操作。

11.4 在报表中计算和汇总

11.4.1 使用计算控件

在报表的实际应用中，除了显示和打印原始数据，还经常需要包含各种计算用做数据分析，得出某些结论性的结果。报表的高级应用包括使用计算型控件、排序、分组、统计汇总等。

【例 11-6】在“订单统计”报表设计中根据“单价”、“数量”、“折扣”字段值使用计算控件来计算总价。

（1）打开报表的设计视图。

（2）在报表属性对话框中选择“数据”选项卡，设置“记录源”属性为“订单明细”。

（3）在报表页眉节中加一个标签控件，输入标题“订单统计”，设置标签格式：字号 20 磅，黑体。

（4）在字段列表中选择全部字段拖到报表主体节里。

（5）将主体节区的 5 个标题标签控件位置移到页面页眉节区，然后调整各个控件的布局和大小、位置及对齐方式等；修正报表页面页眉节和主体节的高度，以合适的尺寸容纳其中包含的控件。

（6）将主体节的“折扣”后面增加一个文本框，并将文本框的附加标签控件内容改为“总价”，如图 11-34 所示。

（7）打开文本框的属性对话框，选择“数据”选项卡，设置“控件来源”属性为计算总价的表达式“=[单价]*[数量]*(1–[折扣])”，如图 11-35 所示。如果计算控件是文本框，可以直接输入以“=”开始的表达式，如果不是文本框，则应该打开该控件的“属性”对话框，单击“数据”选项卡，在“控件来源”文本框中输入表达式。选择属性对话框的“格式”选项卡，设置格式为

“货币”。

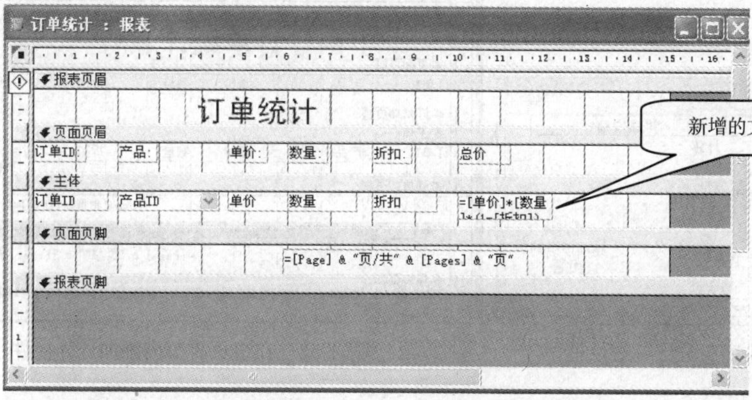

图 11-34　添加计算控件

（8）预览报表中计算控件显示结果，如图 11-36 所示。保存名为“订单统计”的报表。

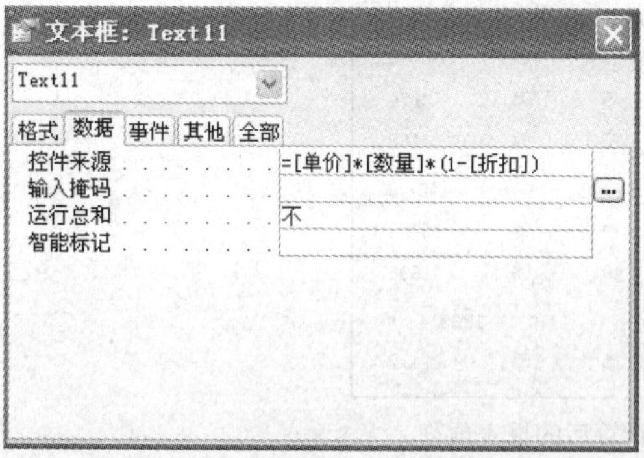

图 11-35　设置计算控件“控件来源”属性

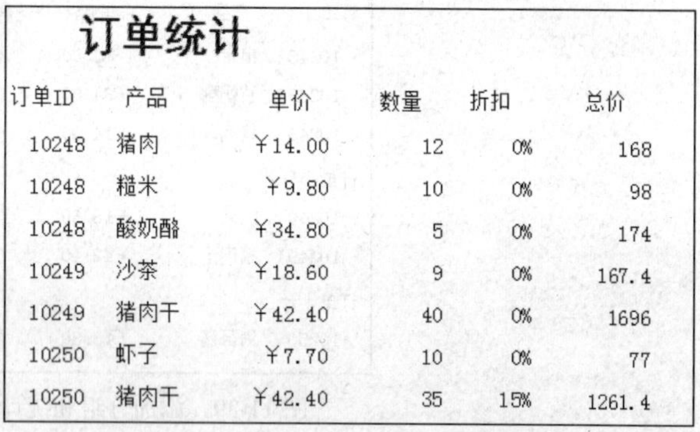

图 11-36　添加了计算控件后的报表预览

11.4.2　报表的分组、排序与统计计算

在默认情况下，报表中的记录是按照自然顺序排序的。在实际应用过程中，经常需要按照某个指定的顺序排列记录数据，称为报表的“排序”操作。一个报表最多可以按 10 个字段或字段表达式进行排序。此外，报表设计时经常还需要就某个字段按照其值的相等与否划分成组进行一些统计操作并输出，称为“分组”操作。

在报表中应用统计运算是通过在报表中添加计算型控件实现的。统计运算包括求总计、计数、求平均值等。一般把这种计算型控件放在组页脚或报表页脚节，以便对每个分组或整个报表的记录进行统计汇总。

【例 11-7】在【例 11-6】“订单统计”报表的基础上，以“订单 ID”进行分组，并按“订单 ID”进行升序排序，按每张订单统计总金额。操作步骤如下。

（1）打开“订单统计”报表的设计视图。

（2）在“报表选择器”按钮的快捷菜单中，选择“排序与分组”，打开“排序与分组对话框”，分组字段选择“订单 ID”，“升序”，显示组页眉/组页脚，如图 11-37 所示。

（3）在组页脚节中，添加一个文本框，设置其“控件来源”属性为“=Sum([单价]*[数量]*(1–[折扣]))”，标签显示“订单小计”，如图 11-38 所示。

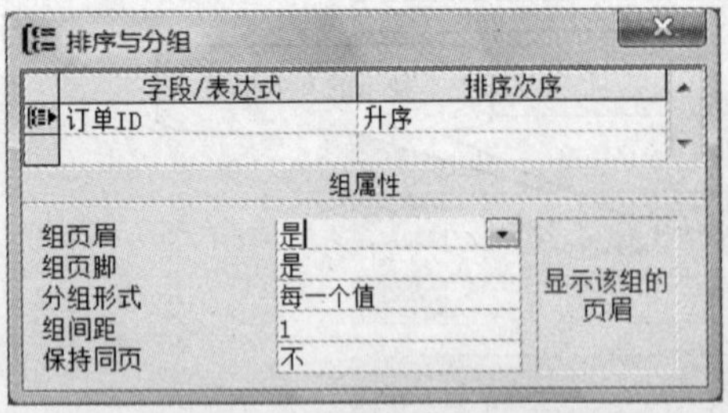

图 11-37 “排序与分组”对话框

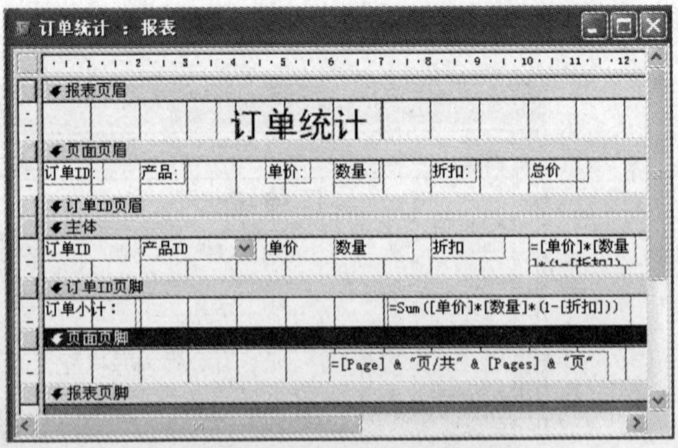

图 11-38 在组页脚节内添加计算控件

（4）单击“打印预览”按钮，预览报表中计算控件显示结果，如图 11-39 所示。

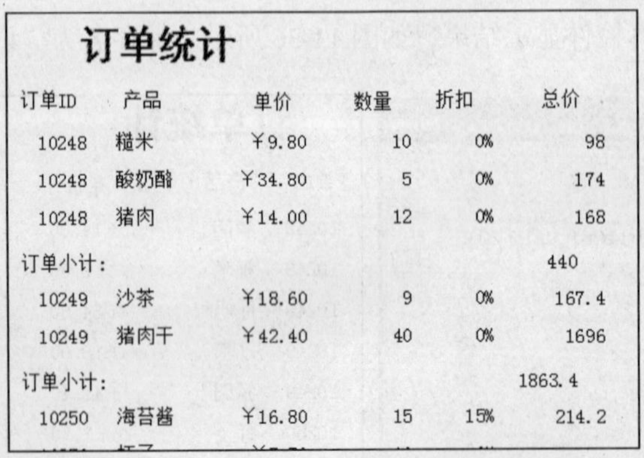

图 11-39 添加分组和统计计算后的报表预览

11.4.3 创建子报表

子报表是插入到其他报表中的报表。在合并报表时，两个报表中的一个必须是主报表。主报表可以包括任意数目的子报表，也可以包含子窗体，但最多可以嵌套两级子报表，第一级子报表还可以包含任意数目的子报表。

1. 在已有报表中创建子报表

【例 11-8】在“订单浏览”主报表中增添“订单明细”子报表。其操作步骤如下。

（1）创建主报表，并适当调整其控件布局和纵向外观显示。要在主节体下部为子报表的插入留出一定的空间，如图 11-40 所示。

（2）在主报表的“设计”视图下，确保工具箱的“控件向导”按钮按下，然后单击工具箱中的“子窗体/子报表”工具。

（3）在子报表的预留区选择一个插入点单击，这时出现“子报表向导”第一个对话框。在对话框中选择子报表的数据源。若选择“使用现有的表和查询”，则创建基于表和查询的子报表；若选择“使用现有的报表和窗体”，则创建基于报表和窗体的子报表，如图 11-41 所示。

（4）在图 11-41 中选择“订单统计”，单击“下一步”按钮。

（5）在图 11-42 的“子报表向导”对话框中，为子报表命名，输入“订单明细”，单击“完成”按钮。

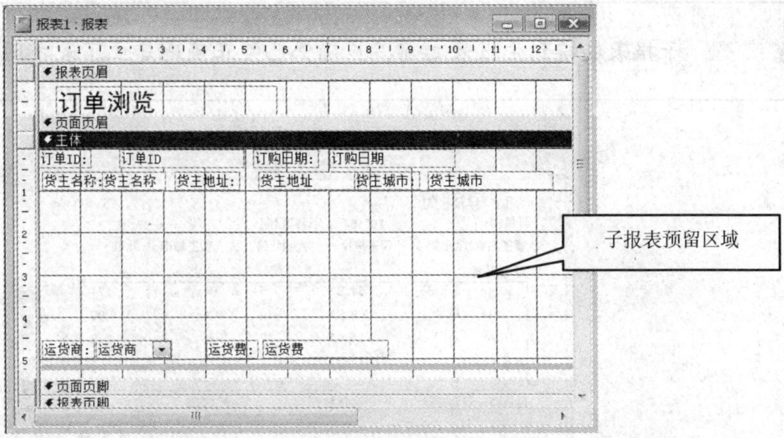

图 11-40　主报表设计视图

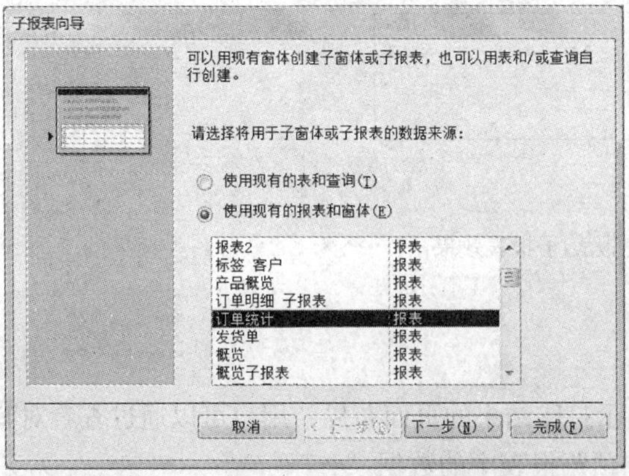

图 11-41　子报表向导：选择数据来源

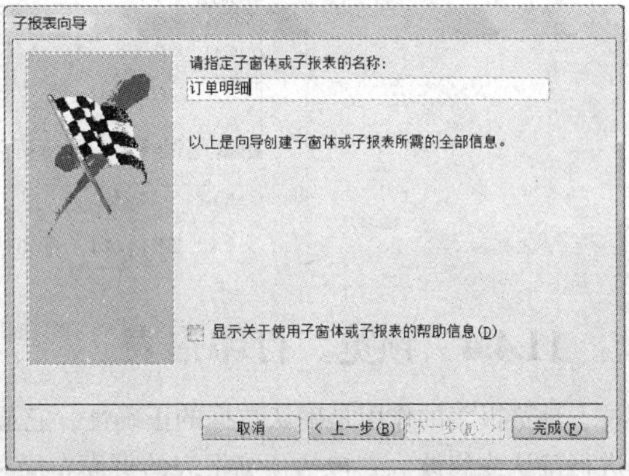

图 11-42　子报表向导：输入子报表名称

（6）重新调整报表版面布局和外观，如图 11-43 所示。

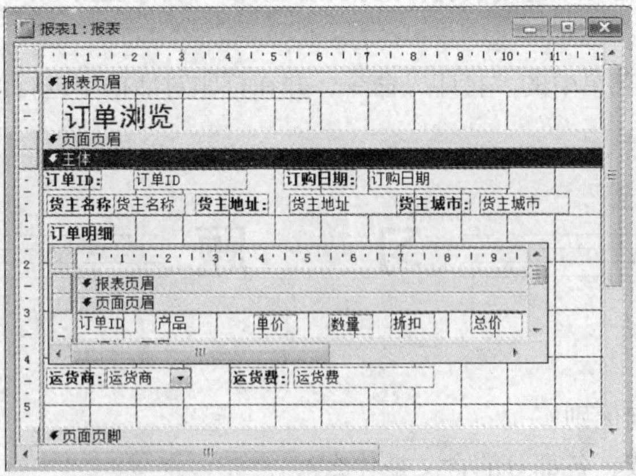

图 11-43　设计完成的主报表/子报表

（7）查看“打印预览”，显示如图 11-44 所示，命名保存。

创建子报表也可以用鼠标将已有的报表直接拖到主报表中需要插入子报表的节区，这样，

Access 数据库就会自动将子报表控件添加到报表中。

> 注意　子报表链接到主报表之前，应确保已经正确地建立了表之间的关系。

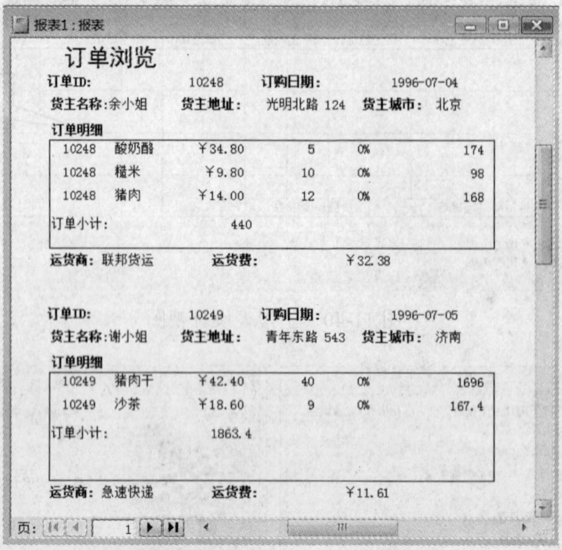

图 11-44　预览主报表/子报表效果

11.4.4　预览、打印报表

预览报表的作用是确认数据的正确性，它显示打印结果的页面布局，用户可以通过查看对其进行确认或修改。它包括预览报表的页面布局和预览报表中的数据。

打印报表之前，须检查页边距、页方向和其他页面设置的选项。当确定一切布局都符合要求后，即可打印报表。操作步骤如下。

（1）在“数据库”窗口中选定要打印的报表，或在“设计视图”，“打印预览”或“布局预览”中打开相应的报表。

（2）选择“文件”菜单中的“打印”命令，并在打印对话框中进行设置，单击“确认”按钮即可。

习　题

一、简答题

1．报表和窗体有何区别？

2．报表由部分组成，各部分的含义是什么？

3．报表的页眉、页脚和页面页眉、页脚的关系如何？

4．报表中如何实现对数据的排序与分组？

5．报表中的计算公式常放在哪里？

6. 如何为报表插入页码和打印日期？

二、选择题

1. 在报表设计时，如果只在报表最后一页的主体内容之后输出规定的内容，则需要设置的是（ ）。

A. 报表页眉 B. 报表页脚 C. 页面页眉 D. 页面页脚

2. 在报表中，要计算“语文”字段的平均分，应将报表页脚节的文本框控件的“控件来源”属性设置为（ ）。

A. =avg([语文]) B. avg(语文)
C. =avg[语文] D. =avg(语文)

3. 报表的数据来源不能是（ ）。

A. 查询 B. SQL 语句 C. 窗体 D. 表

4. 在报表的“设计视图”中，区段表示为带状形式，也被称为（ ）。

A. 页 B. 节 C. 区 D. 面

5. 下列选型中，不属于报表创建方式的是（ ）。

A. 使用命令 B. 使用“设计视图”功能
C.“自动报表”功能 D. 使用向导功能

6. 关于报表功能，下面叙述不正确的是（ ）。

A. 可以呈现各种格式的数据 B. 可以分组组织数据、进行汇总
C. 可以包含子报表与图表数据 D. 可以进行计算、求平均、求和等统计计算

7. 使用（ ）创建报表时会提示用户输入相关的数据源、字段和报表版面格式等信息。

A. 自动报表 B. 报表向导
C. 图表向导 D. 标签向导

8. 基于“数据库”窗体中当前选定的一个表对象或查询对象，通过在“插入”菜单中选择“自动报表”命令直接创建纵览式报表的方法创建出的报表只有（ ）。

A. 报表页眉、页脚 B. 页面页眉、页脚
C. 主体区 D. 无内容的空报表

9. 在报表中，改变一个节的宽度将（ ）。

A. 只改变这个节的宽度
B. 只改变报表的页眉、页脚的宽度
C. 改变整个报表的宽度
D. 因为报表的宽度是确定的，所以不会有任何改变

10. 当在一个报表中列出学生的 3 门课 a、b、c 的成绩时，若要对每位学生计算 3 门课的平均成绩，只要设置新添计算控件的控件源为（ ）即可。

A. =a+b+c/3 B. (a+b+c)/3
C. =(a+b+c)/3 D. =(a+b+c/3)

11. 在报表设计中，用来绑定控件显示字段数据的最常用的计算控件是（ ）。

A. 标签 B. 文本框 C. 列表框 D. 选项按钮

12. 报表是 Access 数据库的（ ）。

A. 对象 B. 数据组织形式
C. 数据输出形式 D. 以上都是

13．创建报表时，可以设置什么对记录进行排序（ ）。

A．字段　B．表达式　C．字段表达式　D．关键字

14．要实现报表的分组统计，其操作区域是（ ）。

A．报表页眉或报表页脚区域　B．页面页眉或页面页脚区域

C．主体区域　D．组页眉或组页脚区域

15．关于报表数据源设置，以下说法正确的是（ ）。

A．可以是任意对象　B．只能是表对象

C．只能是查询对象　D．只能是表对象或查询对象

16．要设置在报表每一页的底部都输出的信息，需要设置（ ）。

A．报表页眉　B．报表页脚　C．页面页眉　D．页面页脚

17．要显示格式为"页码/总页数"的页码，应当设置文本框的控件来源属性是（ ）。

A．[Page]/[Pages]　B．=[Page]/[Pages]

C．[Page]&″/″ &[Pages]　D．=[Page]&″/″ &[Pages]

18．使用报表向导设计报表，想要在报表中对各门课程的成绩，按班级分别计算合计、均值、最大值、最小值等，需要设置（ ）。

A．分组级别　B．汇总选项　C．分组间隔　D．排序字段

19．设置报表的属性，须在（ ）下操作。

A．报表视图　B．页面视图　C．报表设计视图　D．打印视图

20．设置报表的属性，须将鼠标指针指向（ ）对象，单击鼠标右键，弹出报表属性对话框。

A．报表页眉处　B．报表左上角的小黑块

C．报表标题栏处　D．报表主体节

21．以下对报表的理解正确的是（ ）。

A．报表与查询功能一样　B．报表与数据表功能一样

C．报表只能输入/输出数据　D．报表能输出数据和实现一些计算

22．要实现报表的总计，其操作区域是（ ）。

A．组页脚/页眉　B．报表页眉/页脚

C．页面页眉　D．页面页脚

23．要在报表主体节区显示一条或多条记录，而且以垂直方式显示，应选择（ ）。

A．纵栏式报表　B．图表式报表

C．表格式报表　D．标签式报表

24．报表主体节主要用来（ ）。

A．显示图形　B．显示表　C．处理记录　D．处理字段

25．要实现报表按某字段分组统计输出，需要设置（ ）。

A．该字段组页脚/页眉　B．报表页脚

C．主体　D．页面页脚

26．计算型控件的数据源主要是（ ）。

A．表　B．查询　C．计算表达式　D．以上都是

27．要设置主、子报表的自动链接，应该选取子报表属性选项卡的（ ）页。

A．格式　B．事件　C．数据　D．其他

三、填空题

1. 信息处理最常用的信息输出形式是通过屏幕显示，或通过________。

2. 报表通常由报表页眉、报表页脚、________、________及报表主体部分构成，

3. 报表页眉、页脚主要用于报表的________、制作时间、制作者等信息的输出。

4. 报表有 3 种类型的视图，分别是________、________、________。

5. 对报表进行________设置，可以使报表中的数据按一定的顺序及分组输出，同时还可以进行分组汇总。

6. 报表的________部分是报表不可缺少的关键内容。

7. 报表要实现分组与排序，通常指定________字段、________字段，并设置相关属性来实现。

8. 报表页眉的内容只能在报表的________输出。

9. 报表数据源可以是________和________。

10. 报表的结构由多个节组成，包括 5 个部分________、________、________、________和________。在分组报表时，还可以增加________和________。

第 12 章 数据访问页

【本章要点】

数据访问页是一个能够动态显示、添加、删除以及修改记录内容的特殊网页。本章重点介绍数据访问页的概念以及创建、编辑数据访问页的基本操作。

12.1 Access 的 Web 功能

在网络应用越来越普及的今天，通过网络进行数据的存取显得越来越重要。Access 通过“数据访问页”可实现对数据库的网络存取。利用 Access 可以生成静态的网页，也可以生成动态的网页（即数据访问页），前者是根据数据库中的数据生成网页文件，后者则可以实现对数据库中的数据记录的显示、修改、删除、分组、统计等操作。静态的网页和数据访问页都可以发布到网络上。

12.1.1 Access 生成静态网页

利用 Access 的导出功能，可以根据 Access 的数据生成静态网页。这里所谓“静态”是指网页的内容是在生成时确定的，以后不随数据库中的数据改变而改变。

在 Access 中，可以从表、查询、窗体或报表中将数据导出到网页中。

【例 12-1】使用“导出”功能创建产品信息网页。

（1）启动 Access 并打开“食品商贸公司管理系统”数据库文件。

（2）选择“产品”表对象，选择“文件|导出”菜单命令，在如图 12-1 所示的对话框中选择保存文件的位置，在保存类型中选择“HTML 文档”，文件命名为“产品”。

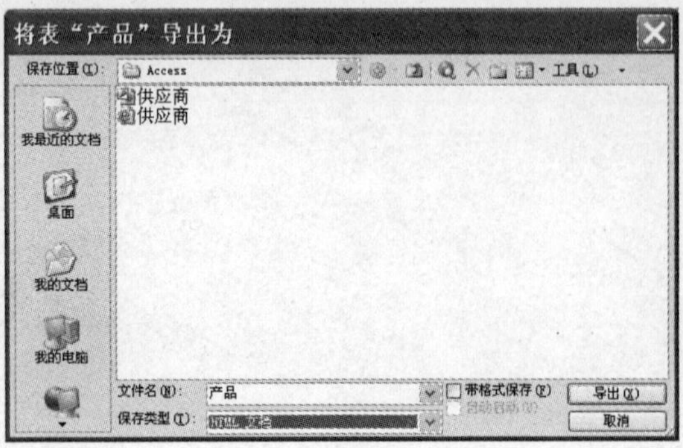

图 12-1　导出为网页

（3）单击“导出”按钮，则可产生一个网页文件。用 IE 浏览器打开，可以看到如图 12-2 所示的效果。

（4）在 IE 浏览器中，用“查看/源文件”菜单命令，可以看到其中的 HTML 标记，如图 12-3 所示。其中包括<HTML>（网页）、<HEAD>（头部）、<TITLE>（标题）、<BODY>（网页体）、<TABLE>（表格）、<CAPTION>（表格标题）、<TR>（表格行）、<TD>（表格数据）等。

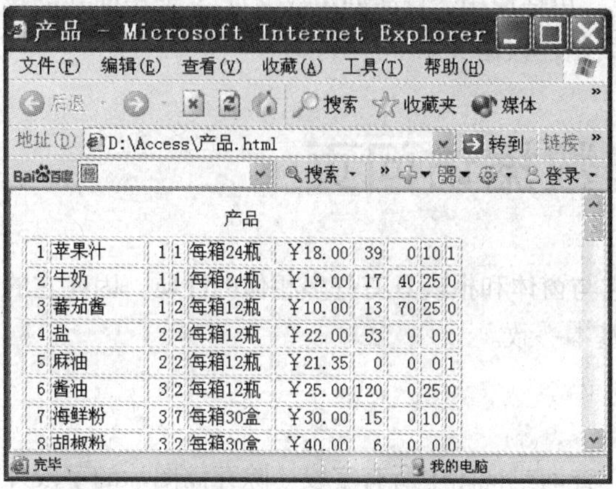

图 12-2　打开网页文件

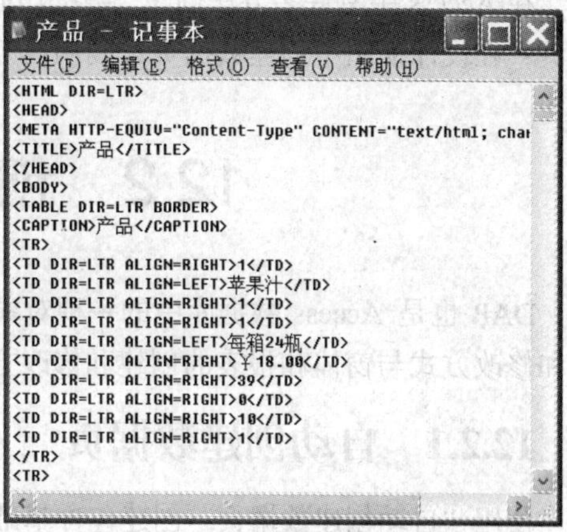

图 12-3　网页源文件

12.1.2　数据访问页

Access 2000 中首次引入了数据访问页（DAP）的概念。DAP 是直接与数据库中数据连接的一个网页，与静态网页不同的是它的内容可以随着数据库中的数据的变化而变化，并且数据可以实现更新和修改。

1．窗体、报表和数据访问页之间的差异

在 Access 中，不同的数据库对象是针对特定目的而设计的。在表 12-1 中，“是”表示是最适合完成特定任务的对象，“可能”表示可以完成任务的对象但不太理想，“否”表示根本不能完成任务的对象。

表 12-1　不同的任务所适合的对象

任务/目标	窗　体	报　表	数据访问页
在 Access 数据库中输入、编辑和交互处理数据	是	否	否
通过 Internet 或 Intranet 输入、编辑活动数据并与之交互	否	否	是
通过电子邮件分发数据	否	否	是
打印要分发的数据	可能	是	可能

2．数据访问页的类型

根据 DAP 的用途，可以分为以下 3 种类型。

（1）交互式报表：这种 DAP 经常用于合并和分组保存在数据库中的信息，然后发布数据的总结。虽然这种 DAP 也提供用于排序和筛选的工具栏按钮，但是其不能编辑数据。

（2）数据输入：这种 DAP 用于查看、添加和编辑记录。

（3）数据分析：这种 DAP 会包含一个数据透视表列表，与 Access 数据透视表窗体或 Excel 数据透视报表类似，允许重新组织数据以不同方式分析数据。其可能包含一个图表，用于分析趋势、发现规模，以及比较数据库中的数据。

3. DAP 的制作方式

有了表与查询，就可以制作 DAP。“数据访问页”有以下两种视图。

（1）页视图。用户在此视图下，可以查看“数据访问页”的设计效果。

（2）设计视图。用户在此视图下，可以修改、编辑“数据访问页”的设计。

在 Access 中有许多方法创建“数据访问页”，包括使用“自动创建数据页”；使用向导创建数据页；在设计视图中创建数据页；利用已有网页创建数据页。

12.2 创建数据访问页

DAP 也是 Access 数据库中的一种对象，它与窗体和报表具有许多相似的性质，因此它的创建和修改方式与窗体和报表的创建和修改方式基本一致。

12.2.1 自动创建数据页

使用“自动创建数据页”创建包含基础表、查询或视图中所有字段（除存储图片的字段外）和记录的 DAP。

【例 12-2】使用“自动创建数据页”创建供应商数据访问页。

操作步骤如下。

（1）在“食品商贸公司管理系统”数据库窗口中，单击“页”对象按钮。

（2）单击“数据库”窗口工具栏中的“新建”按钮，弹出“新建数据访问页”对话框，如图 12-4 所示。

（3）选择“自动创建数据页：纵栏式”按钮，在数据源中选择“供应商”表，然后单击“确定”按钮，即生成如图 12-5 所示的 DAP。

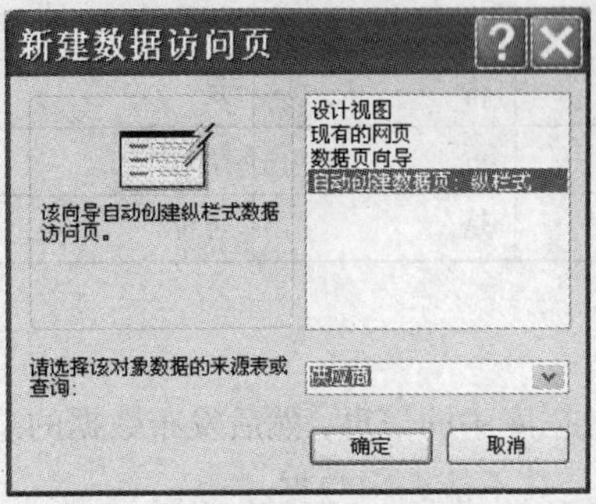

图 12-4 “新建数据访问页”对话框

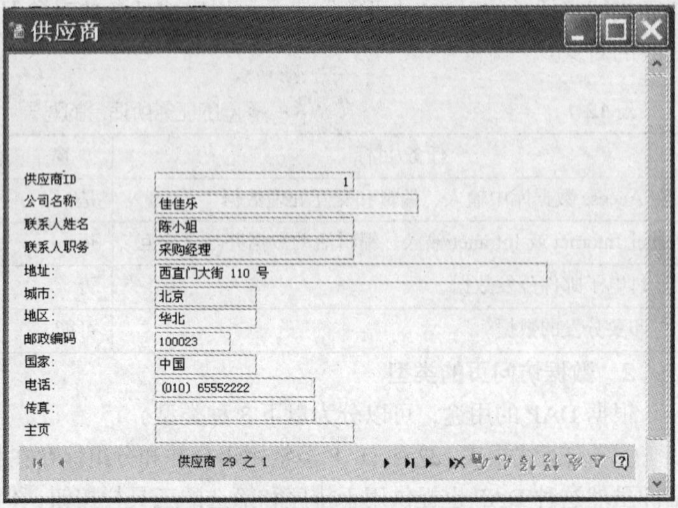

图 12-5 供应商数据访问页

（4）单击该“数据访问页”的“关闭”按钮，则弹出提示保存对话框；单击“是”按钮，打开“另存为”对话框，输入位置为“D:\Access”与文件名为“供应商.htm”，单击“保存”按钮，则在这里可把该 DAP 保存为实际的 HTML 文档。用 IE 浏览器可打开该文档。

在保存 DAP 时，系统会显示警告对话框，如图 12-6 所示，提示用户该页的“连接字符串”的路径是绝对路径，要在网络上发布须改成网络路径。这里所谓的“连接字符串”是指该数据库文件所在的文件夹及文件名。所谓“绝对路径”是指直接带有盘号的路径名（如 D:\Access\供应商.htm），而网络路径则是指网络上其他计算机也能识别到的路径（使用通用命名约定——UNC）。

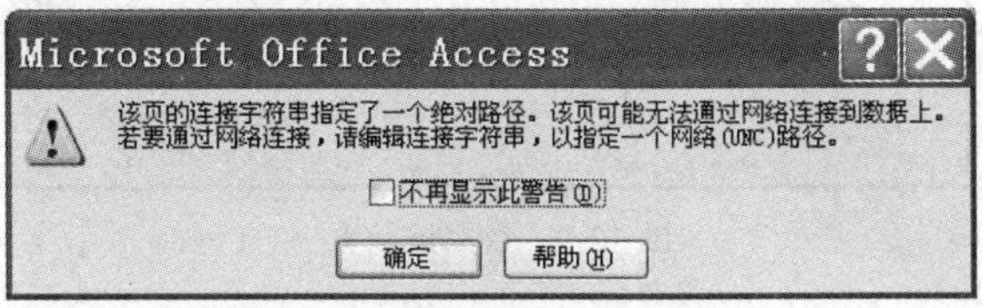

图 12-6　连接字符串路径提示

12.2.2　使用向导创建数据访问页

Access 提供了 Web 页向导，通过对话的方式，让用户根据自己的需要选择一定的选项，如可以选择所要的字段、选择分组、选择排序字段等，来创建数据访问页。

【例 12-3】采用向导创建“订单明细”表的数据访问页。

操作步骤如下。

（1）在“食品商贸公司管理系统”数据库窗口的“页”对象下的页管理器中，单击名称框中“使用向导创建数据访问页”或者从“新建数据访问页”对话框中选用“数据页向导”。

（2）与创建报表类似，选择相应的“表/查询”后，选择相应的“可用字段”，如图 12-7 所示。

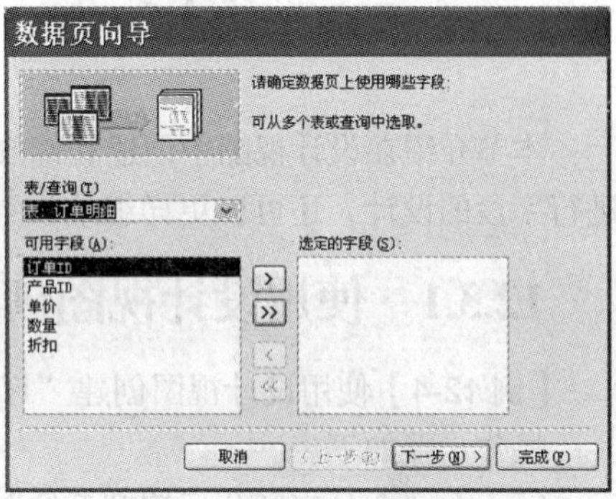

图 12-7　选择表/查询及字段

（3）单击“下一步”按钮进入添加分组级别，这里选择“订单 ID”；然后单击“下一步”按钮，确定排序次序，这里以“数量”降序排列，如图 12-8 所示。

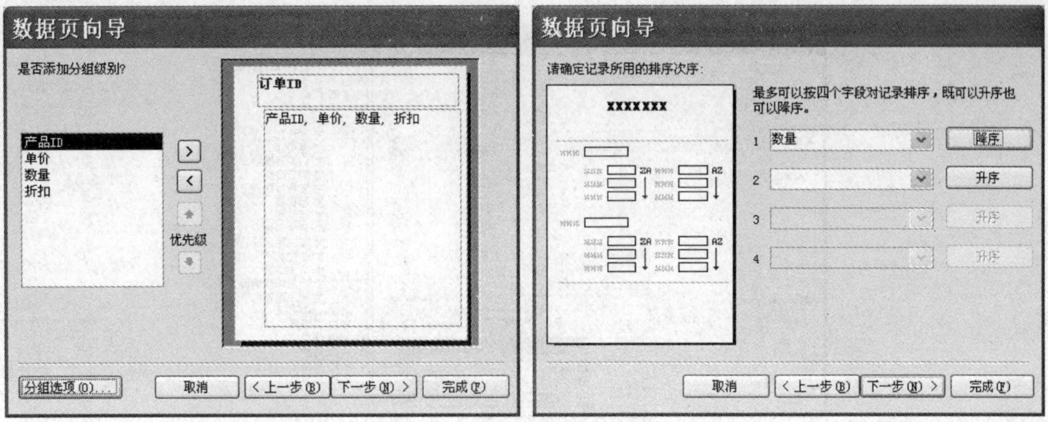

图 12-8　选择分组与排序字段

（4）单击“下一步”按钮，指定页标题为“订单明细”，单击“完成”按钮生成如图 12-9 所示的 DAP。单击“保存”命令，将该页命名为“订单明细.htm”，保存至“D:\Access”。

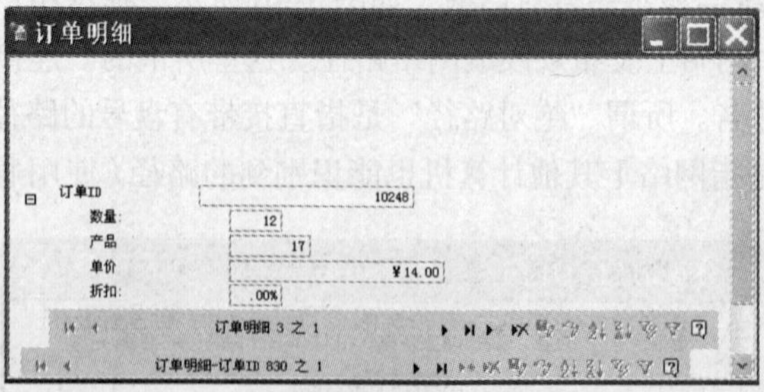

图 12-9　数据访问页

12.2.3　使用设计视图创建数据访问页

在创建 DAP 时，可以使用类似报表的设计视图修改已有的 DAP，或直接在设计视图中设计新的 DAP。使用页的设计视图建立 DAP 的操作方法和过程类似于使用报表设计视图，可参见 11.3 节。

12.3　设计数据访问页

本节介绍在设计视图中创建和修改 DAP。与使用向导相比，在设计视图中可以更好地对 DAP 进行字段的设计，还可以更详细地设置属性、添加控件、进行修饰等。

12.3.1　使用设计视图创建

【例 12-4】使用设计视图创建“订单信息”DAP。

操作步骤如下。

（1）在“食品商贸公司管理系统”数据库窗口中，单击“页”对象按钮。

（2）单击名称框中“在设计视图中创建数据访问页”，在系统自动出现的字段列表中选择数据表名（如“订单”）并展开该表（表名左侧的“+”号），列出表中所有字段名，将字段名列表中的字段（如“订单 ID”）拖入页面处，并适当调整位置及字体、字号，如图 12-10 所示。

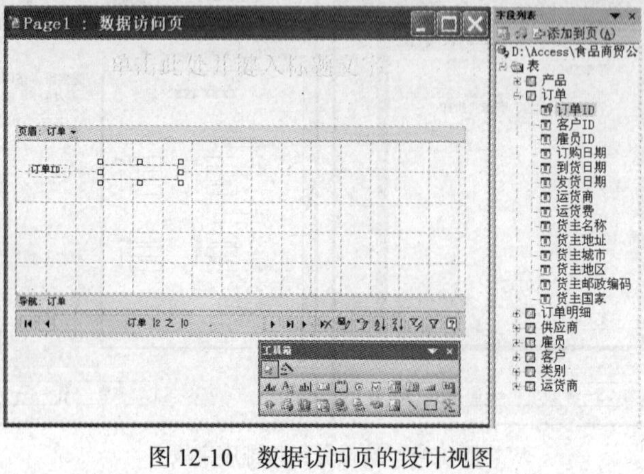

图 12-10　数据访问页的设计视图

（3）将需要的字段拖到页面处，在标题区“单击此处并键入标题文字”处输入标题“订单信息”，单击“保存”按钮，保存为“D:\Access\订单信息.htm”。在 IE 浏览器中打开“订单信息.htm”，如图 12-11 所示。

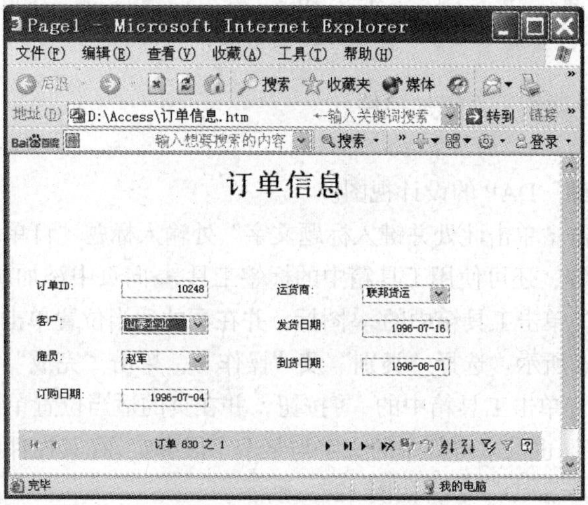

图 12-11　数据访问页的效果

12.3.2　设置数据访问页的属性

使用上面介绍的方法就可以建立一个 DAP 了。如果对 DAP 进一步加工，DAP 就会更加美观、实用。DAP 中的每个对象都有属性，可以对这些属性进行设置，包括页面属性、组级属性、元组属性、节属性和元素属性等，这些操作要在“页”的“设计视图”下完成。

例如，打开“订单明细”DAP 的设计视图，用鼠标右键单击不同对象或相应区域，在弹出的菜单中选择相应的项目来打开，如图 12-12 的页面属性和图 12-13 的组级属性。可以设置的项目很多，由于篇幅限制，在此不介绍。读者可以使用 Access 的帮助系统来进一步明确每一项的含义。

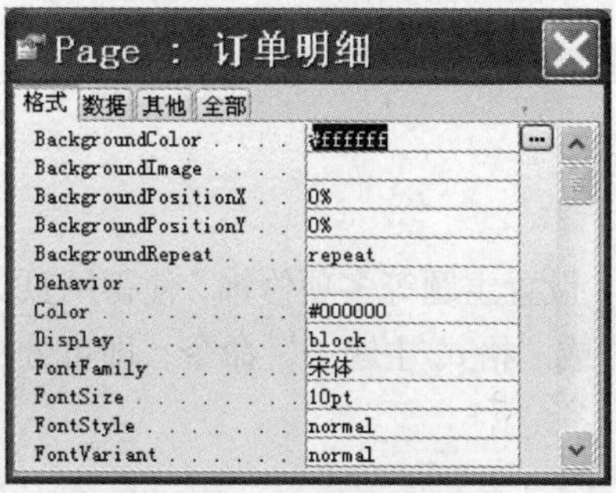

图 12-12　页面属性

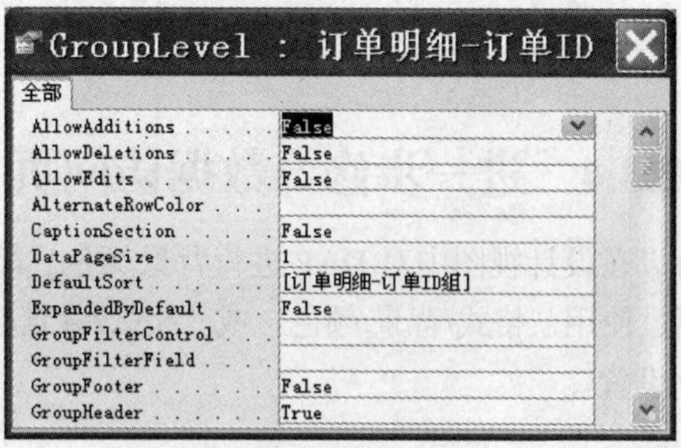

图 12-13　组级属性

12.3.3　添加控件

在 DAP 的设计视图下，通过“工具箱”可以向其中添加控件，进一步增加其功能和表现力。网页设计的工具箱，与窗体和报表视图的工具箱相比，增加了一些与网页设计相关的控件，如图 12-14 所示。

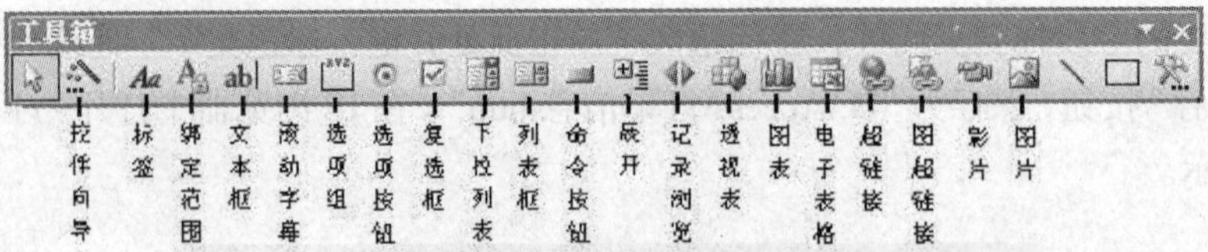

图 12-14　页工具箱

【例 12-5】对“订单明细”页添加控件。

操作步骤如下。

（1）打开“订单明细”DAP 的设计视图。

（2）添加标题。单击“单击此处并键入标题文字”处输入标题“订单明细”，可在工具栏中选择字号、字型、颜色等，还可使用工具箱中的标签工具向页中添加所需内容。

（3）添加命令按钮。单击工具箱中的图标，并在页的适当位置单击，则打开“命令按钮向导”对话框，如图 12-15 所示。选择“类别”及“操作”，单击“完成”按钮。

（4）添加滚动文字。单击工具箱中的按钮，并在页的适当位置单击，输入要滚动显示的文字，如“欢迎使用此页”，也可以将其中的文字与某个字段绑定，在其控件属性中的 ControlSource 中选择一个字段（如“产品 ID”），如图 12-16 所示。

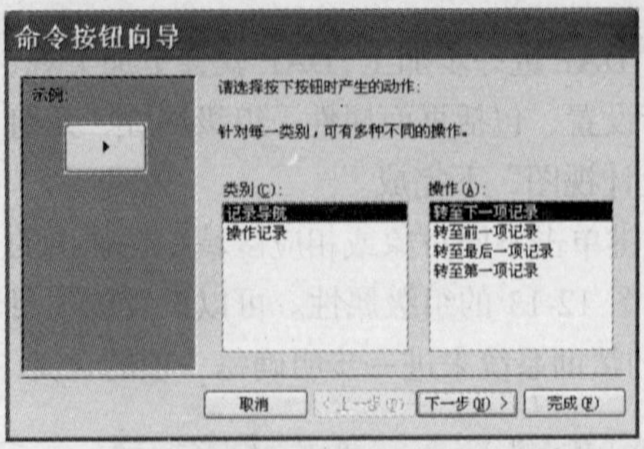

图 12-15　命令按钮向导

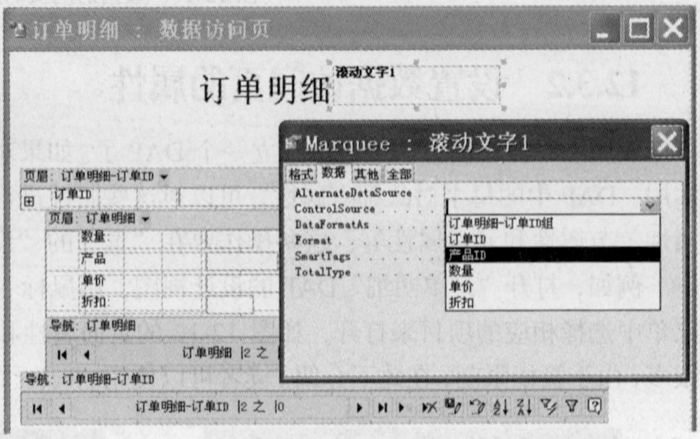

图 12-16　添加滚动文字

12.3.4　进一步修饰数据访问页

可以在设计视图中对 DAP 进行背景颜色、背景图片、设置主题等多项修饰，使得网页更为美观。通过使用“格式/背景/颜色”或“格式/背景/图片…”或“格式/主题…”命令，即可分别进行不同的设置。

12.4　发布数据访问页

前面的 DAP 是在 Access 中查看或者在本地计算机用 IE 浏览器进行浏览，如果要在网络上发布 DAP，以便网络上的其他用户可以通过浏览器来查看这些 DAP，就需要进行一些其他方面的设置。首先要将 Access 文件放在共享目录中，并将数据 DAP 的连接串改为网络路径，然后将 DAP

拷贝到 WWW 服务的目录中。

【例 12-6】 发布 DAP。

（1）将“D:\Access\食品商贸公司管理系统.mdb”数据库文件复制到某一共享文件夹（如 D:\Share）中，在该文件夹上单击鼠标右键，设为“共享”。

（2）设置 DAP 的连接串。启动 Access 并打开共享目录中的“食品商贸公司管理系统.mdb”，打开“订单明细”页对象的设计视图，鼠标右键单击页面，在快捷菜单中选择“页面属性”，在打开的“页面属性”对话框中，如图 12-12 所示，选择“数据”选项卡，找到“ConnectionString”，单击文本框旁边的按钮。打开“数据链接属性”对话框，如图 12-17 所示，在其中填写数据库名，这里要使用网络路径（UNC），如\\10.5.205.100\Share\食品商贸公司管理系统.mdb。一般来说，UNC 格式是\\主机名或 IP 地址\共享文件夹名\数据库文件名。修改完后保存。

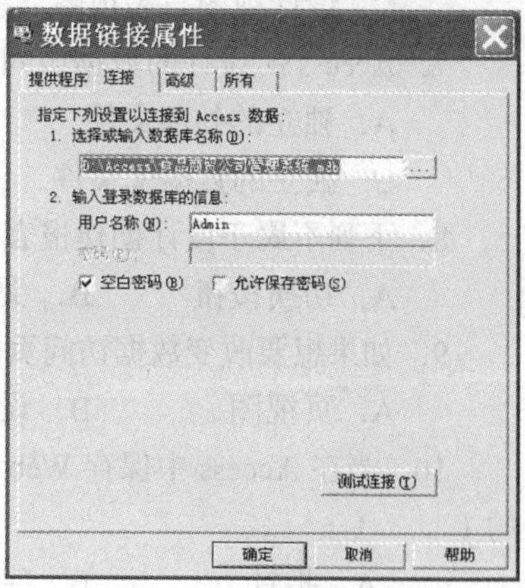

图 12-17　修改连接串

UNC 路径，称为“通用命名标准”，格式为：\\servername\sharename\directory\filename。其中 servername 是服务器名，sharename 是共享资源名，directory\filename 是共享名称下的目录路径和文件。

（3）将数据访问页的 htm 文件复制到 WWW 服务器的主目录下（如 C:\Interpub\wwwroot）。这样网络上的其他计算机就可以来访问了。例如，在 IE 浏览器中输入“http://10.5.205.100\订单明细.htm”，这时，IE 浏览器要求将站点设为安全站点，就可以正常查看网页了。

习　题

一、简答题

1. 数据访问页与静态网页有什么差别?
2. 使用向导与自动创建页有何区别?
3. 数据访问页工具箱中哪几项在设计页时最常用?
4. 将数据访问页在网上发布如何操作?

二、选择题

1. 设计数据访问页时不能向数据访问页添加（　　）。
   A. 标签　　B. 滚动标签　　C. 超级链接　　D. 选项卡
2. Access 通过数据访问页可以发布的数据是（　　）。
   A. 只能是静态数据　　B. 只能是数据库中保持不变的数据
   C. 只能是数据库中变化的数据　　D. 是数据库中保存的数据
3. 查看所生成的数据访问页样式的一种视图方式是（　　）。
   A. 页视图　　B. 设计视图
   C. 数据访问页视图　　D. 页导向视图

4．就 Access 来说，与数据访问页最相似的对象是（　　）。

A．报表　　B．窗体　　C．查询　　D．表

5．将 Access 数据在网上发布可通过（　　）。

A．报表　　B．数据访问页　　C．查询　　D．模块

6．数据访问页的两种视图方式是（　　）。

A．设计视图与页面视图　　B．设计视图与浏览视图

C．设计视图与表视图　　D．设计视图与打印浏览视图

7．Access 所设计的数据访问页是一个（　　）。

A．独立的外部文件　　B．数据库中的表

C．独立的数据库文件　　D．数据库记录的超级链接

8．下列不属于设计创建报表、窗体、数据访问页共有的控件是（　　）。

A．切换按钮　　B．文本框　　C．标签　　D．复选框

9．如果想要改变数据访问页的结构或显示内容，应该以（　　）打开数据访问页进行修改。

A．页视图　　B．设计视图　　C．静态 HTML　　D．动态 HTML

10．当在 Access 中保存 Web 页时，Access 在“数据库”窗口中创建一个链接到 HTML 文件的（　　）。

A．指针　　B．字段　　C．快捷方式　　D．地址

三、填空题

1．________是一种特殊类型的网页，它允许用户使用 IE 浏览器查看和使用在 Access 数据库、SQL Server 数据库或 MSDE 数据库中存储的数据。

2．数据访问页有以下两种视图________和________。

第13章 宏

【本章要点】

数据库的每个对象通常完成某个特定的任务，要想使不同的对象相互配合工作，需要把对象有机地组合起来，利用宏就能实现这个任务。由于宏并不要求掌握程序设计，也不必记忆复杂的语法，只须将要执行的操作、参数和条件直接输入到宏的设计窗口，利用宏就可设计一个功能基本完善的数据库应用系统。要求学生理解什么是宏和宏组，了解一些常用的宏操作，学会创建、调试和运行宏，以期使用宏构造数据库应用程序。

13.1 宏的概念

我们把能自动执行某种操作的命令统称为“宏”，宏是一个或多个操作的集合，其中每个操作实现特定的功能。例如，打开某个窗体或打印某个报表的操作可以称为一个宏。

宏的优点在于它不需要编程，也不需要记住各种语法，使用宏时，只须给出操作名称、条件和参数就可以自动完成特定的操作。

13.1.1 宏指令与宏编程

宏指令系统是指由数十个指令构成的一种简单的编程中介语言。用这种指令系统记录的操作步骤就是宏。编制这样的简单程序叫做宏编程。

Access 为用户提供了 53 条宏指令，每个指令由操作名及参数组成。这些操作的名称都是由系统提供的，用户不能更改。与一般编程语言不同的是，宏编程以对话填表的方式产生，以表格的形式保存，所以容易学习和使用，不容易产生语法错误。但是，也要了解这些宏指令的功能和填表的详细要求，否则难以发挥应有的功效。

少数宏可以独立运行，但通常宏都由菜单、窗体、报表等控件的鼠标控制事件（进入、单击之类）或某些数据变化事件（改写、删除之类）触发启动，与其他面向对象的高级语言程序大致相同。

宏的操作参数和操作条件总与菜单、窗体、报表等控件或数据的状态变化相联系，在宏中通过“对象引用”来操作、访问它们。

总而言之，宏编程就是把一些宏操作指令序列和特定的数据对象、控制对象联系起来，灵活地让 Access 在特定的时间，特定的地点，对特定的对象，实行特定的操作。

13.1.2 宏与 VBA

宏程序依赖几十条宏指令，其功能受到限制。微软提供了 Visual Basic for Application（VBA），具有更强的表现力。在 VBA 中宏指令都有其对应的形式。事实上，宏指令都是翻译成 VBA 才得以执行的。与宏不同，Access 的模块是将 VBA 代码的声明、语句和过程作为一个单元进行保存的集合。

宏以表格的形式保存，以解释的方式转换为机器语言，所以安全性不太好，效率不太高。Access 提供了工具，必要时将宏转换为 VBA 代码，一则源文件可以加密，二则 mdb 文件翻译为 mde 文件时可以提高执行效率。

13.2 宏编程入门

13.2.1 “宏”设计窗口

图 13-1 是一个典型的宏窗口，只有进入这个环境才能编辑宏。如同窗体的设计视图一样，宏设计窗口也有其特定的工具栏。表 13-1 列出了宏设计工具栏中的常用按钮。

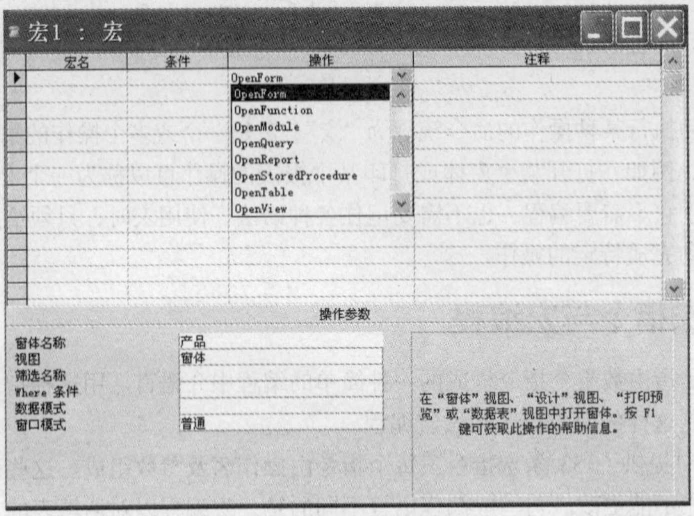

图 13-1 宏的设计窗口

表 13-1 宏设计工具栏中的常用按钮

图 标	名 称	功能说明
	宏名	显示/隐藏宏设计窗口中的“宏名”栏
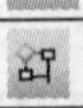	条件	显示/隐藏宏设计窗口中的“条件”栏
	插入行	在当前光标位置插入宏命令行
	删除行	删除光标位置宏命令行
	运行宏	运行宏
	单步	一次运行一个宏命令

在宏的设计窗口创建一个宏的过程包括加入命令、设置参数和保存宏。

说明

（1）条件列：单击工具栏中的“条件”按钮会增加该列。可以在其中列出运行宏的条件。在执行宏时，Access 先计算条件表达式，如果结果为真，则执行该行操作列所设置的操作，以及紧接着“条件”栏中有“…”的所有操作。“条件”栏为空等价于填入“Yes”，无条件执行，填入“No”，则永不执行。可采用 StopMacro、RunMacro 终止或重定向宏的运行流程。

（2）操作列：可在其中选择宏操作。

（3）注释列：可以在其中书写对宏的文字说明。

（4）宏名列：单击工具栏中的“宏名”按钮会增加该列。用于命名宏组下的各个宏名。

13.2.2　宏的初步设计

因为宏一般都由控件启动，所以宏设计通常有控件准备、宏编程和触发设置 3 步。

【例 13-1】设计一个“打开表”窗体，上面有若干个按钮，这些按钮可以打开“食品商贸公司管理系统”数据库中的各个表。

1. 控件准备

设计“打开表”窗体，该窗体有 3 个命令按钮，如图 13-2 所示。

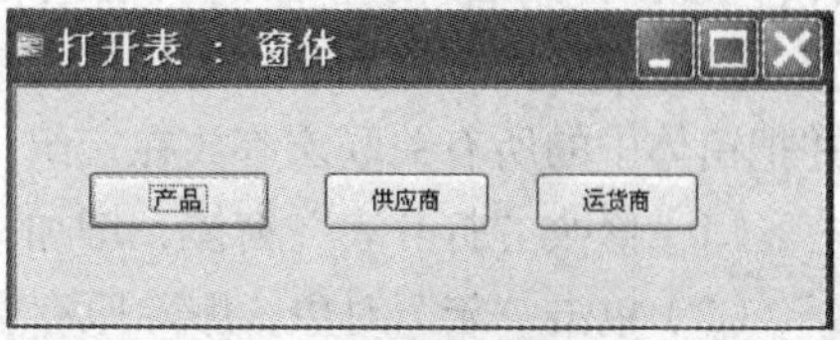

图 13-2　“打开表”窗体

2. 宏编程

在数据库窗口中选择“宏”对象，单击“新建”按钮，自动产生名为“宏 1”的设计界面。单击“操作”列的下拉按钮，列出了所有的宏指令，从中选择“OpenTable”指令。接着下面的“操作参数”对话框自动展开。参数对话的目的是以填表的方式说明操作对象的名称以及操作方式等。右边方框中的文字简单说明填表要求，更详尽的说明可按 F1 功能键得到。

本例在“表名称”栏选择“产品”表，将该宏保存为“打开产品表”，如图 13-3 所示。

以相同的方式建立“打开供应商表”和“打开运货商表”宏。最后得到 3 个宏程序。

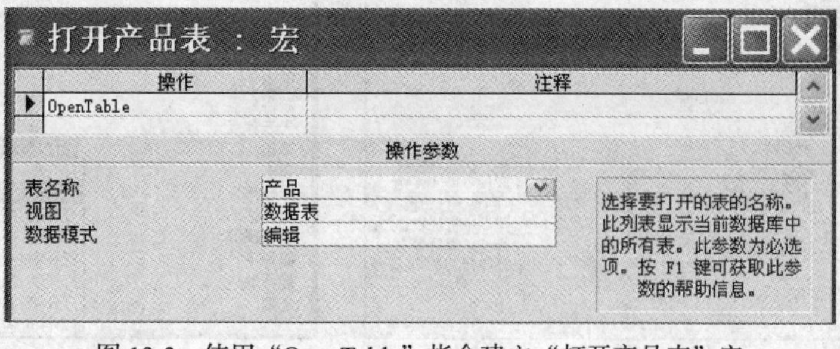

图 13-3　使用“OpenTable”指令建立“打开产品表”宏

3. 触发设置

运行“打开表”窗体，任意单击、双击或右击其上的 3 个按钮控件，除了按钮形状会改变，其他什么事也没发生。这是因为这些对象的鼠标事件发生时，系统检测它们的属性表，未发现已经定义的任何操作与之联系。

进入该窗体的设计视图。右键单击“产品”按钮，从快捷菜单中选择“属性”，在属性对话框的“事件”选项卡中会看到有很多事件“扳机”可以与程序关联。单击“单击”事件右侧的下拉按钮，选择“打开产品表”宏即可，如图 13-4 所示。

对于命令按钮控件，有几个“扳机”挂上程序效果相似，如“单击、鼠标按下、鼠标释放”。原因是“单击”可以分解为“鼠标按下”+“鼠标释放”。

用相同的方法设置其他两个按钮控件触发程序，保存该窗体，设计完成。运行窗体，并单击其中任一按钮，将打开关联的表。

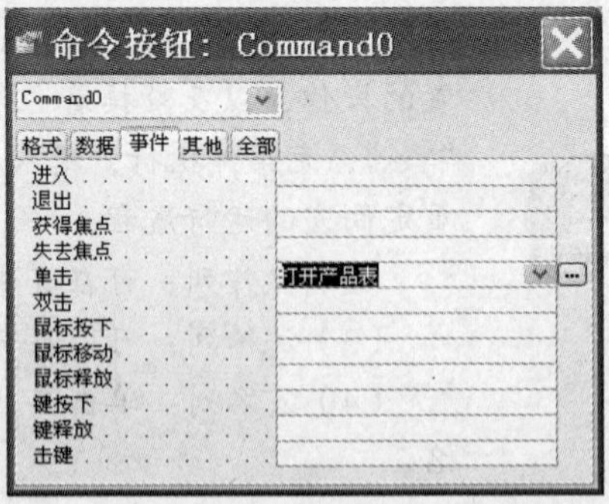

图 13-4 为命令按钮的单击事件指定宏

13.2.3 宏组的使用

一个实用的数据库应用系统会涉及很多表、查询、窗体、报表等对象，要把用户需要的很多功能都提供出来，需要许多宏程序。如果每个宏都独立成一个“准文件”（形式上整个 mdb 数据库才构成一个文件），我们会眼花缭乱，很难管理和维护。Access 提供了宏组形式，以便把同一应用设计的一系列相关宏放在一个功能类似文件夹的“准文件”中。对<某宏>的应用改为<宏组名>.<某宏>。

【例 13-2】改进【例 13-1】“打开表”窗体，增加“雇员”、“订单”、“关闭窗体”按钮控件，并把窗体中的所有关联宏都放在宏组“打开表”中。操作步骤如下。

（1）修改“打开表”窗体，增加“雇员”、“订单”、“关闭窗体”按钮控件。

（2）单击“宏”对象，删除原有宏，单击“新建”按钮，在打开的“宏”设计窗口中单击工具栏的“宏名”，在操作列左侧增加了“宏名”列。保存宏时命名为“打开表”，即为宏组的名称。在该宏组下依次设计 6 个宏，如图 13-5 所示。

（3）重新设置窗体“打开表”各控件的事件属性。注意原来按钮“产品”单击事件引用的宏名为“打开产品表”，现改为“打开表.打开产品”，如图 13-6 所示。照例设置其他按钮。

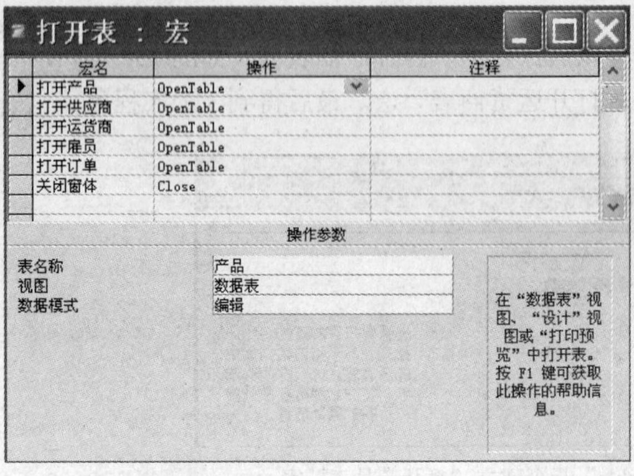

图 13-5 创建“打开表”宏组

图 13-6 为“产品”按钮的单击事件指定宏组中的宏

13.2.4 创建带条件的宏

有些指令序列是否执行，要根据某条件表达式当时是否取真值来决定，这样的程序结构通常叫分支结构。一般程序语言都有顺序、分支和循环 3 种结构。宏程序的分支通常由<条件>、<…>、StopMacro 结构来实现。在 Access 中，运行宏或宏组时可以设置某些限制条件，使得宏或宏组被选择时使用。

【例 13-3】建立“密码验证”窗体，并为它编写一个简单的验证程序，程序逻辑是：如果密码输入正确，关闭验证窗体，否则显示信息“密码错误”，继续输入密码。

1. 控件准备

设计窗体如图 13-7 所示。文本框和按钮的名称为“密码”和“确认”，将“密码”文本框的输入掩码属性设为密码型，以防输入时被窥视。

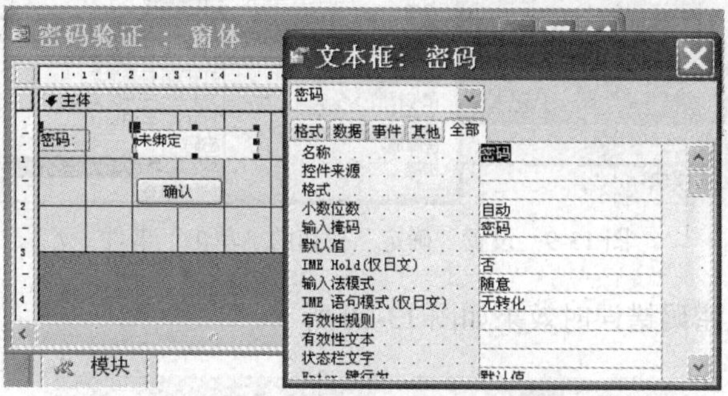

图 13-7 创建“密码验证”窗体

2. 宏编程

选择数据库窗口的“宏”对象，单击“新建”按钮，产生名“宏 1”的设计界面，保存名为“密码验证”。添加“宏名”和“条件”列。

输入内容如图 13-8 所示。

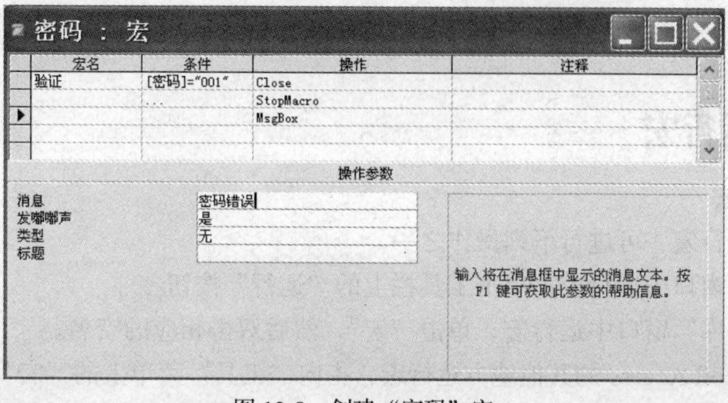

图 13-8 创建“密码”宏

第 1 行条件表示当表达式“[密码]="001"”（即密码文本框的值等于 001）取真值（Yes），就关闭当前窗口（Close 指令如不填写对象类型，对象就是窗口；不填写对象名称，就是当前窗口）。

第 2 行条件栏的“...”表示条件同上，即执行完第 1 句接着执行本句——StopMacro，表示本分支结束，中断其他指令。但是，如果第一行表达式取值为假，不会执行后面的操作，同样紧接着的“...”行也不会被执行。

当前两句条件取值为假时，第 3 句代表的另一分支才有机会执行。“MsBox”指令表示显示信息窗口，“消息”参数填写内容“密码错误”。

这样 3 句话构成了两个分支，要么执行第 1、2 句，要么执行第 3 句。

3. 触发设置

设置“确定”按钮的“单击”事件，如图 13-9 所示。

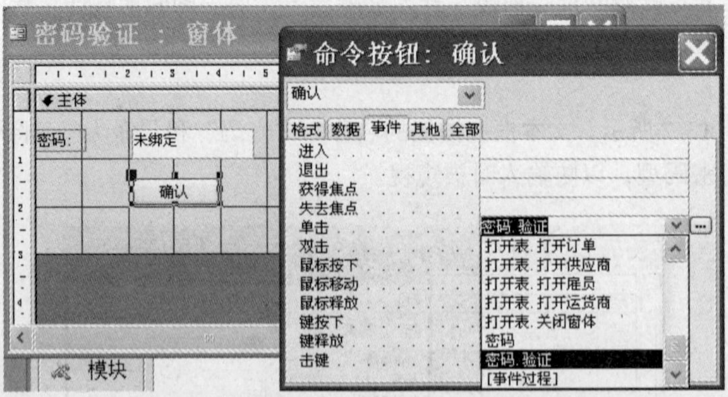

图 13-9　设置“确定”按钮的“单击”事件

运行窗体，当输入密码错误时效果如图 13-10 所示。

图 13-10　密码错误时效果

13.2.5　运行宏

1. 直接运行宏

如果要直接运行宏，可进行下列操作之一。

（1）从“宏”窗口中运行宏，单击工具栏上的“运行”按钮 ! 。

（2）从“数据库”窗口中运行宏，单击“宏”，然后双击相应的宏名。

（3）在 Microsoft Access 的其他地方运行宏，指向“工具”菜单上的“宏”，单击“执行宏”命令，然后在“宏名”框中选择相应的宏。

通常情况下直接运行宏只是进行测试。可以在确保宏的设计无误之后，将宏附加到窗体、报表或控件中，以便对事件做出响应。

2. 事件触发运行宏

Access 可以对窗体、报表或控件中的多种类型事件做出响应，包括鼠标单击或双击、数据更改以及窗体或报表的打开或关闭等，如【例 13-1】和【例 13-2】。

3. 打开数据库时自动运行宏

使用一个名 AutoExec 的特殊宏，可以在首次打开数据库时执行一个或一系列的操作。在打开数据库时，Access 将查找一个名为 AutoExec 的宏，如果找到，就自动运行它。

13.2.6　常用的宏操作

宏的作用由若干关键字实现。在创建宏时，可以不要求用户输入或记忆具体的命令，但需要用户了解系统提供哪些功能操作可供选用，还要识别这些命令。Access 2003 宏指令有近 60 条，表 13-2 列出了常用的宏操作命令。

表 13-2　常用宏操作命令

命令功能分类	命　令	说　明
打开、关闭	OpenForm	打开窗体
	OpenReport	打开报表
	OpenQuery	打开查询
	Close	关闭所有数据库对象
运行与控制	RunSQL	运行制定的 SQL 语句
	RunAPP	运行制定的外部应用程序
	Quit	退出 Access
	GoToControl	选择焦点
	StopMacro	跳出宏分支
设置值	SetValue	设置字段、控件或属性的值
刷新、查询数据或定位记录	Requery	实施制定控件重新查询，即刷新控件数据
	FindRecord	查找制定条件的第一条记录
	FindNext	查找制定条件的下一条记录
	GotoRecord	制定当前记录
控制显示	MaxiMize	最大化激活窗口
	MiniMize	最小化激活窗口
	Restore	将窗口恢复到原始大小
通知或警告用户	Beep	通过计算机发出“嘟嘟”声
	MsgBox	显示消息框
	SetWarnings	关闭或打开系统信息
导入和导出数据	TransfereDatabase	从其他数据库导入和导出数据
	TransferText	从文本文件导入和导出数据

习　题

一、简答题

1．什么叫“宏”？宏编程与普通编程相比有什么好处？

2．如何将“宏”转换为 VBA 代码，转换后有什么好处？

3．不使用“宏组”有什么不利？

4．条件栏“…”的确切含义是什么？条件栏填写“No”有什么效果？

5．一般触发宏经常使用哪些事件？记录和字段分别对应何种事件？

6．什么叫对象的引用？绝对引用（形如：Forms![颜色]![红].BackColor）和相对引用（形如：[红].BackColor）有何不同？

二、选择题

1．要限制宏命令的操作范围，可以在某种程度上创建宏时定义（　　）。

A．宏操作对象　　B．宏条件表达式

C．窗体或报表控件属性　　D．宏操作目标

2．在宏的表达式中引用窗体 Form1 上控件 Smx 的值，可以使用的引用形式是（　　）。

A．Smx　　B．Form1!Smx

C．Forms!Form1!Smx　　D．Forms!Smx

3．宏不能修改（　　）。

A．窗体　　B．宏本身　　C．表　　D．数据库

4．宏组是由（　　）组成。

A．若干宏操作　　B．子宏　　C．若干宏　　D．以上都不正确

5．OpenForm 基本操作是打开（　　）。

A．窗体　　B．报表　　C．表　　D．查询

6．以下对于宏和宏组的描述不正确的是（　　）。

A．宏组是由若干个宏构成的

B．Access 中的宏包含操作序列的一个宏

C．宏组中的各个宏之间要有一定的联系

D．保存宏组是指定的名字设为宏组的名字

7．在宏的条件式里引用窗体“map”上的“opt”控件的值，该表达式是（　　）。

A．Form!map!opt=1　　B．Form! opt=1

C．map!opt=1　　D．Form!map!opt

8．以下哪个数据库对象可以一次执行多个操作（　　）。

A．数据访问页　　B．菜单　　C．宏　　D．报表

9．宏是指一个或多个（　　）。

A．命令集合　　B．操作集合　　C．对象集合　　D．条件表达式集合

10．能产生宏操作的是（　　）。

A．创建宏　　B．编辑宏　　C．运行宏　　D．创建宏组

11．以下关于“宏”的说法错误的是（　　）。

A．宏可以是多个命令组合在一起的

B．宏一次能完成多个操作

C．宏是一种编程的方法

D．宏操作码用户必须用键盘逐一输入

12．用于打开一个窗体的宏命令是（　　）。

A．OpenTable　　B．OpenForm

C．OpenReaport　　D．OpenQuery

13．用于打开一个报表的宏命令是（　　）。

A．OpenTable　　B．OpenForm　　C．OpenReaport　　D．OpenQuery

14. 用于打开一个查询的宏命令是（　　）。

A. OpenTable　　B. OpenForm　　C. OpenReaport　　D. OpenQuery

15. 以下关于“宏”的描述错误的是（　　）。

A. “宏”均可转换为相应的 VBA 模块代码

B. 宏是 Access 的对象之一

C. 宏操作能实现一些编程的功能

D. 宏命令不能使用条件表达式

16. 用于关闭数据库对象的命令是（　　）。

A. Close　　B. CloseAll　　C. Exit　　D. Quit

17. 用于显示消息框的命令是（　　）。

A. InputBox　　B. OpenForm　　C. OpenReaport　　D. OpenQuery

18. 有关宏的操作，以下叙述错误的是（　　）。

A. 宏的条件表达式中不能引用窗体或报表的控件值

B. 所有宏操作都可以转化为相应的模块代码

C. 使用宏可以启动其他应用程序

D. 可以利用宏组来管理相关的一系列宏

19. 能够创建宏的设计器是（　　）。

A. 窗体设计器　　B. 报表设计器

C. 表设计器　　D. 宏设计器

20. 在 Access 中，自动启动宏的名称是（　　）。

A. AutoExec　　B. Auto　　C. Auto.bat　　D. AutoExec.bat

三、填空题

1. 宏可以包含________或________操作代码，宏也可以由几个宏名组织在一起的________构成。

2. 自动运行宏的命令是________。

3. 由多个操作构成的宏，运行时，按________依次进行。

4. “OpenTable”操作的 3 个参数是________、________和________。

课后题答案

第 1 章　习题

一、选择题：

1. C	2. A	3. C	4. B	5. D
6. C	7. B	8. A	9. A	10. C
11. D	12. D	13. B	14. D	15. B

二、填空题

1. 右　左
2. 填充柄
3. 0　3/4
4. 17 或 1900-1-17
5. Ctrl+Shift+;
6. Ctrl+;

三、思考题

1. 先输入英文单引号，然后输入身份证号；或者将单元格数字格式设置为“文本”，再输入身份证号。
2. 先输入 0 和空格，然后再输入“1/2”
3. 先输入英文单引号，然后输入 013030；或者将单元格数字格式设置为“文本”，再输入 013030。
4. 设置有效性条件时，来源应为“男,女”，使用英文逗号作为选项的分隔符。
5. 若各罗马数字直接的分隔符为英文逗号，则正确。
6. 见本书“文件的保存与保护”一节。
7. 见本书“文件的保存与保护”一节。

第 2 章　习题

一、选择题

1. D	2. B	3. D	4. A	5. A
6. A	7. C	8. B	9. A	10. A
11. C	12. C			

二、填空题

1. =（或等号）
2. Sheet4!B6:B8
3. Sheet4 工作表中的 B6、B7、B8 三个单元格
4. E2
5. ,
6. 1
7. SUM(D2:D4)　SUM(C4:C6)　SUM(D3:D5)
8. 选择性粘贴
9. sumif（A2:A5,">15000",B2:B5）

三、思考题

1. sum()函数适合无条件的求和
   sumif（）函数适合单一条件求和
   sum() if()函数联合使用，适合解决复杂条件求和。
2. count 统计数值单元格个数
   counta 统计非空单元格个数
   countblank 统计空单元格个数
   countif 统计满足条件的单元格个数
3. 普通公式：在 D2 单元格中输入公式：=B2+C2，拖曳填充柄，将公式复制到下面单元格
   数组公式：选择 D2 到 D10 单元格，输入公式：=B2:B10+C2:C10，按三键。

四、应用题

1.（1）=SUM($B$3:$B$8)或=SUM(B3:B8)
  （2）=SUM($B$3:$E$3)或=SUM(B3:E3)
  （3）=SUM(B3:E3)
  （4）=SUM(B3:B8)
  （5）=AVERAGE（B8:E8）
  （6）=F4/SUM($F$3:$F$8)*100%
2. 答案略。
3. 答案略。

第 3 章　习题

一、选择题

1. C	2. D	3. C

二、思考题

单元格	所输入的公式和值	显示结果	原因
A1	=Apple	?NAME	文本未加双引号
A2	=”Apple”+12	#VALUE!	文本参加算术运算
A3	=LOOKUP(“Love”,A1:E1)	#N/A	未找到匹配信息
A4	=630/0	#DIV/0!	除数为 0
B1 B2 C1	100 =B1+200 将 B2 中公式复制到 C1	#REF!	引用的单元格不存在
D1 D2 D3	100 200 =sun(D1,D2)	#NAME?	函数名拼写错误

第 4 章　习题

一、选择题

1. B	2. C	3. B	4. B	5. A

二、填空题

（1）1.7

（2）75.08

（3）CCCRotary　Secondary School

（4）TRUE

（5）11

（6）ccccon

（7）ary School

（8）14

三、应用题

1.（1）=IF(AND(B3>300000,C3<B3*0.01),15%,10%)

（2）=B3*D3

2. =FREQUENCY(A1:A7,{39;60})

3. （1）=DMAX(A1:D7,B1,B10:D11)　条件区域为：B10:D11，如图 14-1 所示。

（2）=DAVERAGE(A1:D7,B1,B12:B13) 条件区域为：B12:D13，如图 14-1 所示。

（3）=DCOUNT(A1:D7,C1,B14:B15)　条件区域为：B14:D15，如图 14-1 所示。

（4）=DCOUNTA(A1:D7,2,B16:C17)　条件区域为：B16:D17，如图 14-1 所示。

4. （1）=DSUM(A1:E6,A1,A9:A10)　条件区域为：A9:A10，如图 14-2 所示。

（2）=DSUM(A1:E6,E1,A9:B10)　条件区域为：A9:B10，如图 14-2 所示。

	A	B	C	D
1	姓名	语文	数学	英语
2	李娜	80	82	88
3	高辉	85	72	70
4	宋林	54	76	83
5	李侃	85	56	89
6	辛鑫	62	86	90
7	潘科	90	85	58
8				
9				
10	条件1)	语文	数学	英语
11		>=60	>=60	>=60
12	条件2)	语文		
13		>59		
14	条件3)	数学		
15		>=60		
16	条件4)	语文	数学	
17		>=70	>=60	

图 14-1　条件区域

	A	B	C	D	E
1	住房面积	卧室数	卫生间数	每平方米价格	总价
2	100	3	2	2000	200000
3	120	2	1	2500	300000
4	110	3	2	3000	3300000
5	90	2	1	4200	378000
6	78	1	1	4500	351000
7					
8	条件区				
9	住房面积	总价			
10	>80	>300000			

图 14-2　条件区域

5.（1）=PMT(B1/12,B2*12,B3,0,1)

（2）=PMT(B1,B2,B3,0,0)

6. =PV(4.125%/12,10*12,-1000,150000)

7. =VLOOKUP(1.568,A1:C5,3,FALSE)

8.（1）=SUMIF(C2:C14,"<=2006-11-30",B2:B14)

（2）{=SUM(IF(YEAR(C2:C14)=2006,B2:B14))}

（3）=SUMIF(C2:C14,">=2007-1-1",B2:B14)

（4）{=SUM(IF((C2:C14>=DATE(2006,12,5))*(C2:C14<=DATE(2006,12,26)),B2:B14))}

第 5 章　习题

一、选择题

1. C	2. D	3. D	4. C	5. C
6. C				

二、填空题

1.（1）B8

（2）=PMT(C3,C2,C1)

（3）输入引用行的单元格

（4）C3

2.

（1）A2: =8∗D2^3+3∗D3^2+D4−19

A3: =5∗D2^2+4∗D4−8

A4: =5∗D2+2∗D3^2+6∗D4−9

（2）设置目标单元格：A2

等于：0

可变单元格：D2:D4

约束：A3=0

A4=0

第 6 章　习题

二、选择题

1．A	2．A	3．BAC	4．C	5．D
6．A	7．B	8．C	9．D	10．B
11．C	12．A	13．BCD	14．BAC	15．D
16．D	17．D	18．B	19．C	20．B
21．D	22．D	23．C	24．D	25．B
26．D	27．A	28．C	29．D	30．D
31．D				

三、填空题

1．Access　SQL Server　Oracle

2．数据

3．二维表

4．关系

5．投影

6．工资号

7．一对多　多对多

第 7 章　习题

二、选择题

1．C	2．D	3．D	4．A	5．A
6．B	7．B	8．B	9．C	10．B
11．D	12．D	13．B	14．A	15．C

三、填空题

1．数据库管理

2．表

3．表、查询、窗体、报表、页、宏、模块

4．页　mdb

5．Office

第 8 章　习题

二、选择题

1．C	2．D	3．D	4．A	5．B
6．D	7．A	8．A	9．B	10．AC

11．都可以	12．A	13．B	14．D	15．B
16．C（通用）	17．B	18．D	19．A	20．C
21．A	22．D	23．A	24．A	25．B
26．B	27．A	28．A	29．D	30．D
31．D	32．A	33．A	34．D	

三、填空题

1．对象　数据

2．结构

3．设计

4．字段名称

5．限制条件

6．主键

7．64K

8．数据表

9．图像

10．一个

11．类型

12．–1　0　–1　0

13．冻结

14．文本、数字、自动编号、备注、日期/时间、货币、是/否、OLE 对象、超链接、查阅向导、自动编号

15．输入掩码

第 9 章　习题

二、选择题

1．C	2．A	3．D	4．D	5．D
6．C	7．D	8．A	9．B	10．B
11．C	12．D	13．D	14．B	15．D
16．C	17．A	18．A	19．A	20．C
21．C	22．A	23．B	24．A	25．D
26．A	27．B	28．B	29．D	30．B
31．D	32．C	33．D	34．A	35．C
36．B	37．C	38．A	39．A	40．D
41．A	42．B			

三、填空题

1．记录集　数据源

2．表　查询

3．选择查询、参数查询、交叉表查询、操作查询、SQL 查询
4．IN("教授", "副教授")
5．总计
6．与　或
7．SQL 语言（结构化查询语言）
8．生成表查询、追加查询、删除查询、更新查询

第 10 章　习题

二、选择题

1．C	2．D	3．D	4．B	5．A
6．C	7．A	8．B	9．B	10．B
11．A	12．A	13．A	14．A	15．D
16．B	17．A	18．D	19．A	20．A
21．C	22．B	23．D	24．C	25．D
26．A	27．B	28．B	29．D	30．C
31．A	32．B	33．D	34．A	35．D
36．B	37．B	38．B	39．C	40．C
41．C	42．A	43．A	44．D	45．C
46．D	47．A			

三、填空题

1．界面
2．外观、结构
3．纵栏式　数据表　表格式
4．数据来源
5．控件按钮　属性
6．绑定型　未绑定型　计算型
7．列表框　组合框
8．拖动鼠标
9．纵栏式　表格式　数据表　窗体向导
10．控件　属性
11．格式　数据　事件　其他　全部

第 11 章　习题

二、选择题

1．B	2．A	3．C	4．B	5．A

6. A	7. B	8. C	9. C	10. C
11. B	12. D	13. A	14. D	15. D
16. D	17. D	18. B	19. C	20. B
21. D	22. B	23. A	24. C	25. A
26. C	27. C			

三、填空题

1. 打印显示
2. 页面页眉　页面页脚
3. 页码
4. 设计视图　打印预览　版面预览
5. 排序与分组
6. 主体
7. 分组　排序
8. 最前面
9. 表　查询
10. 主体　报表页眉　报表页脚　页面页眉　页眉页脚　组页眉　组页脚

第 12 章　习题

二、选择题

1. D	2. D	3. A	4. B	5. B
6. A	7. A	8. A	9. B	10. C

三、填空题

1. 数据访问页
2. 页视图　设计视图

第 13 章　习题

二、选择题

1. B	2. C	3. B	4. C	5. A
6. C	7. D	8. C	9. B	10. C
11. D	12. B	13. C	14. D	15. D
16. A	17. A	18. A	19. D	20. A

三、填空题

1. 一个　多个　操作
2. AutoExec
3. 顺序
4. 表名称　视图　数据模式

参考文献

1．马崇华．信息处理技术基础教程．北京：清华大学出版社，2007.

2．杨尚群，曹淑艳．Excel 实用教程．北京：人民邮电出版社，2006.

3．李凌轩．Excel/Access 在数据与资料管理中的应用．北京：中国青年出版社，2006.

4．卢湘鸿，陈恭和，白艳．数据库 Access2003 应用教程．北京：人民邮电出版社，2007.

5．朱子江，胡毅．Access 2003 数据库应用技术．北京：中国水利水电出版社，2010.

6．Stephen Haag，Maeve Cummings，Amy Phillips．信息时代的管理信息系统．北京：机械工业出版社，2007.